# 近现代国际关系史研究

## 第十七辑

徐　蓝　主编

世界知识出版社

图书在版编目（CIP）数据

近现代国际关系史研究．第 17 辑/徐蓝主编．--北京：世界知识出版社，2020.3

ISBN 978-7-5012-6187-1

Ⅰ.①近… Ⅱ.①徐… Ⅲ.①国际关系史—研究—近现代 Ⅳ.①D819

中国版本图书馆 CIP 数据核字（2020）第 032367 号

责任编辑 狄安略
责任出版 赵 玥
责任校对 张 琨

书　　名 **近现代国际关系史研究（第十七辑）**
Jinxiandai Guoji Guanxishi Yanjiu
主　　编 徐 蓝

出版发行 世界知识出版社
地址邮编 北京市东城区干面胡同 51 号（100010）
网　　址 www.ishizhi.cn
电　　话 010-65265923（发行）
010-85119023（邮购）
经　　销 新华书店
印　　刷 北京虎彩文化传播有限公司
开本印张 787 毫米×1092 毫米 1/16 26½印张
字　　数 394 千字
版次印次 2020 年 4 月第一版 2020 年 4 月第一次印刷
标准书号 ISBN 978-7-5012-6187-1
定　　价 48.00 元

# 《近现代国际关系史》学术委员会

# 目　录

# Contents

# 经济权谋与外交：美国对智利阿连德政府的经济政策*

舒建中**

**摘　要**　颠覆智利阿连德政府从一开始就是美国的总体战略目标，在此框架下，对智经济政策成为美国实现其战略目标的政治工具，以经掩政、以经促变是阿连德时期美国对智经济政策的主要特点。除运用金融手段限制智利获得国际融资并据此施加经济压力之外，美国还充分利用智利国有化政策以及美国铜业公司补偿问题、波音客机贷款问题、智利债务重新安排问题等美智关系中的经济议题，刻意施展经济和外交权谋，或明或暗地营造经济施压环境，同时掩饰美国图谋颠覆阿连德政府的真实意图。正因为如此，在美国策动智利“9·11政变”的进程中，作为政治工具的经济权谋与外交发挥了不容忽视的作用。

**关键词**　美国　经济手段　外交权谋　阿连德政府　“9·11政变”

---

* 本文为2017年国家社会科学基金项目“美国隐蔽行动实施路径研究”的阶段性成果，项目编号：17BGJ064。

** 舒建中，南京大学历史学院副教授，南京大学—约翰斯·霍普金斯大学中美文化研究中心教授。

经济是影响国家间关系的重要因素，是国家权力的组成部分。在权力政治的框架下，经济外交通常是政治外交的工具。① 英国历史学家爱德华·卡尔就指出，经济实力总是成为政治权力的工具；作为政策工具的经济权力，就是运用经济手段在国外获取权力和影响力。② 因此，用作权力载体的经济外交通常具有经济权谋的属性。所谓经济权谋，就是将经济作为行使政治权力的手段，国际关系中的经济权谋意味着将经济作为外交政策与战略的工具，包含政策谋划和权力运用两个维度，目的就是以经济手段助力对外政治与战略目标的实现。

智利 1973 年"9·11 政变"是美国隐蔽行动谋划与实施的结果，③ 在此进程中，作为美国政治工具和外交手段的经济政策亦是不容忽视的助力因素。事实证明，在"9·11 政变"的策动过程中，美国的经济权谋和外交确实发挥了挤压智利经济活动空间、迷惑阿连德政府、掩饰美国颠覆活动的作用，为策动政变创造了条件，助推了美国政策目标的实现。对于美国在智利实施的有组织的经济谋略与外交，国内外学术界关注到美国的信贷封锁，至于美国所运用的其他经济手段，学术界却没有进行专门研究。实际上，除信贷封锁外，美国还充分利用智利国有化政策以及美国铜业公司补偿问题、波音客机贷款问题、智利债务重新安排问题等美智关系中的具体议题，施展外交权谋和经济压力，助力美国对智总体战略目标的实现。本文依据美国解密的档案资料，力图剖析美国对智经济政策的谋划和实施过程，以期进一步厘清美国与智利"9·11 政变"的关系，梳理美国经济外交权谋的政策本质和政治功能。

---

① Diane B. Kunz, "When Money Counts and Doesn't: Economic Power and Diplomatic Objectives," *Diplomatic History*, Vol. 18, No. 4, 1994, p. 459.

② Edward H. Carr, *The Twenty Years' Crisis 1919-1939: An Introduction to the Study of International Relations*, London: Macmillan & Co. Ltd., 1961, pp. 124-128.

③ 有关美国隐蔽行动与智利"9·11 政变"的论述，参见舒建中：《美国与智利 1973 年"9·11 政变"》，《世界历史》2016 年第 2 期。鉴于经济政策是美国颠覆阿连德政府的重要政治工具，本文将集中探讨美国经济外交权谋在掩饰并间接助推智利"9·11 政变"中的作用。

# 引言：美国对智经济外交权谋的确立与前期实施

在美国密谋颠覆智利阿连德政府的政策筹划和行动中，经济权谋及其运用从一开始就是美国的政策工具。1970 年 9 月 15 日，美国总统尼克松将国家安全事务助理基辛格、中央情报局局长赫尔姆斯、司法部长米切尔召集到白宫举行密谈，决定由中情局牵头，其他相关政府部门密切配合，不惜一切风险策动军事政变，推翻阿连德政府。作为颠覆活动的组成部分，美国应采取措施，让智利经济山呼海啸。① 由此可见，面对阿连德的胜出，美国已将策动政变作为应对智局势的政策首选，施加经济压力则是美国对智政策的重要工具，服务于美国颠覆阿连德的总体目标。基辛格就直言不讳地声称，经济压力是美国影响智利局势的关键措施之一。②

11 月 6 日，讨论智利问题的美国国家安全委员会会议在白宫举行。尼克松强调，美国应在表面上对智利采取冷静姿态，但美国真实的政策就是反对阿连德并为此采取强硬措施，此种强硬态度首先应体现在经济层面。11 月 9 日，基辛格将国家安全委员会会议的决策整理为“第 93 号国家安全决策备忘录”（NSDM 93）。根据该备忘录，美国对智经济政策的主要措施是：停止向智利提供新的金融和经济援助以及投资担保；现行的经济援助将予以中止或削减；对美洲开发银行、世界银行等国际金融机构施加影响，限制其向智利提供贷款或援助。③ 对于所谓“恰当和冷静”姿态的政策本质，基辛格做出了最好的解读：美国应避免对阿连德政府采取任何公开敌视的言论和行为，而应奉行隐蔽的敌对政策，运用包括施加压力、制造障碍等方式，为颠覆阿连德政府创造最大限度的条件；经济施压则是“恰当和冷

---

① U. S. Department of State, *Foreign Relations of the United States* (cited as *FRUS*), 1969-1976, Vol. 21, Washington, D. C.: U. S. Government Printing Office, 2014, p. 254.

② *FRUS*, 1969-1976, Vol. 21, p. 399.

③ *FRUS*, 1969-1976, Vol. 21, pp. 446-449, 451-452.

静”政策的重点领域。①

由此可见，以“第 93 号国家安全决策备忘录”的出台为标志，美国对智政策的原则和目标正式确立。鉴于对智隐蔽行动交由中情局负责组织实施，“第 93 号国家安全决策备忘录”主要涉及外交原则，包括运用一切手段干扰和搅乱智利经济。因此，经济外交权谋从一开始就是美国对智政策的组成部分，目的就是策应美国的隐蔽颠覆活动，助推美国政策目标的实现。

根据“第 93 号国家安全决策备忘录”确立的政策原则，美国针对智利的经济攻势随即在双边和多边层面渐次展开。一方面，美国国务院于 11 月中旬发布指令，拒绝向智利提供新的双边援助，包括美国国际开发署的贷款和投资担保，以及美国进出口银行的贷款和出口担保。② 另一方面，美国还运用半公开方式阻止美洲开发银行等国际金融机构向智利提供援助。基于美国的影响，世界银行遂以“银行标准”和“信用风险”为由，拒绝向智利提供新贷款。③

总之，在阿连德就任总统之初，美国就确立了以经济作为政治工具的政策原则，针对智利的经济施压逐步铺开，经济外交权谋成为美国对智总体政治战略的组成部分，因为美国决策者坚信，源于经济恶化的社会动荡将助力美国的颠覆活动，推翻阿连德政府。④

---

① Lubna Z. Qureshi, *Nixon*, *Kissinger*, *and Allende*: *U. S. Involvement in the 1973 Coup in Chile*, Lanham: Lexington Books, 2009, pp. 75-76.

② *FRUS*, 1969-1976, Vol. 21, p. 463.

③ 对于智利与世界银行的关系，凯达尔提出了不同的观点。凯达尔认为，在阿连德执政时期，世界银行始终保持中立并与智利政府展开谈判。导致世界银行没有向智利提供贷款的原因是多方面的，其中，阿连德政府拒绝提供国有化补偿，而世界银行又将国有化补偿作为贷款前提，是智利与世界银行谈判破裂的关键因素，参见 Claudia Kedar, “The World Bank-United States-Latin American Triangle: The Negotiations with Socialist Chile, 1970-1973,” *The International History Review*, Vol. 39, No. 4, 2017, pp. 667-690。笔者认为，世界银行没有向阿连德政府提供任何新贷款是一个基本事实，世界银行有关国有化补偿的谈判条件亦顺应了美国的立场，因此，尽管世界银行与智利政府举行了一系列谈判，但谈判过程和实际效果仍然构成对智利的经济压力。

④ William J. Daugherty, *Executive Secrets*: *Covert Action and the Presidency*, Lexington: The University Press of Kentucky, 2004, p. 172.

除运用金融手段限制智利获得国际融资并施加经济压力之外，美国还不失时机地利用美智关系中出现的经济议题，施展经济外交权谋，推进美国对智政策的总体战略目标。其中，智利国有化政策以及美国铜业公司补偿问题、波音客机贷款问题、智利债务重新安排问题，均被美国充分利用，成为美国以经济手段掩饰政治意图并施加外交压力的重要途径。

## 一、智利国有化问题与美国经济外交权谋

实行国有化是阿连德政府国内经济改革的重要目标之一。在阿连德的推动下，智利议会于1971年7月通过宪法修正案并经阿连德签署生效，授权智利政府对三家美国铜业公司——肯尼科特公司、安纳康达公司和塞罗公司的资产实施国有化。鉴于美国公司在智利铜业拥有巨大的经济利益，美国政府立即予以高度关注。8月18日，美国国务院照会智利外交部，表达了对智利铜业国有化的严重关切。8月19日，国务卿罗杰斯致函智利外交部长阿尔米达，重申美国政府对智利国有化及其对美国公司影响的强烈关注。[①] 至此，智利铜业国有化政策成为美智关系中的重要问题，利用智利国有化政策筹划并施展经济外交权谋亦进入美国决策者的视野。

除通过外交途径表明美国的基本态度之外，美国政府内部亦围绕智利铜业国有化的应对之策展开了争论；其中，如何处理美国公司的补偿与美国对智融资限制政策的关系成为政策论争的焦点。早在8月10日，财政部长约翰·康纳利就致函尼克松，建议向阿连德政府表明美国在铜业国有化问题上的立场：如果智利的国有化举措是合理的，美国将考虑恢复智利的国际信用地位；反之，美国将继续阻止智利从美国、多边机构以及其他国家获得新贷款。[②]

面对美国政府内部出现的放松对智融资限制的声音，基辛格于8月24日致函尼克松，坚决反对与阿连德“做交易”。基辛格重申，对智利国有化

① *FRUS*, 1969-1976, Vol. 21, pp. 665-669.

② Ibid., pp. 655-656.

及其补偿问题的考量必须置于美国对智政策的总体政治战略框架下加以审视，美国在智利不仅有国有化补偿的经济利益，更有广阔的政治利益。为获得美国铜业公司的国有化补偿而向智利开放国际融资将有助于阿连德渡过日渐严峻的经济困境，损害美国的长远利益。基辛格强调，美国对智政策的目标之一就是尽可能地将智利政府面临的经济困难推向极致，助长反对派势力并寻求颠覆阿连德政府。基于对智总体政治战略的考量，尼克松对基辛格建议表示认同。[①] 由此可见，基辛格的建议立足“第 93 号国家安全决策备忘录”所确立的政策原则，体现了美国对智利的总体政治战略目标——推翻阿连德政府。为此，美国应坚持融资限制政策，不惜在智利制造最大限度的经济混乱。

9 月 9 日，由基辛格担任主席的美国国家安全委员会下属“高级评估小组”举行会议，专门讨论是否放宽对智融资限制问题。会议期间，基辛格一再强调，美国的对智政策与国有化问题无关，美国关心的是阿连德在智利建设社会主义政权的问题，而不是美国铜业公司问题，所有的问题均应置于美国对智政策的总体框架之内，以保持对智利的政治经济压力作为依归。[②] 透过基辛格的发言不难看出，为实现对智政策的总体战略目标，美国将运用一切手段向智利施加经济压力；不管阿连德政府是否采取铜业国有化举措，都不会改变美国的既定政策。

9 月 28 日，阿连德签署政令，确认自 1955 年以来，肯尼科特公司和安纳康达公司在智利攫取约 7. 74 亿美元的超额利润，并将其作为确定国有化补偿水平的标准之一。作为外交回应的一种姿态，基辛格在 10 月 6 日同智利外长阿尔米达的会谈中表示，美国铜业公司的补偿问题将对美智关系产生重要影响；美国无意寻求同智利的对抗，只要铜业公司补偿问题达成令人满意的结果，美智友好关系就没有理由不继续维持下去。[③] 实际上，基辛格的基本立场是，与美国对智政策的总体目标相比，铜业公司问题微不足道，因此，有关铜业公司补偿和美智关系的言论是基辛格故意释放的烟雾

① *FRUS*, 1969-1976, Vol. 21, pp. 676-677.

② Ibid. , pp. 683-689.

③ Ibid. , pp. 694-695, 700-703.

弹，目的就是以外交手段掩盖美国已经实施的对智隐蔽行动。

10月11日，智利政府正式宣布，由于肯尼科特公司和安纳康达公司在智利获取了庞大的超额利润，因而不会得到任何国有化补偿。面对智利局势的新发展，美国政府内部再度围绕铜业国有化补偿与融资限制政策的运用展开了激烈争论。

在11月15日的一份备忘录中，中情局坦承，阿连德政府的铜业国有化政策反映了智利民众的愿望，因此，美国强硬的报复行动将会巩固阿连德在国内的政治地位。在国际层面，多数美洲国家组织成员国均认同智利的铜业国有化举措，美国针对铜业国有化问题采取的制裁措施将招致拉美国家的质疑，进而帮助阿连德赢得更多的国际同情和支持。综合以上因素，中情局认为，尽管美国可以根据国际法采取反制措施，但美国的报复行动将被视为挥舞美元外交，阿连德则变成了受害者。[①] 作为对智隐蔽行动的执行者，施加经济压力、制造经济混乱是中情局的行动内容之一，但考虑到智利铜业国有化政策涉及诸多美国难以掌控的因素，中情局主张谨慎使用报复手段，目的就是避免美国的强硬报复行动反过来为阿连德赢得国内和国际支持提供契机，进而不利于美国隐蔽行动的展开。因此，中情局有关应对智利国有化问题的政策分析具有经济外交权谋的特质，从根本上讲是服务于美国对智政策的总体目标的。

11月23日，根据“第93号国家安全决策备忘录”专门设立的智利工作小组亦向“高级评估小组”提交政策文件，就应对智利铜业国有化提出政策选项。该文件指出，随着智利铜业国有化政策的实施，美国的对智政策面临新的挑战：既要保护美国的经济利益，又要避免为阿连德凝聚国内和国际支持提供借口。为此，智利工作小组设计的政策选择是：1. 最大限度的经济制裁。具体措施包括：中止军事援助、公开寻求限制或取消其他渠道的资金流向智利、冻结智利在美国的美元账户、限制智利对美出口并禁止美国对智出口。此项选择的有利之处是：向智利施加最大限度的经济

---

① *FRUS*, 1969-1976, Vol. 21, pp. 723-724. *FRUS*, 1969-1976, Vol. E-16, Washington, D. C.: U. S. Government Printing Office, 2015, pp. 474-479.

压力，加剧阿连德与军方的紧张关系。不利之处是：帮助阿连德汇聚国内和国际支持并巩固其政权，同时削弱智利反对派的地位。2. 选择性地中止对智援助。此项选择意味着继续向智利军方提供援助，继续奉行信贷限制政策，继续阻止国际金融机构审议对智贷款，秘密寻求限制和取消来自其他渠道的资金流向智利。此项选择的有利之处是：增加阿连德面临的困难，维持美国与智利军方的联系。不利之处是：智利以可接受的经济和政治代价实现国有化，美国的应对则显得软弱无力，甚至给人以默认智利国有化模式的印象。①

从某种意义上讲，智利铜业国有化举措确实给美国出了一道难题：强硬回应将为阿连德政府赢得支持创造新的条件，干扰美国对智政策的总体目标；有限回应则将使美国无法有效保护海外投资利益，甚至让美国外交显得无所适从。正因为如此，智利工作小组文件仅仅设计了政策选项，但没有提出明确的政策建议。副国务卿约翰·欧文在评估智利工作小组文件时就明确指出，美国必须权衡的问题是在施加经济压力和有克制的公开姿态之间寻求某种平衡，既要达到削弱阿连德政府的政策目标，又要防止阿连德利用美国的回应措施汇聚国内外支持。从运用经济手段助推美国对智政策目标的角度看，问题的关键并不在于美国是否采取强硬路线或软弱路线，而在于静悄悄地采取必要的回应措施，并将美智关系恶化的责任推给阿连德。② 透过有关政策争论，美国利用智利国有化问题施展经济外交权谋的意图昭然若揭。

1972 年 1 月 19 日，尼克松发表讲话，声称凡是征收美国公司财产的国家，都将失去美国的援助。尽管尼克松并没有点名具体的国家，但媒体普遍认为，讲话直接针对拉美国家（包括智利）的国有化问题。因此，尼克松的讲话遭到拉美国家的一致批评，阿连德更是坚信，尼克松的讲话主要是针对智利的。③ 从实现对智总体战略目标并施展经济外交权谋的角度看，

---

① *FRUS*, 1969-1976, Vol. E-16, pp. 479-489.

② *FRUS*, 1969-1976, Vol. 21, p. 743.

③ Hal Brands, "Richard Nixon and Economic Nationalism in Latin America: The Problem of Expropriations, 1969-1974," *Diplomacy & Statecraft*, Vol. 18, No. 1, 2007, pp. 227-228.

尼克松的讲话含有投石问路的色彩：如果反对的声音较弱，美国政府就可以利用国有化问题采取明目张胆的报复措施，向智利施加公开的经济制裁；如果反对之声强烈，美国则继续采取所谓“恰当和冷静”的立场，避免与阿连德形成公开对抗之势。面对一石激起千层浪的试探，美国最终没有援引《希肯卢珀修正案》和《冈萨雷斯修正案》的有关条款，对智利的国有化采取公开的报复措施。实际上，基于颠覆阿连德的目标，即使没有智利的铜业国有化问题，美国依然不会放弃业已确立的对智政策，仍然可以找到实施融资限制政策的借口。因此，铜业国有化问题仅仅是美国加以利用的一张牌，体现了美国利用经济问题施展政治权谋的外交手段。

综上所述，美国主要从确保实现对智政策总体战略目标的角度审视智利铜业国有化及其补偿问题。为秘密和有效地推进颠覆阿连德政府的既定政策，美国并没有对智利铜业国有化实施公开和强硬的报复措施，而是采取了迂回的策略，一方面继续针对智利实施以融资限制为主要内容的经济压力，另一方面将美国铜业公司国有化补偿同智利债务的重新谈判挂钩，以美国公司获得国有化补偿作为债务重新安排的前提条件。不管是美国政府的内部争论，还是尼克松的政策表态，均昭示了美国对智经济外交权谋的政策考量。因此，美国没有采取公开的报复措施只是瞒天过海的手段，是美国为策应对智隐蔽行动、实现颠覆阿连德政府的总体战略而施展的外交伎俩，是以更为隐匿的经济手段推进对智政策目标的障眼法。

## 二、波音客机贷款问题与美国经济外交权谋

就在美国紧锣密鼓地筹划应对智利国有化政策之际，阿连德政府于1971年5月向美方递交备忘录，表达了寻求美国进出口银行贷款购买波音客机的意向，认为此项贷款对美智关系的发展至关重要。在征得基辛格的同意之后，美方对智利的提议做出初步回应，表示将认真考虑波音客机贷款事宜，同时强调美国进出口银行的融资将主要基于银行标准。①

① *FRUS*, 1969-1976, Vol. 21, pp. 622-624.

鉴于波音客机贷款问题不仅涉及美国对智利的金融限制政策，更事关美国对智经济外交权谋的有效展开以及美国对智政策的总体目标，因而成为美国政府关注的问题。为此，智利工作小组在缜密研究并仔细斟酌之后，于5月29日设计制定了一份有关波音客机贷款事宜的政策选择文件（简称“智利—波音融资选择文件”），并提交“高级评估小组”审议。

“智利—波音融资选择文件”首先指出，波音客机贷款问题将考验美国既定的对智经济和金融政策，即：美国进出口银行应拒绝向智利提供任何新贷款以及融资担保。因此，从智利寻求获得美国融资的角度看，波音客机贷款的抉择具有分水岭的特征。作为决策参考，“智利—波音融资选择文件”设计了相关选项：1. 以经济和银行标准为由，立即拒绝波音客机贷款，这是最符合美国现行对智政策的选择，有助于强化针对智利政府的压力。2. 为波音客机贷款设置前提条件——古巴问题。只要智利政府做出有关此项贷款所购客机不经停古巴、不运载前往或来自古巴的货物的承诺，则波音客机贷款将不存在任何非银行业务的障碍。此项选择有助于抵消智利政府对美国蓄意采取敌视和经济压力政策的指责，但有违美国对智政策的基本立场，同时将缓解阿连德所面临的经济压力。① 至此，波音客机贷款问题纳入美国外交决策的范畴。

围绕波音客机贷款问题以及智利工作小组提出的“智利—波音融资选择文件”，美国政府内部展开了激烈争论。在致基辛格的一份备忘录中，美国国家安全委员会官员阿诺德·纳赫马诺夫认为，智利政府正利用波音客机贷款作为试探美国放松限制性信贷政策的手段，因此，波音客机贷款涉及两个重要问题：主要的问题是，美国是否将波音客机贷款作为对智限制性信贷政策的例外；次要的问题是，鉴于智利所购客机将运营往返古巴的航空服务，因而不符合美国既定的古巴政策。基于此，纳赫马诺夫主张慎重考虑波音客机贷款事宜。国防部坚持对古巴采取强硬立场，绝不容许利用美国贷款购买的客机经停古巴。国务院倾向于将古巴问题作为贷款条件之一。美国驻智利大使爱德华·科里则主张迅速且无条件地向智利提供波

① *FRUS*, 1969-1976, Vol. E-16, pp. 329-345.

音客机贷款，其理由是：智利将毫不犹豫地拒绝在古巴问题上做出任何承诺，同时指责美国进行政治讹诈；拒绝提供波音客机贷款还将有利于阿连德在拉美国家赢得同情。美国进出口银行强调，对于波音客机贷款事宜，美国应设置的条件是，智利政府如期偿还美国进出口银行的所有债务。[①] 正因为波音客机贷款是美国对智利实施融资限制政策后阿连德政府向美国提出的首笔贷款请求，因而引起美国的关注，成为检验美国对智政策、包括经济攻略的试金石。尽管存在不同声音，但所有的争论均表明，美国从一开始就将波音客机贷款问题同美国的对智政策挂钩，因此，美国围绕波音客机贷款的政策评估具有浓厚的经济权谋的色彩。

鉴于波音客机贷款问题事关重大，“高级评估小组”于6月3日举行会议，围绕“智利—波音融资选择文件”进行讨论。基辛格指出，波音客机贷款带来的一个重大问题就是，该贷款是否构成美国对智限制性融资政策的例外。在基辛格看来，阿连德正致力于建立马克思—列宁主义政权，智利不会接受美国为波音客机贷款设置的条件；更为重要的是，削弱阿连德政权的最佳途径就是切断智利的国际融资渠道，因此，波音客机贷款不应成为智利打破美国贷款限制并获得国际融资的楔子。鉴于与会者对于波音客机贷款问题仍然存在巨大分歧，会议决定将波音客机贷款问题交由尼克松做出最终决策。[②] 事实上，对于美国在智利实施的旨在颠覆阿连德政府的隐蔽行动，作为实际决策者的基辛格了然于胸，而美国政府相关部门要么知之甚少，要么毫不知情，这是美国政府内部对于波音客机贷款问题出现不同声音的重要原因，同时也从另一个层面印证了美国对智实施经济和外交权谋政策的高度机密性和隐蔽性。

出于影响波音客机贷款最后决策的目的，财政部长康纳利于6月9日致函尼克松，强调美国拒绝向智利提供新贷款的既定政策不应有任何改变，任何有条件的波音客机贷款都将使美国陷入别无选择的境地，美国不应向智利提供波音客机贷款。同样是在6月9日，基辛格亦致函尼克松，重申自

① *FRUS*, 1969-1976, Vol. 21, pp. 630-632. *FRUS*, 1969-1976, Vol. E-16, pp. 345-348, 369-370.

② *FRUS*, 1969-1976, Vol. E-16, pp. 356-365.

阿连德上台执政以来，美国对智政策的一项基本原则就是向智利施加强劲的经济压力，目的就是给阿连德制造经济麻烦，阻止其政权的巩固。在这一政策框架下，波音客机贷款不应作为一个特例，美国对智利应继续奉行严格的信贷限制政策，保持施压态势。但另一方面，直接拒绝波音客机贷款而造成与阿连德政权的公开对抗将不利于美国既定政策的有效实施，鉴于此，美国应在公开层面保持政策的灵活性并掌控最终决定权。①

不难看出，拒绝波音客机贷款、持续向阿连德施加经济压力是美国决策者的本意，但由于公开的对抗政策将招致智利的谴责，且不利于美国对智隐蔽行动的展开，基辛格遂建议在波音客机贷款问题上采取灵活政策，避免授人以柄，此种策略与美国在公开场合对智利采取“恰当和冷静”的外交姿态是一致的，其根本目的依然是服务于美国对智政策的总体目标，为搅乱智利经济并伺机颠覆阿连德政府创造更为有利的条件。

为就波音客机贷款问题做出决策，尼克松、基辛格和康纳利于6月11日举行会谈。基辛格再次强调，美国不应向智利提供任何新的贷款，不应放松对智利施加的经济压力，但为避免授予阿连德以指责美国的口实，美国可以采取灵活的策略，既不批准波音客机贷款，也不公开予以拒绝。经过认真权衡，尼克松最终接受了基辛格的建议并于6月16日做出决策，推迟考虑波音客机贷款事宜，② 从而体现了美国利用波音客机贷款问题施展政治权术的意图。

由此可见，关于波音客机贷款问题，美国决策的主要依据是对智政策的总体目标——颠覆阿连德政府，而以融资限制为中心的经济施压则是美国实现这一目标的政策工具。在对智总体政策的框架下，任何放松融资限制的举措均不在美国的考虑之列。基辛格就明确指出，在审议波音客机贷款问题时，向智利出售波音客机不是美国关心的问题，运用美国贷款所购客机经停或往返古巴亦是次要的问题；美国政策的基本出发点是，维持正常的对智信贷政策是否符合美国的利益。③ 从中不难看出，美国已经将波音

① *FRUS*, 1969-1976, Vol. 21, pp. 635-636, 637-639.

② *FRUS*, 1969-1976, Vol. E-16, pp. 375-377, 385.

③ *FRUS*, 1969-1976, Vol. E-16, p. 363.

客机贷款问题纳入美国对智政策的总体框架，这是美国决定“推迟”考虑波音客机贷款事宜的最重要的因素，并从一个侧面展示了美国决意奉行对智经济外交权谋、以经济手段掩饰政治意图的政策立场。

对于美国“推迟”考虑波音客机贷款的决策，智利毫不知情，因而仍然继续寻求获得波音客机贷款。7月7日，智利正式向美国进出口银行提交波音客机贷款的申请。在8月5日同基辛格的会晤中，智利驻美国大使奥兰多·莱特利尔专门提及波音客机贷款问题，基辛格巧舌如簧地做出回应，声称不便介入单个的贷款事务，强调美国愿意维持同智利的友好关系，波音客机贷款的处理将基于商业原则。[①] 8月12日，《纽约时报》报道称，美国进出口银行拒绝了智利的波音客机贷款申请，智利政府立即做出反应，认为此举是美国运用政治手段干涉包括国有化政策在内的智利内部事务，是对美智关系的一个沉重打击。[②] 面对事态的发展，为继续在外交上迷惑并欺骗阿连德政府，纳赫马诺夫于8月13日同莱特利尔通电话并转告了基辛格的态度，辩称波音客机贷款仅仅是纯粹的银行融资事务，不存在任何政治限制；美国进出口银行依然秉持开放态度，尚未做出最后决策。[③] 由此可见，基于对智政策的总体目标，美国已经决定不向智利提供波音客机贷款。但为避免节外生枝，美国在外交层面又故意摆出维持正常关系的姿态，在波音客机贷款问题上巧言令色，虚与委蛇，目的只有一个：掩饰美国对智政策的真实目的。

综上所述，波音客机贷款事宜不仅是阿连德政府时期美智关系的一个经济问题，更是一个政治问题，正如美国新任驻智利大使戴维斯所言，美国关于波音客机贷款事宜的决策无疑是基于政治动机。[④] 立足于融资限制的经济谋略，美国毫无提供贷款的意愿，但为避免暴露美国对智政策的真实

---

① *FRUS*, 1969-1976, Vol. 21, pp. 652-654.

② *FRUS*, 1969-1976, Vol. 21, pp. 670-671. 实际上，在智利提交波音客机贷款申请之后，尼克松就根据基辛格的建议，做出了拒绝贷款的决策，参见 *FRUS*, 1969-1976, Vol. 21, p. 644.

③ *FRUS*, 1969-1976, Vol. 21, pp. 660-662.

④ Nathaniel Davis, *The Last Two Years of Salvador Allende*, Ithaca: Cornell University Press, 1985, p. 126.

目标，并为对智隐蔽行动的展开创造条件，美国又在波音客机贷款问题上采取了外交欺骗的策略，以所谓商业原则掩饰美国的政治意图；阿连德政府则完全被蒙在鼓里，落入美国设置的外交骗局却毫不知情。从根本上讲，美国围绕波音客机贷款的决策以及与智利方面的周旋均是服务于美国对智政策的总体目标的，在对智政策的总体框架下，波音客机贷款问题成为美国施展外交攻略的渠道，从一个侧面揭示了美国经济外交权谋的隐蔽性和欺骗性。

## 三、智利债务谈判与美国经济外交权谋

就在美国围绕智利铜业国有化寻求对策之际，阿连德于 1971 年 11 月 9 日宣布，智利将寻求就债务重新安排与“十国集团”展开谈判，并停止偿还所有外债。

鉴于智利重新谈判债务的请求获得大部分债权国的积极响应，美国深感必须尽快拿出应对之策。11 月 23 日，美国财政部就智利债务问题提出初步方案：1. 直接拒绝债务重新谈判，除非智利同意偿付所有外债，并对国有化政策提供补偿。2. 就为期一年的短期债务进行谈判，以此换取国有化补偿协定。这将开启智利在国际金融机构中信用可靠的大门，并有助于阿连德从经济上巩固其政权。3. 在多边框架内谈判智利债务的重新安排，并附加融资条件。基于向智利施加最大限度经济压力的总体战略，财政部建议，美国应选择直接拒绝债务重新谈判。① 由于智利债务的重新谈判与美国对智政策的总体目标、美国铜业公司国有化补偿等问题相互牵连，因而倍加复杂。诚然，财政部的建议意在施压，但直接拒绝债务重新谈判有可能导致美国与智利的公开对抗，反而不利于美国经济外交权谋的运作以及美国对智政策目标的实现，因此，财政部的建议在美国政府内部引发了激烈争论。

鉴于法国、西德等有关欧洲国家均表达了参与智利债务重新谈判的意

① *FRUS*, 1969-1976, Vol. 21, pp. 724-726.

愿，美国面临艰难的政策抉择。在美国方面看来，智利经济正持续恶化，即使不能有效阻止智利债务重新安排的多边谈判，美国亦应竭尽所能地延宕谈判进程，凭借债务重新谈判暗中向智利施加压力，[①] 助推美国政策目标的实现。为此，美国国家安全委员会官员罗伯特·霍马茨和纳赫马诺夫于12 月 21 日联名向基辛格提交备忘录，认为美国不应成为唯一反对智利债务重新谈判的国家，美国应同意在多边框架下参与谈判，但美国的目标并不是寻求解决智利债务问题，恰恰相反，美国的目标应是：避免阿连德以美国拒绝参与债务谈判为由团结国内力量，增强其反美筹码；通过影响谈判进程，力争将智利在债务谈判中的获益最小化；将债务谈判与国有化补偿挂钩，同时最大限度地保护美国在智利的投资利益。对于上述建议，基辛格立即表示认可。[②] 至此，美国针对智利债务重新谈判的立场基本确立，即：以参与的方式影响谈判进程，既可避免授人以柄，又可借此向智利施加压力，从而将智利债务重新谈判变成助力美国对智政策目标的平台。透过美国的决策过程可以看出，面对无法公开阻止的智利债务多边谈判，美国设计出暗度陈仓的经济和外交谋略，最终目的依然是灵活运用多种方式对智利施加最大限度的压力。

根据“高级评估小组”会议的决议和基辛格的授权，美国于 1972 年 1 月 5 日正式通知智利和法国，称美国决定参加拟于 2 月初举行的“巴黎俱乐部”会议，强调第一次会议仅限于交换信息和观点，以便先期就智利债务重新安排的程序和条件达成协议。与此同时，美国还打算将铜业国有化补偿问题与智利债务的多边谈判挂钩。[③]

由此可见，美国并不打算直接就智利债务问题展开谈判，而是先谈程序和条件。为设置尽可能严苛的谈判条件，美国国务院（而不是财政部）使用数据和计算方式的不同排列——包括本金和利息、偿还期限等，在计算机上演绎出数百种智利债务重新安排的选项。[④] 此外，美国还为智利债务

---

① *FRUS*, 1969-1976, Vol. 21, pp. 727-728.

② Ibid., pp. 741-742.

③ Ibid., pp. 754-757.

④ *FRUS*, 1969-1976, Vol. E-16, p. 503.

重新安排的多边谈判设置了一个前提，即："巴黎俱乐部"应发表一份有关国有化补偿的联合声明，否则，美国将退出谈判。[①] 美国如此煞费周章的算计，并非出于锱铢必较的商业利益考虑，而是有着更深层次的政治和外交图谋：蓄意制造谈判障碍，拖延谈判进程。美国坚信，通过多边方式就债务安排达成严格条件不仅符合美国的利益，而且可以在多边基础上对智利形成更为强大的压力。[②] 显然，美国的目的就是以参与债务谈判作为掩护，策应美国对智隐蔽行动的展开。因此，美国的智利债务重新谈判策略打上了鲜明的经济外交权谋的烙印，归根到底是服务于美国对智政策的总体战略目标的。

与此同时，美智关系不期增添新的纠葛。从 3 月 21 日起，《华盛顿邮报》接连刊登一系列文章，披露美国国际电话电报公司（ITT）试图影响智利政局，甚至参与支持政变。[③]

面对"国际电话电报公司事件"的不断发酵，美国亟须摆脱困局的途径，[④] 为此，美国不得不部分调整智利债务谈判的策略，以便通过尽快结束谈判展示美国的"友好"姿态，转移国际视线。4 月 20 日，"巴黎俱乐部"成员国同智利签署债务重新安排的多边协定，就涉及智利的约 2.5 亿美元的债务减免达成原则一致。与此同时，参与谈判的各方还发表声明，智利政府承诺将遵守和履行新的债务安排，并根据智利法律和国际法实施公正的国有化补偿。[⑤]

应当看到，《巴黎俱乐部协定》是一个多边协定，更是阿连德执政时期美国同智利在经济领域达成的唯一安排。事实上，美国深知，债务重新安排的结果对于阿连德解决国内经济问题的作用极为有限；而且，即便达成债务多边安排，但具体落实却需要智利同包括美国在内的相关国家展开双边谈判，美国仍可借此继续向智利施加压力。更为重要的是，美国签署

---

① *FRUS*, 1969-1976, Vol. 21, pp. 787-795.

② Ibid., p. 760.

③ Ibid., pp. 777-778, 785.

④ Nathaniel Davis, *The Last Two Years of Salvador Allende*, p. 77.

⑤ *FRUS*, 1969-1976, Vol. 21, pp. 786, 795-797.

《巴黎俱乐部协定》只是摆了一个迷魂阵，美国对智政策的总体战略目标并没有任何改变。

根据有关安排，美国和智利围绕债务安排的前期磋商于6月启动，在此期间，美国明确告知智利方面，同美国的双边债务谈判必须与国有化补偿谈判同时进行。[①] 至此，在完成了具有象征意义的债务多边谈判之后，双边债务谈判成为美国向智利施加经济压力的新途径。为达到这一目的，美国不断指责智利没有履行《巴黎俱乐部协定》以及有关谅解备忘录的义务，在美国最为关心的国有化补偿问题上含糊其辞，导致美智双边债务磋商毫无进展。[②]

鉴于智利方面强烈要求推进美智债务安排问题的磋商，双方遂约定于12月举行第一轮双边谈判。为此，美国确立的谈判目标是：继续将债务谈判与国有化补偿谈判捆绑在一起，敦促智利履行《巴黎俱乐部协定》所规定的国有化谈判及补偿义务，借此累积美国所施加的各种压力的效应，进而影响智利国内的政治进程。另外，通过举行美智双边债务谈判，美国可以展示遵守《巴黎俱乐部协定》的政治姿态，激发国际社会对阿连德政府拒不履行有关国际义务的批评，最大限度地维持对智利的国际经济压力。[③] 至此，美国借助双边债务谈判的平台，进一步实施经济外交权谋并强化对智经济压力的政治伎俩展露无遗。

12月20—22日，美智第一轮双边谈判在华盛顿举行。美方坚持谈判的重点是解决美智关系的基本问题——债务偿还和国有化补偿；智利则重申，双边债务安排是谈判的主要议题。由于分歧巨大，谈判毫无进展。[④] 由此可见，基于对智政策的总体目标，美国根本无意解决智利债务问题，铜业国有化补偿谈判亦是美国向智利施加经济压力的政治手段。在美国看来，债务谈判的延宕可以产生两方面的功效：一是表明智利无意履行偿债义务，进而阻止智利获得新的国际融资；二是以债务问题困扰智利，将债务谈判

---

① *FRUS*, 1969-1976, Vol. 21, p. 804.

② Ibid., pp. 832-833.

③ *FRUS*, 1969-1976, Vol. 21, pp. 837-839. *FRUS*, 1969-1976, Vol. E-16, pp. 660-663.

④ *FRUS*, 1969-1976, Vol. 21, pp. 841-842.

的久拖不决作为影响智利经济的政策工具。更为重要的是，美国坚信，阻止智利减轻债务负担不仅可以给阿连德制造严峻的经济问题，而且将对智利的政治进程产生关键性的影响，进而助推华盛顿政策目标的实现。[①]

由于美国毫不犹豫地奉行向智利施加经济压力的政策，美国支持的智利反对派政党亦强烈反对美国与阿连德政府就债务安排和国有化补偿问题进行双边谈判，担心此举将有助于阿连德摆脱经济困境，干扰智利国内的反政府活动，因此，1973 年 3 月举行的美智第二轮谈判依然无果而终。[②] 从根本上讲，美智围绕债务及相关问题的双边谈判是美国掩饰并策应对智隐蔽行动的外交手段，是美国对智实施经济外交权谋的又一个例证。

综上所述，向智利施加最大限度的经济压力是美国的既定政策，因此，美国丝毫没有谈判解决智利债务问题的政治意愿。另外，为避免在债务问题上同智利形成公开对抗，导致阿连德赢得国际同情和支持，暴露美国的政治图谋，美国又选择参与智利债务重新谈判，目的就是借此掩人耳目，同时暗中作梗，阻挠债务谈判的进程以及有关谈判成果的落实，策应美国真实的对智政策的贯彻实施。因此，不管是智利债务问题的多边谈判还是双边谈判，均是美国针对智利实施经济外交权谋的手段，服务于颠覆阿连德政府的总体目标。

总之，运用各种手段推翻阿连德政府是美国决意实现的目标，以施加经济压力为中心的外交权谋则是美国颠覆活动的重要环节，为此，美国对智实施了严苛的融资限制和信贷封锁。与此同时，在施加最大限度经济压力的政策框架下，美国刻意采用引而不发的策略处理智利国有化及其补偿问题，并将美国铜业公司国有化补偿与智利债务谈判挂钩。在美智两国具体交手的两个经济领域——波音客机贷款问题和债务重新安排问题——的博弈中，美国则玩弄外交手段虚与委蛇，极尽欺骗之能事，导致美智围绕这两个问题的交涉均流于形式，无果而终。就其功效而言，由于美国没有公开拒绝谈判波音客机贷款和债务重新安排问题，从而给阿连德政府造成

① Lubna Z. Qureshi, *Nixon*, *Kissinger*, *and Allende*, p. 115.

② *FRUS*, 1969-1976, Vol. 21, pp. 851-852, 865-866.

存在谈判可能的假象，误以为美智关系尚有转圜的空间。凭借多层次的经济攻略，美国实现了预期目标：打压智利的国际经济活动空间、迷惑并欺骗阿连德政府，掩饰并策应美国的颠覆活动，进而间接助推了美国策动的“9·11 政变”。所有这些均揭示了美国经济外交权谋及其手段的隐蔽性和攻击力，充分证明美国是最善于运用经济手段达到政治目的的国家。

# 冷战与东北亚

［**编者按**］　2018年9月8日，由东北师范大学政法学院主办和首都师范大学历史学院协办的“第四期国际关系史工作坊”国际学术研讨会在吉林召开。关于这一会议的详情，可参见本辑的《第四期国际关系史工作坊综述》。本栏目选登日方学者参会文章3篇。

# 中国共产党与中国政府对石桥湛山认识演变过程之考察

## ——以中国外交部档案、《人民日报》《世界知识》为中心*

［日］ 王雪萍**

石桥湛山在战前就作为日本的新闻工作者反对日本对外扩张，日本战败后，他进入政界曾担任大藏大臣（财政部长）、通产大臣（通商产业大臣）、自由民主党总裁、内阁总理大臣等要职。在中日关系方面，他曾两次访华，并与毛泽东、周恩来等当时中国的最高领导人会谈，为中日邦交正常化尽力颇多。因此石桥湛山在中国的知名度在战后日本的政治家中较高。特别是进入 21 世纪之后，中国的学术界对石桥湛山的关注不断提高，但大部分的研究是关于石桥湛山的思想（经济、外交、和平主义、小日本主义、

* 本文为日本学术振兴会科学研究费（基盘研究 C）「冷戦期中国外交の形成——人事システムを中心に」（研究代表者：王雪萍），科学研究费（若手研究 B）「中華人民共和国の対日「民間」外交と日中人的交流に関する実証的研究」（研究代表者：王雪萍）的研究成果。同时笔者在此向在本研究过程中，为笔者提供资料的日本防卫研究所主任研究员杉浦康之和成蹊大学教授井上正也表示感谢。本文的日文版 2019 年 3 月在日本的『石桥湛山研究』（日本石桥湛山研究学会）第 2 号上已刊登，本文在日本版的基础上略做修改。

** ［日］王雪萍，日本东洋大学副教授。

对中国的认识等）的研究成果。[①] 在中国大陆从中日关系角度研究石桥湛山的论文当数安成日的研究，但该论文主要是基于日本已经公开发行的资料进行的概述。[②]

在日本国内对于石桥湛山相关资料的整理和公开已经持续了较长时间，出版了相当多的相关研究的学术著作及论文。[③] 这也是在中国国内进行的石桥研究主要使用日方资料的原因之一。

但是对于中国共产党和中华人民共和国政府是如何知晓石桥湛山，特别是在新中国成立后对石桥的认识是如何变化的研究论文，在笔者所见范围内还没有发现。为了观察中国共产党和中国政府对外国政治家石桥湛山的认识，除了分析中共中央机关报《人民日报》（石桥湛山相关文章 57 篇）和外交部主管的期刊《世界知识》杂志（石桥湛山相关文章 14 篇）等资料以外，2004 年开始公开的中国外交部档案的价值也非常高。到 2013 年为止，中国外交部档案馆已经公开了从 1949 年到 1965 年为止的 8 万卷以上的档案。据笔者了解，迄今为止还没有一篇利用中国外交部档案进行石桥湛

---

① 张健：《石桥湛山的经济思想及其在战后日本的影响》，《亚太经济》1987 年第 6 期，第 47—52 页。苑崇利：《对石桥湛山“功利”外交思想的考察》，《日本学刊》2008 年第 4 期，第 51—60 页。苑崇利：《石桥湛山和平同盟构想的研究》，《日本研究》2014 年第 3 期，第 83—88 页等。

② 安成日：《石桥湛山与当代中日关系》，《现代日本经济》1991 年第 5 期，第 25—28 页。

③ 增田弘『石桥湛山研究「小日本主義者」の国際認識』（東洋経済新報社、1990 年）。姜克實『石桥湛山の思想史的研究』（早稲田大学出版部、1992 年）。增田弘『石桥湛山：思想は人间活動の根本・動力なり』（ミネルヴァ書房、2017 年）。上田美和『石桥湛山論——言論と行動』（吉川弘文館、2012 年）。姜克實『石桥湛山』（吉川弘文館、2014 年）。松尾尊兑「日中国交回復と石桥湛山」『立命館文學』（509）、1988 年 12 月、第 1468—1485 页。姜克實「日中国交回復における石桥湛山の役割——第一次訪中をめぐって」『社會科學討究』38（2）、1992 年、第 27—58 页。增田弘『侮らず、干涉せず、平伏さず：石桥湛山の対中国外交論』（草思社、1993 年）。上田美和「石桥湛山の中国論の再検討——自己責任の視点から」『史観』144、2001 年 3 月、第 16—31 页。鹿雪瑩「石桥湛山の中国政策とアメリカ（上）戦後における石桥の中国政策」『自由思想』（127）、2012 年 12 月、第 51—63 页。鹿雪瑩「石桥湛山の中国政策とアメリカ（下）アメリカの厚い壁」『自由思想』（128）、2013 年 2 月、第 39—49 页。鈴村裕輔「石桥湛山の対中国交正常化への取り組み」『国際日本学：文部科学省 21 世紀 COEプログラム採択日本発信の国際日本学の構築研究成果報告集』（11）、2014 年 3 月、第 109—124 页等。

山相关研究的学术性成果。

笔者在收集到的中国外交部档案中找到40卷与石桥湛山相关的档案。其中13卷是档案题目中有石桥湛山名称的，其余的27卷则为日本政要与从日本到中国访问的代表团见面的会谈记录，或统筹中国对日工作的廖承志等对日工作人员与日本相关人士的往来信件中提及的关于石桥的相关信息。因此笔者希望通过以中国外交部档案和《人民日报》《世界知识》为中心的中方史料，分析中国共产党和中国政府对石桥湛山认识的形成与演变过程。

## 一、初识与误解（1946—1951年）

石桥湛山在战前就长期反对日本政府在外扩张殖民地和势力范围之行为。[①] 石桥在战前和战争期间的这些言论，还引起了盟军的注意。[②] 在笔者对《人民日报》中石桥湛山相关报道的调查中，发现《人民日报》中最早提及石桥，是在1946年5月30日《吉田反动内阁组成　日报预测新阁命运不长》一文中。该文是对5月22日正式组阁的吉田茂新内阁进行的报道，因为石桥湛山当时担任新内阁的大藏大臣，所以报道中也提到了石桥及他当时作为自由党党员与东洋经济杂志社社长的身份，除此之外并无具体介绍。[③] 可以说在1946年5月这一阶段，中国共产党对石桥湛山并没有过多的关注。

如果说1946年《人民日报》的报道只是未关注到石桥湛山其人，那到了1951年，《人民日报》对石桥的报道则出现了重大的误解。因为石桥与驻日盟军总司令部（GHQ）的意见不合，所以1947年被盟军以在大战中有支持战争的言论为名“整肃”并解除其公职。虽然GHQ所用的名义为莫须有，但当时这些具体情况在日本也是广为人知的。而GHQ对其解除公职所用的名义是石桥在战争期间在《东洋经济新报》等杂志上写的文章中有支

① 增田弘『石桥湛山』（ミネルヴァ書房、2017年）、第45—110页。

② 姜克實『石桥湛山』（吉川弘文館、2014年）、第131—132页。

③ 《吉田反动内阁组成　日报预测新阁命运不长》，《人民日报》1946年5月30日。

持战争的倾向，所以不明内情之人很容易产生误解。①

1951 年正是石桥被解除整肃之年，《人民日报》所关注的也并不是石桥其人，而是美国大规模解除日本政界财界法西斯分子的整肃之决定。所以 6 月 19 日的文章基本上都是从批判的角度批评美日两国政府之行为，评论“美日反动派密谋已久的大规模解除日本军国主义分子的整肃的计划，即将开始实行。吉田反动政府在美国占领军总部的支持下，在十五日的内阁会议中决定了两项关于对军国主义分子解除整肃的法令，并于当日公布实施。一项法令是修改整肃令，放宽原来禁止被整肃者担任公职的规定，将扩大撤销原先的整肃范围。以前被列入整肃之列的‘大政翼赞会’‘翼赞政治会’等战时团体的地方支部的人员，经济界和评论界的法西斯分子、东条推荐的议员、在乡军人会会员、法西斯团体‘武德会’会员等，都将被从整肃范围内撤销。另一项法令是设置一个委员会，重新审查被整肃者的名单，以便大批解除他们的整肃处分”。虽然将被解除整肃之人中的 73 名主要人员均定位为“重要法西斯分子”，当然其中也包括本次被解除整肃的石桥，但对他的介绍只为“前藏相（财政大臣）”。②

但到了日本政府正式宣布解除整肃之后的 6 月 24 日，《人民日报》的批判论调进一步加强，认为“这是美国侵略者违背波茨坦公告、阴谋起用日本法西斯分子的又一严重措施。这次被解除整肃的军国主义分子共计六万八千九百多人”，并担心“他们在被解除整肃以后，将可担任任何公共职务，公开为美国侵略政策服务”。对于被解除整肃的石桥湛山的介绍则改为“罪行昭著的法西斯分子前藏相石桥湛山”。③ 这“罪行昭著的法西斯分子”定义的依据，文章中并没有言及，所以笔者也无从推测，但此定义与战前到战时石桥的言论可谓相差甚远。可以说当时的中国共产党，或者说人民日报社或新华社的报道人员中没有对当时日本的政治家石桥湛山深入了解之人。

---

① 增田弘『石桥湛山』（ミネルヴァ書房、2017 年）、第 230—242 页。

② 《美帝国主义指使吉田反动政府　将大规模解除法西斯分子整肃》，《人民日报》1951 年 6 月 19 日。

③ 《美帝国主义指使日本吉田反动政府　非法将近七万名军国主义解除整肃》，《人民日报》1951 年 6 月 24 日。

## 二、再认识与怀疑并立（1952—1954 年）

被解除整肃的石桥湛山恢复了其自由党党员的身份，积极参加政界财界的活动。之后中国对石桥的关注则是在莫斯科国际经济会议的准备阶段，当时一些日本的政界和工商界人士组建筹备委员会组织日方人员参加会议。中国政府当时对于莫斯科国际经济会议十分重视，也考虑在会议期间与日本代表团接触。同时，解除整肃后的石桥湛山，频繁与帆足计（前绿风会参议院议员，其后成为社会党众议院议员）接触并讨论莫斯科国际经济会议的相关问题。1952 年 1 月，石桥湛山和北村德太郎（民主党最高委员）等 10 人收到了中国人民银行行长南汉宸关于询问有关莫斯科国际经济会议筹备问题的信件。其后，石桥和村田省藏、帆足计等一起于 1 月 17 日组建了国际经济恳谈会。①

在此形势下，《人民日报》于 2 月 7 日以转载新华社报道的形式，介绍了日本国内关于莫斯科国际经济会议的相关动向："1 月 27 日，世界经济委员会（此名称有误，正式名称为国际经济恳谈会）的代表们和关西地方的工商界人士在大阪举行会议。（中略）会议结果都赞成日本代表参加莫斯科的经济会议。据宣布，平野义太郎、村田省藏、石桥湛山、加纳久朗、北村德太郎、名和统一等都已同意参加会议。（中略）新闻界屡次报道：日本外务省不肯发给日本代表的护照。如《朝日新闻》1 月 29 日称：政府认识到这种公然的禁止将会引起对于政府的强烈抗议，因此它便打算'说服'北村德太郎以及其他被邀参加会议的人不要参加。但是村田省藏、石桥湛山、北村德太郎等是一定要去莫斯科参加会议的。"② 2 月 19 日《人民日报》继续对此事追踪报道，称在日本政府特别是外务省的多方阻挠下，日

① 上田美和『石桥湛山論——言論と行動』（吉川弘文館、2012 年）、第 272 页。

② 《日本和平组织和工商界人士积极进行筹备工作　准备参加在莫斯科举行的国际经济会议》，《人民日报》1952 年 2 月 7 日。

方相关人士仍表示将参加会议，其中就有石桥湛山。[①]《人民日报》对此问题的报道，可以看出此时已经开始修正对解除整肃之时的石桥给予的法西斯分子的批判。

2 月 13 日，日本《朝日新闻》报道了石桥湛山和村田省藏两人决定放弃去莫斯科参加会议之打算的消息，[②] 而 2 月 19 日《人民日报》的报道在没有确认最新情况之下，仍然根据 18 日新华社援引法新社消息的报道称，“据《东京时报》透露，日本政府方面人士，尤其是外务省次官井口贞夫，曾竭力想劝阻日本实业界代表人士，叫他们不要到莫斯科去参加国际经济会议，该报指出：日本实业界代表人士村田省藏、北村德太郎、石桥湛山和加纳久朗仍然要去参加会议”。[③] 从以上报道来看，当时的人民日报社和新华社可能没有精通日本政情并能及时了解日本最新信息的报道人员。

尽管如此，此时中方也并没有因为石桥表示要参加莫斯科国际经济会议就完全摆脱对其的怀疑态度。因为 1952 年“旧金山和约”的生效和“日台条约”的签订，中国与日本之间短期内不能建交的情况已成事实。在此情况下，中国政府制定了对日政策的总方针，即“发展中日两国人民之间（不是政府间）的友好关系，孤立美国，间接地影响日本人民，给日本政府以压力，迫使日本改变对中国的关系，逐步实现中日关系正常化”。[④] 由此可知中国政府希望以改善中日关系来孤立美国，所以对美国政府和日本军国主义分子的联合相当戒备。

1952 年 8 月 28 日，吉田茂首相突然解散众议院，日本政局剧变，全面关注大选。关于本次选举，《人民日报》9 月 7 日撰文分析称“日益高涨的日本人民争取和平、独立与民主的运动，迫使吉田政府不能按照其美国主

① 《国家经济会议筹备委员会发表声明　欢迎各国参加会议促进国际贸易　日本工会和科学界人士、实业界人士不顾政府阻挠正积极筹备参加会议》，《人民日报》1952 年 2 月 19 日。

② 「モスクワ行を断念　石桥・村田の両氏　モスクワ経済会議」『朝日新聞』1952 年 2 月 13 日。

③ 《国家经济会议筹备委员会发表声明　欢迎各国参加会议促进国际贸易　日本工会和科学界人士、实业界人士不顾政府阻挠正积极筹备参加会议》，《人民日报》1952 年 2 月 19 日。

④ 张香山：《新中国成立初期党中央制定的对日政策和活动方针》，张香山：《中日关系管窥与见证》，北京：当代世界出版社，1998 年，第 225—227 页。

子的希望，完成大规模重新武装的计划，最后并迫使吉田政府提前解散自由党占多数的国会。这种情形使美国占领者大感恐慌。因此，美国占领者正在指使另外一小撮臭名远扬的军国主义分子积极参加大选，以便在必要时用来接替吉田政府。据悉，筹划和主持这个阴谋的是美国驻日大使墨菲。他正在布置将来使自由党的鸠山一郎、石桥湛山集团，改进党的重光葵、芦田均集团和社会党右派的三轮寿壮、西尾末广、松冈驹吉等‘重整军备派’组织联合内阁”。如此，该文将石桥湛山列为协助美国的“重整军备派”，并认为“美国占领者显然对重光葵集团在大选中所能骗取的选票票数，仍不敢给予过高的期望。因此，墨菲正在计划拼凑一个由各反动政党参加的所谓‘重整军备派’的联合内阁。美国占领者的这种阴谋是欺骗不了日本人民的。日本人民在这次大选斗争中，正在为打倒自由党和改进党的重光葵和芦田均集团而斗争”。可以看出，该文显然是将石桥湛山作为“重整军备派”的一员视为日本人民的敌对面了。[①]

《人民日报》进而在两天后的9日对为鸠山一郎派的石桥的行为又做了如下报道，使其人民公敌的形象更为加深。

> 据共同社透露，日本财阀希望在大选中产生“一个和共产党划清界限的保守政权”。而他们心目中的保守政权的组成者就是现在执政的自由党。共同社说，“可靠人士”二日透露，“一群日本大企业家代表”正在“政治舞台幕后秘密活动”。他们“保证在即将举行的大选中全力支持自由党”，并“答应在财政上支持自由党，以使日本共产党不能得逞”。前藏相（财政大臣）、自由党鸠山一郎集团的主要人物石桥湛山已向日本财阀集团提出向自由党“捐献”一亿五千万日元的“竞选基金”的要求，“这些日本企业家表示一致同意给自由党以全力支持”。同时，财阀集团也正以“财政援助”为手段，对自由党施行压力，促使自由党内部吉田和鸠山一郎这两个集团在大选中采取一致的步调，以避免削弱自由

① 《美国阴谋必要时利用重光葵等接替吉田》，《人民日报》1952年9月7日。

> 党的力量。上述“可靠人士”说，“这些大企业家答应给予财政援助还有一个条件，那就是自由党必须弥补吉田和鸠山一郎两派间的裂痕，以争取全国的选票”。共同社透露，财阀集团在大选中“全力支持”自由党的目的在于使自由党“再握政权，稳定政局”，并“维持经济现状”。这就是继续对外从属于美国资本，对内是镇压人民，摧毁和平工业。日本财阀所希望于自由党的，就是继续维持这样的违反日本人民利益的局面。①

进入1954年，由于两次中日民间贸易协定的签署，以及中国政府开始协助滞留中国的日本侨民回国事项所达成的协议等，都带来中日关系的逐步缓和。② 特别是1954年底，日本政局剧变，吉田茂政权岌岌可危之时，由于石桥湛山参加反吉田的“新党”的筹备工作，而被自由党除名。这些日本政局的动向，也为北京所关注。同年11月12日的《人民日报》对反吉田“新党”进行了报道，介绍“自由党内反吉田集团的首脑人物鸠山一郎和改进党总裁重光葵在十日举行会谈后，发表联合声明正式宣布将在十一月二十三日组成一个反对吉田的保守‘新党’。参加鸠山和重光会谈的还有日本自由党代表三木武吉等其他‘新党’运动首脑。鸠山和重光的联合声明标志着执政的自由党以及保守党派的再度公开分裂，加深了动荡不安的日本政局的危机。‘新党’分子的这个决定，是在自由党在八日开除了‘新党’筹备工作负责人石桥湛山、岸信介的自由党党籍以后做出的。自由党的这个措施原来是要借此镇压‘新党’运动的。在这以前，自由党亲吉田集团曾进行过紧张的幕后活动，企图阻挠‘新党’的筹备工作，拖延到吉田从美国带回‘资本’以后，夺回‘新党’的领导权”。③ 这显然是将石桥湛山看作反吉田势力的先锋力量进行报道。

从《人民日报》对石桥的这些报道中，可以看出当时的中国共产党和

---

① 《日本财阀支持自由党竞选　希望继续推行反动的政策》，《人民日报》1952年9月9日。

② 林连德：《当代中日贸易关系史》，北京：中国对外经济贸易出版社，1990年，第1—15页。

③ 《日本组成反吉田的保守“新党”》，《人民日报》1954年11月12日。

中国政府对日本的政情、政治家的了解并不深入，一些报道的用词也比较激烈。根据不同的事件在报道中有贬有褒，也可以看出这一阶段中国共产党并未给石桥湛山定性。

## 三、关注并评价日本通产大臣石桥湛山之言行（1954—1956 年）

1954 年 12 月 10 日，鸠山一郎内阁正式组成，石桥湛山担任通商产业大臣，之后重视对日民间交流、贸易交流的中国政府对石桥的关注也日益增强。如《人民日报》在鸠山内阁正式组阁的报道中，对石桥担任通产大臣的介绍为："前自由党反吉田派、日本国际贸易促进协会发起人之一石桥湛山任通商产业相。（中略）通商产业相石桥湛山强调要尽最大努力促进对外贸易。"[①] 即强调了其曾为日本国际贸易促进协会发起人之身份，并期待以石桥就任通产大臣之机推动中日贸易的进一步扩大。

随着中日经济往来的逐步深入，中国政府对日本的政治及经济情况的关注也日益加强。关于日本情况的分析性文章也逐渐专业化，如中国外交部主管的《世界知识》杂志在 1956 年 2 月就发表由日本问题专家庄涛署名的《1956 年日本局势的展望》一文，对当年日本的内政、外交、经济发展趋势进行了全面的分析。其中，关于日本的经济情况分析为：1954 年下半年以来日本紧急情况的好转，并不是在健全的基础上进行的，因而也是极不稳定的。如果资本主义市场发生变动，就将给日本经济以严重的影响。所以日本政府的通商产业大臣石桥湛山在去年 11 月 27 日接见记者时说："如果海外繁荣开始减退，日本也会跟着萧条起来。"从庄涛中共中央对外联络部高级干部之身份来看，当时中国共产党相关部门已经对石桥的言行逐步熟悉，并把石桥的言论作为分析日本经济的材料之一了。[②]

在鸠山内阁成立以后，中日两国签署中日渔业协定和第三次民间贸易

---

① 《鸠山组成日本民主党内阁》，《人民日报》1954 年 12 月 12 日。

② 庄涛：《1956 年日本局势的展望》，《世界知识》1956 年 2 月 15 日，第 15—17 页。

协定，两国关系进一步发展。而在第三次民间贸易协定谈判中，中日两国互派民间贸易代表的问题没能得到解决，这也成为中方希望推进中日关系的一个新焦点。① 为了进一步扩大两国民间交流和贸易交流，中国政府更为关注日本政府内部的对华言论。特别是作为通产大臣的石桥湛山，其言论在政府内部也已经受到关注。笔者在已经公开的中国外交部档案中发现了一份名为《日本政府对中日互派民间贸易代表的看法》的档案，虽然该档案中没有材料的制作机关和派发的范围，但从书写方式来看，可以认为其是1956年5月派发给当时党政外交、外事、贸易相关部门与相关领导干部参考的总结性资料。在只有两页的材料中，共有三处提及石桥湛山的言论，如下：

> 【日本电台22日18点半华语广播】石桥通商产业相22号在内阁会议完毕后向新闻记者团表明：日本应该承认中华人民共和国民间通商代表团设置在日本。他说，中华人民共和国民间通商代表团要设在日本一事，是最近日中两国之间重要话题之一。日本政府虽然不能承认他们设立具有任何外交特权的代表团在日本，但是日本政府原来想要积极促进日中贸易，所以对于中华人民共和国有关日中贸易的民间代表来访日本一事，日本政府应该给予一切便利。关于这个问题，日本政府已于22号在内阁会议决议要由外务省以及自由民主党负责加以检讨，来决定应付方策。
>
> 【共同社东京22日电】通商产业相石桥于21日在内阁会议上发言说应该准许共产党中国贸易代表驻在日本。目前共产党中国代表是以和普通旅行者一样的入境签证入境而只准许停留6个月的，共产党中国曾经提出要求，希望以外交官资格加以承认。但

① 林连德：《当代中日贸易关系史》，第23页。山影統「中国の対日経済外交と廖承志の役割——実務統括・政治的調整・象徴」王雪萍編著『戦後日中関係と廖承志——中国の知日派と対日政策』（慶應義塾大学出版会、2013年）、第75—106页。杉浦康之「知日派の対日工作——東京連絡事務処の成立過程とその活動を中心に」王雪萍編著『戦後日中関係と廖承志——中国の知日派と対日政策』（慶應義塾大学出版会、2013年）、第135—196页。

是，因为不能把尚未恢复邦交的共产党中国代表作为外交官予以承认，所以日本打算准许以民间贸易代表身份驻在日本。

**通商产业相石桥的谈话**

共产党中国的贸易代表目前没有获准驻在日本，入境也很难，我以为光限于贸易问题，准许其以民间代表身份驻在日本是无妨的，所以我今天曾在内阁会议上发言说应该承认他们有这种资格。

【法新社东京22日电】日本通商产业相石桥湛山今天表示日本政府愿意同意让共产党中国在日本设立贸易代表处。他说：虽然日本政府不能同意交换代表北京政府的官方贸易代表团，也不能同意互派外交使团，但是对于共产党中国似乎基于希望在这里设立的非官方贸易代表团，政府应该给予"特别权力"，但是不是外交性质的。

石桥湛山说：为了增加同大陆中国的贸易，政府将考虑给予这些特权。根据这些特权，中国的贸易代表们将不必每隔六个月就去延长一次签证，也不要按指印。他又说，通商产业省实际上正在同外务省和法务省进行交涉以就这个问题做出最后决定。①

其后《人民日报》也于6月26日发表题为《石桥湛山认为日中贸易关系应当紧密起来》的文章，对石桥湛山有关中日贸易的言论进行了如下详细的介绍。

日本通商产业相石桥湛山今天在"日本经济新闻"上发表评论说：从历史上看来，日本和中国大陆的经济关系必须紧密起来，今后日本仍然要采取这种方针，这是不可避免的，同时对于中国人民也是有同样利益的。

石桥这篇评论的题目是"促进日中贸易"。其中还说，日本多

---

① 《日本政府对中日互派民间贸易代表的看法》，1956年5月22日，中国外交部档案，105-00337-01。

> 数的工商业人士都认为日本同中国大陆继续传统的经济关系是个死活问题，当然，日本政府也不能采取忽视这种切实要求的政策。① 但是石桥又表示日本仍然要执行“巴黎统筹委员会”的“禁运限制”。
>
> 关于同中国互设商务代表机构的问题，石桥说：在两国邦交尚未恢复的情况下，对于中国驻日本的商务代表不能给予外交官待遇，而只能给予商务上所必需的便利。②
>
> 不久以前石桥曾在六月十日说，日本政府不能给中国代表们以外交特权，不过日本政府将“采取步骤在实际上把他们当作外交官对待。③

因为此时正是西方国家逐渐放宽对中国禁运的时期，对禁运问题尤为关注的中国政府，时刻关注着世界各国政要对放宽禁运的言论。杨道在《世界知识》杂志上撰文介绍英国放宽对华禁运政策时，也谈及了石桥的言论：英国政府这一决定，立即影响了其他国家。日本通商产业相石桥湛山表示：“日本应当像英国正在做的那样放宽对共产党中国的禁运。”④ 如此对有关禁运问题和中日贸易的石桥的言论的介绍，在 1956 年后半年中方的媒体中仍在继续。⑤

---

① 日文原文为“日本と中国地域との経済関係はきわめて古い歴史をもっている。今後もその関係を続けることは日本の多数の産業に従事するものにとってほとんど死活問題と考えられており、政府としてもこの切実な要求を無視した政策をとり得ないことはきわめて自然の理であろう”（石桥湛山「『日中貿易』を促進せよ」『日本経済新聞』1956 年 6 月 25 日）。

② 日文原文为“貿易代表の交換についても、まだ正常の国交の回復のない現状では、日本駐在の代表者に外交官待遇を与えることができないが、通商上必要なことについてはできるだけ便宜を与えるようにしたい”（石桥湛山「『日中貿易』を促進せよ」『日本経済新聞』1956 年 6 月 25 日）。

③ 《石桥湛山认为日中贸易关系应当紧密起来》，《人民日报》1956 年 6 月 26 日。

④ 杨道：《形势比人强——从英国放宽“禁运”说起》，《世界知识》1956 年 6 月 29 日，第 9—11 页。

⑤ 《日本通商产业相石桥湛山认为日本必须积极同中国进行贸易》，《人民日报》1956 年 8 月 3 日。王立中：《各国人民反对美国的禁运政策》，《世界知识》1956 年 10 月 12 日，第 7—8 页。

## 四、中国政府关注并修正对日本首相石桥湛山的认识（1956—1957年）

1956年底日本政局剧变，鸠山内阁宣布总辞职，石桥湛山开始组阁之后成为新任日本首相，《人民日报》连续两天报道了石桥组阁的情况。[①] 而其后《世界知识》杂志在1957年1月16日的一期中，除了对石桥湛山的生平进行了详细介绍之外，[②] 还发表了由夏晓撰写的分析日本政局的文章。其中除了对从吉田到鸠山再到石桥的日本政局变化的过程及影响进行分析外，还介绍了石桥战后被整肃之原因："1946年石桥曾任第一次吉田内阁的大藏（财政）相，因反对美国和吉田所坚持的金融政策和主张削减日本负担的美军占领费用，而曾被美军借故加以'整肃'，逐出政界，1951年6月始被解除'整肃'。"[③] 如此到石桥就任日本首相之时，中国的主流媒体才正式给出与1951年《人民日报》报道石桥为"罪行昭著的法西斯分子"完全相反的符合实际情况的评价。

正当中方重新认识石桥，并期待他能来中国访问改善中日关系之时，石桥首相生病的情况引来中方的高度关注。[④] 关于石桥的病情和能否恢复工作的情况，在1957年2月成为当时中方特别关心的日本政情。1957年2月27日周恩来总理接见了石桥的特使日本参议院议员辻政信，关于本次接见笔者只在记录下来的外交部档案目录中找到同年1月关于辻政信准备访

① 《石桥湛山进行组阁活动　鸠山内阁决定将实行总辞职》，《人民日报》1956年12月20日。《鸠山内阁总辞职　石桥湛山当选日本新首相》，《人民日报》1956年12月21日。

② 宛隆：《石桥湛山》，《世界知识》1957年1月16日，第32页。

③ 夏晓：《从吉田—鸠山—石桥看日本政局》，《世界知识》1957年1月16日，第13页。

④ 《石桥湛山生病　岸信介暂代首相职务》，《人民日报》1957年2月1日。《周恩来总理接见日本教职员工会教育考察团谈话记录》，1957年2月16日，中国外交部档案，105-00540-02。《石桥湛山内阁宣布总辞职　自由民主党将提名岸信介组织新阁　社会党要求解散国会重新举行大选》，《人民日报》1957年2月24日。

华之事进行汇报的一份档案[①]和2月27日辻政信与周恩来总理的谈话记录。由于前者笔者并未看到档案正文,[②] 所以这里只能用后者的谈话记录来分析。[③]

在会谈记录中，辻也曾提起，他访华之行为不是被邀请而来，而是他主动赶来的。他还向周总理表示本次出访是作为石桥湛山的密使，已访问了11个国家。从当时被定为“绝密”的这份共22页的谈话记录的内容来看，周总理对辻关于访问的11个国家的情况介绍并不关心。周总理在会谈进行到一半之时，把话题转到日本的情况上，但是对辻谈到的日本政情不置可否，而是在辻谈了一会儿之后，直接将话题切入到石桥的病情之上，问：“石桥病了，他还可以再起来吧?”辻则回答道：“一月初我出发时还很好，这次是感冒变了肺炎，年岁又大了，有些吃不消；但我想还可以再起。我是最初拥护石桥的五个人之一，我认为石桥再起可以解决中日问题，年轻的三木、河野对中国有认识，回去将劝他们俩到中国来。”对于石桥的病情，辻并没有给出与当时日本媒体报道不同的见解。

之后在辻向周总理提出希望公开发表本次谈话内容之时，周总理回答：“不晓得你怎么样发表，像上次那样引起误会不好，上一次你不是搞得很不好吗，引起了社会党要告你，中国人也不满意。当然了，你也可能是因为美国给日本政客一些钱，你也就推测我们供给社会党一些钱。但是，有什么证据呢?我可以告诉你，我们绝不会干涉他国内政，绝不会做这样的事，做这样的事没有好处，只能引起误会，你们来访的人都有护照，做买卖的人都有账，你对中国不了解，可以写信问廖（承志）、赵（安博）、肖（向

---

① 《日本自民党众议院议员辻政信等二人拟访华》，1957年1月17日—1957年1月22日，中国外交部档案，105-00549-01。

② 该档案在2012年12月以后在中国外交部档案馆中已不能阅览，因此在笔者撰写本文时未能确认其内容。

③ 关于周恩来与辻政信的会谈内容，辻本人著作（辻政信『動乱の目　アジア・アラブの指導者と語る』、每日新聞社、1958年）中也刊登了一部分。其著作中关于石桥湛山病情的部分和中国外交部档案内容相近，但在其他部分中的记录与中国外交部档案有许多出入。由于验证不易，笔者基于中国外交部档案是由中国政府的专业人员记录并保存公开之性质，认为中方的记录可信性较高，因此本文基于中国外交部档案的内容进行分析。

前）吗。他们全愿意告诉你的。不然你弄不清楚，你发表了不对头，我们反驳，这样就伤了友情了。”①

如上文看来，周总理对辻政信的言行并不信任，所以最后在关于公开发表谈话内容之时言辞也比较强烈。在史料不足的情况下，虽然不能从档案中直接确认，但笔者认为此时周恩来接见辻政信的主要目的即为从其口中确认石桥湛山的病情和其后能否再起。

就在周总理接见了辻政信的第二日，《人民日报》发表文章，就日本政局的变化进行了以下评论。

> 去年12月23日诞生的日本石桥内阁，仅仅只有两个月的寿命便宣告夭折了。新的以岸信介为继任首相的内阁，已于2月25日正式组成。新内阁除增加一名无任所相以外，全是前石桥内阁的原班人马。
>
> 这次石桥内阁的总辞职，表面上的理由似乎是石桥患病，实际上却是日本统治阶级内部矛盾深刻化的反映。石桥内阁本身，本来就是自由民主党内部派系斗争的产物。岸信介是自由民主党前任干事长，在党内一向有着比较雄厚的力量。他受到日本商工会议所会长藤山爱一郎、经济团体联合会副会长植村甲午郎以及其他钢铁、石油、化学、电气等重工业和化学工业方面大资本家的支持。他代表着日本财界当权派的利益。和岸在党内党外的力量比起来，石桥是显得薄弱的。但是去年12月石桥和岸竞选自由民主党总裁时，岸却以七票之差败于石桥。其原因就是党内和石桥派抱着不同政见的吉田派、石井派等，为了共同抵制岸派，不惜支持石桥。结果产生了包括党内各派人物的石桥内阁，其中岸派依旧占着重要的地位。因此石桥内阁的诞生，是派系斗争的产物，最后又因派系斗争而告终。石桥不仅没有缓和日本统治阶

① 《周恩来总理接见日本朋友辻政信谈话记录》，1957年2月27日，中国外交部档案，105-00540-03。

> 级内部的矛盾，反而使矛盾更为尖锐，以至最后不得不让位于岸。
>
> 由于岸派在党内党外有比较强大的实力，岸内阁本身可能比石桥内阁稳定些。但是这并不说明日本统治阶级内部的派系斗争也将稳定下来。目前日本统治阶级内部的派系斗争，是战后日本经济发展过程中依赖美国的因素和要求摆脱美国的因素相互对立和相互斗争的结果。这一斗争在战后日本民主力量日益壮大的情况下，也曾一度收敛，出现了保守政党的统一。但是随着这两年来日本国内外情况的变化和日本生产水平的提高（超过战前平均水平一倍以上），统治阶级内部的派系斗争就又剧烈起来了。[①]

显然此时中方对石桥脑溢血的病情并不了解，反而是认为其辞职的主要原因是执政党内部的派系斗争。这也有可能是由于前一日辻政信所说的石桥的病情仅为肺炎并不严重，而引起的误判。

## 五、石桥湛山逐步被确认为中国友人之过程（1957—1973 年）

岸信介上台之后，其亲美反共的言行导致了中日关系的倒退，而中日两国互设民间贸易代表处之事也被拖了下来。如此情况对热衷于扩大中日贸易关系的石桥湛山来说是一个不能容忍的事实。1957 年夏天，病情好转复出开始参加政治活动的石桥即对岸信介政权的外交姿态多有批判。[②] 而此时松村谦三和石桥湛山等人准备邀请中国对日工作负责人廖承志访日的计划也正在酝酿之中。1957 年 9 月 14 日，宫崎龙介致信廖承志，转述松村希望邀请廖承志访日，具体内容如下。

① 《从石桥湛山到岸信介》，《人民日报》1957 年 2 月 28 日。

② 增田弘『石桥湛山』（ミネルヴァ書房、2017 年）、第 304—306 页。

廖承志先生：

屡次蒙您照顾，深表谢意。

自岸内阁成立以来，岸信介的向美国偏向的言论和行动日渐露骨起来，因之在自由民主党内认为应该纠正这种过火的人也就加多。在最高干部中，石桥湛三和松村谦三等人也都在决心要修改岸信介的政策，并已开始活动。当然岸信介对此似乎也不积极表示反对。特别是在有关日本对中国关系上的方向问题，石桥和松村从开始就认为应该使增进两国友好具体化，现在两人已在自由民主党内表明这一态度。

上星期，松村谦三曾同我联系，并对我说："我（松村——笔者注）本来预定9月中去中国访问，但是在岸内阁目前的方针下，即使去北京访问也不能尽快地交换意见。若有可能，打算请廖承志先生来日，以自由地交换意见，并请同其他的自由民主党干部见面，借以促使日本保守派的对中国方针有所前进。不知廖先生是否肯来，请代为试探。"

据说，松村就您（廖承志——笔者注）来日问题已同藤三外务相和唐泽法务相会晤，当谈到能否同意您入境时，他们大为同感，并表示万事愿与方便。因此在这方面没有任何障碍。

再有关于您以什么名义来日的问题，松村说，有两种方式，哪个都可以，只想迫切征求您的意见。两种邀请方式是：

1. 作为早稻田大学的校友，由早大校长（大滨信泉）用学校名义邀请；

2. 用石桥和松村个人名义邀请。

这里已经准备，只要您表示立即可以发邀请函件。

这里的意见是：您来时同来的人员为5名左右，在9、10月间（希望尽快来访）大约在日本逗留两星期。到达东京以前的旅费由贵方负担，在日本期间的全部费用由我方负担。

请您对上述情况加以考虑后，速赐回音是幸。回信请您任意写给松村或我都可以。

宫崎龙介

9月14日①

此信不仅介绍了石桥湛山对于改善中日关系的愿望，还表示可以用石桥湛山和松村谦三个人的名义邀请廖承志访日。由此信内容也可认为，石桥本人已经同意以其名义协助推进开展中日关系的活动。而此信的中文版保存在中国外交部档案馆，虽然在此档案中笔者没有发现对此信的回信和相关领导的批示，但中方领导人已经认识到石桥开始协助中方对日工作的事实应该是不容置疑的。而正因为有这样的认识，笔者认为在同年廖承志到访东京见到石桥湛山之时，才直接表达了邀请石桥访华之意。②

其后石桥和松村都表示希望访华，但由于各种原因一直未能成行。直到1959年通过在北京的西园寺公一和日中贸易促进会的铃木一雄专务理事的协调之后，石桥才正式写信给周恩来总理表示希望访华之意。③

而中方也于接到来函之后不久即决定由廖承志回信，欢迎石桥来访。对于同意石桥访华的理由，外交部亚洲司在报告中解释为“这是日本执政党首脑人物第一次正式来函要求访问中国。石桥是代表日本垄断资本中从美国获利较少的集团以及中等资产阶级利益的人物，在自由民主党内都是反对岸信介的派系。石桥这次来信虽仍企图在承认现状的基础上进行商谈，但他主张这种关系应该逐渐改变。目前，岸信介政府日趋反动，内部派系斗争也更尖锐化，石桥如能来访，对我分化日本统治集团、促使反岸力量的联合会起到积极作用。同时，如果能保持其的反岸面目来华，对争取和影响中间群众也能起到有利作用。因此，我已决定，原则上同意石桥来我国访问”。④

---

① 《长野重右卫门等人致廖承志函》，1957年1月28日—1957年9月24日，中国外交部档案，105-00843-01。

② 《日本前首相石桥湛山希访华事》，1959年6月25日，中国外交部档案，105-00955-07。

③ 《日本前首相石桥湛山致周恩来函》，1959年6月4日，中国外交部档案，105-00669-01。

④ 《日本前首相石桥湛山希访华事》，1959年6月25日，中国外交部档案，105-00955-07。

而对于石桥在此时机要求访华之目的，中方则分析为“石桥、松村二人，早在一、二年前即曾表示愿意访华，但并未成行。现在他们迫切要求来访，估计其原因是：今年6月岸政府改组后，日执政党内部派系斗争更趋复杂，石桥派和松村派进一步被排挤，他们急于想在中日关系问题上获取反对岸信介的政治资本，并利用目前苏、美关系松动的时机前来我国。目前我同意石桥来访，将有助于扩大执政党内部的矛盾”。①

1959年9月在石桥到达中国后，《人民日报》发表评论员文章赞赏石桥访华之行为，并把石桥介绍为“石桥先生是对中国抱着友好的态度的。他担任日本首相的时期，从1956年末至1957年初，中日人民间的友好往来和经济交流，曾有一定程度的发展。以后由于岸信介追随美国执行敌视中国的政策，才使逐步建立起来的友好关系，遭到了严重的破坏。但是，中日两国是近邻，两千年来，中日人民在文化上、经济上都有着深厚的联系。岸信介敌视中国的政策，是和日本人民的利益不相容的。它不仅遭到中国人民的严厉斥责，同时也受到日本人民的强烈反对。石桥先生这次访问中国，再一次表明日本人民要求中日友好的愿望。（中略）日本岸信介集团为了依靠美国实现其向外扩张的潜在的帝国主义的野心，就不惜加紧追随美国，敌视中国，复活日本军国主义。这对日本来说是一条极为危险的道路，对远东和平和世界和平来说也是一条极为危险的道路。我们高兴地看到，石桥先生和自由民主党内的其他有识之士，是和岸信介集团有区别的，他们曾经多次表示不愿意日本再蒙受一次深重的灾难。中国人民欢迎石桥先生这次访问中国能对恢复中日友好和维护远东和平做出贡献，并且希望通过这次访问，将进一步加强中日人民间的相互了解和友谊”，② 将其定位为反岸派的中日友好人士。

关于石桥的访华，其他国家也表现出了关心，并向中国政府询问相关情况。在外交部档案中保存着一份阿富汗驻华使馆向中国外交部询问石桥访华相关信息的档案。档案中说明外交部当时口头介绍了石桥访华和与周

① 《我正式邀请日本前首相石桥湛山访华事》，1959年8月29日，中国外交部档案，105-00955-11。

② 《欢迎石桥湛山先生访问中国》，《人民日报》1959年9月10日。

恩来等中方领导会见的情况后，还将相关文件的英文版提供给了阿富汗使馆以供该国副首相纳伊姆访日时参考。其内容为“石桥湛山先生抵京后，周恩来总理除为他举行了酒会外，还接见过一次。最近几天以来，中国方面有人同他做了深谈，没有什么进展。石桥谈的许多观点都是岸信介政府的观点。我们已经把中国对日政策的基本观点同石桥谈清楚了”。[①]

石桥与中方领导的会谈之中，周恩来—石桥会谈记录基于双方同意的绅士协议至今未被公开。而廖承志与石桥湛山在 9 月 12 日至 14 日的 3 天进行的 3 次长时间会谈的记录已经在外交部档案馆中公开，根据该记录可以看出，虽然两人长时间会谈，但基本上都是各自强调本方的主张，并没有达成一致意见。[②] 同时借鉴前文中外交部对阿富汗大使馆的说明，可以说中方对与石桥的会谈并不十分满意。这也可以推测为石桥在 1959 年第一次访华时未能见到毛泽东主席的原因之一。[③]

但在其后中方对石桥的评价不仅没有下降，反而直线上升。这主要是由于石桥回国后，中国政府持续关注日本各界的反应及石桥的言行，特别对其支持中日邦交正常化，希望积极发展中日关系的言论给予了积极评价。[④] 在笔者看到的外交部档案的会谈记录中，自 1961 年开始毛泽东、周恩来等中国领导人在会见外宾时，在提及中国的友人之时，也会将石桥列入其中。如 1961 年 1 月 24 日毛泽东在接见日本社会党国会议员时就曾提到，“要分清同日本人民的关系，和同日本政府的关系，两者是有区别的。同日本政府的关系，也有不同，有主流派和所谓反对主流派，他们不完全

---

① 《章文晋司长接见阿富汗驻华使馆临时代办谈石桥湛山访华事》，1959 年 9 月 18 日，中国外交部档案，105-00669-03。

② 《廖承志与石桥湛山的谈话记录（三次）》，1959 年 6 月 4 日—9 月 12 日，中国外交部档案，105-00669-02。

③ 「きょう共同声明か　石桥・周会談」『読売新聞』1959 年 9 月 18 日。

④ 《周恩来总理与日本前首相石桥湛山会谈　公报发表后日本各方面的反应》，1959 年 9 月 20 日—10 月 1 日，中国外交部档案，105-00669-05。《石桥湛山回到东京　表示将以北京会谈公报为基础争取中日复交》，《人民日报》1959 年 9 月 27 日。《石桥湛山在大阪发表谈话　要求岸信介辞职解决中日关系问题》，《人民日报》1959 年 10 月 29 日。

一致，松村、三木、高碕、河野、石桥，这些人是我们的间接同盟军”。[①] 特别引起笔者注意的是，毛泽东与石桥首次会面是于 1963 年石桥第二次访华之时，1961 年毛泽东在上文中将石桥视为中国的间接同盟军之时两人仍未谋面。[②] 在 1963 年 1 月 23 日周恩来总理接见率团来华签订中日民间渔业协定的日中渔业协议会会长平塚常次郎之时也曾谈道：“对于我们来说，我们对于那些愿意和中国友好，不愿追随美国的人如平塚先生和河野、高碕、石桥、松村当然是欢迎和支持的，就是对于那些追随美国，对中国不太友好的人，如果他们在某个时期，讲一些对中国友好的话，向同中国友好转化一些，我们在一定程度上也是欢迎的。”[③]

如此可以看出，在 1961 年以后，石桥“中国友人”之定位已经在中国政府内部得到确定，这也是由于石桥湛山在访华之后更为积极地参加中日友好活动而得到中方信任的结果。另外，也可以认为这与石桥对于 1960 年缔结的日美新安保条约明确表示反对，并对周恩来关于亚太地区和平与安保的演讲十分感动，给周恩来写信表示“完全赞同”之意，强调与周恩来就和平同盟构想意见一致，之后对于石桥提出的“日中美苏和平同盟论”周恩来也表达了高度赞赏之意有关。[④]

这些成果也直接联系到 1963 年石桥湛山第二次访华之评价，并促成了石桥与毛泽东主席的会面。[⑤] 在 1973 年石桥逝世之时，以周恩来为首的众多中国领导人发唁电表示哀悼，中日友好协会会长廖承志、驻日中国大使

---

① 《毛泽东主席会见黑田寿男、田中稔男、松本七郎、冈田春夫四位日本国会议员谈话记录》，1961 年 1 月 24 日—3 月 6 日，中国外交部档案，105-01779-03。

② 「石桥氏、毛主席らと会談」『読売新聞』1963 年 10 月 2 日。孙平化：《中日友好随想录》，《世界知识》1985 年 9 月 28 日，第 24—25 页。

③ 《周恩来总理接见平塚常次郎谈话记录》，1963 年 1 月 23 日，中国外交部档案，105-01216-17。

④ 姜克實『石桥湛山』（吉川弘文館、2014 年）、第 200—205 页。

⑤ 《日本工业展览会下月在京开幕　石桥湛山夫妇和铃木一雄到达广州　日本工业展览团团长宿谷荣一到京》，《人民日报》1963 年 9 月 27 日。《日本工业展览会总裁石桥湛山到京　副总裁铃木一雄和平野三郎等同日到达》，《人民日报》1963 年 9 月 29 日。《周总理接见石桥湛山等》，《人民日报》1963 年 9 月 30 日。《石桥湛山拜会南汉宸》，《人民日报》1963 年 10 月 1 日。《周恩来总理接见石桥湛山》《南汉宸举行招待会欢送石桥湛山》，《人民日报》1963 年 10 月 10 日等。

陈楚也亲自参加其葬礼献花致哀。这些都足以证明中国政府对中国友人之石桥湛山的重视程度。①

## 结　语

本文主要分析了中国共产党和新中国政府对日本原首相石桥湛山认识之形成与变化的过程。通过笔者对《人民日报》《世界知识》杂志和中国外交部档案的分析，明确了以下结论。

在1951年之前，中国共产党对石桥湛山这位日本政治家并没有具体的认识，并因为其被GHQ整肃过，误解其为“罪行昭著的法西斯分子”。在石桥解除整肃，重返政坛之后的1952年到1954年期间，中国政府对其是再认识与怀疑并存。在1954年石桥开始担任鸠山内阁的通商产业大臣之后，中国政府则开始对其关于中日贸易发展和中日互换民间贸易代表处之事上的言论特别关注，并开始给予积极评价。而在1956年石桥担任日本首相之后，中方的日本问题专家开始研究石桥湛山其人之经历，并纠正了“罪行昭著的法西斯分子”之评论，对其被GHQ整肃的真正原因进行了介绍。石桥湛山因病辞职，在岸信介政权下中日关系恶化以后，由于石桥的反岸与支持中日发展经济关系等言行，中国政府逐步提高对石桥的评价，并在石桥实现访华后，逐渐评价其对中国的友好态度。1961年以后毛泽东与周恩来等中国最高领导人在接见外宾时，更是将石桥确认为中国的友人，这一评价直至石桥湛山去世。可以说在石桥就任并辞去日本首相职务之后，中方对其态度的变化，主要是石桥湛山本人对中国认识的变化以及其配合中国对日工作的一系列言行带来的。

① 《周恩来总理电唁石桥湛山先生逝世》《郭沫若副委员长电唁石桥湛山先生逝世》《中国日本友好协会电唁石桥湛山先生逝世》《中国国际贸易促进委员会电唁石桥湛山先生逝世》，《人民日报》1973年4月29日。《日本自由民主党为石桥湛山举行葬礼　田中首相等致悼词　葬礼上宣读周总理唁电》，《人民日报》1973年5月13日。

# 从日本的外交史料看廖承志的对日工作

## ——以自民党亲中派为中心

[日] 井上正也*

廖承志性格直爽且知识渊博，凭借其运用自如的“江户”日语（东京话），他曾作为中国知日派广交日本政商界人士。从20世纪50年代初期开始，廖承志就在中华人民共和国政府的对日工作中发挥了重要作用，他同时承担了在幕后实际运筹对日工作和在台前展现其作为知日派政治家作用的双重身份。

但是，廖承志并不是从中华人民共和国成立初就一直站在对日工作台前的。如山影统在论文[①]中所述，在20世纪50年代缔结日中民间贸易协定的谈判中，中方与日方谈判的主要部门是中国国际贸易促进委员会（以下：中国贸促会），而具体的谈判方针则是由以对外贸易部为中心的“贸易小组”来制定的。因此，谈判的主要负责人为南汉宸（中国贸促会主席）、雷任民（对外贸易部副部长）。而当时廖承志和“廖班”（以廖承志为中心组成的对日工作组）的主要工作是收集日本相关信息和接待日本访华团，所以廖承志直接出现在中日协商的谈判桌上的情况十分有限。

廖承志的职责发生变化，始于“长崎国旗事件”引发的中国政府宣布

* [日] 井上正也，日本成蹊大学法学部教授。

① 山影统：《中国の对日経済外交と廖承志の役割——実務统括・政治的調整・象徴》，王雪萍编著：《戦後日中関係と廖承志——中国の知日派と对日政策》，庆应义塾大学出版会，2013年，第75—106页。

“断绝”对日民间交流的决定。1958 年 5 月 2 日在日本长崎发生了侮辱中国国旗的事件，由于岸信介政府对此事的纵容及其一直以来的对华敌视，5 月 11 日中国外长陈毅正式宣布自即日起断绝中日间的通商及文化交流。中国断绝对日交流活动使两国民间外交的方式发生变化。1952 年以后，中国政府采取了“以民促官”的对日外交方针，即通过促进中日民间交流，促使日本政府改变对华政策，推进两国邦交正常化。但是“长崎国旗事件”导致中国政府决定与强化日美关系的岸信介政权断绝关系，改为与革新势力、保守党的反主流派等所谓“友好人士”加强联系。[①] 这种从“以民促官”向“断而不绝”对日政策的转变，也客观上增加了对日工作中廖承志的任务比重。由于经济文化关系的“断绝”，在幕后担任政治协调工作的廖承志开始走到前台，负责起了全面统筹中日关系的工作。

本文以 1958 年日中关系“断绝”至 1972 年日中邦交正常化这一时期为中心，从日本的角度分析廖承志的对日工作。廖承志的对日工作包括与日本共产党、社会党、各民间团体等的交往，涉及的范围非常广泛。因篇幅有限，本文主要以自民党亲中派为中心，分析 LT 贸易的建立和展开的过程。

本文重视“日方的角度”基于两点原因：一是史料原因。为了解廖承志对日工作的详情，最具价值的史料当属中国外交部档案，但其至今开放的部分只到 1965 年且数量有限。而在比中方史料公开速度更快的日本外务省档案里，有许多日中贸易谈判相关的内容，在分析廖承志和廖班动向时值得一用。而且，在笔者了解的范围内，尚未发现利用日方档案来分析 20 世纪 60 年代后半期廖承志对日工作的先行研究，尤其有关中国“文化大革命”期间中日关系和 LT 贸易的相关研究尚属空白。本文利用基于日本《信息公开法》最新公开的外务省档案，分析 20 世纪 60 年代初至日中邦交正常化这段时期中国对日工作的具体情况。二是结合中方的对日工作来分析日方的意图，以此深入了解廖承志在日中关系中所起的作用。正如本文中将

① 大泽武司：《戦後初期日中関係における“断絶”の再検討（1958—1962）》，添谷芳秀编著：《现代中国外交の六十年》，庆应义塾大学出版会，2011 年，第 94—97 页。

要论及的，当时中方已经通过分析认为社会党难以获得政权，遂开始重视对以分化保守势力为目标的自民党内亲中派的工作。另外，自民党亲中派也在与中方在《日美安保条约》和台湾问题上存在分歧的情况下，摸索发展日中关系的方法。因此，他们也寄希望于在对日政策方面具有影响力的廖承志，进而谋求各种途径接触中方领导人。60 年代以后，廖承志出现在处理中日关系的台前，是中方对日工作中廖承志的参与比重提高和自民党亲中派对通过廖承志来打开日中关系的期待的相互作用的结果。

本文第一节通过分析 1958 年中日关系“断绝”后的廖承志对日工作，来分析自民党亲中派的形成过程。第二节和第三节解析廖承志与自民党亲中派构筑 LT 贸易体制和扩大“半官半民”外交关系的全过程。第四节解析“文革”期间在廖承志不在的情况下日中关系推进的方式。第五节则主要论述日中邦交正常化过程中廖承志和自民党亲中派所起的作用。

## 一、廖承志与自民党亲中派的形成

### （一）中国的反岸信介运动

在中日关系中断后的 1958 年 7 月，中方提出了中日关系的“政治三原则”：日本政府停止反华言行；停止制造“两个中国”；不再阻挠两国关系正常化。中方还表示，在岸信介政权履行这些原则之前，将对日“继续中止一切交流”。①

中方在对岸信介政权施加压力的同时，也寄希望于与岸信介政权对抗的社会党的大众斗争运动。当时，社会党在警察官职务执行法（以下：警职法）修正案向国会提出之际展开了反对斗争。对期待法案成立的岸政权，只有少数议席的社会党以罢工、游行及包围国会等方式推行国会内外并行的斗争，成功地阻止了警职法审议的通过。在警职法审议问题上的胜利也

① 佐多忠隆参議院議員：《中国訪問の報告书》（1958 年 8 月 29 日），日中国交回復促進議員連盟编：《日中関係資料集（1945—1971 年）》（增補改訂），日中国交回復促進議員連盟，1971 年，第 221—222 页。

影响到了同年10月4日《日美安保条约》改订的谈判。因警职法斗争的成功而势力大增的社会党，又将下一个大众斗争的目标瞄准在阻止《日美安保条约》改订上。[①]

当时认为日本国内反岸气势还会持续高涨的中国政府，开始正面支持展开“安保斗争”的社会党。[②] 中方对日工作取得的重大成果，当属1959年3月社会党第二次访华团的成功访华。访华的日本社会党使节团团长浅沼稻次郎在北京发表演说，指出“美帝国主义是日中两国人民的共同敌人”，得到中方的赞赏。[③] 3月17日中国人民外交学会会长张奚若和浅沼稻次郎在北京发表共同声明指出，两国之间政治和经济问题不能分开，解决经济问题必须执行政治三原则。[④]

同时，中方亦认识到社会党上台执政的可能性相对有限，为了进一步进行反岸、反美斗争，最终还是有必要争取执政党自民党中的反主流派。[⑤] 由于警职法审议问题，在自民党内池田勇人、三木武夫、滩尾弘吉三位阁僚提出辞呈，被认为“坚如磐石”的岸信介政权之党内基础亦已经开始动摇。[⑥] 正确分析出当时自民党党内情况的廖承志，开始加强以自民党党内反岸势力为对象的工作。

给廖承志此行动提供支援的是社会党的顾问风见章。风见章也是廖承志的校友，毕业于早稻田大学，曾担任过《朝日新闻》记者、《信浓每日新闻》主笔。1930年风见章首次当选众议院议员，并在1937年担任近卫文麿

---

① 《朝日新闻》1958年10月4日。原彬久：《戦後史のなかの日本社会党》，中央公论社，2000年，第128—130页。

② 杉浦康之：《中国の“日本中立化”政策と対日情勢認識——日本社会党の訪中と日本国内の反米・反岸闘争の相互連鎖（1958年6月—1959年6月）》，《近きに在りて》56号，2009年11月，第56—57页。

③ 古川万太郎：《日中戦後関係史》（新装版），原书房，1988年，第170—171页。

④ 《日本社会党訪中使節団団長浅沼稲次郎と中国人民外交学会会長张奚若との共同コミュニケ》（1959年3月17日），日中国交回復促進議員連盟：《日中関係資料集》，第116—118页。杉浦康之：《中国の“日本中立化”政策と対日情勢認識》，第59—60页。

⑤ 杉浦康之：《中国の“日本中立化”政策と対日情勢認識》，第60页。

⑥ 伊藤昌哉：《池田勇人その生と死》，至诚堂，1966年，第50—53页。

内阁书记官长（官房长官），但他最终也没能阻止日本扩大侵华战争。[①] 二战后在在盟军占领日本时期，被解除公职的风见于 1951 年得以解除“整肃”（1946 年 1 月起美国占领当局发动和领导的对日本战争参与者及参与团体的追查和惩治行动）。由于他本来就有信仰马克思主义之倾向，其后就开始积极参与策划日中友好活动。风见本人也于 1953 年和 1957 年两次访华，并在日本国际贸易促进协会（以下：国贸促）成立时起到了核心作用。另外，曾与风见同为近卫内阁智囊的西园寺公一接受廖承志的邀请，于 1958 年 1 月以“民间大使”的身份移居北京之时，风见也给他提供了一些帮助。[②]

虽然意识形态和党派不同，但风见与同为早稻田大学毕业并由记者转而成为政治家的石桥湛山、松村谦三二人从战前就是至交。所以，忧虑当时日中关系的风见积极推动二人参与改善日中关系的活动。[③]

## （二）石桥湛山访华与廖承志

中方希望邀请石桥访华的意向传达给石桥本人是于 1959 年 1 月。当时日中贸易促进会专务理事铃木一雄经宇都宫德马引荐与石桥会面，向他转达了中方的意向。[④] 但石桥当时表现慎重。他警惕在国内反岸情势愈发明显之时，在准备不足的情况下访华，会进一步加剧日本保守势力的分裂。所以，石桥于 6 月 4 日给周恩来的信中，表达了如果中方承诺以下条件才同意访华之意向。

1. 中华人民共和国和日本（以下称两国）如同一个国家一样

---

① 其担任内阁书记官长时期的个人回忆录，参见风见章：《近衛時代》，中央公论社，1982 年。

② 須田禎一：《日中問題に生涯をかけて——风见章の人と思想》，《世界》207，1963 年 3 月，第 271 页；須田禎一：《风见章とその時代》，みすず书房，1965 年，第 5 篇。

③ 古川万太郎：《日中戦後関係史》，第 173—174 页。具体时期虽然不明，但据说西园寺公一也曾就石桥和松村“访华的事宜热心地向中国政府提议”。王泰平：《〈日中国交回復〉日記——外交部の〈特派員〉が见た日本》，福岡愛子訳，勉诚出版，2012 年，1970 年 9 月 1 日的部分（第 33 页）。

④ 姜克实：《晩年の石桥湛山と平和主義》，明石书店，2006 年，第 22 页。

> 团结一致，拥护远东和平，促进世界和平，并以此指导一切政策。
>
> 2. 为了达到上述目的，在经济、政治、文化方面，尽可能消除国界的障碍，自由地互相交流。关于具体方法，根据情况由两国协商决定。
>
> 3. 两国互相尊重和苏联、美国以及其他（国家）已有的关系，不求立刻变更。但是，要尽可能地努力使这些关系有利于上述目的的实现。其具体办法由两国诚恳地协商。①

后来被称为“石桥三原则”的这些条件，是针对中方“政治三原则”而提出的。这是石桥站在保守政党的立场上，对以改变日美关系作为改善日中关系为前提的中方主张提出的异议。然而，对旨在构筑反美统一战线的中国政府来说，虽然期待石桥访华的政治效果，但也不可能接受“石桥三原则”。廖承志在8月20日给风见的书简中曾做了如下说明：

> 石桥湛山先生打算访问我国之事，周恩来总理表明欢迎，亦已同意石桥先生于9月初来华访问十天。在此，将邀请信一并送去。若松村谦三先生打算同行，周总理也将正式发出邀请。我们邀请两位先生来华的目的，在于向他们说明我们对日本政府的政策和对岸信介政府现持的态度所采取的基本政策。我们将坚持张（奚若）、浅（沼稻次郎）共同声明的原则立场，绝不后退一步。请向朋友们转达我们的意见。②

如上，廖承志起到了对石桥传达中方主张的作用。9月7日从日本出发的石桥到达北京之后，未能立即与周恩来会见，而是与廖承志围绕政治原则进行了三次“预备会谈”。在12日早晨的第一次会谈中廖一直都在进行

① 石桥湛山：《石桥湛山全集》第14卷，东洋经济新报社，1970年，第424—425页。《日本前首相石桥湛山致周恩来总理函》，1959年6月4日，中国外交部档案，105-00669-01。

② 《风见章宛廖承志书简1959年8月20日》，《廖承志文集》编辑辦公室编：《廖承志文集》（下），安藤彦太郎監訳，德间书店，1993年，第434—435页。

"岸批判"。具体就是根据岸信介对日中民间贸易的态度和岸访台时的发言来批评岸政权的对华"敌视政策"。对此，石桥反驳称"岸只不过是去美国时说美国人爱听的话，在去台湾时说台湾人爱听的话，他并没有进行敌视中国的言论"。①

次日早晨的第二次会谈双方也仍然各自主张各自的意见。廖批判美国的中国政策，进而谴责岸企图制造"两个中国"的阴谋。对此，石桥表示"在中国自己还没有解决台湾问题以前，日本由于有过去的情分，所以不能从日本方面要求和台湾断绝关系"。② 14 日早晨的第三次会谈，他们继续就美在日军事基地问题进行了激烈的交锋。石桥表示："我们想方设法同中国建立友好关系，但不能马上和美国及台湾断绝关系。"最后廖和石桥之间没能达成共识，以将把会谈内容向周恩来进行汇报结束了此次谈话。③

石桥见到周恩来是在 16 日的傍晚。与和廖的会谈相比，石桥与周恩来的会谈可以说是在轻松的气氛中进行的。因有"绅士协定"，会谈记录至今仍未公开。④

但是，日中双方见解的分歧，直至最后共同声明起草时一直未能消除。正如姜克实的研究所示，中方当初以批判岸作为基调，在日本政府不参与制造"两个中国"阴谋和"政经不可分"原则上，提出了表面上双方意见一致的共同声明案。对此，石桥以自身阐述的宗旨完全没有被体现出来，要挟中止谈判甚至声称要回国。结果，最后虽然石桥同意将"政经不可分"加入共同声明之中，但关于岸政权的"敌视中国政策"和"两个中国"阴谋的内容则以双方的意见同时记入的形式得以解决。⑤

① 《廖承志同志和石桥湛山的谈话记录》，1959 年 9 月 12 日，中国外交部档案，105-00669-02。

② 《廖承志同志和石桥湛山第二次的谈话记录》，1959 年 9 月 13 日，中国外交部档案，105-00669-02。

③ 《廖承志同志和石桥湛山第三次的谈话记录》，1959 年 9 月 14 日，中国外交部档案，105-00669-02。

④ 姜克实：《晚年の石桥湛山と平和主義》，第 32—34 页。姜克实以和石桥同行的宇都宫德马的演讲为基础，对在该会谈中石桥提出的"日中美苏和平同盟"构想加以论述。

⑤ 姜克实：《晚年の石桥湛山と平和主義》，第 35—36、46—66 页。

如此，希望以提出“石桥三原则”来达成日中和解的石桥，通过与廖承志的“预备会谈”，痛感到中国的对日不信感之强。归国之后的石桥，在非公开场合虽然表达过对中国政府政治姿态的不满，① 但在官方场合一贯坚持希望打开日中关系的主张。

## （三）松村谦三访华与廖承志

如前文廖承志发给风见章的信函中写道的，中方邀请石桥的同时也在邀请松村谦三访华。松村战后与中国方面的首次接触是1955年12月与访日的中国科学院院长郭沫若的会面。被郭沫若邀请访华的松村，在1956年12月石桥湛山政权成立后，自己就下定决心访华。据说松村向石桥提议希望由自己负责中国问题，而美国则派遣高碕达之助去，以此调整对美、对华关系。② 但是，松村的访华构想却因1957年2月石桥因病辞职而未能实现。岸信介政权成立后，松村成为自民党党内反岸势力的先锋，在1959年1月自民党总裁选举中，松村是作为岸的竞争对手而参选的。③

中方十分重视自民党党内反主流派的中心人物松村。廖承志在1957年12月访日之际，曾与松村在石桥湛山的宅邸会面。据说那时松村与早稻田同窗的廖相谈甚欢。④ 正因为那次会面的契机，1959年夏天廖承志通过多个渠道推动松村访华。⑤ 在收到中方邀请后，松村秘密派遣企业家堀池友治访华与廖承志就其访华事宜进行了协商，并通过堀池收到了周恩来的访华邀请函。⑥

不过当时松村对访华仍持谨慎态度。与重视政治成果的石桥不同，松村打算从实际业务层面重构日中关系，于是要求到中国各地参观。因此，

---

① 姜克实：《晩年の石桥湛山と平和主義》，第42—44页。

② 田川诚一：《松村謙三と中国》，读卖新闻社，1972年，第79—80页。

③ 《朝日新闻》（夕刊）1959年1月24日。

④ 田川诚一：《松村謙三と中国》，第80—81页。

⑤ 《廖承志先生宛书翰原稿（第一次訪中の件）》［1959年7月（日期不详）］，松村謙三記念馆，富山県南砺市。《廖承志宛松村謙三书翰》（1959年8月5日），松村正直编：《花好月圆——松村謙三遺文抄》，青林书院新社，1977年，第212—213页。

⑥ 堀池友治：《布衣之友》，日经事业出版社，1990年，第39—40页。

他从一开始就明确表达了没有协商并发表共同声明或协议条款的意思。① 在堀池的事先协调后，松村一行于 1959 年 10 月 18 日出发访华。访华团中有自民党的竹山祐太郎、古井喜实、井出一太郎三位国会议员，随员有田川诚一、田林政吉、堀池，翻译由高碕达之助的秘书大久保任晴担任。包括在访华之初和回国之前在北京的两次逗留，一行人在中国各地周游了长达一个半月之久。② 中方非常重视反岸势力的中心人物松村的访华，不但为访华团准备了专列，而且周恩来也与松村共进行了四次会谈。③

松村在与中方的会谈中强调了岸政权之后的日中关系。在 10 月 21 日与廖承志会谈时，松村说“岸信介内阁只是一时的，不会长远”。接着松村还谈到被认为是下届首相有力候选人的池田勇人希望让其（松村）访华，藤山爱一郎外相也希望在实现安保条约改订后访华。④ 另外，作为负责日中经济交流的人选，松村向周恩来推荐了高碕达之助。⑤ 与石桥的访华期待实现和中方领导人的政治对话不同，松村的访华将目标锁定在考察中国的经济情况，为将来的日中恢复经济关系连通渠道。通过访华，松村一行人增加了对以农业为主的中国大陆的发展形势的认识。

如此，中方希望的石桥、松村等自民党反主流派加入和社会党一样的反美统一战线未能实现，因为石桥、松村在访华时始终没有放弃自身的立场。

不过，石桥、松村等的访华成功地影响了岸政权的内部关系，并在自民党内部形成了亲中派。访华回国之后的石桥和松村，明确了要发展日中

---

① 刘德有：《時は流れて——日中関係秘史五十年》（上），王雅丹訳，藤原书店，第 390 页。

② 关于松村访华，下述著作更为详细。古井喜実、井出一太郎、田林政吉：《訪中所见》（1959 年 12 月），波多野勝ほか编：《日中友好議員連盟関係資料帆足計・中尾和夫文书——資料编》，现代史料出版，2002 年，第 629—683 页。田川诚一：《日中交涉秘録》，每日新闻社，1973 年，第 10—31 页。

③ 古川万太郎：《日中戦後関係史》，第 179—180 页。

④ 《廖承志同志和松村谦三谈话记录》，1959 年 10 月 21 日，中国外交部档案，105-00667-03。

⑤ 松村謙三：《半生のつきあい——高碕達之助君を偲ぶ》，松村正直编：《花好月圓》，第 249—250 页。刘德有：《時は流れて》，第 395 页。

关系的立场，在自民党党内相继组建了“中国问题研究会”和“日中国交改善研究会”。“中国问题研究会”以松村和井出一太郎为中心，以三木·松村派和池田派为主体。“日中国交改善研究会”则是以石桥派的宇都宫德马为中心。① 自民党亲中派与廖承志的联系，成了重组日中关系的最大原动力。之后，随同松村访华的古井喜实、田川诚一、大久保任晴等则成为在60年代LT贸易机制的中坚人物。

## 二、LT贸易的建立

### （一）高碕达之助访华与未能实现的廖承志访日

1960年1月日美新安保条约签订后引发日本国内大规模反对，6月岸内阁被迫下台，7月池田勇人政府成立。其后，中方试图再次缓和对日关系。1960年8月27日周恩来接见来访的日中贸易促进会专务理事铃木一雄，重申两国政府的“政治三原则”的同时，提出中日“贸易三原则”：政府协定、民间合同、个别照顾。即一切协定今后必须由双方政府缔结；在政府协定未能订立而条件成熟时，可以签订民间合同；日本中小企业有特殊困难，今后还可以继续照顾，并且根据需要，数量也可以增加一些。② 中方提出“贸易三原则”的背景是其严峻的国内外形势。在中国国内，由于“大跃进”的政策失误导致国民经济濒临崩溃。在中国经济处于深度困境之时，中苏关系又出现恶化。1960年7月苏联突然单方面决定撤回在华苏联专家和停止新贸易协定谈判的行为，造成中苏贸易的骤减，这种情况提高了日本作为苏联市场代替者的价值。③

但是，这并不表示中方无条件地接受中日贸易关系重启。中方采取的

① 《朝日新闻》1960年3月2日。

② 《中华人民共和国周恩来総理と鈴木専務理事との会談記録正文》，《石桥湛山文书》，国立国会图书馆憲政資料室（整理番号693-102）。

③ Lorenz M. Luthi, *The Sino-Soviet Split: Cold War in the Communist World*, Princeton UP, 2008, Ch. 5.

是“友好贸易”的方式，即同意中方的政治条款且被日中贸易促进会或日本国际贸易促进协会以友好商社名义推荐的日本企业，才可以加入到贸易中来的一种制度。如此，中国政府可以继续拒绝与日本进行政府间的接触，同时通过友好商社实现对日贸易的重启。

看到中方对日态度之转变，日方也逐渐为实现日中贸易重启而行动起来。这一活动的中心人物为高碕达之助。从商界进入政界，在鸠山内阁中担任过经济审议厅长官的高碕达之助，在1955年第一次亚非会议（万隆会议）上曾经以政府全权代表的身份与周恩来会晤，那时他也曾与廖承志会面。[①]

之后，在岸内阁中担任通商产业大臣的高碕，曾尝试以进口中国漆产品为契机促成日中民间贸易重启却未果。[②] 1959年6月卸任通产大臣以后的高碕给廖承志寄去书信，提出访华的请求，并希望与周恩来会谈，以及参观中国东北地区的重工业设施。[③] 但那时高碕没有得到中方的回应，其原因可以推测为当时他尚未得到期待政治效应的中国政府的重视。

中方后来接受高碕访华，与上述松村谦三的推荐有很大关系。1960年10月，高碕率领日本贸易代表团访华。代表团此行主要是希望通过日中贸易的重启来重新构筑“积累”方式的贸易，这一点从访华团以钢铁、纺织、化学、造船业为主的企业家的人员构成上也可以看出。当然，高碕也明白要实现日中经济关系的重启，政治方面的协调不可或缺。访华前，被认为是高碕所写的笔记中议题的第一项里有“在总选举后邀请廖承志访日”的记载，[④] 这说明高碕早已把目标对准了在中国对日政策上具有影响力的廖承志。

---

① 高碕達之助：《十三年ぶりの満州》，高碕達之助集刊行委員会编：《高碕達之助集》（下），东洋制罐株式会社，1965年，第178—179页。

② 《朝日新闻》1959年1月18日。

③ 《廖承志宛高碕達之助书翰》（1959年7月20日），《高碕達之助文书》（管理番号57），公益財団法人東洋食品研究所，兵庫県川西市。

④ 《訪中議題》［日期不详］《高碕達之助文书》，公益財団法人東洋食品研究所（管理番号57）。

此外，高碕在访华之际，向中方强调了他与池田政府的合作关系。高碕的秘书大久保任晴就曾写信告诉廖承志的部下孙平化，“高碕先生一直与政府外交关系的首脑保持着接触，慎重地关注国内政局的发展”，“且他尽量将自己的方针与政府的方针相统一，希望取得政府在某种程度上的认可之后访华”。[①]

访华期间，高碕于10月12日和周恩来会谈时提出重启政府间贸易协定的建议，并邀请廖承志访日。随后他还提议双方就渔业协定、记者互访、互通航班等一系列协定进行谈判。但是，中方以贸易协定、渔业协定应该由具有“双方政府代表资格”的人进行谈判为由拒绝了高碕的提议，并表明廖承志也不可能访日，而是必须首先由日方派出“大臣级别的人物”访华。[②]

之后，高碕乘坐专列考察了哈尔滨、长春、沈阳等东北地区，并在返回北京后于10月23日再次与周恩来举行了会谈。但这次会谈也未见成果。最后，高碕希望以“个人的立场”邀请廖承志访日，对此周恩来表示将会考虑。[③]

高碕第一次访华没有取得实质性成果，但他之后以亲中派为中心继续寻求邀请廖承志访日的可能性。归国之后的高碕在众议院选举结束后的12月12日给廖承志寄了一封信，谈及邀请廖承志访日的事宜已与池田政权外相小坂善太郎协商，其结果为“小坂也非常高兴，（中略）以民间的形式邀请，名称、规格等其他相关事宜正在和有关人员协商”。[④] 1961年1月，赴

---

① 大久保任晴：《高碕先生訪中時期に関する件》（1960年8月28日），《高碕達之助文书》公益財団法人東洋食品研究所（管理番号57）。

② 《周・高碕会談記録第一回会談》（1960年10月12日），情報公開法に基づく日本外務省開示文书（2002-175）［以下：日本外務省情報公開，（）内为公开请求号码］。

③ 《周・高碕会談記録第二回会談》（1960年10月23日），日本外務省情報公開（2002-175）。

④ 《廖承志宛高碕達之助书翰》（1960年12月12日），《高碕達之助文书》，公益財団法人東洋食品研究所（管理番号57）。

美与民主党权威人士就中国问题面谈的高碕，[①] 在归国后的 2 月 4 日，与池田首相、松村谦三协商之后，决定以三人名义联名邀请廖承志 4 月访问日本。[②]

但是，中国政府依然保持慎重的姿态。3 月 15 日廖承志在回信中以访问印度为由称春天访日困难，待"红叶满山的季节"如果情况允许，可能访日。[③] 廖没有答应访日的原因是对池田政权的不信任。中方重视的是池田政权在联合国中国代表权问题上的态度。廖示意秋季有可能访日所具有的含义，可以说是中方的决定取决于 9 月召开的联合国大会上日方对于中国代表权问题的态度。然而，不顾松村、高碕的反对，池田政府于 11 月 15 日决定与美国合作，成为"重要事项指定案"的共同提案国。中国政府则批判池田政权，由此亲中派邀请廖承志访日的计划成为泡影。[④]

### （二）"冈崎构想"的出台

中国政府对池田政权的态度出现转变始于 1962 年。同年 1 月在北京召开的中共中央扩大的工作会议（即"七千人大会"）上，毛泽东承认"大跃进"的错误并进行了自我批评。[⑤] 之后，中央以刘少奇和周恩来为中心开始调整经济政策。同时，中国政府对外贸易部也开始探讨在对日贸易中使用分期付款的方式进口化肥、合成纤维等成套机械设备的可能性。[⑥]

---

① 关于高碕的对美工作，参考下述资料。井上正也：《高碕達之助の対米工作と日中関係》，香川大学法学会编：《现代における法と政治の探求——香川大学法学部創設 30 周年記念論文集》，成文堂，2012 年。《西園寺公一宛高碕達之助书翰》（1961 年 9 月 1 日），《高碕達之助文书》，公益财团法人東洋食品研究所（管理番号 57）。

② 《中曾根康弘宛高碕達之助书翰》（1961 年 2 月 27 日），《高碕達之助文书》，公益财团法人東洋食品研究所（管理番号 57）。《廖承志宛高碕達之助书翰》（1961 年 2 月 26 日），《高碕達之助文书》，公益财团法人東洋食品研究所（管理番号 57）。

③ 《高碕達之助宛廖承志书翰》（1961 年 3 月 15 日），《高碕達之助文书》，公益财团法人東洋食品研究所（管理番号 57）。

④ 关于池田政权时期的联合国中国代表权问题请参考，井上正也：《日中国交正常化の政治史》，名古屋大学出版会，2010 年，第 171—194 页。

⑤ 金冲及主编：《周恩来伝》（下），刘俊南、谭左强訳，岩波书店，2000 年，第 21 页。

⑥ 大泽武司：《戦後初期日中関係における"断絶"の再検討（1958 — 1962）》，第 104 页。

而此时日方也开始摸索松村谦三再次访华的可能。1961 年 11 月松村向来日的孙平化提出，希望其向周恩来、廖承志转达松村想就提供农业技术、向中国出口化肥农药等“日中农业合作”相关事宜与中方进行会谈的意向。在当时未得到孙的积极回应，之后中方也没有给予任何反应的情况下，松村于 1962 年 4 月下旬派遣大久保任晴赴北京直接给廖承志送去了书信。松村在信中表示，关于“日中农业合作”正在与政府相关部门进行协商，因为其本人历访欧洲归国途中 4 月 30 日至 5 月 1 日要在香港停留，此间希望中方派遣适当人选赴深圳进行预备谈判。①

在北京与大久保会见的廖承志部下赵安博告诉他，松村的书信已经转交给了周恩来，并将中方的协商结果以备忘录形式出示给了大久保。备忘录里中方虽然批判了池田政府在联合国中国代表权问题上的做法，但也表达了如果松村、高碕、石桥希望访华，中方表示欢迎的意思。日方则对以分期付款方式出售给中国化肥的贸易谈判显示出积极的态度。②

据说松村对中方提到联合国中国代表权问题，而且没有收到廖承志本人的回信，以及中方只谈化肥问题等表示了不满，所以有一段时间“对访华转为消极”。③ 然而，当时由财界人士冈崎嘉平太推动的与“友好贸易”相对应的新贸易方式的探讨取得了进展。接受池田首相委托的冈崎，于 6 月底向首相官邸提交了关于日中贸易的个人提案即“冈崎构想”。“冈崎构想”主要包括三点：1. 组成由“非友好商社”的厂家、制造业团体等直接参加的小组。2. 以该小组为主体，与中方达成包括多年分期付款在内的物物交换协定。3. 将日中间达成的协议写成书面文书，在日中双方之间设立协议

---

① 中国課長：《国連における中国代表権問題をめぐる松村、高碕両氏の動き》（1961 年 11 月 27 日），日本外務省情報公開（2002-181）。中国課長：《日中関係に関する松村謙三氏の動き》（1962 年 7 月 30 日），日本外務省情報公開（2004-621）。Reischauer to Rusk, September 15, 1962, Central Decimal File, 493.9441/9-1562, Record Group 59, National Archives II, College Park, MD, USA.

② 中国課長：《日中関係に関する松村謙三氏の動き》（1962 年 7 月 30 日），日本外務省情報公開（2004-621）。大泽武司：《戦後初期日中関係における“断絶”の再検討（1958—1962）》，第 104—105 页。

③ 中国課長：《日中関係に関する松村謙三氏の動き》（1962 年 7 月 30 日），日本外務省情報公開（2004-621）。

监督保证人，日方保证人由松村谦三担任。[①] “冈崎构想”的特征是，担任日中民间贸易调整工作的不是日本国际贸易促进协会、日中输出入工会等机构，而是以行业为单位的企业小组；目标是通过企业小组来实现分期付款的贸易出口，进而使“友好贸易”不可能完成的包括分期付款在内的大规模进出口交易成为可能。[②]

冈崎与池田政权进行协调的同时，[③] 向8月来日的孙平化说明了“冈崎构想”。[④] 此外，松村也向孙转达了关于中国进口日本制造的农药化肥的意见，即如果中方邀请，他可以考虑为此访华的意向。[⑤] 对于“冈崎构想”，中方迅速做出了反应。孙平化在回国之后的8月21日，向出席北戴河中央工作会议的周恩来做了汇报。周恩来让廖承志一起参加研究讨论后，决定邀请松村和高碕来京，并以廖承志的名义发出了邀请函。[⑥]

中方之所以接受“冈崎构想”，最大的因素仍是当时的经济状况。“冈崎构想”使中国以分期付款的方式进口日本大型机械和成套设备成为可能，对如前所述的正在考虑进口成套设备的中方来讲，是极有吸引力的提案。中方虽然尚未完全消除对池田政权的不信任感，但仍把希望寄予在强调与池田政权有密切联系的松村等亲中派的影响力上。[⑦]

---

① 伊藤昌哉：《日本の政治　昼の意思と夜の意思》，中央公论社，1984年，第110页。日中经济协会：《〈日中覚书の11年〉报告书付属資料——岡崎・黒金回顧》（以下：《岡崎・黒金回顧》），日中经济协会，1975年，第16页。

② 《岡崎構想》（1962年6月），日本外務省情報公開（2004-00548）。

③ 日中经济协会：《岡崎・黒金回顧》，第7页。伊藤武雄、岡崎嘉平太、松本重治（阪谷芳直・戴国煇编）：《われらの生涯のなかの中国——六十年の回顧》，みすず书房，1983年，第216—217页。

④ 日中经济协会：《岡崎・黒金回顧》，第7—8页。

⑤ 《松村謙三氏と大平外相との会談録》（1962年9月11日），日本外務省情報公開（2004-00548）。

⑥ 中共中央文献研究室编：《周恩来年谱》（中），北京：中央文献出版社，1997年，第494页。孙平化：《日本との30年　中日友好随想録》（以下：《日本との30年》），安藤彦太郎訳，講談社，1987年，第107页。《松村謙三・高碕達之助宛廖承志书翰》（1962年8月26日），松村謙三記念館。

⑦ 大泽武司：《戦後初期日中関係における“断絶”の再検討（1958—1962）》，第107页。

## （三）LT贸易的达成

松村一行于9月12日访华，访华团成员有古井喜实、小川平二、田川诚一、藤井胜治，再加一位田林政吉。① 抵达北京的松村当天就与廖承志举行了会谈，双方就“本次不谈政治性话题，旨在谋求扩大日中间的贸易、以逐渐积累的方式促进日中友好”方面取得了共识。

访华团9月16日开始与周恩来举行会谈，最初围绕“政经分离”和“政经不可分”问题双方意见对立，迟迟没有取得进展。在与周会谈的第二天后半程，双方才开始进入贸易问题的讨论。② 在贸易问题上，中方基本接受“冈崎构想”，双方在联络机关的设置、保证人的选定、不同贸易品种厂家团队的构成等问题上达成了一致。但是，对于冈崎最初设想的取消“友好贸易”，将其统一到新贸易体制的构想，周恩来表示了反对。最后，日中民间贸易形成了新贸易与“友好贸易”并存的形式。③ 所有谈判结束以后，19日夜，口头公布了“关于松村·周共同会谈纪要”。松村在不接受中方的“政治三原则”的情况下，构筑了日中贸易重启的平台，完成了为进行实务谈判的高碕访华开路的任务。

高碕达之助一行于10月26日出发访华。由高碕任团长，冈崎任副团长兼顾问，自民党还有松本俊一、野田武夫、竹山祐太郎三人参加，再加上企业界和相关团体的代表，组成了人数多达33人的访华团。④

在访华前，访华团与日本政府围绕分期付款的条件发生了分歧。但在北京时谈判顺利进行，双方于11月9日签署了《日中长期综合贸易备忘录》（以下：备忘录）。根据此备忘录，两国达成协定，将1963—1967年定为“第一个五年”，日方对华出口钢材、化肥、农药、机械成套设备，中方

① 古井喜实：《日中十八年》，牧野出版，1978年，第77页。

② 中国課：《松村議員訪中に関する件》（1962年9月29日），日本外務省情報公開（2004-617）。田川诚一：《日中交渉秘録》，第39—40页。

③ 古井喜实：《日中十八年》，第77页。

④ 日中经济协会：《日中貿易の11年》，日中经济协会，1975年，第62页。

对日出口煤炭、铁矿石、大豆等，两国进行长期综合贸易。[①] 这一贸易方式因取签署人廖承志和高碕达之助（Takasaki Tatsunosuke）二人姓氏的首字母，而被称为“LT 贸易”。

关于该备忘录笔者特别想强调两点。第一，就是廖承志本人作为中方的代表签署了该备忘录。20 世纪 50 年代四度缔结的日中民间贸易协定，都是南汉宸以中国贸促会主席的名义签署的。但在 LT 贸易中，中国贸促会并没有牵头，而是由一直在幕后负责对日工作的廖承志以中方代表的身份负责。据冈崎嘉平太回忆，周恩来曾对高碕说：“这个协定的谈判由我直接负责，（中略）但我不是每次都能出席会谈，因此由廖承志作我的代理。”[②] 由此，该协定的签署是廖承志作为周恩来的代表出现在对日政策舞台上的转机，同时也意味着“廖班”全面担负起了与自民党亲中派沟通的工作。

第二，就是在备忘录中，只以廖承志和高碕达之助两人的姓名签署，而并未记载两人的职务和身份。[③] 这既遵循了“冈崎构想”——日中双方拥立“监督保证人”的宗旨，同时也兼顾了让其具有“民间协定”和“政府间协定”的双重性质。正如官房长官黑金泰美回忆时提到的，相关人士认为，与池田政权协商后建立起来的“LT 贸易”是“准政府间协议”。[④]

## 三、“半官半民”关系的扩大

### （一）贸易事务所设置与机械成套设备问题

伴随日中“LT 贸易”的开始，为了双方“交易关系的联络顺畅”，在

① 井上正也：《日中国交正常化の政治史》，第 257 页。

② 日中经济协会：《岡崎・黒金回顧》，第 12 页。

③ 《覚书》1962 年 11 月 9 日，戦後外務省記録《本邦対中共貿易関係》（E’0212），日本外務省外交史料馆。备忘录的署名仅有人名，但 1964 年 2 月高碕逝世后，外务省做出“由于署名者逝世而失效这样的法律性解释被认为没有几个日中贸易相关人士会认可”的判断。経通：《高碕達之助の逝去とLT 貿易について》（1964 年 2 月 24 日），戦後外務省記録，《本邦対中共貿易関係》（E’0213），日本外務省外交史料館。

④ 日中经济协会：《日中貿易の11 年》，第 52 页。

东京成立了“日中综合贸易联络协议会”。俗称“高碕事务所”的该协议会以霞关的钢板大楼为办公地点，会长由高碕担任，顾问为冈崎和田林政吉。此外，事务局代表由小松制作所副社长河合良一担任，大久保任晴任事务局业务主管（事务局长）处理相关运营事宜。[①]

在中国也设立了与高碕事务所相对应的“廖承志办事处”。1963 年 2 月访华后的大久保对外务省中国课谈到，廖承志办事处设在对外贸易部大楼之内，在廖承志统筹之下，政治方面由中国人民外交学会的赵安博、孙平化、王晓云、萧向前、金苏城等人员负责，经济方面由对外贸易部第四局的刘希文（局长）、吴曙东（参赞）等人负责。[②]

为 LT 贸易建立的联络渠道，并非只用于贸易关系，还成了日本自民党、财界等与中国联系的窗口。如 1965 年小坂善太郎率领的自民党议员团的访华、由财界组成的经济产业访华团的事先探询和接收邀请函等手续，继而还包括记者互访在内的人事交流，可以说如果没有 LT 渠道是不可能办成的。[③]

基于“备忘录”协定，个别品种的交易谈判也开始了。为了协调个别事项而于 2 月份访华的大久保回国后曾说，廖承志专门为他举行了欢迎会和送别会，自己接受了“非常优厚的款待”。据大久保说，廖向他转达了“现在日中间最大的问题就是基于高碕·廖的备忘录实施贸易一事。那个备忘录是经过了充分研究并且在周总理决策之后完成的，并不是一时之想或摆样子。虽然可能有稍微与实情不符的地方。但关于 1964 年以后的交易可以通过双方对话进行适当的调整。日方如有什么希望或要修改的地方，望联系我们”的意思，在 LT 贸易运作上表现出灵活的姿态。[④]

---

① 経通：《高碕事務所（日中総合貿易連絡協議会）について》（1964 年 2 月 28 日），戦後外務省記録，《本邦対中共貿易関係》（E' 0213），日本外務省外交史料館。

② 中国課：《大久保任晴氏の訪中帰国談》（1963 年 3 月 15 日），戦後外務省記録，《本邦対中共貿易関係》（E' 0212），日本外務省外交史料館。对外贸易部第四局为主管与亚非国家贸易关系的部门。

③ 日中经济协会：《日中覚书の11 年》，第 53 页。

④ 中国課：《大久保任晴氏の訪中帰国談》（1963 年 3 月 15 日），戦後外務省記録，《本邦対中共貿易関係》（E' 0212），日本外務省外交史料館。

这一时期，中方在LT贸易中最为期盼的贸易项目是在单年度决算的“友好贸易”中不可能实现的大型机械成套设备进口项目。知道中方对仓敷人造纤维公司制造的大型尼龙成套设备感兴趣的高碕，在LT贸易第一年度协定中，写上了成套设备的支付总额为100万英镑，以7年为分期付款期限，分期付款的利息为4.5%的条款。①

但是，高碕未得到政府批准就擅自加上此项的行为，最初遭到了日本政府内以大藏省和外务省为中心的强烈反对。② 然而，在希望促成尼龙成套设备出口成功的仓敷人造纤维公司大原总一郎会长的积极活动下，③ 再加上有池田首相的支持，相关部门的态度也逐渐软化，最终转为如果能按照“和西欧一样”的标准进行分期付款的出口就予以承认的立场。④

1963年6月30日，日本仓敷人造纤维公司与中国技术进出口公司在北京签署了成套设备交易合同。同时，围绕分期付款，日本政府内部的磋商也迎来了最后一幕。池田政权以与其他面对发展中国家的融资保持一致为由，将付款期限改为“设备装船后5年”、利息改为6%后，于8月20日批准使用日本输出入银行（以下：输银）融资的分期付款对华出口尼龙成套设备。高碕在最终决定之前的8月14日向廖承志发去电报，向中方说明当初约定的利率4.5%增加至6%的增加额可从合同总金额中扣除，中方的负担总额不变，并表示“请顾及本合同的重要性，希望尽快回电予以同意”。⑤ 对此，廖承志也于三天后发出了同意的回电。⑥

---

① 添谷芳秀：《日本外交と中国》，第162—163页。経通：《倉レビニロン・プラントの中共向延払輸出に対する政府の措置等について》（1965年2月21日），戦後外務省記録，《本邦対中共貿易関係》（E'0213）日本外務省外交史料館。

② 松永事務官：《日中貿易覚书及び取極に関する三省間連絡の件》（1962年11月27日），日本外務省情報公開（2004-599）。

③ 井上太郎：《大原總一郎》，中央公论新社，1998年，第242—253页。

④ 経通：《对中延払輸出に対する外務省方針（案）》（1963年5月29日），日本外務省情報公開（2004-599）。

⑤ 《高碕→廖承志宛発電》（1963年8月14日），《高碕達之助文书》，公益財団法人東洋食品研究所（管理番号59）。

⑥ 《廖承志→高碕　来電訳文》（1963年8月17日），《高碕達之助文书》，公益財団法人東洋食品研究所（管理番号59）。

如高碕所言及的“本合同的重要性”，依靠输银融资出口成套设备的项目获批意义重大。使用日本官方金融机构（输银）融资实现对华出口具有很强的政治意义，其成为继仓敷纤维公司之后进行谈判的日本纺织制造企业出口尼龙成套设备等诸多协议的强大后援。另外，在中国，日本政府关于尼龙成套设备出口的决定也被认为是两国经贸关系的重要进展。关于LT贸易第二年度的协商是从9月16日开始的。访华结束的大久保任晴从北京途径香港回国时，对驻香港总领事馆官员概述了中方的反应：

> 关于日中贸易，由于日本政府对关于尼龙成套设备出口迟迟未表态，中共内部也有过争论。当时廖承志以中苏对立为由提出促进扩大对日贸易的观点，并做了许多工作。幸好尼龙成套设备问题有了着落，因此周恩来、陈毅、廖承志路线取得了成功。在某种意义上说，仓敷尼龙成套设备是日中贸易扩大的一个试金石、决定性的一战。①

关于这样的争论是否存在，从目前公开的中方档案中还不能确认。如果是事实的话，可以说日本政府的成套设备出口决定事宜最终起到了强化积极主张扩大日中关系的廖承志立场的作用。

### （二）日中民间关系的扩大与自民党

日本政府批准尼龙成套设备的出口后，中国的对日政策越发积极。7月25日廖承志在提交给外交部长陈毅的报告中，提出了以签订尼龙成套设备合同为契机，为了发展中日关系，在10月组织成立中日友好协会并派遣友好代表团访日的建议。② 之后，按照廖的建议，于1963年10月4日成立了由中华全国总工会、中国国际贸易促进委员会、中国人民外交学会等19个

① 《新関駐香港総領事発外務大臣宛電報》（1963年10月9日），戦後外務省記録，《本邦対中共貿易関係》（E' 0213），日本外務省外交史料館。

② 《廖承志的下半期对日工作的请示报告》，1963年7月25日，中国外交部档案，105-01863-01。

团体发起组成的中国日本友好协会（以下：中日友好协会），廖承志担任会长。当日，在北京举行了盛大的成立大会，日方石桥湛山出席了大会。为没有邦交关系的国家成立友好协会，在中国当属首例。[①]

LT 贸易第二年度谈判日本访华团归国之际，廖承志去机场送行并提议“互相交换成立贸易事务所”。[②] 廖承志建议在东京设置贸易事务所，是因为尼龙成套设备签约后，需要派遣中国的技术人员和工作人员赴日，而管理这些人员需要有个工作场所。另外，为了便于了解日本各方面的信息，也需要设置常驻事务所。[③]

最终双方商定在东京和北京相互设置贸易常驻事务所之事，是在 1964 年 4 月松村第三次访华之时。谈判是在与松村同行的竹山祐太郎、古井喜实、大久保和中方的孙平化、王晓云之间进行的。谈判商定，作为廖承志办事处的驻日代表在东京设立“廖承志办事处东京联络事务处”（以下：东京联络事务处）；作为高碕事务所的驻华代表在北京设置“高碕事务所北京联络事务所”。[④] 另外，与贸易事务所设置相配合，还缔结了记者互访的协定，决定日中双方可以互派 8 名以内的记者访问交流。[⑤]

设立常驻的驻日事务所，是从 20 世纪 50 年代在日中民间贸易协定谈判中构想的“通商代表部”以来，中方一直的夙愿。对当时一直随各种团体一起访日的廖班来说，在日本构筑联络处能增加对日工作传递信息的机会，与日方政府有关人员的非正式会面也更加容易。正如东京联络事务处首任首席代表孙平化所回忆的那样，“中日关系至此首次转变为半官半民的状态”。[⑥]

---

① 《朝日新闻》1963 年 10 月 5 日。

② 经通：《大久保高碕 LT 事務局長の訪中帰国談》（1964 年 5 月 12 日），戦後外務省記録，《本邦対中共貿易関係》（E' 0213），日本外務省外交史料館。

③ 《廖承志的下半期对日工作的请示报告》，1963 年 7 月 25 日，中国外交部档案，105-01863-01。

④ 《廖承志办事处和高碕办事处关于互派代表并互设联络事务所的会谈纪要》，1964 年 4 月 19 日，中国外交部档案，105-01299-03。

⑤ 田川诚一：《日中交渉秘録》，第 56—60 页。

⑥ 孙平化：《私の履歴书中国と日本に桥を架けた男》，日本经济新闻社，1998 年，第 126 页。

与此同时，1964 年 4 月南汉宸为了出席在日本东京举办的中国经济贸易展览会，率领访日经济友好代表团赴日，历时一个半月在大阪、九州等地进行了视察。担任中国人民银行首任行长、全国人民代表大会常务委员的南汉宸，是当时访问日本的级别最高的中国政府官员。①

在中日民间关系步入轨道后，中方开始把从原来的以亲中派为中心的对日工作扩展到其他有影响力的政治家身上。国务院外办安排的南汉宸访日，旨在对日本政界上层展开更大范围的“友好工作”，进而尝试与池田政权重要人物的接触。② 接受此指示后，南在访日期间，即与池田政权的内阁成员、被认为是池田继任者有力候选人的建设大臣河野一郎、北海道开发厅长官佐藤荣作等会面。将河野一郎引荐给中方的是田川诚一。与河野有亲戚关系的田川，在 1963 年 5 月中国兰花爱好者代表团访日时，曾将河野秘密引荐给孙平化、王晓云。可以说河野是通过田川逐渐建立起与中方的人脉关系。③

而将佐藤荣作引荐给南汉宸的是周山会（佐藤派）的久野忠治。在了解了佐藤的想法以后，久野于 5 月 14 日通过与访日团同行的萧向前将南汉宸引荐给了佐藤。④ 会谈后久野表示，从佐藤和萧那里听说，两人的会谈大约有一个小时，因为佐藤强调自己关于日中关系的理想状态是“政经不可分”，所以会谈气氛极其友好。⑤

关于佐藤，有中方显示积极姿态的后话。这次会见之后，准备秋天中国国庆节时访华的久野，接到了中方希望其提前访华的消息。抵达北京后，久野与廖承志进行了协商，就佐藤和周恩来将于 11 月在缅甸仰光进行会晤达成了一致。据说因为当时池田首相病情加重、日本政局突变，于是佐藤

① 《朝日新闻》1964 年 4 月 9 日。

② 《关于南汉宸率团访日方案的请示》，1964 年 2 月 24 日，中国外交部档案，105-01654-01。

③ 田川诚一：《日中交流と自民党領袖たち》，读卖新闻社，1983 年，第 9—17 页。

④ 根据田川诚一：《日中交流と自民党領袖たち》，第 28 页，会见于 18 日举行，但《佐藤榮作日記》（第二卷）（伊藤隆编，朝日新闻社，1998 年）中，会见的日期为 14 日。本文中采用佐藤日记的记述。

⑤ 田川诚一：《日中交流と自民党領袖たち》，第 28—29 页。

告诉久野中止此计划，使佐藤和周的会谈未能实现。① 当然我们可以假设如果这次会谈得以实现，会给后来佐藤政权的中国政策带来何种影响，这些都还有讨论的余地。② 但是，佐藤就任首相之后“变心”，对其后的中日关系留下了阴影。

如果把战后日中关系比喻成钟摆，1964 年春就是处于断绝状态的两国关系摆回到最高点的时期。当年 1 月法国正式承认中华人民共和国也加速了这一进程。中国政府通过“半官半民”关系的扩大，更加期待中日邦交正常化的尽早实现。中方的目标是构筑与下任首相候选人佐藤和河野二人的关系，希望在池田内阁下台后实现中日邦交正常化。另外，冈崎嘉平太晚年回忆时也曾谈到，在邦交正常化之际，日方曾有意将池田作为“特命全权大使”派去北京。③

但是，在扩大日中民间关系的背景下，对池田政权的影响逐步增加的亲中派也受到了越来越多的压力。1963 年 8 月池田政权批准了尼龙成套设备的分期付款出口，但 10 月即发生了中国访日代表团翻译周鸿庆的叛逃事件，由此台湾当局也对日本表示出不惜断绝“国交”关系的强硬姿态。④

与台湾当局的抗议联动的是自民党党内的反池田势力。以前首相岸信介为中心的反池田势力作为“亲台派”加强了对立的姿态，暗中与台湾当局联手向池田政权施压。面对池田和反池田势力的对立加深，出面调停的是前首相吉田茂。1964 年 2 月访问台湾的吉田，与蒋介石进行了三次会谈，成功缓和了台湾当局对日本的不信任感。但是作为代价，5 月从台湾发出了“第二次吉田书简”。所谓“第二次吉田书简”，就是承诺池田政权在 1964 年内向中国出口成套设备不使用输银的资金。结果，这封“吉田书简”成

---

① 田川诚一：《日中交流と自民党領袖たち》，第 25—32 页。楠田実：《首席秘书官》，《文藝春秋》，1975 年，第 32—33 页。

② 井上正也：《日中国交正常化の政治史》，第 309—313 页。

③ 伊藤武雄、岡崎嘉平太、松本重治：《われらの生涯のなかの中国》，第 226 页。

④ 这一时期的日台关系参考川島真、清水麗、松田康博、楊永明：《日台関係史 1945—2008》，東京大学出版会，2009 年，第 76—78 页。

了池田政权对华出口成套机械设备的刹车器。①

如果说LT贸易的最大推动力是尼龙成套设备出口项目的话，那么造成LT贸易停滞的原因也是这一问题。在此以后，日中关系的钟摆再次出现逆转，廖承志与自民党亲中派之间构筑起来的LT贸易迎来了艰难的时期。

## 四、没有廖承志的日中关系

### （一）佐藤政权与日中关系

1964年10月池田首相因病下台和11月佐藤荣作政府的成立，使LT贸易的政治环境发生了剧变。日本方面，本来LT贸易的推动力多是依赖池田首相及其与松村的信赖关系。池田政权通过松村、高碕等亲中派利用“民间”关系使事实上的对华接近成为可能，而廖承志也将他们视为池田政权的代表非常重视。

但是，随着佐藤政权的成立，政府与亲中派的关系也逐渐变化。支持佐藤上台的是其亲哥哥岸信介和吉田茂，还有自民党中的“亲台派”。以“亲台派”为中心的党内右派，从对中国问题舆论的高度关心和佐藤政权对中姿态的不信任感出发，于12月16日结成了“亚洲问题研究会”（以下：A研）。该研究会中，有很多支持佐藤政权的主流派议员。但这一行动引起了亲中派的反弹。第二年的1月28日，以宇都宫德马、川崎秀二、久野忠治为中心结成了“亚非问题研究会”（以下：AA研），顾问有松村谦三和藤山爱一郎。AA研主张中国加入联合国、召开日中大使级会谈、扩大日中贸易政府间谈判等，与A研针锋相对。这种对立基本上也是佐藤政权主流派和反主流派之间的对立，使自民党一分为二。②

尽管如此，佐藤政权也并不是从一开始就希望与亲中派对立的。佐藤

① 关于自民党党内亲台派的形成过程及“第二次吉田书简”的发出原委，参考井上正也：《日中国交正常化の政治史》，第258—291页。

② 堀幸雄、竹内静子：《中国政策を問われる保守・革新》，《エコノミスト》1965年2月23日号，第14—16页。添谷芳秀：《日本外交と中国》，第115—116页。

私人智库的佐藤行动组在政权起步之时，曾提议召见松村谦三听取其关于日中问题的意见。与“亲台派”保持距离、致力于稳健中国政策的佐藤的亲信，也认为在佐藤政权的对华外交上，离不开具有北京渠道的亲中派的合作。① 但是，松村在国内政局中也与佐藤持续对立，围绕池田首相的后继问题，其曾策划让河野一郎、藤山爱一郎联合起来对抗佐藤。② 所以，松村与佐藤的合作还是无果而终。

决定中国政府对佐藤政权态度的还是尼龙成套设备的出口问题。如上所述，“第二次吉田书简”中承诺了池田政权在1964年之内不使用输银资金出口成套设备。但是，冈崎嘉平太和“日纺”③ 总经理原吉平寄希望于第二年能够开始使用日本政府的输银融资，积极推进日纺的尼龙成套设备和日立造船的货船使用分期付款的大型合同之签订。因此，进入1965年以后，佐藤政权将面临是否允许对中国成套设备的出口使用输银融资的问题。

对佐藤来说不利的是，“第二次吉田书简”的用语暧昧，留下很多解释的余地。执政后期池田虽然计划在1965年以后仍继续抑制使用输银融资的输出，但也提出了使用与输银融资同等利息的分期付款的替代方案。然而，在替代方案尚未决定的情况下，政权就交接到了佐藤手里。对于佐藤来说，既要避免日中关系的恶化，又不得不顾及身边的吉田茂和“亲台派”而慎重处理与台湾当局的关系。有学者认为，佐藤当时的想法是，对输银融资给予“冷却时间”，等得到台湾当局的谅解后，再考虑把与输银同等条件的融资替代方案运用到对中国出口上。④

有出口合同的期限为后盾，面对逼迫政府同意使用输银融资进行日中贸易的相关人员，佐藤正式表明不使用输银资金的截止时间是1965年3月底，并用政府统一见解的形式公布。正如其日记所载的，“因为正值越南情势极其险恶之时，看来不得不如此”，可以了解此决定是佐藤意识到东南亚

① 《Sオペの存続》（1964年11月14日），楠田實（五百旗頭眞、和田純编）：《楠田實日記》，中央公论新社，2001年，第930页。

② 参见古川万太郎：《日中戦後関係史》，第227—232页。

③ 1964年4月由“大日本紡績”的商号改为“ニチボー”。

④ 井上正也：《日中国交正常化の政治史》，第326—327页。

的国际形势才下定决心做出的。[1] 1965年2月11日美国政府空袭北越，3月即开始派遣地面部队，正式开始了越南战争。[2]

然而，此时的对华成套设备出口问题，已经超出了单纯的出口贸易范畴，成了佐藤政权对华政策的试金石。中国方面以“日本政府对蒋介石干涉日中民间贸易的行为采取了容忍态度”为由，通知日方合同失效。[3] 此后中国政府回到了以前对岸政权的政治斗争路线，开始对佐藤政权展开激烈的批判。

### （二）LT贸易的后退

如同佐藤重视越南问题一样，对中国政府来说，由美军轰炸北越引发的中美关系紧张是更严峻的事态。中方期待日本国内的民众运动，希望将反对越南战争与反对佐藤政权联系起来。[4] 这样，日中贸易相关人士也被卷入反美、反佐藤的斗争之中。1965年8月，出席禁止使用核武器世界大会而再次访问日本的南汉宸，在日中贸易关系五团体举行的欢迎会上的演说中发表了如下讲话：

> 日本政府追随美帝国主义对新中国采取了敌对政策，这影响到中日贸易的正常发展。（中略）我们希望日本的经济界、贸易界的友好人士和广大日本人民一起，坚决实行反对美帝国主义的斗争，克服重重人为的阻碍，让两国间的贸易更加发展。[5]

另外，中国政府对日态度的变化也影响到LT贸易的交易额。同年9月，

---

① 佐藤榮作：《佐藤榮作日記》（第二卷），1965年3月25日。

② Andrew Preston, *The War Council: McGeorge Bundy, the NSC, and Vietnam*, Harvard UP, 2006, pp. 191-207.

③ 中国課：《日立造船の貨物船輸出契約失効に関する中共の態度》（1965年4月13日），日本外務省情報公開（2004-621）。

④ 井上正也：《日中国交正常化の政治史》，第五章。

⑤ 《日中貿易関係5团体歓迎会における南漢宸演説（全文）》（1965年8月3日），日本外務省情報公開（2005-00012）。

高碕事务所冈崎嘉平太所长与廖承志办事处刘希文代表之间在北京签署了第四年度LT贸易协定。当初日方曾经预测下一年度的贸易总额将超过5亿美元，但据高碕事务所人员所言，因为“中方对日本政府的不信任感非常强，不做对现政府有利之事的态度”明显，仅仅达成了2亿美元的贸易额。[①]

尽管如此，与1958年不同，这次中方虽然坚持反美、反佐藤的主张，但并没有断绝中日贸易。1966年4月23日，东京联络事务处首席代表孙平化造访松村谦三宅邸，邀请松村访华，旨在为即将于1967年底到期的LT贸易协商第二次协定缔结做预备谈判。[②] 接受访华邀请的松村从5月11日开始访华并与廖承志会面。在北京的会谈中，关于LT贸易的延长问题，日方要求“把现行决议稍做修改，期限延长5年即可”，但中方以延长5年“会使佐藤放心”为由表示了异议。最终双方决定关于期限不做明示，“在第二年尽快找机会让冈崎嘉平太（高碕事务所所长）赴北京，商讨1968年以后LT贸易的相关事宜，并在缔结具体决议等问题上取得一致意见”。[③]

受史料制约，围绕LT贸易协定如何继续的问题，中方的决策还有许多不明之处。一方面，对当时的中国来说，由于对苏贸易基本处于停滞状态，以及1966年第三个五年计划刚刚开始，推动中日贸易继续发展的重要性是明显的。另一方面，中方虽批准LT贸易的延长，但对协定谈判又并不积极，由此可以看出中方在继续对佐藤政权进行政治斗争的同时，在LT贸易协定问题上延缓时间，有等待国际环境好转的意图。

另外，中方仍对以松村为中心的反佐藤势力的政治影响力有所期待。日本的国内政局，随着1965年5月河野一郎、8月池田勇人的相继逝世，佐藤政权的长期执政体制逐渐确立起来。但是，反对佐藤的松村派议员为了应对最早可能于1966年秋天举行的自民党总裁选举，希望把旧河野派、

① 経總参（星川氏執筆）:《経済局特別情報（第458号）》（1965年11月1日），日本外務省情報公開（2004-00604）。

② 《朝日新闻》（夕刊）1966年4月23日。

③ 經通:《松村議員の訪中について》（1966年5月30日），日本外務省情報公開（2004-00604）。

藤山爱一郎等党内非主流派联合到一起。①

同年 8 月，以前外相小坂善太郎为首的自民党议员团访华，这也可以看出中方对自民党党内反佐藤势力的影响力的期待。主导小坂访华的是古井喜实。古井做工作让外交调查会副会长小坂访华，② 并安排党内有意愿者参加组成访华团。当时与古井关系密切的《朝日新闻》记者古川万太郎记述道："虽然派阀的力量还并不足以和佐藤较量，但可以看出他们希望在党内各派中培养理解改善日中关系重要性的人才的积极性。"③

但是，在背后支持亲中派的池田、河野等实力派人物去世以后，只依靠松村派议员对抗佐藤政权，力量确实太弱了。而共创 LT 贸易的高碕达之助也于 1964 年 2 月病逝，松村本人也年近 80 岁。关于 LT 贸易的实际工作，虽然冈崎嘉平太继续担任高碕的工作，但需要安排"日中总联络员"松村继任者之事也是十分明显的。但是，松村看重的藤山爱一郎未明确表态，再加上其与古井的关系，LT 贸易出现了难觅有力继任者的局面。④

## （三）"文革"时期的日中关系与 MT 贸易

就在围绕 LT 贸易的政治情况发生变化的过程中，1966 年中国"文化大革命"的爆发对中日关系造成了巨大的冲击。在日中贸易中首当其冲的是"友好贸易"，原本日共系影响力较大并作为"友好贸易"窗口组织的日中贸易促进会出现内部对立而于 10 月解散。⑤ 同样，日本的日中友好协会也分裂成日共系和亲中系两大派。⑥ 在中国国内，参与涉外工作的许多中共干

① 古川万太郎：《日中戦後関係史》，第 247—250 页。

② 小坂善太郎：《あれからこれから——体験的戦後政治史》，牧羊社，1981 年，第 166—167 页。

③ 古川万太郎：《日中戦後関係史》，第 250 页。

④ 同上，第 255—261 页。

⑤ 关于日中贸易促进会的解散过程，参考日中貿易促進会の記録を作る会编：《日中貿易促進会　その運動と軌跡》，同時代社，2010 年。辻诚：《日中民間貿易史——日中貿易商社第一通商の興亡から》，王禅寺チャイナセンター，2012 年，第 10 章。

⑥ 关于日中友好协会的分裂原委，参考日本中国友好協会（正统）中央本部编：《日中友好運動史》，青年出版社，1975 年，第 137—144 页。

部相继成为被批判对象，担任对日工作的廖承志和廖班也不例外。[①] 从1967年5月的日本外务省档案中，可以了解到当时廖承志的状况：廖尽管也被严厉批判，但“一如既往与访华日本人会面，出席招待会等”，只是“寡言少语，说话也不像往年那样随便”。[②]

随着“文革”运动的扩大，中日间逐渐积累起来的“半官半民”关系的存续亦陷入危机之中。在如此困境之中，自民党亲中派仍然苦心维持着日中民间贸易。1967年底LT贸易协定到期之前，松村给廖承志发去了书信。松村对一直未露面的廖承志予以“您身体是否有所不适?”问候的同时，向其表达了希望尽早开始第二次LT贸易协定谈判，若情况允许愿意亲自访华的愿望。其后，松村于11月7日收到了来自孙平化的接受谈判团访华的联络函。[③] 经日方LT贸易相关人员商讨后，决定派古井喜实、田川诚一、冈崎嘉平太访华。但之后他们访华的签证中方迟迟未批，12月松村再次给孙平化打电话协商此事，也只得到“现在还在研究”的回答。

而此时LT贸易相关人士中也开始产生了意见分歧。同年12月，大久保事务局长对外务省相关负责人谈到冈崎和松村二人的看法时表示，冈崎“对LT贸易乃至日中关系的将来相当悲观”，但松村“并不认为事态十分严重”。[④]

1968年1月，通过访华的社会党议员石野久男带回了中方接受松村访华的决定。其后古井、田川、冈崎等组成的代表团于2月1日启程访华。在北京，刘希文、王晓云、孙平化等廖班故知负责接待他们，但廖承志本人并未现身。[⑤]

---

① 据说廖承志在“文革”开始后一段时间里还一直出现，在相关人员面前消失则是在1967年初。信息来源于笔者对周斌的采访（2011年8月6—7日，上海）。

② （作成者不明）《最近中共の対日政策》（1967年5月1日），日本外務省情報公開（2004-00621）。

③ 中国課：《LT交渉の開始について》（1967年11月13日），日本外務省情報公開（2005-00009）。

④ 中国課：《LT協定延長問題》（1967年12月11日），日本外務省情報公開（2005-00009）。

⑤ 遠藤駐香港総領事発外務大臣宛：《石野、枝林両議員の訪中談》（1968年1月24日），日本外務省情報公開（2006-00939）。古川万太郎：《日中戦後関係史》，第262—263页。

日方当初预计谈判一周后回国，但中方要求在谈判之前先进行政治问题的磋商。随后，中方要求在共同声明中加入“追随美帝国主义的佐藤政府”的语句，进而要求日方同意“政经不可分”原则。由于日方对此反对，双方仅政治问题的磋商就耗费了三周的时间。[①] 关于贸易问题，中方则要求将贸易协定的期限从原来的5年缩短为1年，同时又以高碕已经去世为由，要求变更冠以个人姓名的两国贸易事务所的名称。

结果，共同声明和备忘录贸易协定的签字仪式一直拖到了1968年3月6日。虽然日方对共同声明的内容表示过反对，但最终还是以其“同意”中方主张的“政治三原则”和“政经不可分”原则的方式达成了妥协。同时按照中方的要求，日方事务所改称“日本日中覚书（备忘录）贸易事务所”，中方事务处改称“中国中日备忘录贸易办事处”，LT贸易改为备忘录贸易（Memorandum Trade），简称改为MT贸易。[②]

从LT贸易初期就一直参与会谈的大久保，归国后曾向外务省中国课长石桥太郎慨叹：“以前LT贸易谈判中方是以廖承志为中心，谈判较为容易，这次则十分不顺。”此外，LT贸易的独立性也逐渐消失。1962年LT贸易谈判时，中方主张协议中加入“政经不可分”一条，但松村表示拒绝以后，中方也最终接受了松村的意见，表现出了政策的灵活性。但是，在廖承志不在的情况下，中方在谈判中一直坚决主张“政经不可分”的原则直到日方同意。

另外，备忘录贸易的期限被规定为1年之后，其结果就是“每年备忘录贸易谈判之际，中方都要对日本政府的对华姿态进行严格的检验”，以决定是否延长。正如外务省经济局档案中所记载的那样，LT贸易明显有了逐渐成为“友好贸易”的迹象。[③]

基于新协定，1969年2月22日在北京开始的备忘录贸易谈判面临着前

---

① 中国課：《最近の北京における日中会談（政治問題・LT協定延長問題等）に関する内話》（1968年3月12日），日本外務省情報公開（2006-00939）。

② 古川万太郎：《日中戦後関係史》，第268—269页。

③ 経通：《1968年度〈覚书貿易〉（旧LT貿易）交渉の妥結について》（1968年3月14日），日本外務省情報公開（2006-939）。

所未有的严峻局势。面对古井、田川为中心的日方代表团，中方对佐藤政权展开了严厉批判。对于佐藤政权与台湾“勾结”制造“两个中国”的阴谋，中方要求日方备忘录贸易的相关人士对此表示出明确的斗争姿态，必须明确“政经分离”政策与“政经不可分”原则完全相左这一点，并把《日美安保条约》是以中国为目标的具有“侵略性”的条约这一认识在共同宣言中明确体现出来。① 最后，日方接受了中方对佐藤政权的批判和中方主张的《日美安保条约》是“威胁”的主张。②

为何古井接受了中方的政治主张而选择维持 LT（MT）贸易，接受古井和松村的劝说于 3 月 17 日出发访华的冈崎嘉平太，归国后向外务省亚洲局长须之部量三做了如下解释：

> 对我自己来说也好，对古井来说也罢，都认为即便中断备忘录贸易，日中贸易也可以通过“友好商社”来进行，而且现在的备忘录贸易实际上也是“友好商社”进行的贸易，所以这并不是大问题。但我们担忧的是不得不放弃在北京设立的日方备忘录事务所和交换新闻记者，那样就会造成日中间的沟通渠道只剩下迎合中方的“友好商社”的情况。③

LT 贸易协定的最大意义就在于，以廖承志和高碕两人私人关系的形式，搁置中日两国政府间的政治问题而使两国民间贸易重新开启。从这一意义上来讲，在高碕去世、廖承志不能现身、中方坚持主张“政经不可分”原则的情况下，LT 贸易的政治意义也就难以为继。不过，对于冈崎等谈判者来说，之所以直至最后时刻仍然希望维持协定，是避免 LT 贸易协定的政治

---

① 关于 1969 年的备忘录贸易谈判，参考田川诚一：《日中交涉秘録》，第 136—204 页。鹿雪莹：《古井喜実と中国》，思文閣出版，2011 年，第 7 章。

② 中国課：《日中覚书貿易の〈会談コミュニケ〉について》（1969 年 4 月 4 日），日本外務省情報公開（2006-00939）。

③ 中国課：《日中覚书貿易交涉に関する岡崎所長の内話》（1969 年 3 月 31 日），日本外務省情報公開（2005-00009）。

性成果即记者交换协定和常驻事务处制度失去的使命感使然。

## 五、日中邦交正常化的实现

### （一）中国对日工作的重启

20 世纪 60 年代末到 70 年代初，中苏分裂的加剧使中国把苏联的威胁放在了美国的威胁之上。对于自朝鲜战争以来一直实行对华封锁政策的美国来说，从越南战争中摆脱出来的尼克松政权也宣布缓和对华贸易和入境的限制，并决定于 1970 年 2 月重启中美大使级会谈，开始改善对华关系。[①]然而，美国的这一政策转换并没有直接影响日中关系的改善，“越顶外交”还对美日关系造成冲击。

1969 年 11 月发表的日美共同声明（佐藤—尼克松共同声明），首次对外宣布在美国向日本归还冲绳之际，日本不只对本国安全负责，还要保障包括韩国、台湾在内的东亚地区的安全。这暗示不仅在经济合作领域，未来在安全保障领域，日本也要分担起东亚的区域性责任。由此不得不让中国担心其后出现美国在亚洲的军事存在将由日本来代替的最坏局面。尤让中国担心的是，日本对台湾不仅在经济领域，在军事领域也将扩大其影响力。[②] 由此，中国在 20 世纪 70 年代初积极同西方国家改善外交关系的同时，仍对日本佐藤政权继续保持批判，不过其也在关注佐藤政权之后中日关系的发展空间。1970 年 3 月 20 日，松村谦三以“保护人”的身份访华。已经 87 岁高龄的松村受到中方的郑重接待。此时接受松村的推荐，中方同意接受前外相藤山爱一郎首次访华。藤山在访华归途中对日本驻香港总领事说，周恩来对自民党内部情况的分析极为精密，对各派阀势力消长的看

① 关于中国政府对美政策转换的过程，参考 Gong Li，“Chinese Decision Making and the Thawing of U. S. -China Relations，” in Robert S. Ross and Jiang Changbin，eds.，*Re-examining the Cold War*：*U. S.-China Diplomacy*，*1954-1973*，Harvard UP，2001。

② 井上正也：《日中国交正常化の政治史》，第 401—404 页。

法也是令人吃惊的正确。①

中国政府全面打开同西方国家关系的局面是1970年秋天以后。中国10月与加拿大、11月与意大利分别建立了国家间外交关系。同时，中国政府也开始启动了对日工作。当时，根据驻日本的记者王泰平记述，在1971年1月临时回国之际，周恩来指示张香山，要以中共中央对外联络部为首，召集相关机关，商讨对日工作。②

张香山曾在20世纪30年代留学日本，担任过中联部部长王稼祥的政治秘书，具有丰富的包括与日本共产党在内的党际外交工作的经验。据张回忆，“文革期间，总工会、青年团、妇联都‘关起门来闹革命’，但因为外国很多工人、青年、妇女团体依然要求访问中国，周恩来总理决定接受他们的访问并让中联部负责”。③ 此外，王国权被任命为中日友好协会副会长，逐步负责对日外交工作。与张香山同样在20世纪30年代有留学日本经历的王国权，1957年进入外交部，历任驻东德大使、驻波兰大使、华沙中美大使级谈判首席代表等职，是一名经验丰富的职业外交官。王于1970年10月以接待日本社会党委员长成田知已率领的社会党访华团为开端，并在次年8月松村谦三逝世之际参加中方访日吊唁等活动，开始出现在对日外交的舞台上。④ 如此，以廖承志为中心统筹的对日工作开始交由张香山和王国权负责。

## （二）廖班的复出与自民党亲中派的作用

这一时期，日本超党派国会议员发起的日中邦交正常化活动也开始活跃起来，其中心就是1958年日中关系断绝以后处于休眠状态的日中贸易议员促进联盟。该联盟改组后改称促进恢复日中邦交议员联盟（中日复交后，

① 岡田駐香港総領事発外務大臣宛電報，《訪中代表団員の内話（報告）》（1970年4月23日），日本外務省情報公開（2005-00009）。

② 王泰平：《〈日中国交回復〉日記》，1971年1月11日，第229页。

③ 张香山：《日中関係の管见と见証》，鈴木英司訳，三和书房，2002年，第266页。

④ 《朝日新闻》1971年8月25日。关于中方访日对松村的吊唁，参考田川诚一：《松村謙三と中国》，第5章。

于1973年改名为日中友好议员联盟)，于1970年12月9日正式开始活动。其有以自民党90名、社会党130名、公明党71名、民社党30名为中心共320余名成员参加，由藤山爱一郎就任会长。① 1971年度的备忘录贸易谈判2月15日在北京开始，日方谈判团由冈崎嘉平太出任团长，与之同行的还有以藤山爱一郎为团长的促进恢复日中邦交议员联盟访华团。

1971年7月，美国总统国家安全事务助理基辛格访问北京。戏剧性的中美接近上演后，日本也迅速加快了面向日中邦交正常化的活动。为了准备中日邦交谈判，中方开始着手让廖班人员恢复工作。萧向前同年9月末在与促进恢复日中邦交议员联盟访华团的谈判中现身。廖承志也于10月15日出现在了访问北京的日中文化交流协会会长中岛健藏面前。② 随后在12月，访华的备忘录贸易相关人士到廖承志家里拜访，时隔数年之后再次会面，也显示了廖的影响力依然存在。③ 在日中走向邦交正常化的最后阶段，廖承志的作用是辅助性的，他以顾问身份接见日本访华团并开始出席会议。④

1972年2月尼克松总统访华并发表《上海公报》以后，为了跟上美国的步伐，日本政府秘密委托东京都知事美浓部在访华时给周恩来捎信，表示佐藤首相“要求亲自访华”，但中方以“佐藤政府说了不做”为由加以拒绝，并宣布中日谈判不以佐藤为对象。⑤ 同时，中方开始关注以有可能成为佐藤继任者的田中角荣和福田赳夫为中心的自民党党内斗争。同年3月藤山爱一郎、4月三木武夫二人相继访华之际，周恩来也仔细询问了自民党的派阀情况和他们对日中邦交正常化的立场和态度等。

接着，5月份周恩来邀请古井喜实访问中国。访华的古井就日本的政局向周恩来、廖承志做了说明，并预测“田中肯定参加自民党总裁选举，已

---

① 古川万太郎：《日中戦後関係史》，第307—308页。

② NHK取材班：《周恩来の決断》，日本放送出版協会，1993年，第34—36页。

③ 田川诚一：《日中交渉秘録》，第317—319页。

④ 对周斌的采访（2011年8月6—7日，上海）。

⑤ 佐藤政权后期的对中接触工作，参考井上正也：《日中国交正常化の政治史》，第471—478页。

经不会改变态度。田中角荣不可能和福田赳夫联手，田中和大平一定会联盟”。[①] 这时，古井还多次与大平正芳接触，就中国问题向其提供建议，并于4月21日也通过大平与田中角荣见了面。[②] 接受周恩来指示分析日本情报的张香山通过调研认为，在5月时“关于谁是下一届首相已经有了定论”。中方已经坚信田中·大平联盟的田中会取得胜利。[③]

6月17日，佐藤首相宣布辞职之后，已经表明参加总裁选举的福田、田中、大平、三木都相继发表了内政、外交两个方面的施政构想。中方在此之前的6月7日通知日方，要增加在东京的中日备忘录贸易办事处驻在人员两名，同月19日决定任命萧向前担任当时空缺的东京联络事务处首席代表。[④] 此外，仍在“五七干校”的孙平化也于5月下旬回到北京的中日友好协会工作，并受周恩来之命，准备与自民党总裁选举之后的新政权接触，并作为预计于7月4日赴日本公演的中国上海芭蕾舞团团长离开北京赴日。[⑤] 由此，在日本具有广泛人脉的廖班的萧向前和孙平化再次正式展开了对日工作。

据张香山回忆，从6月下旬开始，周恩来几乎每天晚上都在人民大会堂召集外交部人员及日本问题负责人开会讨论日本政局的变动。[⑥] 7月7日，取得竞选胜利后的田中角荣开始组阁，周恩来命令由外交部长姬鹏飞、外交部副部长乔冠华和韩念龙以及廖承志组成日本组，并亲自详细指示中日邦交正常化的准备工作。[⑦]

7月20日，抵达东京之后的萧向前和孙平化二人，将“欢迎田中访华和进行中日邦交正常化谈判”的“重要指示”传达给日本政府。[⑧] 两人于

---

① 古井喜实：《日中国交正常化の秘話》，《中央公论》87卷12号1972年12月，第142—143页。

② 早坂茂三：《政治家田中角栄》，中央公论社，1987年，第364—365页。

③ 张香山：《日中関係の管见と见証》，第126—127页。

④ NHK取材班：《周恩来の决断》，第88—90页。

⑤ 孙平化：《日本との30年》，第150—151页。

⑥ 张香山：《日中関係の管见と见証》，第127页。

⑦ 金冲及：《周恩来伝》（下），第336—337页。

⑧ 王泰平：《〈日中国交回復〉日記》，1972年7月17日，第492页。

22日在大仓酒店与大平正芳进行了秘密会谈。在这次会谈中，孙平化表示如果田中、大平二人访问北京，中方不会给他们出什么难题，表现出了灵活的政治姿态。继而对于日中间的联系渠道，大平表示“关于双方的谈判，在这之前我考虑了很多渠道，现在情况变了”，今后的联系，与同席参加与中方会见的外务省中国课长桥本恕直接进行即可。[①] 之后，根据8月3日归国的公明党委员长竹入义胜带回的竹入—周恩来会谈记录，确信日中邦交正常化即将实现的田中首相和大平外相决定于9月底访问中国。[②]

在中方和日本外务省之间确立两国邦交正常化官方谈判渠道的过程中，作为非正式联系人的备忘录贸易相关人士只能说是在幕后发挥作用。担任大平顾问的古井喜实与松本俊一等一同访华，9月9日他们先行与担任田中访华电视转播工作的报道人员乘首次由东京直飞北京的航班抵达。当时他们怀抱松村谦三和高碕达之助的遗像走下飞机，给人们留下了深刻的印象。

古井访华的公开理由是为了事前接洽备忘录贸易谈判等事宜，但实际上是受大平委托将《日中联合声明》的日方文案带去与中方进行事先磋商。[③] 然而，备忘录贸易相关人士并没能走到日中邦交正常化谈判的台前，其原因是自民党内部对古井、田川的反对，再加上外务省担心今后进行的日中首脑谈判中还存有“二元外交”，也不希望备忘录贸易相关人士留下来。[④] 结果，古井等人于9月25日田中访华的前一天回国。9月29日日中发表联合声明，实现了两国邦交正常化。[⑤]

## 六、结语

在日中邦交正常化实现半年之后的1973年4月16日，首个中国访日代

① 王泰平：《〈日中国交回復〉日記》，1972年7月22日，第493—498页。

② 井上正也：《日中国交正常化の政治史》，第504—507页。

③ 田川诚一：《日中交涉秘録》，第356—359页。

④ 同上，第377—378页。

⑤ 关于日中邦交正常化谈判，参考以下资料，井上正也：《日中国交正常化の政治史》，第8章。服部龙二：《日中国交正常化》，中央公论新社，第2011年。

表团抵达东京，团长为中日友好协会会长廖承志，成员为孙平化、张香山等共计 55 人。在长达 32 天的访日过程中，廖承志一行与以田中首相、大平外相为首，包括藤山、古井等自民党亲中派及各党代表进行了会谈。之后他们又访问了日本各地，受到了友好团体的盛大欢迎，掀起了空前的日中友好热潮。[①] 作为“知日派象征”的廖承志成功访日，可以说是实现了已逝的松村、高碕等未曾完成的夙愿，对于中国来讲也是“人民外交”的集大成。

正如本文所述，20 世纪 60 年代廖承志以 LT 贸易中方代表之身份走到中国对日工作的前台。60 年代以后，为了营造中日邦交正常化的环境，廖承志非常重视与池田政权具有密切关系的自民党党内亲中派的关系。另外，对于亲中派来说，得到周恩来极大信赖的廖承志，也是搁置政治问题、推进日中关系所不可或缺的存在。1962 年 LT 贸易协定的签订，是廖承志与自民党亲中派共同努力的结果。廖承志走到对日谈判的最前沿，其原因是 LT 贸易并不仅仅是贸易谈判，它还具有高度的政治性。中国政府与尚未建立外交关系的日本之间缔结了史无前例的 5 年长期贸易协定，并且互设常驻联络事务处和建立中日友好协会，这些都与主张推动对日关系的廖承志的工作密不可分。

但是 1964 年池田首相因病辞职及佐藤荣作上台组阁后，日中关系出现了后退。此外，由于松村与佐藤首相在政治上对立，自民党亲中派失去了对于政权的影响力，加之佐藤政权下的“第二次吉田书简”对 LT 贸易产生了消极影响，使日中关系雪上加霜。随后，中国“文革”的爆发使廖承志及廖班大半陷入了不能正常工作的状态，LT 贸易也失去了中方重要的推动者。由于缺少了廖承志，LT 贸易被更名为备忘录贸易以后，LT 贸易相关人士痛感日中贸易谈判之艰难。

中日邦交正常化是在中苏边界冲突与中美关系缓和的急剧变化的国际环境中实现的。可以说，这与廖承志或自民党亲中派依靠两国民间关系的

---

① 孙平化：《日本との30 年》，第 191—194 页。《廖承志訪日団の足跡》，《世界》332 号（1973 年 7 月），第 186—188 页。

积累而实现邦交正常化的预想是不同的。20 世纪 60 年代后半期，廖承志和自民党亲中派也逐渐失去了影响力，在中日最终实现邦交正常化的过程中未能走到台前。

尽管如此，在中日两国邦交正常化实现之前就培养起来的廖班与自民党亲中派之间的人脉关系，即便在以后也没有断绝。尤其是古井喜实等即使处于困境之中也极力避免日中沟通渠道的断绝，更加深了中方对其的信任。由于共同经历了国内外的政治斗争，可以说中日双方的相关人士已经超越了当时政治环境，在不自觉中建立了友情。两国建立正式的外交关系后，他们所构建起来的人脉关系，作为外交渠道的补充，直至 20 世纪 80 年代末依然为日中关系的稳定发展发挥作用。

# 新中国对国际形势的认识与对西欧国家的政策（1949—1978）

［日］山影统*

本文主要梳理20世纪50—70年代中华人民共和国政府的对外战略和外交方针，并分析新中国对西欧国家的政策在其外交战略全局中的地位。

根据笔者的研究，新中国政府对西欧国家的政策与对美苏两国的政策表现出完全不同的特征。藤村瞬一指出，相对于中美、中苏的“主要对外关系”，冷战时期中国与西欧的关系被置于“次要对外关系”之地位。虽然中美、中苏关系在中国的国际政治中一直是重中之重，但那也仅限于政治与意识形态问题，而在经济等更具实质性意义的关系上则地位有所下降。相对而言，冷战时期中国与西欧国家的关系，即便在国际政治领域被置于次要地位，但从现实角度来看，在贸易及其他各方面都逐渐形成互利互惠之形势。从此角度也可以认为，中国与西欧国家虽然在地理位置上相距较远，但在经济方面相互之间较早就已经形成互惠互利的特殊关系。而在进入20世纪70年代以后，中国与西欧国家在政治方面也展现出类似的特殊互惠互利关系。因此藤村分析指出，在中国的对外政策中中国与西欧国家的关系具有特殊性。①

一方面，在中国的对美、对苏关系中，政治关系影响了包括经济贸易

* ［日］山影统，日本东京大学非常勤讲师。

① 藤村瞬一：《中国と西ヨーロッパ諸国》，入江启四郎、安藤正士编：《现代中国の国際関係》，东京：国际问题研究所，1975年，第567—599页。

关系在内的诸多领域的发展。但是在中国与西欧国家的关系中，特别是20世纪60年代以后，可以说政治关系对经济关系等其他方面关系的发展影响有限。中国对西欧国家的政策，可以说成为其对美、对苏政策的有力补充。

另一方面，中国对西欧国家的政策也有结构性的矛盾，即西欧国家大多与中国的主要敌人美国关系密切，而且其中一部分国家还是在非洲等地拥有殖民地的帝国主义国家。因此，中国不能轻易与这些国家接近并构筑密切的政治关系。那么，中国政府如何调节对西欧国家政策与其整体对外战略之间的关系则成为关键问题。

基于此问题意识，本文着重分析冷战期间，尤其是从20世纪50年代至中国改革开放前这一时期中国政府对国际局势的认识，以及伴随其对国际形势认识的变化而对西欧国家的认识和外交政策的变化。

## 一、新中国成立初期的外交方针与对西欧国家的认识

### （一）六项基本外交方针

20世纪50年代前半期，因为处于与苏联的蜜月期，中国的主要敌人只有美帝国主义。那么在这一时期的中国对外政策中，以西欧国家为主的资本主义国家又是如何被定位的呢？

1952年4月，周恩来在一次中国驻外使节会议上做了题为《我们的外交方针和任务》的讲话，指出了新中国外交的六大方针：1. 另起炉灶；2. 一边倒；3. 打扫干净屋子再请客；4. 礼尚往来；5. 互通有无；6. 团结世界人民。[①] 各项方针的主要含义简述如下。

所谓“另起炉灶”，即不承认新中国成立前国民党政府同各国建立的旧外交关系，重新构筑新的外交关系。伴随新外交关系的构筑，确立与其他国家外交关系的原则，即同外国的外交关系要建立在平等、互利和互相尊

---

① 关于《我们的外交方针和任务》的内容，参见中华人民共和国外交部、中共中央文献研究室编：《周恩来外交文选》，北京：中央文献出版社，1990年，第48—57页。

重领土主权的基础上。这一方针使中国改变了半殖民地的地位，在政治上建立了独立自主的外交关系。

所谓“一边倒”，指的是向以苏联为首的社会主义阵营一方一边倒，目的是与苏联合作，打破帝国主义的封锁。

所谓“打扫干净屋子再请客”，指的是在建立外交关系以前要清除帝国主义在华的残余势力。新中国成立虽然赶走了帝国主义的军事力量，但由于百余年的外国侵略，帝国主义势力对中国的经济与文化的影响仍在，当时的政府担心其会影响到中国的独立自主。因此，对于这些势力，必须用一定的时间从国内完全清除出去。

以上三项，在具有临时宪法性质的《中国人民政治协商会议共同纲领》的第 54—57 条中也有记载，是中国对外战略的根本。[①]

其他方针中，“礼尚往来”主要是指与资本主义国家的关系。对于与资本主义国家的往来，要“你对我好，我也对你好；你对我不好，我也对你不好”，“我们总是采取后发制人的办法”。即发展关系根据对方的姿态而定，使自己处于有利地位。这虽然是一种“被动式”外交，但却明确规定了与资本主义国家进行交涉时的谈判方针。因此，“另起炉灶”和“打扫干净屋子再请客”两项方针是在战略上占据主导地位，而之后关于具体的事务则采取“礼尚往来”的方式处理，这正表明了外交战略和外交战术之间的关系。

关于外交政策，毛泽东一直主张在与资本主义国家确立正式外交关系时需要采取慎重态度。在 1949 年中国与缅甸建立外交关系之际，毛泽东就指示周恩来和刘少奇，要他们先邀请缅甸政府的代表到北京来，在进行了建交谈判之后再建立外交关系。此后，还要求与所有的资本主义国家之间建立外交关系时都必须要首先进行建交谈判。[②] 这样的方针在中英关系中也曾体现出来。英国政府于 1950 年 1 月承认新中国，当时的英国外交大臣欧内斯特·贝文（Ernest Bevin）向周恩来寄去承认新中国的备忘录。按照惯

① 冈部达味：《中国の対外戦略》，东京：东京大学出版会，2002 年，第 55 页。

② 中华人民共和国外交部、中共中央文献研究室编：《毛泽东外交文选》，北京：世界知识出版社，1994 年，第 117 页。

例，其后新中国政府应该向英国政府返还备忘录，而当时的新中国政府坚持先谈判后建交。① 由于双方在台湾问题等原则问题上分歧较大，两国直到1972年才建立正式的外交关系。

第五项方针“互通有无”，是指坚持平等互利的原则发展贸易关系。新中国主要出口农产品，换回工业装备，这样以货易货，不用结汇，可打破美国对华禁运，使入超变出超，实现进出口平衡。通过这一方针，中国同苏联和人民民主国家以及资本主义国家的贸易都增加了。

最后一项方针“团结世界人民”，是指不仅对苏联和各人民民主国家是“一边倒”的，对原殖民地半殖民地国家，对资本主义和帝国主义国家的人民也要团结争取，以巩固和发展国际的和平力量，扩大新中国的影响。正如20世纪50年代对日关系中“以民促官”的方针，中国采取的是从民间往来向政府层面发展两国关系的方式，这也是“团结世界人民”方针的实践案例。

20世纪50年代前半期新中国的基本外交政策，对外是平等互惠、互相尊重主权和领土完整，对内是清扫帝国主义在华残余势力。在此基础上，新中国对于资本主义国家采取了视对方态度而决定自身态度的“礼尚往来”方针。纵观之后很长一段时间内的中国外交，也可以说中国政府是长期坚持了这一方针的。

## （二）新中国外交方针中对资本主义国家以及西欧国家的定位

关于新中国对资本主义国家的定位，在《我们的外交方针和任务》中的“外交阵线”一节有所阐述。其包括两个方面，一是建立什么样的外交阵线，二是要分清敌我友。前者指出了外交工作的对象是国家与国家的关系，但同时强调要争取和团结各国人民。后者论述的则是外交上如何分清敌友。首先，“朋友方面以国家来分有两种：第一种是基本的朋友，第二种是一时的朋友。这后一种朋友也不完全一样，有的只能在某一时期内成为

① Robert Boardman, *Britain and the People's Republic of China 1949–1974*, London, Macmillan Press, 1976, p. 45.

朋友，有的可以在相当长的时期内成为朋友，区别的主要关键是对战争与和平的态度。从国家的性质上来说，它们是属于资本主义世界的，但对战争它们不参加，表示中立，这是可能的”。“资本主义国家如果在同帝国主义的战争中保持中立，对我们是有利的。所以对这些国家，我们不能采取敌对态度，不要把它们挤到敌人的营垒里去，我们可以和它们做朋友”。①

进而，讲话指出对帝国主义阵营也要有分析。“资本主义世界并不是铁板一块，我们应该区别对待。同我们最敌对的国家，应该对它坚决斗争。同我国未建交、关系又较坏的国家，不能把它们看成同美帝一样。它们同美帝国主义之间有矛盾。我们应该给一些影响，使它们不过分同我敌对”。②如此，认为不能将所有的资本主义国家都置于敌对关系中，即使不能做朋友，也要使之尽量保持中立。

此外，讲话还论及同欧洲国家的关系。“同我国正在谈判尚未建交的欧洲国家，它们不愿意同我闹翻，就悬在那里。同我国已经建交的欧洲国家，对它们要分别对待，做好工作。”③ 从该表述可以看出，对于欧洲国家，中国政府并不把它们视为与美帝国主义是铁板一块，而是将它们视为要努力争取建立外交关系的对象。而在关于东南亚国家的论述中，虽然指出它们与帝国主义有矛盾，但却没有明确指出它们像“同我国未建交、关系又较坏的国家”那样同美帝国主义之间有矛盾。

由此可以看出，这一时期欧洲国家在新中国外交布局中并未达到后述的“（两个）中间地带”理论中那样的地位。“外交阵线”的目标即定为“我们要依靠进步，争取中间，分化顽固。这样可以使我们的外交工作更灵活一些，不是简单的两大阵营对立，没有什么工作可做。我们要这样来打开我们外交工作的局面”。④

一方面，在《我们的外交方针和任务》中，并未提到“西欧国家”，而“资本主义国家”一词则多次出现。虽然资本主义国家中也包括西欧国家，

① 《周恩来外交文选》，第52页。

② 同上，第53页。

③ 同上，第53页。

④ 同上，第54页。

但实际上其与美帝国主义的具体矛盾内容讲话并未论及，而是将以印度尼西亚为代表的东南亚国家作为重点。由此可见，当时西欧国家在中国的外交方针中并未得到特别的重视。

另一方面，对于资本主义国家整体，新中国政府虽然认为它们全都是美帝国主义一方的，但不认为它们是铁板一块，并希望通过外交努力，在战争一旦发生时，它们可以保持中立。基于这样的认识，中国政府在外交战略上，尤其是在与资本主义国家发展关系进行实际交涉时，基本上不主动接近，而是采取视对方态度决定己方政策的“被动式”外交。由此也可以看出，当时新中国在与资本主义国家交往时，因为涉及与主要敌国美国的关系，不得不采取慎重的态度。同时，虽然新中国实行向苏联“一边倒”的外交方针，但其在具体的外交活动中仍保持一定的灵活性，并不拘泥于冷战格局，而是不断摸索其独立自主的外交政策。

如上所述，20 世纪 50 年代前半期中国对西欧国家在战略上并没有特别重视。即使新中国在贸易方面实行“互通有无”的方针，当时与西欧国家的经贸往来也十分有限。但是，新中国着眼于对资本主义国家区别对待，不将其视为铁板一块的观点，可以和其后的“两个中间地带”理论相结合进行分析。

## 二、重视亚洲、非洲的国际局势认识与对西欧国家的定位

### （一）“和平共处”方针与西欧国家

笔者在本节中主要讨论 1954 年日内瓦会议和 1955 年 4 月在印度尼西亚万隆举行的亚非会议（即“万隆会议”，万隆会议虽然与西方国家没有直接关系，但在中国的对外战略方面却是重要的，并且它与其后中国对西方国家政策的变化也是紧密相连的）。

1954 年 4 月，旨在和平解决朝鲜问题和恢复印度支那和平问题的日内瓦会议召开。这次会议是新中国成立后首次以大国身份参加的国际会议，周恩来作为新中国日内瓦代表团的首席代表。这次会议为中国重返国际社

会和阐述其对外政策提供了平台，对于中国来说，参加日内瓦会议不仅能提高中国的国际地位，同时与美国、西欧国家接触也是参会的主要目的之一。①

周恩来在4月28日的会议发言中谈到有关朝鲜问题时，就曾谈及欧洲："中国人民和亚洲人民不仅关心亚洲的和平，而且也关心欧洲和世界其他地区的和平。目前复活德国军国主义并将欧洲分裂为几个互相仇视的军事集团的政策，威胁着欧洲的和平和安全，同时它的影响也超过欧洲的范围之外，并且也加重了亚洲局势的紧张和不安。因此，我们认为，为了维护国际和平，应该如苏联所建议的那样，经由协商，首先是大国协商的道路，停止武装西德，并在所有欧洲国家集体努力的基础上保证欧洲的安全。"②

周恩来的发言，旨在敦促欧洲国家团结一致，努力组建不受美国影响的安全保障体制。日内瓦会议期间，周恩来与英法等国代表团接触，力促达成有关协议，尤其是改善了与英国的关系。周恩来在1954年8月的外交报告中对此评价道："这种改进，将有助于我国和西方国家建立正常关系的可能性的增长。在此期间，我国和西方国家间贸易往来和文化交流，也有了新的发展。"③

日内瓦会议结束后的第二年，中国又参加了1955年4月召开的万隆会议。关于中国参加该会议的方针和策略的《参加亚非会议的方案（草案）》等文件指出："我们在亚非会议中的总方针应该是争取扩大世界和平统一战线，促进民族独立运动，并为建立和加强我国同若干亚非国家的事务和对外关系创造条件。"在和平共处和友好合作问题上，"我们的主张是：保障世界和平、维护民族独立，并为此目的促进各国间的友好合作。友好合作应该以和平共处的五项原则和反对侵略、反对战争为基础"。但是，受社会制度、意识形态、宗教信仰、历史问题等因素影响，亚洲许多国家间又存在分歧、矛盾和不信任。比如泰国、柬埔寨两国代表在万隆会议的一般演

① 熊向晖：《我的情报与外交生涯》，北京：中共党史出版社，1999年，第90页。

② 《中华人民共和国对外关系文件集1954—1955》第三集，（以下：《中华人民共和国对外关系集》3），北京：世界知识出版社，1958年，第27页。

③ 同上，第137页。

说中所做出的对“中国威胁”不安的发言,[①] 一度使会议出现紧张气氛。

对此，周恩来在4月19日的全体会议上进行了补充发言，提出了“求同存异”的方针。周恩来适时指出：“中国代表团是来求团结而不是来吵架的。我们共产党人从不讳言我们相信共产主义和认为社会主义制度是好的。但是，在这个会议上用不着来宣传个人的思想意识和各国的政治制度，虽然这种不同在我们中间显然是存在的，中国代表团是来求同的而不是来立异的。”“我们还应在共同的基础上来互相了解和重视彼此的不同见解。”“我们应该承认，在亚非国家中是存在不同的思想意识和社会制度的，但这并不妨碍我们求同和团结”。[②]“求同存异”的方针得到与会各国的支持，促成会议达成了各项共识，对于推动会议取得成功做出了杰出贡献。在会前，中国已经先后与印度和缅甸两个国家共同缔造了“和平共处五项原则”，将其作为处理不同意识形态、不同社会制度国家之间关系以及促进新型国际关系发展的基本准则。万隆会议期间，中国代表团积极倡导和推进“和平共处五项原则”，成为亚非国家“建立友好合作和亲善睦邻关系的基础”。最终，亚非各国在“和平共处五项原则”基础上提出了以“团结一致、和平相处、友好合作”为主题的万隆会议十项原则，其迄今仍是国际公认的处理国家关系的重要准则。

由此可以看出，万隆会议展现了中国独立自主的和平外交政策，意义十分重大。虽然在与西欧国家的关系上，前一年日内瓦会议的影响更加直接，但是中国在万隆会议上所表现出来的重视亚非国家的外交政策，对其后中国对西欧国家的认识也产生了巨大影响。

## （二）重视亚洲、非洲的外交政策与对西欧国家认识的变化

### 1. 重视亚洲、非洲的外交路线

在日内瓦会议、万隆会议上向国际社会宣布其“和平共处”外交路线的中国，在20世纪50年代后半期，其外交战略重点转向亚洲和非洲。这一

---

① 喜田昭治郎：《毛沢东の外交》，京都：法律文化社，1992年，第160—161页。

② 《中华人民共和国对外关系文件集》3，第249—250页。

重视亚非国际局势之认识，便是所谓的“中间地带论”。实际上“中间地带论”的原型是1946年毛泽东接受美国记者安娜·路易斯·斯特朗（Anna Louise Strong）采访时的谈话内容。毛泽东当时说：“美国和苏联中间隔着极其辽阔的地带，这里有欧、亚、非三洲的许多资本主义国家和殖民地、半殖民地国家。美国反动派在没有压服这些国家之前，是谈不到进攻苏联的。”①

重视“中间地带”的观点曾在“向苏联一边倒”和“两大阵营理论”出现后一度消失，但在1958年以后与自力更生的口号同时被重新提及。②如果说1946年的“中间地带论”强调的是美国攻击苏联时缓冲地带的作用，那么此时的“中间地带论”的特征则是指，对于中间地带的侵略才是这一时期美国的目的。也就是说，“美帝国主义反苏反共叫嚣，实际上是侵略和奴役中间地带国家的烟幕弹。美国同社会主义国家远隔重洋，当中横隔着几乎整个的资本主义世界”。③

“中间地带论”的重提被认为与1958年发生的伊拉克共和革命有关。④1958年7月，伊拉克亲纳赛尔派的自由军官组织发动军事政变，国王政权不得不妥协，共和革命取得成功。对此，美国感到纳赛尔主义可能会产生多米诺骨牌效应，使中东地区亲西方政权垮台，因此派遣了5000人的海军陆战队员登陆黎巴嫩，驻扎在贝鲁特，同时英国也出兵约旦。⑤ 中国注意到这一问题，周恩来对此进行了批判，称“这次美军直接侵略黎巴嫩使他们的本来面目得到彻底的暴露”。⑥

实际上中国将对外战略的重点转移到亚非的倾向在1956年前后即已有

① 《和美国记者安娜·路易斯·斯特朗的谈话》，《毛泽东外交文选》，第57—62页。

② 冈部达味：《中国の対外戦略》，第38页。

③ 于兆力：《新生力量一定战胜腐朽力量》，《红旗》1958年第6期，第3页。

④ 太田勝洪：《アジア近接諸国との関係》，冈部达味编：《岩波講座现代中国第6卷　中国をめぐる国際環境》，东京：岩波书店，1990年，第207页。

⑤ 須藤真志：《20世紀现代史》，东京：一藝社，2005年，第127页。

⑥ 中共中央文献研究室编：《周恩来年谱（1949—1976）》上卷，北京：中央文献出版社，1997年，第160页。

所显现。[①] 周恩来在 1956 年 6 月关于国际形势的报告中就曾指出，“亚洲、非洲和拉丁美洲各国人民反对殖民主义、争取独立自由的运动有了新的高涨。亚非国家在国际事务中正起着越来越重要的作用”。“在反对冷战和争取国际形势和缓的过程中，我们应当特别提到亚非地区和拉丁美洲各国人民反对殖民主义、争取独立自由的斗争所起的伟大作用”。[②]

这一年正是中国与埃及建立外交关系之年。之后随着苏伊士运河国有化，英法两国向埃及派兵发生“第二次中东危机”等，都是影响中国对国际形势认识转变的重大事件。1956 年 11 月 1 日，中国政府发表了关于抗议英法武装侵略埃及的声明，表示“中国政府强烈地谴责英、法两国政府这种赤裸裸的侵略行为，坚决地支持埃及人民维护国家主权和民族独立的神圣斗争”。[③]

中国对这一时期的国际形势的认识可以用毛泽东“东风压倒西风”的论断来阐述。在 1957 年 11 月召开的莫斯科社会主义国家共产党和工人党代表会议上，毛泽东表示国际形势已经到达了一个新的转折点，即社会主义的力量（东风）相对于帝国主义的力量（西风）已经占据压倒性优势，并提出“在十五年后，在我们阵营中间，苏联超过美国，中国超过英国”。[④] 毛泽东进一步以“英国退出亚洲、非洲很大一片土地”“荷兰退出印尼”“法国退出叙利亚、黎巴嫩、摩洛哥、突尼斯，在阿尔及利亚没有办法”等十项证据论述“东风压倒西风”的转折点已经出现。而且，他称所有帝国主义都是下午六点钟的太阳，将社会主义一方比作早上六点钟的太阳，表

① 再进行深究的话，比如 1954 年 8 月毛泽东在与英国劳动党代表团的谈话中也曾提及“中间地带”（《关于中间地带、和平共处以及中英中美关系问题》，中华人民共和国外交部、中共中央文献研究室编：《毛泽东外交文选》，北京：世界知识出版社，1994 年，第 158—161 页）。

② 《周恩来总理兼外交部长在第一届全国人民代表大会第三次会议上关于目前形势、我国外交政策和解决台湾问题的发言》，《中华人民共和国对外关系文件集 1956—1957》第四集（以下：《中华人民共和国对外关系集》4），北京：世界知识出版社，1958 年，第 73—92 页。

③ 《中华人民共和国政府关于英、法武装侵略埃及的声明》，《中华人民共和国对外关系集》4，第 153—154 页。

④ 毛泽东：《国际形势到了一个新的转折点》，《毛泽东外交文选》，第 296 页。

达了对东方阵营的强大自信。①

1958 年出现的“中间地带论”，成为 20 世纪 50 年代中期在亚非国家与西欧国家的对立中，中国自身已经改变其在国际社会中定位的象征。

**2. 作为“西方帝国主义”的西欧国家**

在外交政策上逐渐向重视亚洲、非洲变化的过程中，中国对西欧国家的认识也在逐渐发生变化。1956 年中国对西欧国家的认识是，“参加西方军事集团的主要欧洲国家的政府，也日益深刻地认识到，一味追随美国的冷战政策和实力政策，对于他们自己不会带来任何好处，而只是使他们自己的经济利益受到排挤，使自己的独立和主权受到损害”。② 但另一方面，又认为这些欧洲国家对于扩大和平地区的要求和民族独立运动的发展，采取了不具有先见之明的态度。英国、法国、意大利、西德等国家为了维护自己国家的既得利益，如果不向这些民族独立国家采取妥协态度的话，就会成为美国的帮凶，反过来成为压迫民族独立国家的力量。③

20 世纪 50 年代前半期，中国虽认为西欧国家基本上都是美国一方的，但也透彻地看出西欧势力绝不是铁板一块，应对其慎重分析并区别对待。因此，中国在反对“美帝国主义”的同时，也反对与亚洲、非洲相对立的“西方帝国主义”。

这对于中国来说，就意味着与西欧国家接近的条件从过去的反对美帝国主义的基础上，又增加了第二个条件，即其在亚洲、非洲没有拥有殖民地。毛泽东在 1957 年谈到中国的外交原则时，对与西欧国家关系问题指出，“主要是和他们斗争，不忙于建交”。④

之所以当时中国会采取如此强硬的外交姿态，其原因之一是有苏联的存在。20 世纪 50 年代苏联大力援助中国的工业经济发展，帮助新中国奠定了工业化基础。因此 1957 年毛泽东虽然言及与西方国家发展贸易关系的

---

① 毛泽东：《国际形势到了一个新的转折点》，《毛泽东外交文选》，第 297—298 页。

② 《周恩来总理兼外交部长在第一届全国人民代表大会第三次会议上关于目前国际形势、我国外交政策和解放台湾问题的发言》，《中华人民共和国对外关系文件集》4，第 77 页。

③ 同上，及《周恩来外交文选》，第 166 页。

④ 毛泽东：《中国外交方面的某些政策问题》，《毛泽东外交文选》，第 288 页。

可能性，但同时又批判企图制造“两个中国”的美国和英国，认为“我们可以依靠同苏联、同各人民民主主义国家的合作。我国是一个大国，我们同亚非国家也进行合作，没有这些西方国家，我们一样可以发展经济和文化”。①

## 三、“中等帝国主义”的西欧国家

从20世纪50年代后半期至60年代前半期，中苏之间的分歧已经十分明显，中国也随之开始推行不依赖苏联的新外交政策。其中，具有象征意义的是“两个中间地带”理论。其建立在不将苏联当作安全保障、经济关系的合作伙伴的基础上，这一点十分重要，即中国在反美的同时，减少对苏联的依赖，建立更加独立自主的对外关系。

### （一）“两个中间地带”理论的提出

在中苏分歧逐渐加深乃至关系恶化的背景下，毛泽东在1963年前后提出了“两个中间地带”理论。即美苏之间存在亚洲、非洲、拉丁美洲的落后国家构成的“第一中间地带”和欧洲、日本、加拿大等西方发达国家组成的“第二中间地带”，试图推动反美与反苏并重的国际统一战线。

“两个中间地带”理论的最早提出，是1962年1月3日毛泽东与日本禁止原子弹氢弹协议会理事长安井郁会见时。当时毛泽东对其20世纪40年代提出的“中间地带”理论做了新的补充，将社会主义阵营与美国以外的所有地区都看作广泛的中间地带，并指出中间地带国家的性质也各不相同。毛泽东把中间地带分为四种类型：1. 英国、法国、荷兰、比利时等拥有殖民地的国家；2. 西德、日本等被剥夺了殖民地，但仍拥有强大垄断资本的国家；3. 几内亚、阿联、马里、加纳等已经真正独立的国家；4. 名义上已经独立，但实际上仍然是附庸国的一些国家。②

① 毛泽东：《中国外交方面的某些政策问题》，《毛泽东外交文选》，第287页。

② 毛泽东：《中间地带国家的性质各不相同》，《毛泽东外交文选》，第487页。

1963年9月28日，毛泽东在中共中央工作会议上再次指出，“我看中间地带有两个，一个是亚、非、拉，一个是欧洲”。

1964年1月5日，毛泽东在同日共中央政治局委员听涛克己谈话时，再次阐述了关于“两个中间地带”的思想。他说：“讲到中间地带有两部分：一部分是指亚洲、非洲和拉丁美洲的广大经济落后的国家，一部分是指以欧洲为代表的帝国主义国家和发达的资本主义国家。这两部分都反对美国的控制。在东欧各国则发生反对苏联控制的问题。这种情况看起来比较明显。”①

1964年7月10日同日本社会党人士的谈话中，毛泽东明确表示：世界上有两个中间地带，“亚洲、非洲、拉丁美洲是第一个中间地带；欧洲、北美加拿大、大洋洲是第二个中间地带。日本也属于第二个中间地带”。②

基于此分析，中国的外交战略则确定为，依靠“第一中间地带”，争取“第二中间地带”，共同反对两个超级大国的霸权主义。“两个中间地带”理论也明确揭示了欧洲与美帝国主义之间存在矛盾的事实。

## （二）“中等帝国主义国家”的定位

伴随着“两个中间地带”理论的提出，西欧国家作为美国的对立方再次受到中国政府的重视。而其对西欧国家的重新定位，就是毛泽东1962年1月3日提出的“中等帝国主义国家”的概念。

当时中国虽然也将西欧国家，特别是英国和法国视为帝国主义国家，但同时认为“它们是大帝国主义美国想吃掉的中等帝国主义国家，同美国有矛盾，日子也很难混，可以作为人民的间接同盟者”。③ 而且，进一步将非洲与西欧的关系解释为“法帝国主义对阿尔及利亚人民来讲不是同盟者，而是敌对者，是压在阿尔及利亚人民头上的压迫者，它有六十万军队在进行反对阿尔及利亚人民的战争。对非洲来说，英国、法国、比利时、葡萄牙不是朋友。可以利用的一点是，它们同美国有矛盾。英、法在非洲

① 毛泽东：《中间地带有两个》，《毛泽东外交文选》，第508页。

② 同上，第509页。

③ 毛泽东：《中间地带国家的性质各不相同》，第487页。

和亚洲有殖民地和附属国，或者在那些形式上独立的国家还有强大的投资，美国想把英、法从这些地方挤出去，用新殖民主义者来代替旧殖民主义者。比如美国想取得阿尔及利亚，因为阿尔及利亚南部撒哈拉沙漠地带有很大的石油矿。法国正在那里开发，它的石油资本家集团同美国石油大王有矛盾”。①

从以上论述可以看出，20 世纪 60 年代初中国已经将帝国主义分类为美国这样的“大帝国主义”和以英法为代表的西欧国家那样的“中等帝国主义”。因此，即使亚洲、非洲与“中等帝国主义”为敌对关系，但由于“中等帝国主义”与美国之间也存在矛盾，所以与“中等帝国主义”拉近关系也有益处。可以说这是中国在 50 年代未有过的对于西欧国家的新认识。中国对西欧国家认识变化的背景是这一时期中苏关系的恶化。由于中苏分裂引发中国在安全保障方面必须在苏联之外寻找新的支点，因此其希望让西欧国家所发挥的作用相应扩大。

如上所述，20 世纪 50 年代后半期在重视亚洲、非洲为主的对外政策中，中国将西欧国家置于帝国主义国家行列。但由于中苏矛盾的激化，中国改变了对西欧国家的定位，将其纳入反美的外交战略之中。在此背景下，再加上 1960 年“非洲独立年”所象征的那样，从西欧国家殖民统治中独立出来的非洲国家越来越多，中国反帝国主义与构筑和西欧国家关系之间的矛盾已不复存在。例如，1962 年阿尔及利亚脱离法国统治宣布独立，中国就曾给予法国高度评价。可以说这一时期的国际环境本身也为中国与西欧国家接近创造了条件。

这一时期中国与西欧国家的关系，特别是政治关系的重大成果，当属与当时奉行反美独立自主路线的法国的建交。当时中国也在关注其他西欧国家的反美动态，期待与西欧国家改善关系，并发出了许多信号。但是，实际上真正实现关系改善的则只有法国，而且与其说是中国主导，不如说两国建交取决于戴高乐决定的因素更强些。这其中也有中国本身的问题，比如中国政府虽然传达了希望改善与西欧国家关系的信息，但进入双方直

① 毛泽东：《中间地带国家的性质各不相同》，第 487 页。

接谈判的阶段，更多遵循的还是 1952 年制定的基本外交方针，即“礼尚往来”的方针。[①]

虽然中国与西欧国家之间政治关系的改善未能取得显著进展，但在经济方面双方的关系却有了突飞猛进的发展。这时已经不能从苏联得到经济援助的中国，需要从西方发达国家进口物资，其中首先是日本，其次是西德和英国。在国内，1964 年 3 月 14 日，周恩来和外长陈毅在成都召集回国休假的驻欧洲国家的部分使节开座谈会。在会上周恩来指出，“大使回国，第一是学习，第二是休息，第三不能忘记工作。每个大使都有自己的岗位，玩的时候别忘了工作”，表现出了对西欧国家工作的重视。同时他还提出，“现在我国与西欧国家主要是发展经济关系。在贸易上，要使建交者先得到实惠。要平衡一下同西欧的贸易问题。要求驻外大使多与我们的外贸部门加强合作”。即不仅要重视经济关系，更要求要优先照顾已经与中国建交的国家。[②] 但是从当时的贸易统计来看，已经建交的法国与仍未建交的日本和西德相比，其与中国的贸易额增速较慢，这也说明建交与否与国家间经济关系的发展并没有直接关系。

20 世纪 60 年代前半期的中国对外政策，可以说是在坚持“礼尚往来”方针的基础上，推行“互通有无”的方针。这也显示了中国与西欧发达国家接近时所面临的困难局面。与对“第一中间地带”的政策相比，中国推行对“第二中间地带”的外交政策更加复杂和严峻，因此当时中国政府对在政治上与西欧国家接近十分慎重。[③]

---

① 比如 1964 年中国与西德进行的互设通商代表处的谈判等都是基于“礼尚往来”的方针进行的。详情请参见拙论《中国の対西欧諸国政策——1964 年の中・西独政府間会談を中心に》，添谷芳秀编：《现代中国外交の六十年　变化と持続》，东京：庆应义塾大学出版会，2011 年，第 215—236 页。

② 《周恩来年谱（1949—1976）》中卷，第 626 页。

③ 关于这一时期中国对“第一中间地带”（亚洲、非洲）关系的研究，参见喜田昭治郎：《毛沢东の外交》，京都：法律文化社，1992 年。

## 四、“三个世界”理论与对西欧的认识

即使在20世纪60年代末70年代初中美接近之后，中国对国际形势的看法依然是要“反对帝国主义和新老殖民主义，特别是反对美苏两个超级大国的霸权主义”。① 但是，1969年的中苏边界冲突使双方走到了战争的边缘，这使中国对美国威胁的认识和对苏联威胁的认识发生了重大变化。20世纪60年代中期以前，对于中国来说，美帝国主义的威胁是第一位的。在对苏联认识方面，从外交上看，以《部分禁止核试验条约》签订为标志，中国对与美国“勾结”的苏联的不信任感逐渐增强。自中美接近以后，虽然中国对美国的不信任感仍然根深蒂固，但已经与以前有了很大的不同，即已经不认为美国是其最直接的威胁，相反是认为苏联的威胁越来越大。

如此，70年代前半期中国认为，美苏两个超级大国的战略重点都在欧洲，但同时又认识到“两个超级大国都在利用两个军事集团互相对峙的局面，一方面努力支持各自的同盟国，但同时又在对方的家门口捣乱”。② 从这一认识出发，中国坚决支持北大西洋公约组织中的欧洲国家为了反对超级大国的权力政治和霸权主义所付出的所有努力，表达了对欧洲国家加强其独立地位的努力的支持。③

这一认识也促成了“三个世界”理论的产生。1974年2月22日，毛泽东在会见赞比亚总统卡翁达时提出了关于“三个世界”划分的理论。毛泽东提出，“我看美国、苏联是第一世界。中间派，日本、欧洲、加拿大，是第二世界。咱们是第三世界”，“第三世界人口很多。亚洲除了日本都是第

① 周恩来：《在中国共产党第十次全国代表大会上的报告》，《红旗》1973年第9期，第13页。

② 《国連総会本会議における喬冠華団長の発言》，《北京週報》（日语版）1972年第42号，第9页。

③ 小島朋之：《1970年代の欧州に対する中国外交の変化と矛盾——“三つの世界論”と欧州》，《京都産業大学論集 国際関係系列》（京都：京都産業大学，1982年），第185页。

三世界。整个非洲都是第三世界，拉丁美洲是第三世界”。同年4月，中国副总理邓小平在联合国第六届特别会议上的发言中再次阐释了“三个世界”理论：“从国际关系的变化看，现在的世界实际上存在着互相联系又互相矛盾着的三个方面、三个世界。美国、苏联是第一世界。亚非拉发展中国家和其他地区的发展中国家，是第三世界。处于这两者之间的发达国家是第二世界。”

在这一阶段，中国仍将美国和苏联定位为主要敌人。“三个世界”理论中，中国对于包含欧洲国家的“第二世界”的认识则是，“处于超级大国和发展中国家之间的发达国家的情况是复杂的。它们当中的一些国家，至今还对第三世界国家保持着各种不同形态的殖民主义的关系”。“同时，所有这些发达国家，都在不同程度上受着这个或那个超级大国的控制、威胁或欺负，其中有些国家在所谓‘大家庭’的幌子下，实际上被超级大国置于附庸的地位。这些国家都在不同程度上具有摆脱超级大国的奴役或控制，维护国家独立和主权完整的要求”。①

另外，这一时期中国于1971年10月25日恢复了在联合国的合法席位，并在1972年与英国、西德等西欧国家以及日本建交。可以说60年代以来中国“礼尚往来”与“互通有无”等外交方针在实际中所面临的两难局面也已经消失。例如，1974年7月1日，陈云副总理在与外贸部负责人谈副食品出口问题时指出：“对西欧一些大国的贸易要准备在一个时期内存在逆差，这是允许的。要力争每年出口额有所增长，这不仅是满足国内经济建设的需要，也是支持西欧共同市场的国家反对两大超级大国的政治需求。”② 由此传达出中国通过重视对欧洲的贸易政策，达到实际上反美反苏之意图。

1975年夏季以后，中国对主要敌人的认识从过去的两超争霸集中到“作为世界战争策源地更具危险”的苏联一方。中国认为苏联才是“最危险

① 《中华人民共和国代表团团长邓小平在联大特别会议上的发言》，《中华人民共和国外交大事记》第四卷，北京：世界知识出版社，2003年，第371页。

② 中共中央文献研究室编：《陈云年谱（1905—1995）》（下卷），北京：中央文献出版社，2000年，第190页。

的战争策源地"，而且认为世界大战在日日逼近。[①]

1977 年 11 月 1 日，《人民日报》编辑部发表题为《毛主席关于三个世界划分的理论是对马克思列宁主义的重大贡献》的文章。文中列举了将苏联看作主要敌人的以下四点论据。[②] 如此将苏联视为主要敌人的中国，正如 1975 年 10 月邓小平会见英国保守党上院领袖彼得·亚历山大·鲁伯特·卡林顿勋爵和英国石油公司董事长埃·德雷克爵士时指出的，"欧洲本身的团结、欧洲本身的强大，不单对苏联是一种制约力量，而且同美国建立平等的伙伴关系也需要欧洲本身的团结"。[③] 因此，中国支持西欧国家取得与美国平等的地位，在政治、经济、军事等领域联合对苏，并加强与美国合作。综上，中国在 1972 年表示坚决支持欧洲国家加强其独立地位，到了 1976 年以后又开始强调重视西欧与美国的合作。

## 五、结语

本文分析了中华人民共和国从成立至改革开放前各时期对国际形势认识的变化及相应的对西欧国家政策的变化。

20 世纪 50 年代前半期，中国对国际社会的外交活动已经全面展开。这一时期，中国在认为西欧国家并非与美国铁板一块之认识的基础上，谋求改善与西欧国家的关系。但是 50 年代中期以后，中国开始奉行重视亚洲、非洲的外交政策，在认识上将欧洲国家，特别是西欧国家看作是与亚洲、非洲国家对立的帝国主义一方，当时中国与西欧国家的关系也出现了停滞。

进入 60 年代之后，随着中苏矛盾日益激化，中国采取积极与西欧国家改善关系的方针。由此，中国提出"两个中间地带"的新外交理论，将西

① 小島朋之：《1970 年代の欧州に対する中国外交の変化と矛盾——"三つの世界論"と欧州》，第 191 页。

② 人民日報编集部：《三つの世界区分についての毛主席の理論は、マルクス・レーニン主義に対する大きな貢献である》，《北京週報》（日语版）1977 年，第 45 号。

③ 中共中央文献研究室编：《邓小平年谱（1975—1997）》上，北京：中央文献出版社，2004 年，第 114 页。

欧国家划入“第二中间地带”，并将帝国主义国家划分为作为“大帝国主义”的美国和作为“中等帝国主义”的西欧国家，并明确指出欧洲、日本等发达国家与美国也存在着矛盾。

另外，中国在这一时期虽然出于反美的考虑，也希望与西欧国家在政治关系上有所突破，但当时的首要问题还是发展经济关系。在此情况下，中国对与美国保有亲密关系的西欧国家发展关系仍然十分谨慎。

70 年代以后，中美关系得以改善，中国在联合国的席位得以恢复，又与西欧多国建交，中国的国际地位迅速上升。在此过程中，中国认识到美苏两个超级大国的战略重点一直在欧洲，从而提出“三个世界”理论，宣布坚决支持北约各国反对超级大国的权力政治和霸权主义的努力，并支持欧洲国家加强其独立地位的倾向。70 年代后半期以后，中国更加重视苏联带来的威胁，因此支持欧洲独立的同时还希望欧洲与美国建立平等的伙伴关系，并在欧洲自身团结的基础上，与美国达成合作的国际体制。

如此，随着中国对国际形势认识的变化，其对西欧国家所采取的政策也进行了相应的调整。其中特别让笔者关注的是中国政府在不同时期、不同理论中对西欧国家的定位：有时认为西欧国家是美帝国主义的一部分，有时又强调它们和美国之间的矛盾，甚至对西欧国家既有反美反苏的定位，又有联美反苏的定位。换言之，在不同的历史时期，随着对国际形势认识的变化，中国对西欧国家实行的政策也会发生改变。这也就意味着中国对西欧国家的政策具有较强的灵活性。从这一点上看，冷战时期西欧国家在中国的对外政策中是非常重要的。正因为有这样灵活性较强的实用主义特点，在中苏分裂时中国才能顺利改善与西欧国家的关系。20 世纪 70 年代以后，伴随着中国恢复在联合国的席位、中美关系改善等重大外交进展，中国顺利与西欧国家实现邦交正常化，可以说这些都是 60 年代中国对西欧国家展开的有灵活性的实用主义外交所带来的成果。

# 第三届国际关系史研究生论坛（一）

[**编者按**]　由首都师范大学历史学院世界史学科举办的“第三届全国国际关系史研究生论坛”于2018年10月底在北京召开。本次论坛收到论文近70篇，入选论文39篇。本栏目选登其中四篇，下期还将登载若干篇。

# 朝鲜高宗“小中华意识”形成原因探析

喻显龙*

**摘　要**　朝鲜高宗与前两代国王宪宗、哲宗不同，具有十分强烈的“小中华意识”。究其原因在于，高宗即位后，势力非常单薄，政权合法性不足。高宗为了尽快亲政并树立自身王权，开始有意识地利用“小中华意识”。通过“小中华意识”的强调，高宗一方面得以承接“嗣父”孝明世子的“法统”，另一方面则承接了“老论”宋时烈系的“道统”。以此，高宗构建了作为儒教君王的合法性与正统性，同时也争取到了传统政治势力的支持。不过，不断加以强化的“小中华意识”，使高宗对清朝常常抱有疑虑，并采取“两面”策略。

**关键词**　朝鲜高宗　小中华意识　孝明世子　老论宋时烈系　“两面”策略

* 喻显龙，北京大学国际关系学院2015级国际关系专业博士研究生，研究方向为东亚国际关系与中朝（韩）关系史。

朝鲜王朝由朝鲜太祖李成桂于1392年建立，1910年结束，历时518年，共27位国王。朝鲜国王是朝鲜王朝最高统治者的称号，朝鲜王朝世系如下表所示。

**朝鲜王朝世系**

| 国王 | 庙号 | 讳名 | 生卒 | 在位 | 备注 |
|---|---|---|---|---|---|
| 第1代 | 太祖 | 李成桂 | 1335—1408年 | 1392—1398年 | 朝鲜王朝的开国君主，即位后更名李旦 |
| 第2代 | 定宗 | 李芳果 | 1357—1419年 | 1398—1400年 | 太祖嫡次子 |
| 第3代 | 太宗 | 李芳远 | 1367—1422年 | 1400—1418年 | 太祖嫡五子 |
| 第4代 | 世宗 | 李祹 | 1397—1450年 | 1418—1450年 | 太宗嫡三子 |
| 第5代 | 文宗 | 李珦 | 1414—1452年 | 1450—1452年 | 世宗嫡长子 |
| 第6代 | 端宗 | 李弘暐 | 1441—1457年 | 1452—1455年 | 文宗嫡子 |
| 第7代 | 世祖 | 李瑈 | 1417—1468年 | 1455—1468年 | 世宗嫡次子，端宗之叔父 |
| 第8代 | 睿宗 | 李晄 | 1450—1469年 | 1468—1469年 | 世祖嫡次子 |
| | 德宗（成宗追崇） | 李暲 | 1438—1457年 | | 世祖嫡长子 |
| 第9代 | 成宗 | 李娎 | 1457—1494年 | 1469—1494年 | 德宗嫡次子，睿宗侄子 |
| 第10代 | 燕山君 | 李隆 | 1476—1506年 | 1494—1506年 | 成宗庶长子 |
| 第11代 | 中宗 | 李怿 | 1488—1544年 | 1506—1544年 | 成宗嫡长子，燕山君之弟 |
| 第12代 | 仁宗 | 李峼 | 1515—1545年 | 1544—1545年 | 中宗嫡长子 |
| 第13代 | 明宗 | 李峘 | 1534—1567年 | 1545—1567年 | 中宗嫡次子 |
| 第14代 | 宣宗（1616年改庙号为宣祖） | 李昖 | 1552—1608年 | 1567—1608年 | 中宗庶七子德兴大院君李岹之三子，明宗庶侄 |
| 第15代 | 光海君 | 李珲 | 1575—1641年 | 1608—1623年 | 宣祖庶次子，因被废位而无庙号、谥号，通称“光海君” |

**续表**

| 国王 | 庙号 | 讳名 | 生卒 | 在位 | 备注 |
| --- | --- | --- | --- | --- | --- |
|  | 元宗<br>（仁祖追崇） | 李玶 | 1580—1619 年 |  | 宣祖庶五子，仁祖之父 |
| 第 16 代 | 仁祖 | 李倧 | 1595—1649 年 | 1623—1649 年 | 元宗之长子，光海君之侄，嫡长子昭显世子李溰 |
| 第 17 代 | 孝宗 | 李淏 | 1619—1659 年 | 1649—1659 年 | 仁祖嫡次子 |
| 第 18 代 | 显宗 | 李棩 | 1641—1674 年 | 1659—1674 年 | 孝宗嫡长子 |
| 第 19 代 | 肃宗 | 李焞 | 1661—1720 年 | 1674—1720 年 | 显宗嫡子（独子） |
| 第 20 代 | 景宗 | 李昀 | 1688—1724 年 | 1724—1776 年 | 肃宗庶长子 |
| 第 21 代 | 英宗<br>（改庙号为英祖） | 李昑 | 1694—1776 年 | 1724—1776 年 | 肃宗庶四子 |
|  | 真宗<br>（正祖追崇） | 李緈 | 1719—1728 年 |  | 英祖之长子 |
| 第 22 代 | 正宗<br>（高宗改庙号为正祖） | 李祘<br>（算） | 1752—1800 年 | 1776—1800 年 | 英祖次子庄献世子李愃之次子 |
| 第 23 代 | 纯宗<br>（高宗改庙号为纯祖） | 李玜 | 1790—1834 年 | 1800—1834 年 | 正祖庶长子 |
|  | 翼宗<br>（宪宗追崇翼宗，高宗改庙号为文祖） | 李旲 | 1809—1830 年 |  | 纯祖嫡长子，1827 年代理听政，1830 年去世，谥号“孝明世子”；<br>1834 年其子李奂（宪宗）即位，追尊李旲为“翼宗大王”；养子李熙（高宗）在 1897 年称帝后，追尊李旲为“文祖翼皇帝” |

续表

| 国王 | 庙号 | 讳名 | 生卒 | 在位 | 备注 |
|---|---|---|---|---|---|
| 第24代 | 宪宗 | 李奂（奂） | 1827—1849年 | 1834—1849年 | 纯祖嫡长子孝明世子（翼宗/文祖）李旲的嫡子 |
| 第25代 | 哲宗 | 李昪（升） | 1831—1864年 | 1849—1864年 | 英祖李昑之次子庄献（思悼）世子李愃第三子恩彦君李䄄之孙，父为恩彦君第三子全溪大院君李圹。1849年宪宗去世后，被安东金氏扶植，以王室旁支身份继承朝鲜国王之位，没有子嗣 |
| 第26代 | 高宗 | 李熙 | 1852—1919年 | 1864—1907年 | 庄献世子第四子恩信君李禛之曾孙，仁祖嫡三子麟坪大君第六代孙南延君（恩信君嗣子）李球之孙，生父为南延君第四子兴宣大院君李昰应，养父为翼宗李旲。1864年以王室旁支身份继位，成为新任朝鲜国王。1897年自称皇帝，建年号“光武”，改国号为“大韩帝国”。1907年退位 |
| 第27代 | 纯宗 | 李坧 | 1874—1926年 | 1907—1910年 | 高宗嫡长子，大韩帝国第2任皇帝，1910年8月22日日本强迫韩国签订《日韩合并条约》，大韩帝国灭亡，李坧成为朝鲜半岛历史上最后一位君主 |

朝鲜国王李熙，庙号高宗，其个人执政生涯几乎横贯了整个朝鲜近代史，对近代朝鲜影响重大。关于高宗的“小中华意识”，目前国内较少探讨，而国外已经有了一些初步成果。韩国学者韩永愚论述了高宗称帝过程中儒生们对高宗继承中华帝统的合法性构建。[①] 韩国学者桂胜范则通过高宗频繁参拜追思明朝的大报坛[②]来说明高宗不仅继承了以往朝鲜对明的义理观，还抱有对清的优越感。[③] 日本学者奥村周司分析了高宗称帝典礼所反映的世界观与小中华意识。[④] 日本学者森万佑子则重新强调高宗称帝有继承中华正统的一面。[⑤] 就目前的研究成果来看，相关研究大多集中在高宗称帝时期，并且只证实了高宗本人拥有小中华意识的事实，而对其小中华意识形成的原因等问题还未能予以深入讨论。笔者将结合史料，从朝鲜王朝国内政治出发，对高宗小中华意识产生的原因进行分析和探究，并说明其对近代中朝关系所产生的影响。

## 一、高宗即位的合法性问题和王权的孤立

高宗的小中华意识形成时间较早，据《梅泉野录》记载：“上年十三御极，既数年，尝御经筵，讲孟子，至汤以七十里、文王百里，慨然顾曰，七十里百里犹可以为政于天下，况我国三千里者乎？何以则能秣马燕云，

---

① ［韩］韩永愚：《大韩帝国成立过程与“大礼仪轨”》，《奎章阁资料丛书仪轨篇——高宗大礼仪轨》，韩国首尔大学奎章阁，2001 年，第 1—61 页。

② 大报坛又称“皇坛”，是 1704 年即明朝亡国 60 周年时，朝鲜肃宗为报答壬辰战争（1592—1598 年）中明神宗万历皇帝向朝鲜派遣援军的“再造之恩”而修建的祭坛，到了 1749 年朝鲜英祖又增加了明太祖朱元璋和明思宗崇祯皇帝的神位。大报坛祭祀每年进行一次，肃宗以后朝鲜历代国王几乎都曾亲自参与，是朝鲜王朝后期最隆重的祭祀典礼，表达了朝鲜对明朝的感恩与怀念。大报坛被视为朝鲜王朝后期“尊周思明”意识形态的象征性建筑。

③ ［韩］桂胜范：《停止的时间——朝鲜的大报坛与近代的门槛》，韩国西江大学出版部，2011 年，第 201—208 页。

④ ［日］奥村周司：《李朝高宗的皇帝即位——其即位仪礼和世界观》，《朝鲜史研究会论文集》第 33 集，1995 年 10 月，第 141—169 页。

⑤ ［日］森万祐子：《朝鲜外交的近代——从宗属关系到大韩帝国》，名古屋大学出版会，2017 年，第 213—214 页。

洗祖宗之耻。"① 不难发现，高宗的这种论调和17世纪朝鲜孝宗时期反清的"北伐论"如出一辙。一般认为，思想意识的形成很大程度是受到教育的影响，但是高宗之前的国王宪宗、哲宗却基本找不到相同的论调。所以，高宗小中华意识的形成主因明显不是来自于宫廷儒教教育。另一方面，高宗原生家庭也没有强烈的小中华意识背景。高宗生父兴宣大院君和祖父南延君都属于南人党，南人党的小中华意识不如老论党那么强烈。② 实际上，南人党相比西人党更倾向于自由主义。③ 有学者指出，18世纪实学派中的近畿南人党学者在对外认识上与老论党学者有着本质的不同，并认为各国（各民族）文化具有相对的对等关系，并不固守传统华夷观念，甚至有南人系学者敢于批判朝鲜对崇祯年号的留恋和明朝的腐败。④ 由此可知，高宗的小中华意识也绝非受其原生家庭的背景影响。笔者认为，高宗小中华意识的形成和其巩固王权、维护自身合法性有着十分紧密的因果关系。

朝鲜王朝后期，王权不断衰落，到纯祖、宪宗、哲宗三朝，朝鲜进入了由外戚把持朝政的"势道政治"时期，也有学者将这一时期定义为"王权衰微期"。⑤ 国王要想有效地维持统治就不得不依靠政治集团的支持。而随着哲宗与高宗的相继入承大统，王权进一步被削弱，国王的合法性开始受到质疑。实际上，在哲宗、高宗之前，虽然也有许多入承大统的国王并非前任国王的子嗣，但是他们的父亲或祖父都曾经做过国王，而只有哲宗和高宗是远支入继大统。朝鲜王朝时期，国王继位的正统性一旦有争议就

---

① ［韩］国史编纂委员会编，（朝鲜王朝）黄玹：《梅泉野录》，探求堂，1971年，第1页。

② 1392年李成桂推翻高丽王朝，建立朝鲜王朝。支持李成桂的一派进入朝堂，被称为勋旧派，部分心怀不满的儒生则以节义自勉，选择归隐林下，被称为士林派。士林派1575年分裂为东人党和西人党。后东人党分裂为北人党和南人党。1680年朝鲜肃宗因恐南人党势力扩张，南人党被大量逐出朝廷，西人党重掌朝政。后西人党因对肃宗外戚态度不同而分裂成老论党（老壮派）与少论党（少壮派）。

③ ［韩］文玉柱：《朝鲜派阀斗争史》，成甲书房，1992年，第124页。

④ 关于18世纪老论、南人的对外认识，参见［韩］河宇凤：《朝鲜王朝时代的世界观与日本认识》，［韩］金两基、［日］小幡伦裕译，明石书店，2008年，第66—80页。

⑤ ［韩］李达淳：《朝鲜王朝政治研究——韩国政治史Ⅰ》，韩国水原大学校出版部，1990年，第48—52页。

很容易被人用作攻击王权的把柄。无子嗣的宪宗去世后，等于自正祖—纯祖—孝明世子（翼宗）一脉的血缘断绝，而哲宗在势道外戚安东金氏的推举下登基为王。这无疑向世人表明，王族远支如果能得到强权支持的话，就有可能通过入嗣“法统”而成为国王。所以，当时发生了诸如昭显世子一脉在清州的叛乱和宣祖生父德兴大院君后代李夏栓叛乱等事件。①

不过，往往容易被学者们所忽略的是，高宗的继位合法性比哲宗还要脆弱。哲宗的祖父恩彦君李裀是庄献（思悼）世子李愃（正祖生父）的儿子，血缘上承接了英祖；高宗的祖父是南延君，是朝鲜仁祖第三子麟坪大君的六世孙，后来过继给了庄献（思悼）世子的第四子恩信君李禛作嗣子。如果单从宗法上来看，因为南延君入嗣恩信君，所以哲宗和高宗都是出自庄献世子一系。但是从血缘上的亲疏来讲，高宗则远远不及哲宗，高宗的即位等同于断绝了孝宗—显宗—肃宗—英祖以来的历代国王血脉。同时，高宗即位时由于年纪较小，权力被自己的生父兴宣大院君李昰应所掌控。随着高宗逐渐成年，就必然面临亲政和亲政后巩固自身权力与合法性的问题。正因为如此，高宗一方面必须弥补自己合法性的不足，另一方面则需要争取主流政治势力的支持，而想同时实现这两点，最好的抓手就是“小中华意识”。

## 二、孝明世子的“小中华形象”和高宗的“法统”继承

如前所述，高宗在血缘上是远支入继，甚至还不如前任国王哲宗，而高宗生父大院君又恰恰是阻碍自己亲政的最大障碍。所以，高宗要树立自身王权，必然不能依靠自己血脉一系，而只能强调自己的“法统”，即嗣父孝明世子（翼宗）和自己的承续关系。孝明世子虽名为世子，实际在朝鲜王朝后期的“法统”传承上占据极为重要的地位。首先，朝鲜王朝宗法继承的大原则是嫡嫡相承，即嫡子、嫡孙来继承，② 而孝明世子不仅是自肃宗

① ［日］田保桥洁：《近代日鲜关系研究》，朝鲜总督府中枢院，1940 年，第 20—21 页。

② ［韩］李迎春：《朝鲜后期王位继承研究》，集文堂，1998 年，第 26—27 页。

之后唯一一位嫡子出身的世子，更是正祖唯一成年的孙子、纯祖唯一成年的儿子，拥有极高地位和威望。其次，孝明世子的儿子宪宗继位后追封世子为翼宗，进一步夯实了孝明世子的法统地位。第三，哲宗去世后，王室最高长辈是孝明世子遗孀赵大妃，在长幼有序的朝鲜社会中具有非比寻常的权力和威望，赵大妃甚至在哲宗死后直接“处分军国事”,[①] 对进一步加强和营造孝明世子的法统重要性起到了现实辅助作用。在这种情况下，孝明世子成为朝鲜王朝后期法统极其重要的一环，而不容任何人质疑和挑战，正如赵大妃传谕所言“传国之统，正纯翼宪之统，传至于大行大王（指哲宗），而主上（指高宗）承之，岂有贰统之疑哉”。[②]

所以高宗必须强调自己与孝明世子的“法统”的承续关系，并淡化其“旁系”出身的色彩。而强调“法统”的最主要方式莫过于尊崇和模仿孝明世子。在尊崇方面，高宗多次对孝明世子加封尊号，其加封频率远超孝明世子的亲子宪宗。大韩帝国建立之后，高宗在追尊皇帝号上，除开国太祖李成桂之外，优先追封的便是自己“法统”一系，即庄（献世子）、正（祖）、纯（祖）、翼（宗）四位皇帝。[③] 对于孝明世子的不断加封，高宗似乎仍觉不够，说道“惟我翼考圣德神功，与天同大，虽日进鸿号，犹有所未尽阐扬”。[④] 除了加封追崇之外，高宗对孝明世子的诞辰、冠礼日等祭祀活动更是十分重视，亲力亲为。这在《朝鲜王朝实录》[⑤] 和安东金氏金衡圭所著的《青又日录》[⑥] 等史料中都有大量记载。

在模仿方面，高宗则积极效仿孝明世子最突出的特点。关于孝明世子的研究，国内外都十分稀少。孝明世子虽一度替父亲纯祖代理国政数年，

---

① （朝鲜王朝）黄玹：《梅泉野录》，第 9 页。

② ［韩］国史编纂委员会编：《龙湖闲录》三，1979 年，第 233 页。

③ 《朝鲜王朝高宗实录》卷三九，高宗三十六年十二月七日（阳历），韩国国史编纂委员会编刊，1970 年，第 3 册，第 129 页。

④ 《朝鲜王朝高宗实录》卷一三，高宗十三年十一月癸亥条，第 1 册，第 540 页。

⑤ 参见《朝鲜王朝高宗实录》卷五，高宗五年十一月辛巳条，第 1 册，第 306 页；《朝鲜王朝高宗实录》卷一六，高宗十六年三月乙巳条，第 1 册，第 592 页。

⑥ 参见（朝鲜王朝）金衡圭：《青又日录》，韩国国史编纂委员会，1976 年，第 63、66、154 页。

但因为他英年早逝，在政坛时间并不长，所以往往不受学者重视。笔者经查阅史料发现，孝明世子最为突出一个特点就是他具有无比强烈的小中华意识。孝明世子在《石渠书室上樑文》中写道："恭维我朝，道光奎壁，治具毕张，庠序学校之明人伦，蔚然小中华。"① 不仅如此，他还创作了大量有关于小中华意识的诗文，如"日月双悬怀旧渥，中原何处问朝宗"，②"匪风思古帝，何处是中原，内苑三坛屹，千秋感旧思"，③"南京思旧邑，中土望西方"，④"天朝过百载，仪物何苍凉，望彼梧云色，中原思周王"，⑤"皇恩万世吾家在，江汉朝宗颂蟒袍"，⑥"山川犹依旧，中原沉腥羶，百世感大节，高风凛京洛，古家忠孝传，春秋尊周作"，"万世吾皇恩，只瞻定陵柏"，⑦ 等等，不胜枚举。同时，孝明世子还经常在尊周思明的北苑大报坛⑧斋戒，留下了许多斋戒时的诗歌，如《秋日山斋听雨感赋一绝》《斋夜有感联句》《大西斋斋居日与宫僚联句》《皇坛大享斋宿日同陪从诸臣联句》⑨等。在《皇坛摄行祭记》中，孝明世子更是直截了当地写道："呜呼！大明吾上国也。仆邦之事上国，若子孙之仰父母也。"⑩ 孝明世子的这种小中华意识的狂热抒发和大量作品的遗留，远远超过了其父纯祖、其子宪宗以及之后的哲宗。孝明世子在生病期间，依然积极命令大臣于大报坛奉室整理从清朝购买回来的《皇明实录》，"众胥自燕归，购进皇明宗箓四百余卷，世子令阁臣阅其编次，匣奉安于大报坛之奉室，自四月旬，世子已有微恙，

---

① 《列圣御制》十三，卷九十四，首尔大学校奎章阁，2004 年，第 451 页。

② 《列圣御制》十三，《别编》卷之六，第 481 页。

③ "三坛"即大报坛中分别祭祀明太祖、明神宗、明思宗的祭坛。《列圣御制》十三，《别编》卷之六，第 481 页。

④ 《列圣御制》十三，《别编》卷之六，第 482 页。

⑤ 同上，第 482—483 页。

⑥ 同上，第 486 页。

⑦ 同上，第 487 页。

⑧ 关于大报坛和尊周思明的小中华意识的关系，请参见孙卫国：《大明旗号与小中华意识：朝鲜王朝尊周思明问题研究，1637—1800》，北京：商务印书馆，2007 年。

⑨ 《列圣御制》十三，《别编》卷之六，第 481—490 页。

⑩ 同上，第 491 页。

而忽咳血”。[①] 另外，孝明世子还积极地将小中华意识作为“政治正确”运用到国内政治之中。例如，司宪府五品官睦台锡的上疏中有批判崇祯皇帝的话语，代理国政的孝明世子直接批复道：“春秋之义，炳若日星，为我东臣子者，凡属皇明三皇帝事，实不敢为不敬语，则今此引喻，万万惊心，万万愤惋，其它句语之挟杂，有不暇道。持平睦台锡为先施以屏裔之典。”[②] 睦台锡最终被判处流放。

孝明世子死后更是成为一个小中华意识的标志性象征。朝鲜近代重臣申櫶在孝明世子去世时写的哀词中大肆赞美道：“堂堂精义在尊周芬苾，皇坛享礼修白日正中。”[③] 所以，高宗要效仿孝明世子的最重要一点就是效仿其重视小中华意识的形象。高宗参拜大报坛的频率远超前两代国王宪宗与哲宗，在亲政后几乎年年参拜（包含世子代为参拜），甚至在明太祖生辰、明毅宗忌辰等重要日子亲行望拜礼，与官员作诗以表达尊周思明的小中华意识。比如，“（高宗十八年三月十九日）今日既大明毅宗皇帝忌辰……传曰，望拜礼后，参班儒生当应制试射矣……而以思大明也……”[④]“（高宗十九年五月初十日）今日即大明太祖高皇帝忌辰，北苑望拜礼后……上亲行望拜礼于春塘台……出题诗，江汉朝宗于海……”[⑤]“（高宗二十一年三月十九日）今日即大明毅宗皇帝忌辰，而甲申毅宗殉社，今年五回甲申，故上亲祭大报坛。……亲祭后，忠良应制也，入春塘台，少焉，上与世子亲临，出题诗，每倚北斗望京华”[⑥] 等。高宗抒发小中华意识的诗很少保存于朝鲜官方史料，但却有不少被记录在当时朝鲜官僚的日记之中，比如《青又日录》中记载：“（高宗二十年三月二十一日）伏见亲祭日御制诗，坛烛煌煌帝座开，月星河汉夜昭回，难□□是岁来。世子宫睿制诗，三月皇

① （朝鲜王朝）宋近洙：《龙湖闲录》第一册，韩国国史编纂委员会，1979年，第235页。

② 《政院请持平睦台锡处分达批》丁亥，《列圣御制》十三，《别编》卷之六，第496页。也可参见《朝鲜王朝纯祖实录》卷二八，纯祖二十七年三月辛丑条，韩国国史编纂委员会编刊，1955—1958年，第48册，第279页。

③ ［韩］韩国学文献研究所编：《申櫶全集》上册，亚细亚文化社刊行，1990年，第332页。

④ （朝鲜王朝）金衡圭：《青又日录》，第205—206页。

⑤ 同上，第369页。

⑥ 同上，第479—480页。

坛花自开，风泉多感此年回，拱辰门外生芳草，更喜今宵好雨来。”① 鱼允中的《从政年表》里也有记载：“（高宗八年三月九日）上亲祭皇坛，随驾进，夜参享而归。是日，上、下御制感怀诗一绝，令诸臣赓进，敬次赓进。御制、于赫皇恩几百年，拜坛躬裸感风泉，我家大义昭如日，一部麟经可以传。臣赓曰，皇天不佑甲申年，圣慕千秋泪似泉，一片遗坛睹陪卫，大明日月此中传。”②

高宗通过对孝明世子的尊崇和模仿，完成了自己对孝明世子“法统”继承的建构。高宗刚刚亲政不久，领议政李最应便建议高宗重新整理孝明世子收藏于大报坛奉室内的《皇明实录》，他认为：“我翼考默运圣算，购来全部（皇明实录），奉侍皇坛敬奉阁，而岁月寝久，蠹鱼朽烂，在所当念。亟令馆阁，分董印出，藏于馆阁及皇坛及万东庙，以为次第流布，阐翼考积诚购奉之大义理，恐亦有光于殿下继述之道矣。”③ 首先，不难发现，高宗之前的国王宪宗、哲宗对孝明世子的小中华意识并无太多继承，以至于《皇明实录》“岁月寝久、蠹鱼朽烂”而未采取任何保护补救措施。但更重要的是，李最应点出了一个关键，那就是“阐翼考之大义理”和“光殿下（高宗）之继述道”被统一在了一起。实际上，“大义理”在朝鲜王朝的话语体系中就是指主张春秋义理的小中华意识。综上所述，高宗通过宣扬小中华意识等方式强调对孝明世子的“法统”继承，这大大巩固了自身王权的合法性。同时，高宗还赢得了孝明世子遗孀赵大妃一派的全力支持，在政治权力的天平上为自己增加了重要砝码。

## 三、老论宋时烈系的推尊与高宗的“道统”继承

高宗对小中华意识的强调还在于争取朝鲜王朝后期主流政治势力和主流思想流派的支持。势道政治时期，原有的各派系党争变为了老论一党独

① （朝鲜王朝）金衡圭：《青又日录》，第480页。

② ［韩］韩国学文献研究所编：《鱼允中全集》，亚细亚文化社，1979年，第707页。

③ 《朝鲜王朝高宗实录》卷一二，高宗十二年十二月戊辰条，第1册，第509页。

大，老论和外戚融为了一体，安东金氏、丰壤赵氏（赵大妃母族）乃至骊兴闵氏（高宗王妃闵妃的母族）等外戚集团都属于老论党。而主流思想则是以老论宋时烈系为代表，强调尊周思明的春秋义理思想和小中华意识。有学者明确指出，“17 世纪宋时烈所确立的华夷观及对外认识成为了朝鲜时代后期的政治、思想界主流，一直持续到 19 世纪末”。[①] 哲宗、高宗时期，在朝鲜影响力最大的儒学学派便是属于宋时烈系的华西学派。华西李恒老构建了一个“孔子—孟子—朱子—宋子（宋时烈）”的正统道学传承体系，将老论宋时烈作为朱子学的直系传承人。[②]

高宗即位后，其生父兴宣大院君迅速掌权，并强力打击势道政治的安东金氏，抑制老论势力，企图削弱老论系官员和儒生的力量。据《梅泉野录》记载，大院君的党色政策是“阐南人、抑老论”，并认为“云岘（指大院君）始以麟坪（大君）之裔，出后于三王孙，其根源肺肚固南人也。及得志，崇进南北（指南人党和北人党），于是柳厚祚为相，而韩启源继之，皆南人也”。[③] 不仅如此，大院君还施行了两件违背小中华意识的政策。第一件是撤废书院。实际上，朝鲜王朝的肃宗、景宗、英祖、正祖时期都曾施行过撤废书院的政策，有专家统计，肃宗四十年到英祖十七年拆毁的书院数多达 173 个，并且大多数属于老论的书院。[④] 不过需要注意的是，这些下令被拆毁的书院大多属于未经朝廷批准的私建书院。而大院君的书院撤废令是不分公私、一律撤废，甚至废除了宋时烈系儒生的主要根据地华阳书院和书院旁祭祀明朝皇帝的小中华意识高地——万东庙（又称“皇庙”）。据《梅泉野录》记载，“凡国中书院、祀庙，悉令折毁，所留者四十八所，皆陛庑名贤及有大忠勋于国家者也，革万东庙、皇庙位版，移奉于北苑大报坛，而华阳书院遂废”。[⑤] 第二件便是直接从清朝引入铜钱，作

① ［韩］河宇凤：《朝鲜王朝时代的世界观与日本认识》，第 88 页。

② 参见［韩］朴忠锡著，［日］饭田泰三监修：《韩国思想政治史》，日本法政大学出版局，2016 年，第 467 页。

③ （朝鲜王朝）黄玹：《梅泉野录》，第 3—4 页。

④ 参见［韩］郑万祚：《朝鲜时代书院研究》，集文堂，1997 年，第 284—295 页。

⑤ （朝鲜王朝）黄玹：《梅泉野录》，第 5 页。

为朝鲜货币使用，也就是所谓的“当百钱制度”。以清朝货币替代朝鲜货币，从小中华意识看来无疑是华夷不分。不仅如此，大院君还上尊号为“大老”，《梅泉野录》认为“显、肃之际，西人推宋尤庵，号为大老，云岘尝自号曰，我亦大老也，以嘲侮尤庵（宋时烈）”。[①]

大院君对老论政治势力和宋时烈系道统地位的打压，特别是违背小中华意识的政策引发了官员和儒生们的普遍不满。如参判崔益铉上疏道：“则皇庙之撤，君臣之伦，斁矣；书院之罢，师生之义，绝矣……胡钱之用，华夷之别，乱矣。”[②] 开化派鼻祖朴圭寿更是上疏强调，“庙或有可毁而惟天子之庙不可毁也”。[③] 高宗正好利用了这些官员和儒生的不满，团结了一切反大院君势力，最终迫使其下野。不过，即便在大院君下野之后，仍有儒生向高宗陈情，“殿下幼冲之初，权臣独断，陷于不经之言，而皇庙、圣祠、忠院、义宇，一并毁撤，此何异于周禁檿弧而速亡，秦防胡虏而自灭也”。[④] 于是，亲政后的高宗一改大院君的政策，积极尊崇老论宋时烈系和小中华思想，希望以此获取传统政治与思想主流势力的支持。高宗本人甚至“以老论自处，待群臣区别三色，殊贬薄……老论则侍教，少论则翰林，南北则注书，以此轩轾，他官类似，每闻大科胪唱，老论则曰亲旧，少论则曰彼边，南北曰厥汉”。[⑤] 为了积极表示自己对宋时烈系“道统”的尊崇和继承，高宗一方面积极提拔宋时烈系的人物，如下令让宋时烈宗孙直接会试上榜，[⑥] 提拔宋时烈后人宋秉瑞到军国事务衙门任职，“上以其为大老（宋时烈）之后，认作同色私人，欲其并历清要，与闵泳翊一体”。[⑦] 另一方面，

---

① （朝鲜王朝）黄玹：《梅泉野录》，第 21 页。

② 《朝鲜王朝高宗实录》卷十，高宗十年十一月戊申条，第 1 册，第 422 页。也可参见（朝鲜王朝）宋相焘：《骑驴随笔》，韩国国史编纂委员会，1955 年，第 97 页。

③ 韩国学文献研究所编：《朴圭寿全集》上册，亚细亚文化社，1978 年，第 380 页。

④ 《朝鲜王朝高宗实录》卷一九，高宗十九年五月己丑条，第 2 册，第 48 页。也可参见（朝鲜王朝）宋相焘：《骑驴随笔》，第 16 页。

⑤ （朝鲜王朝）黄玹：《梅泉野录》，第 43 页。

⑥ 《朝鲜王朝高宗实录》卷十，高宗十年二月庚申条，第 1 册，第 409 页。

⑦ 闵泳翊是闵妃侄子，是当时闵氏外戚中最有权势的人物之一，高宗将宋秉瑞以闵泳翊的标准对待，可见对宋时烈后人宠信之至。参见（朝鲜王朝）黄玹：《梅泉野录》，第 56 页。

高宗积极打击反宋时烈系的势力，如 1889 年“砥平校儒韩容奭、柳智永等，于校会之席诋毁老论，斥呼宋时烈”，[①] 最后全部被判处流放荒岛。

不过值得玩味的是，高宗在亲政后虽然迅速恢复了象征小中华意识的高地——万东庙，却一直没有复设万东庙旁的华阳书院。笔者认为这里隐含有高宗的政治考量，他一方面希望通过小中华意识的尊崇来获取对宋时烈系“道统”的继承，但另一方面又要防止儒生们继续以华阳书院为根据地与王权相抗衡。正如高宗所说，“宋先正秉执大义，在于尊奉皇庙矣。庙宇今既复享，则义理从此益明，而宋先正不昧之灵，亦当感幸于冥冥中矣。书院之复设与否，何关于先正义理耶”。[②] 实际上，由于华阳书院没有复设，万东庙的管理权由华阳书院儒生的手中转入中央朝廷，“皇庙之当初创始，虽出于士林，而粤自正庙朝奉额之后，事体自别。今此复设之举，当自朝家主管”。[③] 由此，高宗获得了“道统”一系在小中华意识上的祭祀权和话语权。

1881 年，清朝黄遵宪撰写的《朝鲜策略》被引入朝鲜，因《策略》主张向西洋开国通商，促使守旧儒生们集体伏阁上疏，由此爆发“卫正斥邪运动”。儒生们的万人上疏虽然有各党派参加，但主要还是以南人党为中心，[④] 可见其带有明显反高宗政权的国内政治色彩。1882 年壬午军乱过后，大院君被镇压的清朝军队转移至保定关押，与大院君保持亲密关系的癸未八家（南人、北人为主）被诛杀。[⑤] 由此，除了甲申政变三日天下[⑥]之外，高宗时代完全成为老论党的天下，而高宗对宋时烈的尊崇直至大韩帝国成立后依然存在。当时，延丰郡守林健相对百姓宋勋洙施刑，宋告知自己是宋时烈的后孙，并认为“圣朝手教，大老之孙，勿施肉刑云”。而林却故意

① （朝鲜王朝）黄玹：《梅泉野录》，第 107—108 页。

② 《朝鲜王朝高宗实录》卷一一，高宗十一年三月丙午条，第 1 册，第 449 页。

③ 同上，第 443 页。

④ 参见［韩］宋炳基：《近代韩中关系史研究——19 世纪末的联美论与朝清交涉》，韩国檀国大学出版部，1985 年，第 165 页。

⑤ ［韩］文玉柱：《朝鲜派阀斗争史》，成甲书房，1992 年，第 191 页。

⑥ 关于甲申政变的解读有很多，其中文玉柱认为金玉均等开化派在甲申政变中有明显打击闵氏戚族，重用大院君一派的倾向。参见［韩］文玉柱：《朝鲜派阀斗争史》，第 275 页。

表示“所谓尤庵（宋时烈），吾所不知也”，仍旧施刑。大韩帝国法部建议将林健相以乱言罪施以笞刑一百，但高宗却下令改以重罪流放。[①] 综上所述，高宗通过对老论宋时烈系的尊崇，获得了小中华意识春秋义理的“道统”继承，并抢占了话语权的高地，同时也争取到了老论党和儒生们的支持，巩固和壮大了自身权力。

## 四、高宗小中华意识与对清“两面”策略的确立

高宗小中华意识的形成与强化更多的是缘于国内政治因素的影响，所以一开始并未与清朝产生冲突。另外，在清朝和朝鲜的传统宗藩关系里，朝鲜内政外交皆自主，清朝不予干涉，实际上清朝长期对于朝鲜的内部情况一无所知。随着近代西方体制冲击和东亚权力结构的变化，清朝开始积极介入朝鲜事务之中，特别是清军直接入朝和袁世凯被委为“驻扎朝鲜总理交涉通商事宜大臣”而长期驻朝。这虽然对朝鲜局势的安全稳定起到了至关重要的作用，但同时在一定程度上形成了对高宗王权的牵制，对朝鲜小中华意识建构的合法性造成了巨大冲击。更对高宗政权不利的是，清朝于1885年决定放还在壬午军乱中被掳走的大院君。因此，高宗政权开始对清朝产生疑虑和不满，再加上国际情势因素，以至于发生两次朝俄密约[②]和朴定阳访美“三端”问题[③]等事件。虽然这些事件在清朝的施压下得以解决，但却进一步加速了高宗政权对清朝的离心。

于是，高宗政权开始确立对清的“两面”策略，即对清朝和清朝之外的其他国家采取两种不同的政策。这种“两面”策略一方面可以避免与清朝直接产生冲突，采取迂回的方式达到自身目的；另一方面则对日本及西洋各国在礼仪上保持平等，突显朝鲜“自主”，也可以借此牵制清朝。日本学者月脚达彦认为朝鲜从1885年就已经开始对外表示出“帝国”的态度。

① 《朝鲜王朝高宗实录》卷四三，高宗四十年八月二十一日（阳历），第3册，第293页。

② 参见曹中屏：《朝鲜近代史（1863—1919）》，北京：东方出版社，1992年，第125—130页。

③ 参见［日］冈本隆司：《属国与自主之间——近代清韩关系与东亚命运》，日本名古屋大学出版会，2004年，第172—192页。

他发现过去朝鲜请柬将高宗生日称作“圣寿庆节”“诞辰庆节”，但1885年后却改为清朝皇帝生日的专用名称——“万寿圣节”，不过，只有给清朝驻朝官员袁世凯的请柬使用了传统名称——“国王殿下千秋庆节”。[①] 实际上，笔者认为这种“两面”策略原本就是坚持小中华意识的朝鲜一直惯用的对清策略，高宗只不过是旧策新用而已。比如孝明世子去世后，金祖淳为其作的墓志铭，直接题为“有明朝鲜国孝明世子延庆墓志文”，[②] 而同是金祖淳撰写的孝明世子谥状，因其公开的原因，其内容大部分虽和墓志铭一致，却极力避免了有关小中华意识的字眼。同时，金祖淳还刻意添加嘉庆皇帝册封孝明世子和道光皇帝册封孝明世子儿子（宪宗）为世孙的内容。[③] 而所谓的近代朝鲜“亲清派”也常常采取“两面”策略应对清朝，比如金允植写给袁世凯的公函中将清朝称为“上国”“皇国”，[④] 但他在朝鲜国内和私下的文书中却只称“清国”。

这种“两面”策略很快便使与朝鲜打交道的清朝官员感受出高宗政权的“首鼠两端”。特别是长期驻扎朝鲜的袁世凯，他洞察力十分敏锐，早在1884年甲申政变前夕就看出了朝鲜的“离心”倾向。他发现“（朝鲜）引强邻自卫，即可称雄自主，并驾齐驱，不受制中国，并不俯首他人。此等意见，举国之有权势者，半皆如是”。[⑤] 1886年，袁世凯在发给李鸿章的电报中说道“（韩廷）恐中国查知其隐，而粉饰弥缝，疑忌百出。又欲尽除廷臣之华党”，[⑥] 而“时派小人唆使各国讪谤中国，尤属不知自量”。[⑦] 不过，袁世凯始终未能发现高宗政权的小中华意识倾向，仅仅将朝鲜的“离心”看作是开港后的外来因素影响。他向李鸿章汇报中说“窃查朝鲜为我藩封数百年矣，奉朔朝贡，无有二心。开关以来，语言庞杂，其君若臣渐有自

① ［日］月脚达彦：《朝鲜开化思想与民族主义——近代朝鲜的形成》，东京大学出版会，2009年，第146—148页。

② （朝鲜王朝）宋近洙：《龙湖闲录》第一册，第232页。

③ 同上，第237—239页。

④ 参见韩国学文献研究所编：《金允植全集》，亚细亚文化社，1980年，第56—59页。

⑤ 刘路生、骆宝善主编：《袁世凯全集》第一卷，开封：河南大学出版社，2012年，第32页。

⑥ 同上，第84页。

⑦ 同上，第137页。

大之志，属邦之名所不乐闻"。[①] 1888 年袁世凯在给黎庶昌的信函中也认为"韩自通商开禁以来，见闻日广，炫惑日多，兼以西人愚弄于其间……故时蓄一引强自卫、侈然自主之心"。[②] 当然，"两面"策略有时候也难免会露出马脚，比如 1888 年 7 月袁世凯发现釜山电局发给他的电报印封回单中出现了"大朝鲜""开国若干年"字样，觉得"殊为诧异"，他认为"查中国朝鲜往来文函，或曰朝鲜，或曰敝邦，向未见有大朝鲜等字……且朝鲜屏藩天朝，恭奉正朔，自必遵守中朝年号"。[③] 朝鲜外署以"系书记笔下之误"予以搪塞。[④] 但是到了 1889 年，袁世凯再次发现朝鲜"所开电纸内刊印大朝鲜字样",[⑤] 朝鲜又只得以笔误回应。其实袁世凯并不清楚，朝鲜一直在国内保持一套属于自己的纪年系统，比如沿用崇祯年号、南明永历年号或是大朝鲜开国纪年等，只是在单对清朝的文书等使用清朝年号而已。朝鲜一直维持"两面策略"直至甲午战争清朝军事政治势力退出。自此，朝鲜彻底摆脱了和清朝以往的传统关系，但是对于高宗来说，要想真正实现绝对王权却依旧困难重重。甲午更张（日本控制下的朝鲜进行的近代化改革）对王权的限制和乙未事变中闵妃被日本浪人弑害，彻底刺激了高宗，并使其不安全感极度上升。为了维持自身"法统"与"道统"地位，高宗开始积极谋划称帝。正如劝进高宗称帝的儒生们所说，"臣等窃以谓中正仁义，人极立焉，肃哲圣谋，皇极建焉。人极，道统之所由出也；皇极，帝统之所由作也。盖自唐、虞、宋、明，继天立极，帝统、道统之传，有自来矣……伏愿陛下奋发大有为之志于斯四者，断然为万古千今立政为治之要。此实舜、禹精一之心法，孔、朱《春秋》之义理。而道统于是乎在矣，皇统于是乎建矣"。[⑥] 于是，高宗通过称帝公开将自己的法统（帝统

---

① 刘路生、骆宝善主编：《袁世凯全集》第一卷，第 160 页。

② 同上，第 473 页。

③ 同上，第 504 页。

④ 亚细亚问题研究所旧韩国外交文书编纂委员会编：《旧韩国外交文书》第八卷（清案 1），高丽大学校出版部，1970 年，第 464 页。

⑤ 同上，第 542 页。

⑥ 《朝鲜王朝高宗实录》卷三六，高宗三十四年九月三十日（阳历），第 3 册，第 6 页。

或皇统）彻底和明朝（中华或道统）相连接，将“法统”和“道统”真正统一了起来。1902 年，大韩帝国内部大臣李乾夏直接道出：“且皇明，即我韩统绪攸接之邦也。”①

## 余 论

高宗通过强调小中华意识，不仅得以承接孝明世子的“法统”和老论宋时烈系的“道统”，弥补了自己出身于“旁系”的合法性不足，更赢得了老论党、儒生等传统主流政治势力的积极支持，最终在国内政治确立了坚实的王权政治。但是，小中华意识一方面成为朝鲜与清朝关系间极为重大的负面因素，另一方面则也难以应对近代化浪潮冲击下的一系列新问题，更无法实现朝鲜的救亡图存。1907 年，高宗因为海牙派使事件（高宗派密使前往海牙万国和平会议，企图揭发日本侵韩真相，呼吁欧美列强干预，但在日本的阻挠和列强的漠视下以失败告终）被日本强逼退位。隔年，大报坛、万东庙、崇义庙、东关帝庙等小中华意识象征地的祭祀活动便被全部废止。② 投身义兵运动的朝鲜儒生们逃亡中国，企图延续“道统”。他们喊出“五百年礼仪宗社而亡，几千年华夏正脉而绝，非万古天下无等之大变乎，上报国仇，下保人类，存礼仪宗社於既亡，扶华夏正脉於既绝，非万古天下无等之大义乎”。③ 他们认为“天有不息之道，阳无可尽之理”，④ 坚信“道统”迟早有一天会在中国光大。正如义兵运动代表人物柳麟锡所言：“皇明屋社后，几千年华夏正脉，不容于中国，而寄于我东，今又不容于我东，而返于中国欤。”⑤ 1919 年，高宗逝世。王室宗亲完顺君李载完在《大行皇帝行状》中为高宗亡国辩解道：“呜呼！王於君道君德，实备矣。而孜孜求治，寝食不遑，垂四十年余矣。未敢知一治则一乱，抑天道之迫

① 《朝鲜王朝高宗实录》卷四二，高宗三十九年十月十三日（阳历），第 3 册，第 267 页。

② 《朝鲜王朝纯宗实录》卷二，纯宗元年七月二十三日（阳历），第 3 册，第 517 页。

③ 韩国国史编纂委员会编：《昭义新编》，探求堂，1975 年，第 26 页。

④ 同上，第 32 页。

⑤ 同上，第 208 页。

气数，而如昼夜寒暑之循环有不得不已之势，而人力莫可挽回耶？”同时他对高宗强调小中华意识的行为予以了高度评价，即“使举世之人，知尊王黜伯、卫华攘夷，陶甄浸渍於仁义礼乐之中者，可以垂百代而永有辞矣”。[①]

① 《朝鲜王朝纯宗实录附录》卷十，纯宗十二年（1919年）三月四日（阳历），第3册，第608页。

# “妥订专章，以资保护”

## ——清政府在1904年中英《保工章程》签订过程中的对策与作用

魏运高丽*

**摘　要**　1903年英国计划招募华工前往英属南非德兰士瓦的金矿中工作，清政府驻英大臣张德彝和外务部决定先行禁止招工，趁此机会同英国订立一份保护华工的章程。1904年初，中英双方就章程之事进行谈判，在多次交涉的过程中确定了在南非设立领事官以保护华工等重要内容，章程最终于5月13日画押，共计15款。这一过程反映了清政府为保护华工所做的努力，然而，其订立章程的目标虽然得以实现，保护华工的愿望却难以达到，这不仅跟章程的内容和执行有关，也涉及国家利益和实力。

**关键词**　《保工章程》　张德彝　清政府　华工　南非

* 魏运高丽，北京大学历史学系2014级博士生。

1904年5月13日，也就是清朝光绪三十年三月二十八日，天气晴，时任驻英大臣张德彝的日记画风突变，一改往日“述奇”的口吻，录存了当日他率中方代表同英方在伦敦签订的《保工章程》及其他附属文件，内容共达十二页。① 签约后近6年间，总计63695名②契约华工③按照该章程分批抵达英属南非的金矿中工作，这段历史成为研究20世纪初英帝国史、南非经济史和中国劳工史的典型案例。④

① 张德彝：《八述奇》下册，钟叔河、张英宇校点，长沙：岳麓书社，2016年，第448—459页。清政府于1901年11月任命张德彝为出使英国大臣，参见《驻英大臣罗丰禄为张德彝接任出使英国大臣事致外务部信函》，光绪二十七年十月二十六日（1901.12.6），中国第一历史档案馆、北京大学、澳大利亚拉筹伯大学编：《清代外务部中外关系档案史料丛编——中英关系卷》第4册《交聘往来》，第72—75页；张德彝：《八述奇》上册，钟叔河、张英宇校点，长沙：岳麓书社，2016年，第11页。

② Peter Richardson, *Chinese Mine Labour in the Transvaal*, London: Macmillan Press, 1982, p. 204.

③ “契约华工”（indentured labour/contract labour）也被称作“苦力”（coolies）。出洋华工可以被分为不同的类型，陈翰笙主编：《华工出国史料汇编》第1辑第1册（北京：中华书局，1985年）的序言部分将其分为“猪仔贩运”“苦力贸易”“赊单苦力”“合法化招工”，但已经有学者指出这种分类是存在问题的，参见沈毅：《也谈猪仔贩运与苦力贸易异同问题——就教于〈华工出国史料汇编〉的〈序言〉作者》，《东南亚研究》1988年第4期。有关契约华工的研究参见陈泽宪：《十九世纪盛行的契约华工制》，《历史研究》1963年第1期［亦收录于陈翰笙主编：《华工出国史料·第四辑（关于华工出国的中外综合性著作）》，北京：中华书局，1981年］；吴凤斌：《契约华工史》，南昌：江西人民出版社，1988年。

④ 从英帝国史角度出发的主要研究成果包括陈翰笙主编的《华工出国史料汇编》第4辑中收录的著作：陈达著，彭家礼摘译：《中国移民——专门涉及劳工状况》（第68—87页）；坎贝尔：《中国的苦力移民》，陈泽宪译（第407—460页）。从经济史角度出发进行研究的代表性人物是彼得·理查森（Peter Richardson），他的主要研究包括：Peter Richardson, “Coolies and Randlords: The North Randfontein Chinese Miners ‘Strike’ of 1905,” *Journal of Southern African Studies*, Vol. 2, No. 2 (Apr., 1976), pp. 151-177; Peter Richardson, “The Recruiting of Chinese Indentured Labour for the South African Gold-Mines, 1903-1908,” *The Journal of African History*, Vol. 18, No. 1 (1977), pp. 85-108; Peter Richardson, *Chinese Mine Labour in the Transvaal*, London: Macmillan Press, 1982。关注中国劳工史的研究主要包括：Tu T. Huynh, “We are not a Docile People: Chinese Resistance and Exclusion in the Reimagining of Whiteness in South Africa,” *Journal of Chinese Overseas* 8 (2012): 137-168; Rachel K. Bright, *Chinese Laboour in South Africa, 1902-10: Race, Violence, and Global Spectacle*, Palgrave Macmillan, 2013; Mae M. Ngai (艾明如), “Trouble on the Rand: The Chinese Question in South Africa and the Apogee of White Settlerism,” *International Labor and Working-Class History*, No. 91, Spring 2017, pp. 59-78。

然而，由于后来华工在金矿中遭受虐待，当初同意英国招工的清政府便自然成为人们讨伐的对象，张德彝驻英期间的“外交业绩”也成为众矢之的。张芝联指责清政府的“投降路线”，认为张德彝是罪魁祸首，其对于英国提出的“野蛮的侮辱性的”法令条文“竟然卑躬屈膝地接受下来，不加驳斥，这是可耻的出卖民族利益的行为”。[①] 彭家礼认为“清廷对于英国要求招工去南非，求之不得”，是他们将数万华工推进了深渊。[②] 随后的研究观点开始发生改变，王爱云指出清政府在这次招工中采取了一系列“前所未有的保护华工措施，在中国近代华工史上具有一定的进步意义”。[③] 苑焕乔的研究肯定了清政府“为南非金矿在华招工制定了完备、具体的保护华工的章程”。[④] 不过，以往的研究缺少对1904年《保工章程》的签订过程及内容的详细梳理和对清政府所扮演角色的深入探讨，从而无法得到具有说服力的结论。

本文将以张德彝和清政府外务部之间的文书往来为主，结合其他文献，梳理此次招工章程的产生过程，分析《保工章程》的性质和内容，力争客观地总结和评价清政府在章程签订过程中的对策和作用，从而加深对20世纪初清政府外交决策过程和中英关系的理解。

## 一、“先禁南非招工以期立一专约”

1902年，第二次英布战争（1899—1902年）结束，布尔人在南非建立的共和国——奥伦治自由邦（Orange Free State）和德兰士瓦（Transvaal）——成为英国的殖民地。德兰士瓦殖民地的经济繁荣主要依靠威特沃特斯兰德

① 张芝联：《1904—1910年南非英属德兰斯瓦尔招用华工事件的真相》，《北京大学学报》1956年第3期。持相同观点的还包括：赵红：《晚清南非契约华工研究》，硕士学位论文，山东大学，2014年。

② 彭家礼：《清末英国为南非金矿招募华工始末》，《历史研究》1983年第3期。

③ 王爱云：《二十世纪初南非华工事件初探》，《南开学报》1996年第2期。

④ 苑焕乔：《试析二十世纪初清政府向南非的劳务输出》，硕士学位论文，河北大学，2003年；苑焕乔：《清末政府向南非输出劳务述论》，《北京联合大学学报（人文社会科学版）》2006年第1期。

（Witwatersrand，简称 Rand，即兰德）[①] 的金矿开采。战后人们渴望金矿业更加快速地发展，他们表示“金矿业过去已经取得的地位不是我们的终极目标”，[②] 但这种对更多更廉价劳动力的热切需求完全无法得到满足，兰德金矿在战后出现了严重的劳动力短缺，称为“兰德危机”。经过调查和讨论，殖民地官方最终决议从中国输入劳工，展开“德兰士瓦的试验”。[③]

尽管当时英国和南非就招工之事议论纷纷，还没有形成统一的意见，但驻英大臣张德彝已经洞察了英国为了振兴矿业必将在中国招工的打算。1903 年 2 月 6 日，他致函清政府外务部，告知对方英国计划招雇华工前往南非的金矿中工作，对此，他认为外务部应该首先加以拒绝，禁止国民前往南非，然后把此次招工作为和英国人讨价还价的筹码，最后要达到的目的是“订立约章，载明中国工人当与欧、美各工一律看待，毋得歧视”。[④] 也就是说，张德彝对南非招工一事从一开始所秉承的宗旨就是商定章程、保护华工，而要达到这一目的，就必须先禁止英国在华招工。

该策略的重点在于“订立约章”而不在于“禁止”。张德彝确实没有从根本上反对招工，他要求清政府在南非招工之前饬令沿海督抚禁止华民赴英属南非工作，并不是要严禁华工出洋，而是计划等英国人提出招工的请求并与之签订好约章之后再行前往。[⑤] 而这一计划能够成功需要两个前提，

---

① “‘惠梯瓦特斯’的荷兰文原意是白色的水流，‘兰德’的原意是山岭。因此在那里做工的中国人就称之为白水岭。”陈泽宪：《1904—1910 年英国为南非特兰士瓦金矿招雇华工史料辑存》，陈翰笙主编：《华工出国史料汇编》第 9 辑，中华书局，1984 年，第 178 页，注释①。

② 坎贝尔：《中国的苦力移民》，陈泽宪译，陈翰笙主编：《华工出国史料汇编》第 4 辑，第 413 页。

③ 关于决策过程参见 Benjamin Sacks, *South Africa: An Imperial Dilemma*, The University of New Mexico Press, 1967, pp. 31-57；坎贝尔：《中国的苦力移民》，第 407—425 页；陈泽宪：《1904—1910 年英国为南非特兰士瓦金矿招雇华工史料辑存》，第 183—191 页。

④ 《驻英大臣张德彝为密陈南斐洲拟招华工宜早酌定章程事致外务大臣函》，光绪二十九年正月初九日，陈翰笙主编：《华工出国史料汇编》第 1 辑第 4 册，第 1643 页。

⑤ 《驻英大臣张德彝为宜先禁南斐招工以期立一专约致外务大臣函》，光绪二十九年四月初五日，陈翰笙主编：《华工出国史料汇编》第 1 辑第 4 册，第 1645 页。

一是英国急需华工，“俟英人急而求我，再与议定章程，较易得手”①；二是清政府能够适时妥协，所以张德彝后来又令督抚在措辞上加以更改，去掉“禁止”二字，改为“现在正与该国政府妥定招工章程，所有工人，俟有定章再行应募前往”，以示对会定章程的重视。② 而他不从根本上拒绝招工是因为这本来就是咸丰十年（1860 年）《中英北京条约》（即《中英续增条约》）第五款中所允许的：

> 戊午年（1858 年）定约互换以后，大清大皇帝允于即日降谕各省督抚大吏，以凡有华民，情甘出口，或在英国所属各处，或在外洋别地承工，俱准与英民立约为凭，无论单身，或愿携带家属，一并赴通商各口，下英国船只，毫无禁阻。该省大吏，亦宜时与大英钦差大臣查照各口情形，会定章程，为保全前项华工之意。③

而且“会定章程”也是此条约的题中之意。同治五年（1866 年）英法两国公使同恭亲王奕䜣会定《续订招工章程条约》共 22 款，④ 但英法两国政府拒绝批准，此后三方多次交涉无果。英国政府虽然没有批准《续订招工章程条约》，却坚持认为英国在《中英北京条约》第五款下所享招工出洋的权利并不因此而受到影响。⑤

---

① 《驻英大臣张德彝为英在烟台招工事致外务部大臣函》，光绪二十九年十二月初六日，陈翰笙主编：《华工出国史料汇编》第 1 辑第 4 册，第 1655 页。

② 《驻英大臣张德彝为免华工受虐请晤英使要以立一专约致外务部大臣函》，光绪二十九年七月十三日，同上，第 1647 页。

③ 《中英北京〈续增条约〉第五款——许华工出洋承工》，咸丰十年（1860 年 10 月 24 日），陈翰笙主编：《华工出国史料汇编》第 1 辑第 1 册，第 12—13 页。

④ 《总署奏与英国会定招工章程二十二款经过情形折》，同治五年正月二十六日，同上，第 154—161 页。

⑤ 坎贝尔：《中国的苦力移民》，第 407 页。

因此，于清政府而言，招工一事“碍难禁止”，[①] 同英国会定章程也是照约办事，而当此英国急需华工之时，如果能够想办法和英国签订一个保护华工的章程，是唯一也是最佳的选择。

张德彝清楚，出洋的华工和华侨曾经受到了许多不公平的待遇，妥立章程或许可以为在外华民提供一定的保护。清政府没有治外法权，无法保护出洋华民，除了英属南非华人所享受的权利不如他国以外，[②] 此前英属澳大利亚严禁华人入境，外务部举手无措；[③] 而英属加拿大除了之前对华工入境有严格要求外，当时议会中还正在讨论增加华人的身税问题。[④] 因此张德彝主张必须争取与英国政府专立条约，使其属地对华人平等相待，加以保护，以免重蹈覆辙，而南非招工为此创造了机会。1903 年 5 月 22 日张德彝就加拿大加税一事照会英国外交大臣兰斯当侯爵（Lord Lansdowne，即澜侯），要求优待华工，但是对方的态度强硬，表示英国政府不便干预此事；张德彝 7 月 24 日再次照会兰斯当，提出华工起码应该享有和日工同样的地位，而如果加拿大一意孤行，将来英国属地需要招用华工的话，中国政府会三思而后行，如此以华工之事相“威胁”。[⑤]

而且，张德彝也预料到即便现在非洲招徕华工十分殷勤，将来华工恐怕难免受到苛虐，对方等矿业兴起之后又驱逐华工，这样“我国侨民终无

① 《外务部为以约章未定前应阻英人在烟台招工咨南北洋大臣文稿》，光绪二十九年十一月，陈翰笙主编：《华工出国史料汇编》第 1 辑第 4 册，第 1654 页。

② 《驻英大臣张德彝为密陈南斐洲拟招华工宜早酌定章程事致外务大臣函》，光绪二十九年正月初九日，同上，第 1643—1644 页。关于南非 20 世纪初的排华政策，参见郑家馨：《17 世纪至 20 世纪中叶中国与南非的关系》，《西亚非洲》（双月刊）1999 年第 5 期。

③ 《驻英大臣张德彝为宜先禁南斐招工以期立一专约致外务大臣函》，光绪二十九年四月初五日，陈翰笙主编：《华工出国史料汇编》第 1 辑第 4 册，第 1644 页。

④ 《驻英大臣张德彝为英属地歧视华工前往致外务部大臣函》，光绪二十九年六月初八日，《驻英大臣张德彝以允南斐招工前务须与之定一专约致外务部大臣函》，光绪二十九年十月十六日，同上，第 1645、1650 页。

⑤ 《驻英大臣张德彝为英属地歧视华工前往致外务部大臣函》，光绪二十九年六月初八日，同上，第 1646 页。

与欧美各族共享应得权利之一日也”,① 因此必须要在招工之前订立章程、设法挽救，否则“华工将来必大受其害”，“华人将终无伸眉之日矣”。他明确指出此次招工很可能给华工带来的三大灾难：

> 盖彼所定华人工价极微，尚不如斐洲黑人之工价，斐地物价昂贵，几与英伦相同，所得工价万不敷用，将来必有流落不返者，其害一。华工雇定以后，即由洋人载之赴斐，船价由工价内扣除，到斐后勒令另居一所，不得顺便出入，做工时则驱之出，歇工后则驱之入，无异于驱使牛马，其害二。斐洲各项工人，如何看待皆有定例，而矿主之待华工，每不与西工一体，西工做工时仅八点钟，华工则做工之久暂，惟雇工者之喜怒是定，做工之时受工主之横暴，歇工以后复受同党之欺凌，随意打骂，无复人理，其害三。②

所以，为了避免将来华工在工资、人身和工时上遭到苛待，必须和英国签订招工章程，以绝后患。

外界发生的事情也让张德彝更加确信商定章程的提议是合理的。一方面，他从《泰晤士报》得知，意大利、瑞士都拒绝了南非的招工请求。意大利招工局要求英方以五千镑的英金做担保，确保将来遵守合同条款，而英方态度模糊，意大利遂禁止国民应招。瑞士招工局也发告示明文禁止国民帮助南非招工。因此，“是凡国可以禁止本国人民出外工作，本属自主之政，通行之例”。③ 甚至连英属印度政府也因为章程未定而不准印度工人前

① 《驻英大臣张德彝为宜先禁南斐招工以期立一专约致外务大臣函》，光绪二十九年四月初五日，陈翰笙主编：《华工出国史料汇编》第1辑第4册，第1644—1645页。

② 《驻英大臣张德彝以允南斐招工前务须与之定一专约致外务部大臣函》，光绪二十九年十月十六日，同上，第1650页。

③ 《驻英大臣张德彝为义、瑞等国均禁南斐州招工事致外务部大臣函》，光绪二十九年八月初五日，同上，第1648页。

往南非。在张德彝看来，中国要求订立章程更是名正言顺之事，[①] 更何况，连英国人都向张德彝建议趁此机会签订章程。[②]

如果章程能够签订成功，不仅可以保护华民，于清政府而言也大有益处。时值政局动荡，有不少支持“维新”或者“革命”的人士流亡海外，张德彝在《驻英大臣张德彝以允南斐招工前务须与之定一专约致外务部大臣函》中特别提到，康有为身处加拿大时“曾以中国政府不顾己国子民之说，动各处华人之听”，因此，倘若现今能够令华工各得其所，那么境外的“邪说”也就不攻自破。此外，晚清政府在外交上长期处于被动，对外交涉颇为棘手，因此南非招工一事如果“按约执理，操之甚坚，或可为抵制他事之地步，于交涉一层亦不无小助”，所以签订章程“关系大局，实非浅鲜”，因此他称此次南非招工为“千载不可得之机会”。[③]

他的想法得到了外务部的同意和支持。张德彝从一开始就主张约章在伦敦商办比较“妥便”，因为伦敦有更多了解南非情况的人，而如果在北京办理的话很可能被英国大使蒙骗。[④] 外务部也就照允，把商定章程的任务交给了他。1903 年 9 月 4 日，张德彝致函请求外务部向英国驻京公使提出中国政府照约会定章程的打算。[⑤] 外务部总理庆亲王奕劻于是于 10 月 22 日照会英使，指出按照咸丰十年中英约章第五款的内容，招募华工的事情应该由英国外务部和驻英大臣张德彝妥定章程，但此时南非招工的事情还并没

---

① 《驻英大臣张德彝以允南斐招工前务须与之定一专约致外务部大臣函》，光绪二十九年十月十六日，陈翰笙主编：《华工出国史料汇编》第 1 辑第 4 册，第 1650 页。

② 《驻英大臣张德彝请禁华工前往南斐州事致外务部函》，光绪二十九年八月初五日，同上，第 1648 年。

③ 《驻英大臣张德彝以允南斐招工前务须与之定一专约致外务部大臣函》，光绪二十九年十月十六日，同上，第 1651 页。

④ 《驻英大臣张德彝为密陈南斐洲拟招华工宜早酌定章程事致外务大臣函》，光绪二十九年正月初九日，《驻英大臣张德彝以允南斐招工前务须与之定一专约致外务部大臣函》，光绪二十九年十月十六日，同上，第 1643、1651 页。

⑤ 《驻英大臣张德彝为免华工受虐请晤英使要以立一专约致外务部大臣函》，光绪二十九年七月十三日，同上，第 1647 页。

有确定下来，因此英国大使无法给出确切回复。①

此外，张德彝的计划还得到了舆论的支持和赞许。他特意向清政府外务部呈上了两份报纸上与此相关的文章，即1903年11月30日曼彻斯特的《卫报》（*The Guardian*）和12月1日伦敦的《晨报》（*The Morning Post*）。两份报纸上的文章都认为，以往大家觉得中国政府会对招工之事漠不关心，让英国人“随意招雇，毫无阻碍”，乃至英国人振臂一呼，便会有“数万万人即可应声而至”，结果却出人意料，中国政府居然决定禁止华工出洋。对此，前者认为这会让英国政府感到为难，“一面有大势之矿主大声疾呼，而欲雇用华工，一面中国政府则谓非将坎属歧视华人之例先行删除，则将禁止华工前赴斐洲。我政府将来如何了解此事，一时殊难意测也”，后者则肯定了中国政府的举动，认为这一举动“并无不当之处”。②

因此，张德彝和外务部通力合作，贯彻在章程未定之前禁止英属南非招工的计划。1904年初，有报纸称英国开始在烟台设法招工，张德彝因此致函外务部加以禁止，“恐于定章一节不能吃紧”。③ 而外务部也转而告知南北洋大臣，肯定了张德彝的措施，称“张大臣现欲与英外部妥订章程，请俟章程订妥后，再令华工前往，所筹不为无见”，并命令沿海各地方如果遇到英国人招工的话应该设法阻止，等章程定妥之后，再准许华工前往。④

1904年1月16日，英国殖民地事务大臣艾尔弗雷德·李特顿（Alfred Lyttelton）批准了德兰士瓦引进华工的条例草案，公布了政府同意引进华工的决定。1904年2月4日，张德彝接到英国外务部照会，令中国驻英大臣

① 《英使为英属南斐州是否招雇华工尚未定准致奕劻照会》，光绪二十九年九月二十五日，陈翰笙主编：《华工出国史料汇编》第1辑第4册，第1649页。

② 《驻英大臣张德彝以允南斐招工前务须与之定一专约致外务部大臣函》，光绪二十九年十月十六日，同上，第1651—1653页。

③ 《驻英大臣张德彝为英在烟台招工应暂饬禁止事致外务部大臣函》，光绪二十九年十一月二十一日，同上，第1653页。

④ 《外务部为以约章未定前应阻英人在烟台招工咨南北洋大臣文稿》，光绪二十九年十一月，同上，第1654页。

与英外务部商订保工章程。[1] 至此，在华工赴非之前商订章程的初步目标已经实现。

## 二、“为有关保工条款与英国争执情况”

2月4日的照会中还一并送来招用“非欧产之粗作工人之条例”，而该条例已经在德兰士瓦进行过讨论，英方因此询问将来是否能够按照这些条例妥定章程。这些条例在张德彝看来是公平的，因为该条例泛指非欧产之工人，“不但并未提出华工，且并未提出亚工，是彼尚无歧视华人之意”，而且在条例未核准之前，英方先送商于中方，“办法亦颇和平”。张德彝认为这些条例与中方商订章程的宗旨无碍，只是有些条款需要更改，从而为订立章程奠定基础，因此他在2月14日照会英国外务部，提出了五条修改意见：

> 一、拟设之领事等员，可以随时前赴各矿及各工住处查勘，一切如查有关碍该工安乐之处，可即知照地方官办理。
>
> 二、雇用该工之工主或该工主之经纪人等，俱不得责打该工，违者照无故殴人例论。
>
> 三、条例中所谓贩运工人之人，须专指实在雇用工人之工主而言，非指贩工为业者论；工人之中如有拨归新主雇用者，须先与该工商明，由领事允准而后可，俾雇用工人不至如贩卖货物然。
>
> 四、该工前由何口载运出洋，工竣之时，仍行载回该口，不得如条例中所载泛言送回本国。
>
> 五、该项工人须由英船或该工本国船只载运出洋，按照商部所定运工章程办理。

[1] Benjamin Sacks, *South Africa: An Imperial Dilemma*, The University of New Mexico Press, 1967, p. 58；陈达：《中国移民——专门涉及劳工状况》，第70页。

提出这样五条修改意见是基于以下原因：之前中国向英国属地请立领事往往多费唇舌，即使设了领事也因为没有治外法权而无法起到保护华民的作用，所以应该趁此机会把设立领事的事情置于首位，并声明领事可以查勘一切，从而确保能够真正起到保护的作用，因此提出第一条修改意见；第二、三、四条是为了切实保障华工利益，防止华工受到虐待、贩卖，并避免华工在回国时流离失所；第五条除了因为英船运工章程甚为体恤工人，[①] 使工人在途中不致被虐待外，还考虑到以后中国商船可以凭此通行到英国属地。[②]

2月24日，中英双方在英国外务部进行会商，兰斯当向张德彝引见了李特顿，彼此交换意见，英方表示之前照会中所列五条修改意见都可以商量。双方定于3月1日正式召开会议，英方外务部、殖民部各派两位人员，中方则派马格里、陈贻范为专员。[③] 此后，中英双方正式商讨招工章程的会议分四次于3月1日、3月16日、4月8日和4月15日在伦敦举行，就章程中将会涉及的重要问题进行了讨论。

双方的分歧首先产生在香港问题上。3月1日，英方提出请中方准许在香港招工，但因为考虑到香港为英国所有，无法保护到华工，张德彝并没有同意，并致函嘱咐外务部提防英方命令驻华公使萨道义向外务部求情。[④] 16日英方再次提出在香港招工的请求，张德彝仍然坚持已见，他认为一旦

---

① 张德彝在日记中曾提及英国航行船只的情况，参见张德彝：《八述奇》下册，第414页。

② 《驻英大臣张德彝为脱兰斯议就招工条例事致外务部大臣函》，光绪三十年正月初三日，陈翰笙主编：《华工出国史料汇编》第1辑第4册，第1656—1659页。

③ 《驻英大臣张德彝为南斐州招工事已派专员与英商议致外务部大臣函》，光绪三十年正月十一日，同上，第1659页。马格里为使馆聘用的洋员，即马清臣（Macartney），陈贻范即陈安生，曾为同文馆出洋学生，肄业之后成为使馆翻译，参见钟叔河：《叙论：出使大臣的〈八述奇〉》，张德彝：《八述奇》上册，第20—21页；张德彝：《八述奇》下册，第448页；《驻英大臣张德彝为奖赏参赞洋员马格里宝星事致外务部咨呈》，光绪二十八年五月二十二日（1902.6.27），《钞录驻英大臣张德彝为翻译官陈贻范第二次期满照章请奖片及所奉朱批》，光绪二十八年十一月十九日（1902.12.18），《清代外务部中外关系档案史料丛编——中英关系卷》第4册《交聘往来》，第130、164页。

④ 《驻英大臣张德彝以英拟在香港招工致外务部大臣函》，光绪三十年正月十八日，陈翰笙主编：《华工出国史料汇编》第1辑第4册，第1660页。

香港获准了，那么澳门也会紧随其后，以前拐卖猪仔的惨状必将重现，而现在讨论的招工章程也就没有意义了。①

针对2月14日的照会中所提出来的五条建议，双方也交换了看法。一方面，就张德彝为避免华工受虐而提出来的第二和第三条建议，即“工主及其经纪人不得责打工人”和“所招华工，工主不得视同物产辗转租赁”的内容，英方在3月16日的会议上认为这两条本来就是禁例，因此没有必要加进去，但张德彝唯恐非洲矿主“违例苛待”，“稍一放松，后患滋多”。在他看来这两条“关系最要”，所以仍然力持原议。在4月8日的会议上，英方还是不愿意把这两条载入条款，张德彝便做出了妥协，遵照外务部的意思令英方严守国例，“令彼专派官员照料，务与他种工人一律”。② 另一方面，至于第五条建议中“工人须由英船或本国船只载运”的内容，英国人担心其他国家无法“均享利益”，而违背了之前英国及各国所定的约章，张德彝认为此条可以变通，但要维持不让华工受虐和中国商船可以行到彼处的本意不变，如果他国因为利益不均提出抗议的话，可以告诉他们如果将来哪国招工就用哪国船只，③ 最终，双方在4月8日的会议中决定把这条“变通其词而别定章程粘后”。④

此外，双方还讨论了招工公费的问题。3月16日中方提出“招去工人每名须由工主缴出招工公费三元，以为中国国家代为照料之费”，英方并没有直接拒绝，而是请求在数量上酌情减少，但中方没有让步。⑤ 4月8日的会议上，英方提议头批所招一万人内照三元之数支付公费，一万人以上相

① 《驻英大臣张德彝为驳英国拟在香港招工事致外务部大臣函》，光绪三十年二月初九日，陈翰笙主编：《华工出国史料汇编》第1辑第4册，第1662页。

② 《驻英大臣张德彝致外务部报告与英争执情形函》，光绪三十年二月三十日，同上，第1663页。

③ 《驻英大臣张德彝为有关保工条款与英国争执情况致外务部大臣函》，光绪三十年二月初二日，同上，第1661—1662页。

④ 《驻英大臣张德彝致外务部报告与英争执情形函》，光绪三十年二月三十日，同上，第1663页。

⑤ 《驻英大臣张德彝为有关保工条款与英国争执情况致外务部大臣函》，光绪三十年二月初二日，同上，第1662页。

应减少，中方决定稍加迁就，做出让步，[①] 于是15日议定万人以外，每名缴纳公费两元。[②]

1904年4月15日章程基本议妥，共计16款，由于“英人需工甚急，意欲从速画押”，张德彝继而于4月22日致函外务部汇报相关情况并请求外务部上奏请旨，以便画押。[③]

对于章程议定的结果，张德彝表示满意。他尤其对领事官的设立感到称心，按照章程，领事官不仅能够保护华工，还能保护该处所有华民，所享权利同他国领事无异，因此对清朝而言是“颇有裨益”的；另外，尽管英方不肯把禁止责打和贩卖华工的条款列入章程，但同意特派专员保护华工，并声明与他种人无异，“已极周至”，所以张德彝对此次谈判的总结是：“悉心推勘，详与辩论，幸俱就范，尚为得手”。[④]

清政府和各地方不仅让张德彝全权代表清政府进行谈判，还在谈判期间全力配合，以求妥订章程。在谈判初期，外务部听闻英国人已经在天津招工，便再次咨行北洋大臣阻止，以免妨碍和英国会商章程。[⑤] 1904年2月10日，岑春煊在《署粤督岑春煊为南斐洲招工订约前宜严禁华工出洋事致外务部函》中指出接到张德彝来函，表示对于南非招用华工一事应该“妥议章程，以资挽救”，岑春煊深表赞同，全力支持张德彝议订章程，并因此命令各海关于出口各船严密搜查，不准私载华工出洋。[⑥] 4月中旬，岑春煊致电外务部称有多名华工从香港前往非洲（虽然之后萨道义称之为“传

---

① 《驻英大臣张德彝致外务部报告与英争执情形函》，光绪三十年二月三十日，陈翰笙主编：《华工出国史料汇编》第1辑第4册，第1663页。

② 《驻英大臣张德彝为议订工章已画押等致外务部大臣函》，光绪三十年三月初七日，同上，第1664页。

③ 《驻英大臣张德彝为议订工章已画押等致外务部大臣函》，光绪三十年三月初七日，同上，第1663—1664页。

④ 《驻英大臣张德彝为议订工章已画押等致外务部大臣函》，光绪三十年三月初七日，同上，第1663—1664页。

⑤ 《外务部为英人在章程未定前在津招工咨北洋大臣禁止文稿》，光绪三十年正月，同上，第1661页。

⑥ 《署粤督岑春煊为南斐洲招工订约前宜严禁华工出洋事致外务部函》，光绪二十九年十二月二十五日，同上，第1655—1656页。

闻”），因此请英国外务部转商英国驻京大臣，迅速致电香港阻止，等保工章程议妥之后再招募华工到非洲。于是，外务部便请萨道义电知香港总督，令其暂缓招雇华工，等章程议定以后再行招募。①

从英国方面来看，一方面英方急于招工，所以对于中国驻英大臣在谈判过程中不断和北京政府联系商量的行为表示了强烈不满。英方认为北京政府所持态度“出乎意料之外，这将为讹诈外交和惹厌的延宕开路。此事成为李特顿先生的可怕烦恼”。② 另一方面英方在谈判中也是有让步的，设立领事一条从一开始就遭到德兰士瓦金矿商会的强烈反对，③ 后来由于英国外交部和殖民部的劝说，德兰士瓦方面才勉强接受了清政府的意见。④ 由此可见，英方急切需要清政府合作，这进一步证明了清政府借此次招工机会妥立章程的策略是有效的。

但谈判的过程中也初步暴露出一些问题。英方坚持拒绝将禁止责打和贩卖华工的内容载入条款，认为“此两条本在禁例，毋庸叙入”。中方起初并不相信英方的说法，力持原议，⑤ 但最终还是做出了妥协，“令彼专派官员照料，务与他种工人一律”。⑥ 由此可见，中方在条款内容无法满足其要求时，对招工的人事安排给予了厚望，这还体现在对“领事官”一职的重视上。请立领事确实是此次谈判中的一项成就，尤其是英方承认领事官不仅能够保护华工，还能保护该处所有华民，所享权利同他国领事无异，给了领事官很高的地位和认可。然而，试图靠一两位官员来切实保护华工乃

---

① 《外务部致英使照会请饬知香港于工章议妥再行招工稿》，光绪三十年三月，《英使萨道义谓华工由香港赴斐系属传闻事致奕劻照会》，光绪三十年三月初八日，陈翰笙主编：《华工出国史料汇编》第1辑第4册，第1670、1664页。

② 澳斯佛德：《在密尔纳勋爵之下重建新殖民地》第1卷，第343页，转引自坎贝尔：《中国的苦力移民》，第430页。

③ 坎贝尔：《中国的苦力移民》，第430页。

④ 陈泽宪：《1904—1910年英国为南非特兰士瓦金矿招雇华工史料辑存》，第197页。

⑤ 《驻英大臣张德彝为有关保工条款与英争执情况致外务部大臣函》，光绪三十年二月初二日，陈翰笙主编：《华工出国史料汇编》第1辑第4册，第1661页。

⑥ 《驻英大臣张德彝致外务部报告与英争执情形函》，光绪三十年二月三一日，同上，第1663页。

至所有华民的想法仍显单纯，况且，条款中也并没有规定领事官的任免方法，难免存在隐患。

此外，谈判刚开始时中方便声明所议章程不仅为德兰士瓦一个地方而设，它会成为华工通章，各处都可以照行。① 因此，这是一个笼统的章程，今后英属各地招工都要照此办理，所以中方在商讨章程的过程中尽量为长远利益考虑，却没有在输入劳工的具体细则上同英国据理力争。对于英方呈递的"非欧产之粗作工人之条例"，清政府没有提出异议，关于工人的工种、工资、工时等各方面的规定反倒成为德兰士瓦立法会和英国议会中激烈争辩的内容。② 而事实上那些事无巨细的条例不仅关乎华工每日的饮食起居，更关乎他们的生死存亡。

## 三、"工章遵旨订期画押"

从章程基本议妥到画押之间有一个月左右的时间，除了公文往来占去的时间外，双方在章程内容上也有进一步的讨论。

其一，兰斯当认为招工的奉行年限应该载入条款当中。因此计划在第16款中规定约款有效期为4年，期满以后想废弃可以先期12个月通知。由于这些都是条款之中常有的内容，所以中方照允。③

其二，对于别粘于后的载运章程，中英双方有所争议。为了避免华工在途中受苦，张德彝打算参照印度政府所颁行的保护印工出洋的章程办理。英方起初表示殖民部可以准许，但后来又告知张德彝殖民部拒绝按照印工出洋章程办理。后来经查明才知道原来英国在立约之前就在香港与轮船公司订有章程，约定船价，因此如果改从印工章程的话，船价较以前贵至一

① 《驻英大臣张德彝以英拟在香港招工致外务部大臣函》，光绪三十年正月十八日，陈翰笙主编：《华工出国史料汇编》第1辑第4册，第1660页。

② 坎贝尔：《中国的苦力移民》，第416—429页。陈泽宪：《1904—1910年英国为南非特兰士瓦金矿招雇华工史料辑存》，第195—196页。

③ 《驻英大臣张德彝为载运华工事致外务部大臣函》，光绪三十年三月十四日，陈翰笙主编：《华工出国史料汇编》第1辑第4册，第1665页。

倍，所以英国不愿遵行。[①]

其三，正如英国人预料的那样，其他国家果然因为“工人须由英船或本国船只载运”的条款而提出了抗议。1904 年 4 月 30 日，德国驻华公使穆默遵政府之命照会清政府外务部，抗议南非招工专用中英船只装运，认为张德彝和外务部有意偏袒英国，并郑重声明：“由德船载运华客，亦无须虐受苛待，此则有明征可凭。”他指出此款“不但与约章照相待最优之国之例，德船应同沾利益之语有违，而且与中法条约第十四款亦不相符”。[②] 外务部因此致电张德彝，建议把他国船只也列入条款当中，而兰斯当认为，原文本无排斥他国的意思，如果添改的话反倒容易招致外国与之争利，可能会遭到议院的诘责，不如将该款约文直接删去。外务部赞成，因而电令张德彝将该款全部删除。[③]

这样，请旨画押之前最后议定的招工章程便确定为 15 款。1904 年 5 月 10 日，外务部电告张德彝，工章已经核准，将于 5 月 15 日启奏，应将条款的中英文仔细校对并告知兰斯当，以便在当日传旨画押，后又将上奏日期改为 5 月 12 日。[④] 是日，外务部向皇太后、皇上呈递《奕劻等奏中英为南斐洲招工所订之专章请旨派员画押折》，阐述请旨派员画押的缘由，光绪朱批：“著派张德彝画押。钦此。”[⑤] 外务部旋即奉旨电知张德彝和英国外务部

① 《驻英大臣张德彝为载运华工事致外务部大臣函》，光绪三十年三月十四日，陈翰笙主编：《华工出国史料汇编》第 1 辑第 4 册上，第 1665 页。

② 《德国驻华公使穆默抗议南斐洲招工专用中英船只装运致外务部照会》，光绪三十年三月十五日，同上，第 1666 页。

③ 《外务部为南斐洲招工已电嘱删除专用中英船只载运致德使穆默照会稿》，光绪三十年三月，《驻英大臣张德彝为工章已遵删专用中英船只装运字样致外务部大臣函》，光绪三十年三月二十一日，同上，第 1667—1668 页。

④ 《驻英大臣张德彝为工章遵旨订期画押事致外务部大臣函》，光绪三十年二月二十七日，同上，第 1669 页。

⑤ 《奕劻等奏中英为南斐洲招工所订之专章请旨派员画押折》，光绪三十年三月二十七日，同上，第 1668—1669 页。

画押，并就此事照会英国驻华公使。① 张德彝遂与兰斯当定于次日（1904年5月13日，光绪三十年三月二十八日）三点钟在伦敦“书押换约”。②

章程共四份，中英文各两份，由两国大臣画押盖印，这15款内容可以分为以下几类：③

第一，雇用华工的官方手续。第一款规定，今后“英属各处或归英保护之地”招用契约华工应该履行以下程序：英国驻华公使将计划招雇华工的地名、华工出洋的通商口岸、招雇的条款、工价等一一照会中国政府，中方随即指派地方官员配合招工，每个地方只需要照会一次，如果停招三年再招则应该另行照会。

第二，华工出洋前的事宜。第二款规定了招工官员的任用，即通商口岸应该委派一名“稽查保工事宜委员”同“英国领事官员或其委派之员”合作。他们要将合同和有关招工地点的情形、法律等其他华工应该知道的详情一一告知华工，并刊入报章公示。第三款规定招工官员需要商办招工所需房屋问题。第四款规定招工的具体程序：其中第一条规定须在显眼的地方，尤其是接收华工的地方，粘贴招雇华工的合同条款或则例，配齐中英文；第二条规定了为应招华工登记注册的办法；第三条规定华工出发前必须经过有文凭的医生进行详细验看，并进一步确定华工已经明确知晓合同中的内容；第七款规定合同的内容应该包括招工地点、合同期限、做工工时、工种、工资、医药费用、华工及家属的差旅费用、种痘等情况；第八款规定招工合同必须在招工官员面前签订（写字画押或者签画花押），必须在画押之前详细讲明合同内容，合同稿配齐中英文，等工人上船后合同便正式生效。

---

① 《外务部为奉旨派张德彝画押招工章程事致张咨文稿》，光绪三十年三月，《外务部为奉旨派张德彝画招押工章程事致英使照会稿》，光绪三十年三月，陈翰笙主编：《华工出国史料汇编》第1辑第4册，第1670—1671页。实际换约时间为“酉正”，即下午六点，参见张德彝：《八述奇》下册，第448页。

② 《驻英大臣张德彝为工章遵旨订期画押事致外务部大臣函》，光绪三十年二月二十七日，同上，第1669—1670页。

③ 《驻英大臣张德彝为送已画押之招工章程事致外务部咨文》，光绪三十年四月十四日，同上，第1673—1678页。

第三，华工出洋船只的事宜。第五款规定载运华工之船只准在中国通商口岸载运。具体细则按照所粘章程办理，即《载运华工船只务须遵行之章程》，其中规定了船只的舱位大小、床铺摆设、客位尺寸，以及配备的医生、饮水器具、热水供应和每日伙食等。

第四，华工出洋后的事宜。其中第六款规定清政府可以派领事官或副领事官前往招工地点，照料华工的利益安乐，使华工和该处其他所有的华民得到妥善保护，该领事官或副领事官所享有的利权与他国领事官无异；第九款规定招收华工的地方必须派一名或者多名官员，确保华工身家产业受到损害时可以到公堂申诉，不分种族享受当地法律的保护；第十款规定华工在该地享有邮政便利，方便通信和寄银；第十一款规定，华工及其家属因为合同期满、疾病、工伤等各种原因需要回国时，应载送回招工时的通商口岸、不得以付给旅资作抵；第十二款规定，工主不得擅自将华工转给他人，必须得到工人本身和领事官的准许，且该工利益不得减少。

第五，缴纳稽查费的问题。第十三款规定，在同一通商口岸招运，而招运时间又没有超过 12 个月的华工，招得一万名以内的工人每人抽费墨洋三元给清政府，一万以外每人抽费墨洋两元，用以办理稽查保工的事宜，如果华工登舟和放洋的通商口岸不在一处，而前后招运的时间又超过了 12 个月，则应该作为第一次招工而进行缴纳。

第六，章程文本和有效期。第十四款规定此次所订条款的中英文已经详细校对，将来如有争执之处应当以英文为准；[①] 第十五款规定，章程有效期 4 年，4 年后可以商讨协议续期或废除。

1904 年 2 月 24 日中英双方会商之时张德彝就向兰斯当提及，章程内容可以参考《续订招工章程条约》的文本，因为这一文本是经过外务部核定过的，也有洋文底本；[②] 在 3 月 1 日张德彝向外务部通报会议结果时，他也

① 张德彝日记中不知何因没有录存此款，参见张德彝：《八述奇》下册，第 452 页。

② 《驻英大臣张德彝为南斐州招工事已派专员与英商议致外务部大臣函》，光绪三十年正月十一日，陈翰笙主编：《华工出国史料汇编》第 1 辑第 4 册，第 1659—1660 页。

称双方所商议的条款和前者大致相同。[①] 但从最后签订的章程条款来看，二者还是存在较大的区别。

1866 年《续订招工章程条约》签订双方分别是“商民”和清政府；1904 年《中英会订保工章程》签约双方为两国政府。[②] 前者在多个条款中对外国商人加以限制，例如，对方需要在华招工的话应备齐各种文件请领事官查阅，领事官可以酌情删改，然后才准招工，还给商人制定了其他许多约束，比如印牒“不能无故注销”，“务须按期逐款尽守，凡有负约之处，惟该商是问”；而后者只是在第一款中规定今后凡是“英属各处或归英保护之地”需要招用契约华工，都应该由英国驻华公使照会中国政府，中方随即指派当地地方官配合招工，每个地方只需要照会一次，“务须别项照会”，如果停招三年，再招应该另行照会。一方面，这代表着 19—20 世纪华工招募由“私人招募向官方监督招募的一个转变”,[③] 但另一方面的事实是，在“官方监督”的名义下，真正能够起到监督作用的具体手段反倒消失了。

另外，前者对招工细则有详细的规定，比如工作的日期、时刻，每七天必须休息一天，一天工作不准超过四时三刻，住所必须治理清洁等；后者虽然没有这些琐碎的要求，但是华工出洋前有“稽查保工事宜委员”负责，出洋后有“领事官”照料。论对华工的保护而言，后者级别更高，更为官方和规范，保护的范围也更大，但是，任命官员并不意味着华工的地位因此有了切实的保障和改观。

章程签订之后，张德彝于 5 月 28 日将章程内容以及粘后的《载运华工船只务须遵行之章程》呈送外务部。[④] 外务部将招工章程抄送给南洋大臣、湖广总督、两广总督、闽浙总督、山东巡抚等地方官员，让他们

---

① 《驻英大臣张德彝以英拟在香港招工致外务部大臣函》，光绪三十年正月十八日，陈翰笙主编：《华工出国史料汇编》第 1 辑第 4 册，第 1660 页。

② 两份章程的文本参见：《总署奏与英国会定招工章程二十二款经过情形折》，同治五年正月二十六日，《驻英大臣张德彝为送已画押之招工章程事致外务部咨文》，光绪三十年四月十四日，同上，第 156—161、1673—1678 页。

③ 王爱云：《二十世纪初南非华工事件初探》，《南开学报》1996 年第 2 期。

④ 《驻英大臣张德彝为送已画押之招工章程事致外务部咨文》，光绪三十年四月十四日，陈翰笙主编：《华工出国史料汇编》第 1 辑第 4 册，第 1673—1678 页。

查照办理。[①] 6月12日，萨道义按照章程第一款的规定照会奕劻，正式提出为德兰士瓦招收华工的请求，并表示华工将由天津和秦皇岛出洋，请海关道派稽查保工事宜委员协助招工。[②]

## 四、结论

纵观1904年中英《保工章程》的签订过程，清政府从一开始就确立了明确的对策，那就是“妥订专章、以资保护”。[③] 具体而言，清政府首先禁止英国在华招工，然后利用英国急于招工的机会与之谈判，从而在章程中确立对中方有利的条款。在这个过程中，清政府有坚持也有妥协，但绝对不是处于卑躬屈膝、任人摆布的地位。最终，“妥订专章”的目标达到了，但从之后的历史来看，“以资保护”的目的似乎难以实现。

清政府确实试图严格按照《保工章程》办事，这一点主要体现在对禁止香港招工的坚持上。此次招工主要在华北进行，以往学者认为其中的原因包括：南方人民反帝国主义情绪的高涨和两广总督岑春煊的反对；[④] 广东多数人患有脚气病，北方人更加健壮；[⑤] 胡佛插手的结果；[⑥] 清政府为了征收船税以及北方有相当多的剩余劳动力资源；[⑦] 当时南方舆论普遍认为南非是“人间地狱”。[⑧] 但这事实上，这是由于外务部在张德彝的建议下禁止香

① 《外务部为抄送招工章程等事致南洋大臣等咨文稿》，光绪三十年四月，陈翰笙主编：《华工出国史料汇编》第1辑第4册，第1694页。

② 《英使萨道义为英属特兰司法尔招工事致奕劻照会》，光绪三十年四月二十九日，同上，第1684—1694页。

③ 《奕劻等奏中英为南斐洲招工所订之专章请旨派员画押折》，光绪三十年三月二十七日，同上，第1669页。

④ 张芝联：《1904—1910年南非英属德兰斯瓦尔招用华工事件的真相》，《北京大学学报》1956年第3期。

⑤ 坎贝尔：《中国的苦力移民》，第437页。

⑥ 陈泽宪：《1904—1910年英国为南非特兰士瓦金矿招雇华工史料辑存》，第199页。

⑦ 王爱云：《二十世纪初南非华工事件初探》，《南开学报》1996年第2期。

⑧ Mae M. Ngai（艾明如），“Trouble on the Rand: The Chinese Question in South Africa and the Apogee of White Settlerism,” pp. 59-78.

港招工的结果。在张德彝看来，在香港招工规避了章程第五款内容，这样中方无法稽查，华工无法得到保护，而且所雇之船不缴纳吨税，清政府便失去了一项税饷，而澳门、胶州等地方也有可能效仿。[①] 因此他在招工前后力主禁止在香港招工，英国在南方招工无法从香港载运出洋，只好按照条约规定，在天津及秦皇岛等通商口岸载工出洋。[②]

无法否认，晚清政府腐朽衰败，“根本无力保障这些措施有效地付诸实施，也不敢维护华工的合法权益，从而使得英国及南非资本家肆无忌惮地破坏章程”。[③] 清政府在某些事情上确实有心无力，但另一个事实是，它也是此次招工的直接受益者。《保工章程》第十三款中规定，招工方需要向清政府缴纳稽查费，这对清政府来说是一笔不菲的收入。1904 年 7 月 18 日袁世凯在致外务部的咨文中称“此项经费为数尚巨”，每月所收的经费除了开支外还能有许多盈余，于是计划将其“以六成解交外务部库备充各项经费，以四成留存职库，作为该局（保工局）开支公费之用”。不久，那桐因为工巡局“库款支绌”，请求外务部将其六成拨归工巡局“专作路工岁修经费”，外务部照准。[④] 此后，北洋大臣定期向外务部册报华工出洋的人数和所收经费。华工越多，经费的数额也就越巨大，因此张德彝有关非洲辱虐华工

---

① 《驻英大使张德彝为详陈英在香港招工弊端事致外务部大臣函》，光绪三十年五月初四日，《驻英大臣张德彝为宜力阻华工由香港出口等事致外务部大臣函》，光绪六月初三日，陈翰笙主编：《华工出国史料汇编》第 1 辑第 4 册，第 1696、1700 页。

② 《英使萨道义为太古洋行在粤招工已电饬暂停致奕劻函》，光绪三十年七月二十九日，《英使萨道义为在粤招工事致外务部函》，光绪三十年八月十一日，同上，第 1717、1719 页。不过，后来由于从烟台载工出洋实在不便，因此改由在非通商口岸威海卫出洋，参见《英使萨道义欲在威海卫招工出口请派保工委员事致那桐函》，光绪三十年八月初八日，《驻英大臣张德彝为英请求在威海卫载工出洋应否通融办理致外务部函》，光绪三十一年正月十四日，同上，第 1718、1735—1737 页。

③ 王爱云：《二十世纪初南非华工事件初探》，《南开学报》1996 年第 2 期。

④ 《袁世凯为南斐洲招工经费开支留成事致外务部咨文》，光绪三十年六月初六日，《外务部为招工经费四六分成办法自可照准至北洋大臣咨文》，光绪三十年六月十一日，《工巡局那桐为南斐洲招工费六成拨局筑路事致外务部咨文》，光绪三十年六月十四日，《外务部为六成招工经费应解工巡局兑收事致南洋大臣等咨文稿》，光绪三十年七月，陈翰笙主编：《华工出国史料汇编》第 1 辑第 4 册，第 1701—1702、1703—1704、1704、1713 页。

的报告[①]夹杂在袁世凯的册报中间显得如此微不足道，外务部并没有回应。

英国政府在章程签订之后的行为更是难以预料，见有可乘之机便任性而为。1904年6月萨道义才正式向中国外务部提出招工的请求，但5月24日第一艘运工船“推德答尔号”便满载为东兰德兴业金矿所雇的中国契约苦力，从香港驶往南非德尔班港，[②]此前英国政府否认在香港招工的谎言不攻自破。7月3日，萨道义打算借用税务司为英国招工，清政府外务部严格按照章程办事，以招工条约中没有提及此事的理由加以拒绝。然而，后来英国使馆参赞亲自前往外务部请求此事，外务部最终照允。[③]总之，由于英国政府的种种行为，使得《保工章程》中的许多条款形同虚设，其中对保护华工至关重要的第六款，即设立“领事官”的条款，也遭到了英国政府无形的“篡改”。在《招工章程》附件中有1904年5月13日换约当日的照会，兰斯当在照会中提出，将来领事官选定之后“当将该员姓氏行知本国政府，定其可否接待”，也就是说最终决定领事官的权力居然回到了英国手中，所以即便在招工开始以后袁世凯和外务部催促驻英大臣筹设领事保护华工，[④]直到1904年10月25日，外务部才递上《外务部奏请以刘玉麟为南非英属总领事折》[⑤]，此时，招工已经数月有余。

因此，尽管1904年中英《保工章程》的签订过程证明清政府始终试图保护华工，且章程的内容对于华工而言也不失公平，然而，在具体的招工

---

① 《驻英大臣张德彝为与英外部交涉南非洲侮虐华工事致外务部大臣函》，光绪三十年十月十九日，陈翰笙主编：《华工出国史料汇编》第1辑第4册，第1724—1725页。

② 坎贝尔：《中国的苦力移民》，第431—433页。

③ 《英使萨道义为英国招工借用税司事致奕劻照会》，光绪三十年五月二十日，《外务部为拒绝英国借用税务司招工事致英使萨道义照会稿》，光绪三十年六月，《外务部为英国招工拟借用税司事致总税务司赫德札文稿》，光绪三十年六月，陈翰笙主编：《华工出国史料汇编》第1辑第4册，第1699—1701页。

④ 《袁世凯为出口华工日多宜速派领事保护事致外务部咨文》，光绪三十年六月十六日，《外务部为出洋华工日多应在英属地筹设领事保护事致驻英大臣咨文稿》，光绪三十年六月，同上，第1705—1706页。

⑤ 《外务部奏请以刘玉麟为南非英属总领事折》，光绪三十年九月十七日，同上，第1721页。

过程中，由于牵涉种种利益和英方的掣肘，章程在实际运用过程中无法起到保护的作用。也可以说，试图通过一份完美的章程和一名高级官员而一劳永逸地保护华工的做法是不现实的。

# “罪重难为草莽臣”？
## ——再议庚子事变中的赵舒翘

梁倩影*

**摘　要**　光绪二十六年（1900 年），拳民肇祸，联军侵华，中外开衅，酿成大役。随后中西双方展开为时十四个月之久的和议谈判，最终签订《辛丑条约》。中西谈判中，“惩凶”为最主要的问题之一，乃条约其他款讨论展开之基础。本文拟以赵舒翘为线索人物，以庚子事变中“惩凶”一事为重点关注事件。赵舒翘、刚毅先后前往涿州查办拳匪一事，为庚子事变重要转折点，也是其命运走向之关键。“如何处置赵舒翘”为中西双方围绕“惩凶”问题讨论的一大热点，交涉谈判过程中，西方列强以强硬手腕步步紧逼，在谈判桌上占有绝对话语权优势；而中方则如履薄冰、处处受难，虽屡经力争营救赵舒翘，然最终以顾全大局避让锋芒，别无他法惟赐予赵舒翘自尽。“赵舒翘之死”既是个人命运悲剧的注脚，亦是清廷遭受庚子肇祸元气大伤，国运逐渐衰颓的端绪。

**关键词**　庚子事变　赵舒翘　惩凶　中外谈判

* 梁倩影，中山大学历史学系硕士研究生。

# 一、绪论

光绪二十六年（1900 年），拳民肇祸，联军侵华，中外开衅，酿成大役，乘舆播迁。震惊中外的庚子事变（义和团运动）浩浩汤汤，随即残局亟须收拾，中外双方就惩凶、赔款等一系列重要问题展开长达十四个月之久的和议谈判，最终签订《辛丑条约》。在中西谈判过程中，"惩凶"成为一大问题，乃条约其他条款谈判得以展开的基础。

"惩凶"问题是庚子事变研究中的老问题。所谓"惩凶"，可理解为"惩"与"凶"，存在两重内涵：一是对象问题，"凶"即"祸首"是如何确定的，这涉及的是相关人物研究问题；二是处理手段，指的是通过何种方式惩戒祸首，这关乎谈判背后中西双方权势博弈的问题。详言之即为西方内部讨论诸国的态度与分歧是如何实现统一意见，而中方则表现在内部枢廷、地方疆吏、各国公使等多方讨论、争取话语权至妥协避让的具体演变过程。

"惩凶"是一个相对细致的问题，目前学界已有一定的研究成果，主要的关注点有二：一是探究"惩凶"问题的由来、中外谈判交涉过程中双方的具体表现和处理方式，即集中在解决"惩凶"之"惩"的考究。[①] 二则关注"惩凶"问题涉事的相关人物的角色与反应，具体讨论与这一问题密切相关的重要历史人物，且做出相应的评价。

就"惩凶"问题研究而观之，郭晓勇《庚子、辛丑之际的"惩凶"问题探析》一文，试图就学界此前关注较少的"惩凶"问题的来龙去脉进行考察，并详细考述"惩凶"问题的由来、中外交涉、相关历史人物的惩处结果等问题，大致呈现出这一问题的前后因果关系。邓雨《中外关于"惩

① 探究"惩凶"问题的由来、交涉过程、处理结果等的研究包括：郭晓勇：《庚子、辛丑之际的"惩凶"问题探析》，《广东社会科学》2007 年第 3 期；张晓宇：《庚子事变后"惩凶"问题的国际法分析》，《暨南学报（哲学社会科学版）》2015 年第 4 期；邓雨：《中外关于"惩凶"问题的争论与交涉》，徐蓝主编：《近现代国际关系史研究（第 11 辑）》，北京：世界知识出版社，2016 年，等等。

凶”问题的争论与交涉》就庚辛议和中是否“严速惩办”祸首，惩办地方官员毓贤、董福祥等争论焦点展开梳理，认为在这一谈判过程中，西方列强态度强硬，而中方只能接受要求，此后以西方为主导的中外关系格局逐步形成。①

在“惩凶”问题上，中外交涉的背后实则是国际法的运用。张海鹏较早提出了国际法在辛丑议和过程中发挥的作用，其文《试论辛丑议和中有关国际法的几个问题》运用国际法理论，考察列强违背国际法规则以“惩凶”罪名强加众多“祸首”②。然该文受意识形态影响，对国际法在近代外交中的客观作用有所偏解。

另有印小红、岑红、戴海斌等学者同样以国际法在外交中的运行这一视角分析辛丑议和问题，然大致叙述模式仍未脱离张海鹏一文论述之范围。③ 张晓宇同样也从国际法角度分析“惩凶”问题，阐述列强在交涉过程中运用国际法话语分析权处理这一问题，达到打压、震慑清廷的目的，借此重新审思国家话语体系在近代交涉中的价值以及有效性。④

从政治史视角观察“惩凶”问题，则是暨国际法在外交关系格局中运行与奏效的又一研究切入点。戴海斌通过把握政治史脉络，以《辛丑条约》谈判前后中方“全权”问题为切入点，考察和谈所涉包括北京“全权”、东南督抚以及驻外公使等多种政治力量的角力，指出外国势力逐渐干涉中国内政，对清朝外交情况有着深刻的影响。⑤

就“惩凶”一事上相关人物的角色和反应观之，在庚子“惩凶”这一问题上涉及中西众多重要人物的参与，不同人物在这一事件中扮演着不同的角色，也有着不同的反应。学界主要对三个相关群体展开研究：一是对

① 邓雨：《中外关于“惩凶”问题的争论与交涉》，第90—119页。

② 张海鹏：《试论辛丑议和中有关国际法的几个问题》，《走向近代世界的中国——中国社会科学院近代史研究所建所40周年学术讨论会论文集》，1990年，第83—102页。

③ 详细参考印小红、岑红：《留学生与中国近代国际观的确立》，《山东社会科学》2011年第12期；戴海斌：《中国外交近代转型的节点——简论庚子事变前后若干外交问题（1900—1901）》，《社会科学战线》2011年第12期。

④ 张晓宇：《庚子事变后“惩凶”问题的国际法分析》。

⑤ 戴海斌：《〈辛丑条约〉谈判前后的中方“全权”问题》，《历史研究》2018年第4期。

涉事驻外公使之作为的考察。郭双林在《晚清驻外公使与义和团运动》一文中，围绕驻英公使罗丰禄、驻法公使裕庚、驻俄公使杨儒、驻德公使吕海寰、驻美公使伍廷芳等人在义和团运动时期的行为与思想表现，探究他们在参与惩凶交涉中如何与东南督抚密切协作执行任务，以及背后的动因。该文还特别关注杨儒与东三省交收谈判问题，以考察驻外公使当时的具体处境与所做贡献。① 二是疆吏官员的表现。雷瑶具体探讨了庚辛议和一事中疆吏应对危机的反应，从传播学的角度分析盛宣怀居于信息中枢位置扮演的角色。② 三是被冠以“祸首”罪名的亲贵众臣的人物研究。其中包括有端王载漪、枢臣刚毅、刑部尚书赵舒翘、巡抚毓贤、疆吏李秉衡等人。此类研究成果较多，研究思路大致离不开通过爬梳与人物相关的史料，论述其在庚子事变过程中的表现与命运走向。③ 具体及至赵舒翘这一人物，学界集中探讨在义和团运动中他的行事与态度，认为其“主抚”与守旧的态度是其走向身灭的悲剧命运结局的主要原因。④

庚子事变本已复杂，其端绪难以捕捉，过程所牵涉的人物各有表现，各有因应；而庚子事变本身涉及政治、社会、外交等各种要素缠结，相关人物在其中各有作用。若从人物研究入手了解“本事”，着实不易。关注“惩凶”一事所涉及的人物研究，尤其是在“祸首”问题上，虽已有相当成果，然仍有立足于“祸首”这一预设立场，将人物定性而导致研究平面化。其所得出结论虽有史料依据，但对史料来源与具体语境把握仍有不清楚之处，且纷繁复杂的史料建构起的虚与实纠缠不清的本事，致使“以实证虚”难度增加，而本事之下隐藏的细节疑团仍未完全得到条分缕析，琐碎的枝蔓对问题的全面认识产生了雾里看花的观感。如何完整认知庚子事变中的

---

① 郭双林：《晚清驻外公使与义和团运动》，《史学月刊》2001年第2期。

② 雷瑶：《庚辛议和中的大吏因应（1900.7—1907.9）》，硕士学位论文，东华大学，2011年。

③ 贾熟村有一系列文章探讨义和团运动中的相关人物，自不赘言。就赵舒翘这一人物可参见贾熟村：《义和团时期的赵舒翘》，《南阳师范学院学报（社会科学版）》2010年第7期。其他人物研究可参考戚其章：《关于毓贤评价的几个问题》，《社会科学研究》2000年第3期；戴海斌：《“误国之忠臣”？——再论庚子事变中的李秉衡》，《清史研究》2011年第3期。

④ 韩学儒：《关于赵舒翘之死》，《西北大学学报（哲学社会科学版）》1985年第3期。

赵舒翘，时人在书写过程中已多有分歧，今人亦未能摆脱其影响，对赵舒翘在义和团时期的具体作为、遭遇乃至冤死结局，实有继续深入挖掘的空间。

本文拟在前人研究的基础上再议庚子事变中“惩凶”一事，以赵舒翘为主要研究对象。一方面，通过爬梳史料进行“长编考异”，考证赵舒翘在庚子事变过程中实际言行作为与心境态度，理清赵舒翘与其他“罪魁”的人际关系，探察其在朝廷中的处境与其行事之间的关系，以解释目前就“主抚”还是“主剿”之争存在的部分疑点。另一方面则从“惩凶谈判”的具体过程分析中外双方的角力与博弈，具体细化至中方内部权臣、疆吏大员、外交官吏等幕后的多次讨论，考量转变与台前呈现状况之差别，以见在交涉一事上中方的态度与处境；而谈判的对手方主要有德、俄、英、美、日诸国列强，在“惩凶”一事上西方列强内部各有意图与衡量，其间出现分歧，但最终还是达成共识，签订《辛丑条约》。笔者尝试利用外交文献、函电等史料梳理其来龙去脉，以揭示分歧至共识转变背后的动因，把握赵舒翘命运走向与中西权势相争之联系，增加对其悲剧命运结局的理解，从而更为精准地定位庚子事变中的赵舒翘。

## 一、主剿？主抚？——庚子事变中的赵舒翘

赵舒翘，字展如，号琴舫，陕西长安县人。同治十三年（1874）中进士，授刑部主事，进入刑部当职。光绪八年（1882），平反王树汶冤案，声名而起，次年补湖广司郎中。二十年（1894），擢升为江苏巡抚，治理江南得法。后以其熟谙律令，断狱卓绝，入朝为刑部左侍郎。二十四年（1898），晋升尚书，督办矿务、铁路。二十五年充军机大臣，入总理各国事务衙门。二十六年（1900），庚子拳变起，命赵舒翘奉命查办良乡、涿州等处拳乱一事，至即解散之。后八国联军侵华，舒翘随行西巡。中外双方交涉谈判，赵舒翘加罪于身，着革职，定拟为斩监候之罪，囚禁陕西，后改赐自尽。[①]

---

① 赵舒翘生平细事可见有《清史稿·赵舒翘传》《清史列传·赵舒翘传》《续修陕西通志稿·赵舒翘传》《长安咸宁两县志·赵舒翘传》等。上述赵之人物小传收录于闫晓君整理：《慎斋文集》，北京：法律出版社，2013年，第383、387—389、393、397—399页。

赵舒翘生平细事的记载中，笔者发现各传记记载各有侧重，细析庚子年赵舒翘的经历，得以下发现：

《清史稿·赵舒翘传》记载此事谓，“拳匪据涿州，舒翘被命驰往解散；匪众坚请褫提督聂士成职，刚毅踵至，许之。匪既入京，攻使馆。联军至，李秉衡兵败，太后乃令王文韶与舒翘诣使馆通殷勤，为议款计。”①《清史列传·赵舒翘传》则以短短数语载之，“五月，奉命查办，舒翘至，悉解散之”，② 并无记载刚毅随至之事，亦未提及两人关系。

《续修陕西通志稿·赵舒翘传》与《长安咸宁两县志·赵舒翘传》则有回护赵舒翘的意味。具体解释涿州查办一事，以为刚毅、舒翘二人意见不合，“刚毅信拳，以民气大可恃入奏，舒翘为刚毅所沮，不能力争，后扈跸之西安”。③ 不同史料与各家说法存在着明显出入，不可偏颇一方，须收集、比较不同史料记载，考证庚子事变中赵舒翘在前往涿州查办过程中的实际作为，缕清赵舒翘与刚毅在查办过程中的态度和关系，以探查本事具情与虚实产生之究由。

光绪二十六年（1900）四月十一日，朝廷以畿辅一带拳民作乱，逐渐波及京师，恐良莠勾结，谕命“步军统领衙门严密稽查，设法除禁，毋任聚众滋事，致启衅端”。④ 四月二十四日，着裕禄带兵查办滋事拳匪，试图严拿首要，解散拳匪。五月初二日，朝廷再申明对拳匪态度，谕令“京外各衙门严行禁止”，并“著派出之统兵大员即地方文武，迅即严拿匪首，解散胁从。倘敢列仗拒，应即相机剿办，以昭炯戒”，⑤ 同时明确提出要保护教堂安全。

五月初三日，刑部尚书赵舒翘、顺天府府尹何乃莹提出招抚义和团，谓：

---

① 闫晓君整理：《慎斋文集》，北京：法律出版社，2013 年，第 383 页。

② 同上，第 389 页。

③ 同上，第 393 页。

④ 中国人民大学清史研究所编：《清史编年》第 12 卷，北京：中国人民大学出版社，2000 年，第 169 页。

⑤ 朱寿朋：《光绪朝东华录》第八册，北京：中华书局，2016 年，总第 4515 页。

> 拳会蔓延，诛不胜诛，不如抚而用之，统以将帅，编入行伍，因其仇教之心，用作果敢之气，化私忿为公义，缓急可恃，似亦因势利导之一法。特拳民以灭洋为名，洋人视如仇雠，我若收而用之，彼必谓为不然。然各国洋兵，所以自卫，例非他国所能干预。且约束不令生事，于和局固无妨碍也。[①]

至于赵舒翘何时前往涿州查办事件，不同史料记载时间出现微妙差别。主要有两个说法，一为五月初九日，朝廷派赵舒翘、何乃莹二人亲往涿州查办事件，次日抵达涿州。一说是五月初十日，根据后生王步瀛为赵氏所编年谱称“五月初十日出城，十一日驻涿州”。[②] 无论是远离京城的时人说法还是后人回忆所言，史料真实性仍有可疑之处。需要澄清的第一个疑团即赵舒翘何时出京，赴往涿州是初九日还是初十日。

笔者查证王文韶日记，发现其在五月十一日则明确记载：“初九、初十日展如、子良先后奉旨赴保定查办事件。”[③] 时王文韶与赵舒翘、刚毅同值军机，对于朝中政策动向与谕命诏旨应了如指掌，且日记记录时间具有时效性，可信度相较其他史料说法更高，如此可退推断赵舒翘应是五月初九日离京前往涿州查办拳匪一事。王文韶日记所记载的内容还引出并解决了另外一个问题——赵舒翘是否与刚毅同往查办。这一问题关系赵舒翘、刚毅二人在处理涿州拳变事件上是否协办，查办过程中各自表现如何，也与后来就二人关系的文本书写虚实问题甚有关联。根据王文韶的说法，可知二人乃分别前往，而非很多史料记载所言同往查办。

赵舒翘、刚毅二人先后前往涿州查办事件，双方是否曾有接触，以及查办的表现实情如何，则是另外需要解决的问题，分别考察之。五月初十日，赵舒翘、何乃莹抵达涿州处理拳匪滋乱一事，朝廷命二人“宣旨晓谕，该团民等应即遵旨一体解散，各生安业”，[④] 对于扰害地方治安的会匪们，

① 中国人民大学清史研究所编：《清史编年》第12卷，第177页。

② 闫晓君整理：《慎斋文集》，第373页。

③ 袁英光、胡逢祥整理：《王文韶日记》，北京：中华书局，1989年，第1011页。

④ 《清实录·德宗实录》第57册，卷463，第66页。

令“即行交出首犯，按律严惩”。[①] 赵、何二人此次查办主要任务是宣谕，向团民们转达朝廷旨意。至于若拳匪怙恶而不悛改，则有两个对策：一是交由荣禄派遣部下董福祥、宋庆、马玉崑等实力剿捕，分别首从，解散胁从；二是命直隶总督裕禄出兵镇保卫地方，弹压拳匪。[②]

赵舒翘出都查办，任务并非在剿灭或者招抚当地拳匪，而是传布朝廷旨意与态度，实地考察地方拳乱状况覆命朝廷，进一步的对策则交由掌握兵力的枢臣、疆吏负责。此外，还能从当时报纸记载的赵舒翘出京查办所带随员兵力，进一步判断其实际行动或不全与“主剿”抑或“主抚”有关。据报言，“朝廷特派顺天府兼尹赵舒翘出京宣布圣意，解散乱民。闻司寇奉旨时，朝廷密授机宜，俾临时相机行事。出京只带小队二百名，先赴京南黄村一带，次往京西涿鹿等处，尚未覆命”。[③]

赵舒翘在涿州考察匪情，宣布晓谕具体本事如何，不同的史料各有书写并各持说法，主要说法可以归结如下：一是认为赵舒翘考察涿州拳匪后，无计可施，旋即回京复命，声称拳匪“并不滋事”[④]；二则声称赵舒翘不以拳匪为然，谓“聂功亭军门能剿匪，宜留以办事，何和之”[⑤]；三则牵连刚毅、董福祥等人，或曰赵舒翘以为拳匪可散，而董福祥坚决不任剿，最终处理要等到刚毅回京再定；有或曰赵舒翘、刚毅同往查办，“抚局已具结，并禁洋兵入都，袒匪拒洋”。[⑥]

赵舒翘在涿州查办一事上的具体作为，可谓言人人殊，牵连甚多。或灯下黑，纷杂史料中忽视了当事人当时留下的日记。据赵氏所言，抵达涿州后的经历包括：

① 《清实录·德宗实录》第57册，卷463，第66页。

② 同上，第66页。

③ （清）徐兆玮：《徐兆玮日记》第1册，李向东、包岐峰、苏醒标点，合肥：黄山书社，2013年，第172页。

④ 《万国公报》，光绪二十六年七月—八月，第139号，第19496页。

⑤ 《万国公报》，光绪二十六年八月—九月，第140号，第19587页。

⑥ （清）刘坤一：《刘坤一奏疏》2，陈代湘、何超凡、龙泽黯、李翠校点，长沙：岳麓书社，2013年，第1637页。

十一日，寅正起身，尖窦店，驻涿州。晚间，义和拳首目来，切实开导，似乎悔悟。

十二日，折回窦店，遇刚中堂奉命而来，店内少谈。分手，驻长辛店。

十三日，进程，寓广济寺，闻乘舆还宫。

十四日，覆命，以义和拳无天无法等语实奏。[①]

根据赵舒翘个人所言，其抵达涿州谨遵朝廷旨名，切切实实开导拳匪。十二日宣谕后即回程，十四日覆命，据实禀奏义和拳在地方肆意作乱，大致道明其在查办经历。赵日记中还透露了查办结束回程途中遇到刚毅，然二人并未有过多交流与接触。两人这一层实际关系与后来书写文本中的关系大径相庭，前者影响了中外双方在“惩凶”问题上的交涉，而后者则与“赵舒翘之死”被塑造与加工有关。两层关系藕断丝连，颇值得玩味，实有必要层层剥离分析。

刚毅于五月初十日奉命加派出都，上谕曰：“著再派刚毅前赴保定一带地方，开诚布公，谕以拳民教民，皆朝廷赤子，务宜仰体皇仁，即日解散，安分本业，毋得聚众滋事，自罹法网。”[②] 赵、刚二人先后赴往涿州查办，各有任务。巡抚邓华熙五月十八日载云：“往刚相辞行，出差未回。”[③] 五月二十日，西后召开第一次御前会议，恽毓鼎记录当时会议情况：“殿南向，上及太后背窗向北坐，枢臣礼亲王世铎、荣禄、王文韶、赵舒翘跪御案旁，自南而北，若雁行，诸臣皆面南，枢臣刚毅则出京察看拳民未归。”[④] 此时刚毅仍长驻地方察看拳乱，朝廷令其与董福祥二人“一面亲自开导，勒令解散；其有年力精壮者，即行招募成军，严加约束”。[⑤] 细析刚、赵二人分

---

① 闫晓君整理：《慎斋文集》，第 375 页。

② 中国人民大学清史研究所编：《清史编年》第 12 卷，第 179 页。

③ 邓华熙著，马莎整理：《邓华熙日记》，南京：凤凰出版社，2014 年，第 198 页。

④ 恽毓鼎：《恽毓鼎澄斋日记》第 2 册，杭州：浙江古籍出版社，2004 年，第 785 页。

⑤ 中国第一历史档案馆编：《光绪朝上谕档》，第二十六册，桂林：广西师范大学出版社，1996 年，第 133—134 页。

别查办拳匪以及身兼责任、实际做法能够推断，二人既非同往共事，亦无同归复命。赵舒翘着手查办拳匪为时不过短短数日，与刚毅没有亲密接触、共同商讨解散拳匪；而刚毅在地方半个月之久，与之共事者为董福祥，而非赵舒翘，此为二人实际关系。

述及刚、赵二人文本书写关系，主要有两个内核：一是以刚毅援赵，荐入军机，视二人关系紧密，在查办事件过程中姑息拳匪，敷衍了事。不少笔记文集描述了五月二十四日，刚毅、赵舒翘方坐城楼观战，饮酒欢呼的场面。① 二是有回护赵舒翘的意味，声称刚毅继踵前往涿州解散拳民因"虑舒翘或戾己意"，② 赵舒翘令解散团民而刚毅主张招抚重用之，但以赵舒翘阿附刚毅，不敢立异。这两种书写立场具有鲜明的主观色彩，难免有失偏颇，限本文篇幅暂不展开讨论。

时人不乏以相对客观的眼光陈述刚、赵二人关系。知县吴永言及此事称某公晓知其中内情，谓："当拳匪在涿州时，太后命刚、赵往验。刚实未往，赵独挈何君乃瀛（莹）同行"，③ 此为可信。回京复命，奏折经何乃莹草拟，然赵舒翘因内容剀切，"似碍于端、刚，踌躇不敢上"，④ 遂决定当面沥陈西后，具禀实情，并无阿护拳匪。奏陈后，赵舒翘告知僚友，"幸不辱命，对军机、太后，均已尽情倾吐，应说尽说，抚心自问，庶几可告无罪矣"。⑤ 又根据吴永说法，赵舒翘后来与刚毅并举，遭受极刑处理，不是因为涿州查办一事，而是因为二人关系紧密，可以追溯至刚毅援引赵舒翘入军机。然二人关系实情如何，则"无言无据，无法辨白"。⑥

赵舒翘、刚毅先后前往涿州查办拳匪一事，为庚子事变重要转折点，

① 阿英编：《庚子事变文学集》下，北京：中华书局，1959 年，第 969 页。

② 详细可参考胡思敬：《驴背集》，第 86 页，收录于阿英编：《庚子事变文学集》上，北京：中华书局，1959 年。中国社会科学院近代史研究所、近代史资料编辑室编：《庚子记事》，北京：中华书局，1987 年，第 81 页；赵炳麟：《赵柏岩集》，桂林：广西师范大学出版社，2013 年，第 253 页。

③ （清）吴永口述，刘治襄记：《庚子西狩丛谈》，桂林：广西师范大学出版社，2008 年，第 142 页。

④ 同上，第 142 页。

⑤ 同上，第 142 页。

⑥ 同上，第 143 页。

也是赵舒翘命运走向之关键。实际关系中二人各负朝廷旨名分别查办拳匪，具体过程中并无过多交流。然去岁赵舒翘在官场仕途上受援引晋升一事则在庚子事变中发酵奏效，令其无法在庚子事变中独善其身，受到牵连，卷入局势的风口浪尖。加之悠悠众口，引起不断风闻，层累地建构起了文本虚构的这层关系，并为后人不断发挥，竟传为笑柄，而原来的实际关系在其中逐渐失真模糊。

## 二、“惩凶谈判”：中西角力与赵舒翘命运走向

光绪二十七年（1901）七月二十五日，《辛丑条约》签订，共计十二款，其中第二款即为处置“惩凶”：

> 惩办伤害诸国国家及人民之首祸诸臣，将西历本年二月十三、二十一等日即中历上年十二月二十五、本年正月初三等日先后降旨，所定罪名，开列于后（附件四、五、六）：端郡王载漪、辅国公载澜，均定斩监候罪名，又约定如皇上以为应加恩贷其一死，即发往新疆，永远监禁，永不减免。庄亲王载勋、都察院左读御史英年、刑部尚书赵舒翘，均定为赐令自尽。山西巡抚毓贤、礼部尚书启秀、刑部左侍郎徐承煜，均定为即行正法。协办大学士吏部尚书刚毅、大学士徐桐、前四川总督李秉衡，均已身故，追夺原官，即行革职。①

“惩凶”问题是义和团运动研究中的老问题。前人围绕这一问题已展开相当讨论，大致勾勒出中西双方就此问题谈判交涉具情，兹不赘述。然庚辛之际中西双方围绕“惩凶”一事展开长达十四个月之久的讨论，过程复杂而争议不断，这不仅仅体现在谈判天平的互相角力的中西两端，还牵涉

① 王芸生编著：《六十年来中国与日本》第 3 卷，北京：生活·读书·新知三联书店，1980 年，第 27 页。

双方内部动态嬗变的具体讨论情况。

参与交涉的列强诸国主要有德、英、美、俄、日、法，不同国家对“惩凶”问题有不同的认识，甚至存在分歧，而同一国在交涉谈判整个过程中提出的要求也是变化的。以疆吏枢臣与驻外公使为主要代表的中方，则既要应对西方列强咄咄态势、步步紧逼，也要顾及朝廷威望，如履薄冰地小心行事。中方代表承受着双重压力，在交涉谈判过程中台前幕后表现不一，呈现表里关乎对“惩凶”谈判更为深切的认识，不容忽视。

被冠以“祸首”罪名的刑部尚书赵舒翘是“惩凶”交涉过程中的重点谈判对象。西方列强立场坚决，步步为营，“非以处刑”不可，使得中方从一开始回护赵氏到不得不将之处以极刑。这一过程反映了中西双方在《辛丑条约》谈判过程中权势的斡旋与抗衡，西方列强始终处于凌驾于上的姿态，而中方陷入被动，无力反抗。中西双方交涉谈判的结果——“赵舒翘之死”，不仅仅是个人悲剧命运的终止符，更是清廷在庚辛之际遭受沉重打击而颓败不振，外交话语权逐渐居于弱势的一个端绪。认识“赵舒翘之死”，本文拟在前人研究基础上再做细节处理与补充，分别从列强各国谈判态度、中方交涉台前幕后两条线索追溯，尝试细致呈现出中西双方谈判交涉的动态概貌。

## （一）列强各国谈判态度

西方列强诸国就“惩凶问题”是否应成为议和其他内容的前提产生了分歧。态度最为鲜明坚决的是德国，德国视“惩凶”问题甚为重要，以为“惩凶是一件面子的问题，比起此事赔款问题尚为次要”。① 为此德国一方面强烈要求中方先交出罪魁，才允肯开议；另一方面则通报其他列强参与国，拉拢其他国家。1900 年 9 月 5 日，德国政府正式提出议和条件，首要是“惩凶”，次日俄国人也提出要求惩办祸首，并且提出一个具体名单。

① 孙瑞芹译：《德国外交文件有关中国交涉史料选译》第二册，北京：商务印书馆，1960 年，第 156 页。

然这一举动招引美、英两方不满。美国驻华公使康格函电国务卿海·约翰称："德国人坚持要在任何谈判开始之前，将北京危机的最初和真正的煽动者交出并予以惩办。在最后解决之前，这点务必要实现，而且很可能实现。但是，如果要坚持把这点作为一切的先决条件，那么谈判就将不能进行。"在美方看来，"惩凶"固然重要，但不应该成为和议谈判的先行基础，将这一问题置于谈判开始之后再做解决更为适宜。英国态度亦相当谨慎，出于对谈判成功的考虑，以为将"惩凶"问题先行处理很容易导致全盘失利。海关总税务司赫德对中西双方谈判前是否应先处理"惩凶"问题亦有看法，以为"（惩凶）这一条应该作为谈判的最后条件，现在却作为第一条提出来了，这是一个错误"。①

"惩凶"问题应先于抑或后于和议谈判，各国态度微妙。而在确定"祸首"与"惩戒"方式问题上虽最终达成统一意见，然在具体交涉过程中列强内部时有分歧与摩擦，意见时而不合，态度时而游移。种种不确定因素背后是各国对问题的认知与所持立场所驱动而发生作用。本文拟细析主要的几个列强国家在谈判交涉过程中各自具体的表现与行为，集中关注对赵舒翘的惩戒问题，试图展现出相对完整与真实的"惩凶"谈判现场。

"惩凶"态度最为坚决的首属德国，德方通报中国须交出"祸首"方肯开议，提出训条：

> 一，须由各国驻使查明中国拟罪诸王，是否实系真正犯罪之人；
>
> 二，须查明中国自愿治以何罪；
>
> 三，须向中国索取切据，拟定之罪，必见施行。②

以上三条办妥，才肯议论和约、赔款等要事。而在索取"祸首"问题上，德帅瓦德西甚至提出"吾等所列罪魁，皆其从者，为全中国体而其首

① 陈霞飞主编：《中国海关密档——赫德、金登干函电汇编（1868—1907）》（共九卷），北京：中华书局，1990—1996年，第7卷，第86页。

② 中国社会科学院近代史研究所、近代史资料编辑室编：《庚子记事》，第81页。

罪名，尚未提出也。此而不允，则吾将索其首者”，[①] 欲将掌权者西后一并处置。除了谈判桌上施展强硬手腕外，场外德国增兵进逼，“各国之军统归节制，意在非开议不停兵，非惩恶不开议”，[②] 又令联军进攻保定一带，以此挟制中方交出“罪魁”加以严惩。

英国在“惩凶”问题上的具体讨论态度趋向附和德国，同也以兵力相逼，言之，“中国此次肇祸之罪魁，欲待中国政府自行交出，未必果肯，非加之以兵力不可”；[③]“惩凶”的具体方案讨论中则坚持将端王载漪、辅国公载澜处以死刑。关于处置赵舒翘，英方认为“他所处的地位和所受的惩罚与澜公的情况是相同的……他们都犯有最严重的罪行，应受到尽可能最严厉的惩罚”，[④] 言下之意即指处置方式应施以死刑，然对于中方提出“自尽代替绞刑”，英方则并不以为意，可允之。

美国看似态度相对和缓，认为惩凶一事应该交由中方处理，虽然坚决主张祸首们应承当最大责任，却并不同意“要求中国政府按照各国自己的确定，把那些可能被认为是造成这些侵害的首要和真正的罪犯交给各国，并以这一点作为同中国政府进行外交谈判的先决条件”，[⑤] 明确拒绝“确定各案应受惩罚的性质”，[⑥] 坚持惩凶的具体方案由中方执行，以“从无一国人民任他国定罪正刑之理”，[⑦] 不允德国政府所要求的先正祸首之罪之请；然其用意实则阴险。据美国驻华公使康格与国务卿海·约翰电函透露可知，美方提出的中方自行处置是因为其深信清廷会以极刑处理，“即使是其中罪

① 中国历史研究社编：《庚子国变记拳变馀闻西巡回銮始末记》，神州国光社，1946 年，第 18 页。

② 王彦威、王亮辑编：《清季外交史料》9，李育民、刘利民、李传斌、伍成泉点校整理，长沙：湖南师范大学出版社，2015 年，第 4698 页。

③ 《议和条陈》，《清议报》，第 3831—3833 页。

④ 胡滨译：《英国蓝皮书有关义和团运动资料选译》，北京：中华书局，1980 年，第 453—538 页。

⑤ 天津社会科学院历史研究所编：《1901 年美国对华外交档案：有关义和团运动暨辛丑条约谈判的文件》，刘心显、刘海岩译，济南：齐鲁书社，1984 年，第 24—25 页。

⑥ 同上，第 3 页。

⑦ 同上，第 4 页。

行最轻的人也应判处死刑。因为死刑是能够加予的最严厉的惩罚，我们要求全都处决”。[①] 其特别指出端王、刚毅、赵舒翘三人应该得到应得惩罚，认为“赵舒翘是义和团的赞助者和运动的指挥人”，[②] 若只受到革职留任的处分与其犯下的罪行并不相当。

俄国则另有打算，特请李鸿章等人奏请回銮，俟两宫回銮在开议，声称“全权如面机宜，罪首可缓图处置”，[③] 而维护俄国在交涉谈判过程中的形象以获得更大的利益。对于“惩凶”问题，俄国公使明确谓：“关于那些亲王，他（俄国）不能够不顾一切地答应要求处以死刑。他（俄国）认为，由于必须考虑到有关人物的地位，所以应根据每个情况尽可能要求处以最严厉的惩罚”，[④] 因此俄国公使决定不参与对端王及其他亲王处以极刑的要求。法、日两国应事态度更为和缓，法国照会，“请将端、庄、澜、董、刚、毓明正典刑，方可停战，即不如其所请，非开缺能了事，至轻亦应远戍”。[⑤] 而日本一方甚至倡议“请各国放松，听中国自办，勿过逼勒，致令为难等情”，[⑥] 试图缓和平衡中西双方谈判僵持的现状。

西方列强诸国围绕“惩凶”问题在谈判桌上各怀心思，态度有别，集中讨论惩戒首祸是否应先在开议前，内部出现分歧然最终同归意见。究因之，各国之间本质上要求是一致的，对待祸首惩戒方式，明言交由中方以清律自行处理，然内理则预设要求，令中方祸首施行以死刑。西方列强诸国在谈判交涉过程中呈现出的态度和提出的要求方案引起中方激烈舆论，

---

① 天津社会科学院历史研究所编：《1901 年美国对华外交档案：有关义和团运动暨辛丑条约谈判的文件》，刘心显、刘海岩译，济南：齐鲁书社，1984 年，第 83—84 页。

② 同上，第 54 页。

③ 中国社会科学院近代史研究所近代史资料编辑组：《杨儒庚辛存稿》，北京：中国社会科学出版社，1980 年，第 225 页。

④ 胡滨译：《英国蓝皮书有关义和团运动资料选译》，北京：中华书局，1980 年，第 422—423 页。

⑤ 顾廷龙、戴逸主编：《李鸿章全集》27，电报七，合肥：安徽教育出版社；安徽出版集团，2008 年，第 360 页。

⑥ 苑书义、孙华峰，李秉新主编：《张之洞全集》第 10 册，石家庄：河北人民出版社，第 1998 年，第 8401 页。

特书慨之："西人未经议和之，先已挟制首诛杀罪魁之说，不肯开议。中国虽降严谴兆祸诸臣而各国或则疑为牢笼，或则疑为弥缝转以不肖之心视中国，任中国如何引罪自咎，如何请罪，外人各国总不满意，亦可谓不谅人之甚。丙之说厚于各国而薄于中国亦不足据也。"①

## （二）中方交涉台前幕后

闰八月初二日，清廷首次对"惩凶"表态，发布上谕曰："此次中外开衅，变出非常，推其致祸之由，实非朝廷本意。皆因诸王大胞等纵庇拳匪，启衅友邦，以致贻忧宗社，乘舆播迁"。② 处置诸王大臣具体做法是将"庄亲王载勋、怡亲王溥静，贝勒载濂、载滢，均著革去爵职；端郡王载漪，著从宽撤去一切差使，交宗人府严惩议处，并著停俸；辅国公载澜、都察院左都御史英年，均著交该衙门严加议处；协办大学士、吏部尚书刚毅、刑部尚书赵舒翘，著交都察院、吏部议处"。③

闰八月二十二日，议和大臣奕劻、李鸿章向西方列强诸国提交五款议和纲领，然西方各国坚持惩办祸首在前，后再议和，要求中方提供明确回銮日期，对这一议和纲领不予理睬。九月二十二日，清廷再次发布"惩办祸首"的谕旨，其中对赵舒翘的处置是以之"查办拳匪次日即回，未免草率，惟回奏尚无饰词，著革职留任"，认为赵舒翘查办不实，并不至于置之重典。八月至九月其间中方筹议"惩凶"问题已经将赵舒翘稍分等差对待，"……片内放松赵者，乃实情，且使朝廷易办。各国最重者，端、刚、毓、董也"。④ 然这期间朝廷旨意仍旧未有提出处死涉事官员，招致列强强烈不满未允开议。

八国联军增兵逼近，以"惩凶"挟制畿辅，表以清律例处置祸首，实则处处刁难不允。中方屡经力争国体，吕海寰电函江督刘坤一表露担忧焦

① 路遥主编：《义和团运动文献资料汇编》（中文卷 下），济南：山东大学出版社，2012 年，第 541 页。

② 顾廷龙、戴逸主编：《李鸿章全集》27，电报七，第 325 页。

③ 同上，第 325 页。

④ 苑书义、孙华峰、李秉新主编：《张之洞全集》第 10 册，第 8358 页。

愤："各大臣分别惩办，在中朝已斟酌至当，属格外从重。欧洲每以华刑为酷，今反逼令加重。"① 时报纸也引发议论，以为"西律本宽，各国每愿中国改西律，现在以西律治之，岂不更见公恕"。②

时局杌陧，恐生肘腋。十月十三日，疆吏刘坤一、张之洞奏请朝廷要求加重对祸首们的惩办，谏曰："应将毓贤、董福祥正法；将载澜、赵舒翘、英年革爵革职；刚毅虽故，仍请革职。"③ 所谓惩戒加重，仍有其具体语境，清廷仍旧坚持照以具体实情按律论罪。就如何处置赵舒翘一事上，中方表露出回护意味，力图为赵舒翘争取罪名减轻，与西方列强诸国屡屡商议。

议和大臣奕劻以为"惩凶"应分别轻重，向各使解释称，"庄、澜亦系懿亲，英、赵并非首要，难以一概而论。彼最主义者毓贤、董，而于他人亦少恕词。"④ 十二月三十日，疆吏刘坤一电函军机处，陈词曰："惟赵舒翘查办拳匪，两日即回，颇有解散，惜办理草率，第前在苏抚任内，办交涉各事，亦尚持平，其无仇视意可知，先办斩监候，实益情轻法重。"⑤ 疆吏大员筹议营救赵舒翘，一直持续到次年正月，江督刘坤一、鄂督张之洞仍为之求情，以为赵舒翘为官清廉，在江苏巡抚任内处理中外事务并无仇视西人，亦非拳匪一党。"惟赵舒翘一员，似乎所拟太重，未免罪浮于情，凡误国殃民之人，朝廷已拟斩候等罪名，已足蔽辜。若论罪之轻重，一概问成死罪，殊失清理之平，百姓闻之，以不允服。"⑥

光绪二十七年正月初三日，盛宣怀传信透露谓："各国因惩办太迟，有

① 吕海寰：《庚子海外纪事》，台北：文海出版社，1967 年，第 60—61 页。

② 同上，第 275 页。

③ 同上，第 235 页。

④ 杜春和等编：《荣禄存札》，济南：齐鲁书社，1986 年，第 7 页。

⑤ （清）刘坤一撰：《刘坤一奏疏》2，陈代湘、何超凡、龙泽黯、李翠校点，长沙：岳麓书社，2013 年，第 1582 页。

⑥ 苑书义、孙华峰、李秉新主编：《张之洞全集》第 10 册，第 8501 页。

初五发兵之说",[①] 以为朝廷应将"英、赵、徐、启均与庄、毓同科，似可满意"。[②] 次日，西安京官联名电致刘、张，请设法救赵舒翘，其中列明者包括薛允升、陆润庠、屠仁守为首。[③] 然鉴于西方列强诸国以握重兵挟制，疆吏刘、张二人表示无能为力，考虑到"此等重案，关系国家全局，必须核实，方能有所劝戒，众情自觉允服。凡误国殃民之罪魁，中国臣民皆所痛恨",[④] 又闻朝廷已有决意拟定斩监候之罪名，以为此举"似足蔽辜"。清廷随即第三次宣布惩办"祸首"，此上谕是赵舒翘命运走向终结一纸文，上谕云："英年、赵舒翘，昨已定为斩监候，着即赐令自尽，派陕西巡抚岑春煊前往监视。"[⑤] 正月初五日，报载称，"徐承煜、启秀、毓贤奉旨正法；庄王即英年、赵舒翘赐自尽；徐桐、李秉衡斩监候；刚毅斩立决，以已死邀免。"[⑥]

赵舒翘之处置经历前后四个阶段：第一次革职留任；第二次交部严议；第三次斩监候；第四次斩立决，赐自尽。[⑦] 从最初为其回护，至罪行判处力度不断加重，而最终受诛。"赵舒翘之死"是中西双方在交涉谈判中权势抗衡的重要标志，反映出西方列强以强硬态度与手段威逼，干涉中国内政，在中外外交谈判桌上占有绝对的话语权优势；而中方则在谈判过程中逐渐示弱，不得不避让锋芒与顾全大局，在"惩凶"一事上看似交由自行实则处处受难。营救赵舒翘的失败既是赵舒翘命运之悲剧，同时也表明清廷庚子肇祸后元气大伤，内忧外患之下国运逐渐衰弱。"赵舒翘之死"是个人以

① 吴伦霓霞、王尔敏：《清季外交因应函电资料》，香港：香港中文大学中国文化研究所，1993 年，第 461 页。

② 同上，第 461 页。

③ 中国国家博物馆编，劳祖德整理：《郑孝胥日记》第 2 册，北京：中华书局，2016 年重印版，第 785 页。

④ 顾廷龙、戴逸主编：《李鸿章全集》28，电报八，合肥：安徽教育出版社、安徽出版集团，2008 年，第 3 页。

⑤ 王彦威、王亮辑编：《清季外交史料》9，长沙：湖南师范大学出版社，2015 年，第 4772 页。

⑥ 孙宝瑄：《孙宝瑄日记》，上海：上海人民出版社，2015 年，第 327 页。

⑦ （清）吴永口述，刘治襄记：《庚子西狩丛谈》，桂林：广西师范大学出版社，2008 年，第 143 页。

及清廷之不幸，是个人悲剧，更是清廷颓势的端绪之一。

## 三、小结："似冤不冤"

谈判桌上中西方交涉谈判，而涉事其中的"祸首们"岂能独善其身，然只能待罪于谈判桌外，宛若"人为刀俎，我为鱼肉"。赵舒翘自闰八月初一日获谴后，其人生的最后几个月心境颇为凄然与悲叹，其内心经历往往为人忽略。笔者阅其日记，摘取其中一二：

> 闰八月二十六日，李鸿章电到，皇上大怒，欲办端王罪，并斥翘为主战，时事已至此，何须辩，可叹！
>
> 九月二十二日，香涛、岘庄电至，荣相承之，端王等得圈禁罪名，余留革，求退未遂，只好暂忍。
>
> 九月三十日，庆王、李鸿章来电，和款一如各国，上意以为然，并欲加重端邸，可叹！
>
> 十一月二十六日，会少沧，据云有遣戍予之消息，对家内言之，均凄然。
>
> 十一月二十七日，心稍定，学而得力与否，正在此时验也。勉之！
>
> 十一月二十九日，闻来电，可以免戍，听之。
>
> 十一月三十日，少沧来云：洋人又反覆，远行恐不免。①

随行西狩困于西安其间，赵舒翘曾试做努力求引退官场，在和议过程中做好了远戍的最坏打算，作为一个传统士大夫尝试以学力定心，视此劫难为考验勉励自己，其内心心境凄悲而不是定力，从其日记也传达出一个信息，其不曾意料到自己获谴之方式非远戍俄了了，而身受大辟。

时人多以感叹惩凶一时，时局所致，外人所逼，不得不从。王文韶以

① 闫晓君整理：《慎斋文集》，第376页。

为“赵舒翘之死”，“缘各国诬指为义和团首祸，必欲置之死地，至以和局之成败相争，朝廷万不得已而出此，亦劫数也，时势至此，可胜慨哉”。[①]赵身后其门生、同僚亦纷纷感念其冤，“今该故上述以死纾难，比节古人，仰惟国家万不得已之苦衷，固为天下臣民所共谅”。[②]

“赵舒翘之死”，今可见各家书写众说纷纭，非有一种说法可盖棺论定，亦无须如此。从查办拳匪，实非主抚团民，赵舒翘不过谨遵朝廷旨名办事，所出之事亦非重任所托；而庚子事变期间与刚毅亦无过多交流，非一般认识所言二人一丘之貉。从其实际作为而看，其最终赐予自尽身亡似为冤案。赵舒翘留下《绝命诗二首》曾自嘲言己乃“只有狂愚为世诟，更无明哲保全身”，沦落为“罪重难为草莽臣”，[③] 此为一冤。然庚子之难，高居其位的众大臣亲贵多以悲剧收场，清廷竟无力保全臣民，国事颓衰皎然可见，时局已定，人若浮萍，岂能不受牵连，“赵舒翘之死”似冤而不冤。本文意不在平反这一“似冤而不冤”的案情，力在尽可能重现当时之历史场景，澄清庚子事变中赵舒翘具体行为所存在之细节疑团，回到本事述及来龙去脉。赵舒翘在人生最后时期留下绝命诗慨叹曰：“生死由天原不计，满门哭送却伤神”，[④] 对己一生已然通透明白，如此更能体味似冤不冤之意义。

---

① 袁英光、胡逢祥整理：《王文韶日记》，北京：中华书局，1989 年，第 1016 页。

② 闫晓君整理：《慎斋文集》，第 378 页 .

③ 同上，第 321 页。

④ 同上，第 321 页。

# 冷战与情报：苏联“瑞安行动”论析

欧阳洛奇*

**摘　要**　20世纪70年代末起，面对美国日益强硬的对苏政策，苏联情报部门误以为这是西方准备对苏联发动突然性核打击的先兆。作为应对，苏联情报界实行了专门搜集相关情报的“瑞安行动”，并将其作为情报工作的重中之重。鉴于苏联的导弹现代化计划存在严重不足，该行动主要依靠人力情报，对西方政治、经济、军事、民防和情报活动等众多领域进行情报搜集。由于行动组织的不完善、对情报分析的轻视和情报工作的政治化，“瑞安行动”未能消除苏联的不安，反而使其对核战争的恐惧在1983年达到了顶峰。1984年以后，尽管该行动的优先地位有所下降且戈尔巴乔夫已开始着手改善与西方的关系，但苏联还是与华约各国情报部门对其不断完善，直至1991年。

**关键词**　瑞安行动　情报　核打击　克格勃　格鲁乌

* 欧阳洛奇，南京大学国际关系研究院2019级博士研究生。

“瑞安行动”（Operation RYAN）[①] 是冷战情报史上的标志性事件，它为该课题研究提供了一个宝贵的样本。该行动开展于20世纪80年代，是苏联在和平时期开展的规模最大的军事谍报行动，旨在及时发现和预警西方准备对其发动突然性核打击的企图。在过往研究中，学术界对于“瑞安行动”的历史作用大多持否定态度，认为它不仅是苏联在战略判断上疑神疑鬼的表现，而且在1983年11月北约“优秀射手83”（Able Archer 83）军演期间，它几乎导致苏联做出过度反应。[②] 前克格勃情报员戈尔季耶夫斯基（Oleg Gordievsky）特别指出，“瑞安行动”在情报的搜集和评估上形成了一个恶性循环：随着情报部门发掘出越多相关“证据”，苏联决策层就越是感到紧张。[③] 不过，近年来一些学者对于该行动做出了不同解读。如俄罗斯学者亚当斯基（Dmitry Adamsky）认为，正是由于“瑞安行动”的有效运作，苏联情报界得以正确评估当时的形势，从而避免了决策层对西方的核威胁做出过度反应。[④] 本文在已有学术成果基础上，主要利用乔治·华盛顿大学

---

① 或写作RYaN、VRYAN、Ryon、RIAN等，取自俄文“核—导弹—攻击”（Raketno Yademoye Napadenie/Ракетно Ядерное Нападение）的首字母缩写，中文也有译作“莱恩”“赖恩”或“瑞恩”。

② 有关“瑞安行动”的研究散见于冷战情报史、美苏关系史和核军备控制史等相关著作中，主要成果有：Peter Vincent Pry, *War Scare: Russia and America on the Nuclear Brink*, Westport: Praeger, 1999; Gordon S. Barrass, *The Great Cold War: A Journey Through the Hall of Mirrors*, Stanford: Stanford University Press, 2009; Michael Herman and Gwilym Huges, eds., *Intelligence in the Cold War: What Difference Did It Make?* Abingdon: Routledge, 2013; Nate Jones, *Able Archer 83: The Secret History of the NATO Exercise That Almost Triggered Nuclear War*, New York: The New Press, 2016; Taylor Downing, *1983: Reagan, Andropov, and a World on the Brink*, New York: Da Capo Press, 2018; Marc Ambinder, *The Brink: President Reagan and the Nuclear War Scare of 1983*, New York: Simon & Schuster, 2018。国内学术界对于该课题的研究仍缺乏关注，相关成果有：王浩：《“Able Archer 83”事件与里根主义的逆转：冷战时期美苏关系第三次缓和探源》，《美国问题研究》2017年第1期；欧阳洛奇：《核战一触即发？——20世纪80年代初期苏联的核战争恐慌与“优秀射手83”事件的历史考察》，《冷战国际史研究》2018年第2期。

③ Christopher Andrew and Oleg Gordievsky, *KGB: The Inside Story of its Foreign Operations from Lenin to Gorbachev*, London: Hodder & Stoughton, 1990, p. 490.

④ Dmitry (Dima) Adamsky, “‘Not Crying Wolf’: Soviet Intelligence and the 1983 War Scare,” in Leopoldo Nuti, Frederic Bozo, Marie-Pierre Rey, Bernd Rother, eds., *The Euromissile Crisis and the End of the Cold War*, Washington, D. C.: Woodrow Wilson Center Press, 2015, pp. 49-59.

国家安全档案馆、威尔逊国际学者中心冷战国际史项目、北约与华约平行历史项目等近年解密的来自苏联、东德、美国、乌克兰等国的档案文献，探讨“瑞安行动”实行的动因所在，它的实际功效如何，它对于冷战热度究竟起到的是增温还是降温的作用，以期拓展我国对于冷战情报史研究的广度和深度。

## 一、苏联的“脆弱之窗”

20 世纪 80 年代初，随着苏联战略核力量在缓和时代的迅猛发展，美国政界有相当一部分人士认同“脆弱之窗”（Window of Vulnerability）的说法。即在有限的数年时间内，存在某种理论上的可能，苏联有能力对美国发动第一次打击，摧毁美国位于导弹发射井中的洲际弹道导弹，使美国无法发动报复性打击，确保战后相对于美国的明显优势。[①] 实际上，苏联既无此意图，也没有能力彻底摧毁美国的反击能力。相反，几乎与此同时，苏联高层内部也存在着类似于“脆弱之窗”的论调，并且他们对于核战争的担忧是更为现实而悲观的。

东西方缓和的基本前提是军事对等和战略均衡。20 世纪 60 年代末至 70 年代初，苏美间存在着战略核力量的对等、均衡，出现了北约和华约两大军事政治集团间大体上的军事平等。苏联对于东西方间的这种军事战略平等也极为珍视，称其为“确保和平与安全的现实基础”。[②] 不过，苏联也深知这种“战略均衡”无法全然保障其安全。当时供职于苏军总参谋部的丹尼列维奇（Adrian Danilevich）上将指出，尽管苏联大谈苏美间的“战略均衡”，但实际上他们深知这并不意味着在军事领域就完全实现了均势，因为双方在军备的特定领域上各有其优势和不足。所谓的“相互摧毁”只是理论上的推论，在实践中他们不会将对对方威胁的认知简单地归为力量对比

① Robert Gates, *From the Shadow: The Ultimate Insider's Story of Five Presidents and How They Won the Cold War*, New York: Simon & Schuster, 1996, p. 108.

② 刘金质：《冷战史（1945—1991）》，北京：世界知识出版社，2002 年，第 847—849 页。

的计算。①

进入 70 年代后半叶，国际关系中出现的一系列变化让苏联更加现实地感到其安全环境朝着不利的方向发展，进而改变了它对西方核威胁的认知。一方面，苏联认为西方的实力正取得突破性发展，东西方的力量对比面临失衡的危险。70 年代前半期，苏联和华约总是关注北约的弱点，如它的侧翼较中央弱，供给线较为脆弱，缺乏战略纵深，指挥和控制系统不足，预算限制较多，美欧间的长期矛盾等。70 年代中期以后，西方高科技的发展和北约组织的加强，使得苏东国家明显转变了态度，他们逐渐认识到北约不断增长的实力，不再强调其弱点。时任苏军总参谋部情报总局（GRU，以下简称“格鲁乌”）局长伊瓦舒京（Peter Ivashutin）警告说，北约“科技上令人惊奇的时刻”即将来临，断定“其发展结果和新的武器体系部署可能对欧洲战争的进程和结果起决定性的影响”。② 克格勃第一总局（对外情报局）的分析结果也并不乐观。他们发现世界力量对比的发展趋势已越来越不利于苏联，美国正占得优势，而苏联面临输掉冷战的危险。③

另一方面，通过分析西方国家近期的行为记录，苏联认为西方正愈发显示出使用武装力量的意愿，甚至是打一场有限的核战争。1979 年年末至 1980 年年初，美国卡特（Jimmy Carter）政府开始对苏联奉行新遏制政策，主要行动包括：促使北约理事会通过“双轨决议”，定于 1983 年秋在西欧部署 572 枚美国新式中程导弹；强烈谴责苏联入侵阿富汗，对苏联实行大规模制裁；重新强调加强军备，宣布了高达 1570 亿美元的国防预算，对战略核力量进行更新换代。其中，最令苏联感到紧张的是美国核战略的转变。1980 年 7 月 25 日，卡特签署“第 59 号总统令”（Presidential Directive-59,

---

① John G. Hines, Ellis M. Mishulovich, and John F. Shull, eds., *Soviet Intentions, 1965-1985, Volume 2: Soviet Post-Cold War Testimonial Evidence*, Germantown, MD: BDM Federal, 1995, p. 30.

② Vojtech Mastny and Malcolm Byrne, eds., *A Cardboard Castle?: An Inside History of the Warsaw Pack*, Budapest: Central European University Press, 2005, pp. 41-47.

③ Benjamin B. Fischer, “A Cold War Conundrum: The 1983 Soviet War Scare”, September 1997, Unclassified, p. 3, CIA Electronic Reading Room, https://www.cia.gov/library/center-for-the-study-of-intelligence/csi-publications/books-and-monographs/a-cold-war-conundrum/source.htm.

PD-59)，强调更灵活地使用核力量，将敌人的指挥、通讯、控制和情报系统、政治领导层和指挥机构增列为打击目标。[①] 该指令的签署在苏联引发了激烈争论，在莫斯科方面看来，美国似乎在发展一种核战制胜的战略。[②] 时任苏共中央总书记勃列日涅夫（Leonid Brezhnev）在1981年苏共二十六大上进一步指出，美国旨在发展一种“有限核战争”的理论，企图欺骗各国人民，让人们接受打这种战争的思想。[③]

面对西方日益严峻的核威胁，苏联原有的防御体系却存在着诸多不足，难以适应形势的急剧变化。首先，苏联由预警雷达和间谍卫星所组成的早期预警系统并不能给其决策层提供多少预警时间。若美国的洲际弹道导弹袭来，苏联的弹道导弹预警雷达仅能提供13分钟的预警时间，而潜射弹道导弹则为5—15分钟。考虑到北约即将于1983年秋在西欧部署美国新式中程导弹，位于莫斯科的指挥、通讯、控制和情报系统面临直接威胁，其反应时间更是将骤降至8分钟。[④] 间谍卫星的情况同样不容乐观。1972—1979年测试期发射的13颗卫星里，只有7颗工作了100天以上，苏联必须不断发射卫星以保证太空中有足够的卫星来监视美国的导弹发射场，这些卫星还常常不能往地面传输数据。[⑤] 再者，苏联战略核力量的战时生存能力不足。它的主要构成是固定在导弹发射井里的洲际弹道导弹。这类导弹能长期保持战备且精度较高，但由于固定在地面，很容易在西方的第一次打击

---

① 有关“第59号总统令”签署的具体情况，可参见刘磊：《“抵消战略”与卡特时期美国核战略的延续与变化》，《美国研究》2014年第5期，第97—111页。

② Global Competition and the Deterioration of U. S. -Soviet Relations, 1977-1980, Transcript of the Proceedings of a Conference of Russian and U. S. Policymakers and Scholars held at Harbor Beach Resort, Fort Lauderdale, Florida, 23-26 March 1995, pp. 226-228.

③ 辛华编译：《苏联共产党第二十六次代表大会主要文件汇编》，北京：生活·读书·新知三联书店，1982年，第29页。

④ President's Foreign Intelligence Advisory Board Report, “The Soviet ‘War Scare’ ”, February 15, 1990, Top Secret, UMBRA GAMMA WNINTEL NOFORN NOCONTRACT ORCON, p. 39, National Security Archives, available at: https: //nsarchive. gwu. edu/project/able-archer-83-sourcebook.

⑤ Pavel Podvig, “History and the Current Status of the Russian Early-Warning System,” *Science and Global Security*, Vol. 10, No. 1, 2002, p. 41.

中即遭摧毁，使苏联丧失绝大部分第二次打击能力。① 最后，决策层战时领导能力的维持仍不够可靠。70 年代中期，苏联开发了名为“M－信号”（Signal-M）的自动化指挥和控制系统，它使得最高决策层可以向核力量直至最低层的每一个执行单位发出命令。但这套系统仍不够迅速和可靠，最高决策层迫切需要类似于“核手提箱”的通信设备。②

苏联深知其弱点所在。70 年代末开始，苏联开展了大规模的导弹现代化计划，旨在提升各单位在核战中的生存能力，更好地服务于“预警发射”（Launch-on-Warning）③ 或在敌方攻击下进行反击的战略需要，主要行动包括改进早期预警系统、精简发射核导弹的程序、研发苏联第一代“核手提箱”（Cheget）、试验名为“周长”（Perimeter）的自动化核反击体系等。应该说，上述措施取得了一定成效，苏联应对核战争的反应能力得到了提升。但存在的问题也是十分突出的，很多系统还没有准备好就匆匆投入使用，许多缺陷没能及时修复。例如 1983 年 9 月 26 日，苏联“谢尔普霍夫－15”导弹预警中心发生导弹误报事件，原因是“奥科”（Oko）预警卫星误将反射在致密云层上的阳光认作是美国的洲际弹道导弹。事后参与调查的委员会得出结论：这类卫星系统是“极端不可靠”的。此外，新的预警系统在建设过程中还存在着施工质量低下、建设材料运输拖延、腐败、监守自盗等一系列恶劣现象，更是进一步削弱了其实际性能。④ 上述情况表明，若要更好地保卫国家安全，苏联还需要更强有力的措施。

① Stephen Cimbala, *The Nuclear Disorder: Challenges to Deterrence and Strategy*, Aldershot: Ashgate, 2015, p. 190.

② David E. Hoffman, *The Dead Hand: The Untold Story of the Cold War Arms Race and Its Dangerous Legacy*, New York: Doubleday, 2009, pp. 147－148; Leopoldo Nuti, Frederic Bozo, Marie-Pierre Rey, Bernd Rother, eds., *The Euromissile Crisis and the End of the Cold War*, p. 50.

③ 所谓“预警发射”，即在接到敌方发射核导弹的警报后，战略核力量应抢在敌方核导弹击中目标前立即发射己方的核导弹进行回击。

④ Benjamin B. Fischer, “The Soviet-American War Scare of the 1980s,” *International Journal of Intelligence and Counterintelligence*, Vol. 19, No. 3, 2006, pp. 497－505.

## 二、核战预警——“瑞安行动”的实行及其内在逻辑

自卡特执政末期以来，美国的步步紧逼使苏联情报界开始认真考虑一种极端可能，即美国这些行动的真实目的是要对其发动突然性的核打击。时任克格勃主席安德罗波夫（Yuri Andropov）是这一想法的提出者之一。安德罗波夫本就有一种坚定的现实主义和做最坏打算的心态，1967 年出任克格勃主席以来，他特别要求情报部门认真评估美国发动第一次打击或有限核打击的可能，并将这项工作作为克格勃的主要任务之一。① 到 1980 年年初，他更是认为美国正竭力削弱苏联的核优势，并援引卡特、布热津斯基（Zbigniew Brzezinski）以及美国国防部人士的话称，美国“在某些情况下可以对苏联发动第一次核打击”。② 安德罗波夫的观点在苏联情报界并不是孤立的。格鲁乌局长伊瓦舒京同样认为美国的意图在于赢得战略优势，称卡特签署“第 59 号总统令”的真实目的在于提升其战略核力量对苏联和华约国家发动突然性核打击的能力。克格勃第一总局局长克留奇科夫（Vladimir Kryuchkov）也赞同，爆发核战争的危险正显著提升，他在 1980 年年末的一次秘密演讲中特别告诫情报部门不要低估美国对苏联发动核打击的可能性。③

1981 年 1 月里根（Ronald Reagan）上台后，对苏联实行更为严厉的强遏制政策，包括尖锐的意识形态战、更加积极的扩军政策、隐蔽的“心理战”（Psychological Warfare Operations，PSYOPs）等，使得本已紧张的苏美

---

① SALT II and the Growth of Mistrust: Transcript of the Proceedings of the Musgrove Conference of the Carter-Brezhnev Project, Musgrove Plantation, St. Simon's Island, GA, May 7-19, 1994, Providence, RI: Watson Institute for International Studies, Brown University, 1994, p. 31.

② ［德］马库斯·沃尔夫：《隐面人》，胡利平译，北京：国家文化出版公司，1999 年，第 259 页。

③ President's Foreign Intelligence Advisory Board Report, "The Soviet 'War Scare' ", February 15, 1990, Top Secret, UMBRA GAMMA WNINTEL NOFORN NOCONTRACT ORCON, p. 51, National Security Archives.

关系进一步恶化。[①] 在这种情况下，情报部门的悲观论调得到了更多苏联高层人士的认同。其中，时任国防部长乌斯季诺夫（Dmitri Ustinov）和总参谋长奥加尔科夫（Nikolai Ogarkov）是关键支持者。前者是安德罗波夫重要的政治盟友，他本就持一种左倾即“激进派”的观点，通常都主张对美国、北约及其支持者采取强硬方针。[②] 而后者则更是极力宣扬核战争的危险。1982 年 9 月，奥加尔科夫向华约各国总参谋长们警告，美国实际上已经向苏联及整个华约宣战。目前北约军演所显示出来的为战争所做的物质准备，不是游戏，而是极其严肃而认真的。“主要的帝国主义国家”是如此难以预料，使得当前形势类似于二战爆发前的情况。[③]

当然并不是所有人都认为苏联的外部环境已恶化到如此地步，其中长期接触西方的苏联外交官员的恐惧并不大，他们明白美国现存的政治、社会结构是防止对苏联无缘无故地发动第一次打击的最佳保证。时任苏联驻美大使多勃雷宁（Anatoly Dobrynin）更是表示他个人从不认为任何一个美国总统会制订对苏联发动核打击的计划。[④] 时任苏联外长葛罗米柯（Andrei Gromyko）则指出美国只会在先遭受外来侵略的情况下才可能发动核打击，没有充足的理由他们不会使用核导弹。更重要的是，北约组织的多元架构也将给美国的行动形成制约，加拿大、英国、法国和西德等国都将反对美国发动第一次打击。[⑤] 此外，苏军总参谋部内部也有很多军官并不相信来自西方的核打击已迫在眉睫，认为克格勃不了解军事方面的事务，造成他们

---

① 欧阳洛奇：《核战一触即发？——20 世纪 80 年代初期苏联的核战争恐慌与“优秀射手 83”事件的历史考察》，第 137—139 页。

② ［俄］奥列格·格里涅夫斯基：《苏联外交秘闻》，李京洲等译，北京：东方出版社，2003 年，第 276 页。

③ “Report on Speech by Marshal Ogarkov at a Warsaw Pact Chiefs of Staff Meeting in Minsk”, September 8-10, 1982, in Vojtech Mastny and Malcolm Byrne, eds., *A Cardboard Castle?: An Inside History of the Warsaw Pack*, pp. 466-468.

④ Anatoly Dobrynin, *In Confidence: Moscow's Ambassador to America's Six Cold War Presidents (1962-1986)*, New York: Random House, 1995, pp. 528-529.

⑤ “Session of Politburo of CC CPSU”, 31 May 1983, Absolutely Secret, in *Cold War International History Project Bulletin*, Issue 4, Woodrow Wilson International Center for Scholars, Washington D. C., Fall 1994, p. 78.

夸大了紧张局势。[①]

尽管苏联内部存在着这些理性认识，但没有人敢对来自西方的核威胁掉以轻心，情报人员和军事分析员则更是害怕低估危险。一些西方分析家认为，二战中德国入侵苏联的"巴巴罗萨计划"给苏联带来了长久的心理创伤，苏共老一辈领导人和情报部门尤其担心再遭受这么一次突然袭击，这造成他们自斯大林时代以来就习惯于做最坏打算。[②] 时任苏军第一副总参谋长阿赫罗梅耶夫（Sergei Akhromeyev）大将承认，他们当时不得不设想同时与美国、西欧国家、日本爆发战争的最坏情境来考虑问题。苏联的军事思想可归纳为如下：1941 年发生的事永远不会重演。[③] 克留奇科夫则指出，当时他们清楚国家在准备战争与可能发动战争之间尚有极大的距离，但在大政治中不允许忽视这些因素，况且苏联历史上已有过对军事威胁估计不足的惨痛教训，因而他们必须保持一定战备。[④]

基于上述考虑，1979 年秋末起苏联情报部门开始系统性地搜集有关西方可能发动突然性核打击的情报。[⑤] 克格勃第一总局和"情报侦察问题科学研究所"被要求发展出一套新的情报理念，以便在西方准备发动第一次打击之时能及时发出预警。[⑥] 随后，克格勃将一套名为 VRYAN 的计算机分析模型投入使用。VRYAN 的数据库涵盖军事、政治、经济等多达 40000 种要素，旨在对世界力量对比进行量化分析。该系统设定，若美国经济—军事—政治总体实力的基准值为 100 的话，那么苏联要在美国的第一次打击中生存

① John G. Hines, Ellis M. Mishulovich, and John F. Shull, eds., *Soviet Intentions, 1965-1985, Volume 2: Soviet Post-Cold War Testimonial Evidence*, p. 26.

② Benjamin B. Fischer, "A Cold War Conundrum: The 1983 Soviet War Scare", September 1997, Unclassified, pp. 28-30, CIA Electronic Reading Room.

③ Anatoly Dobrynin, *In Confidence: Moscow's Ambassador to America's Six Cold War Presidents (1962-1986)*, p. 531.

④ ［俄］弗·亚·克留奇科夫：《个人档案（1941—1994）——苏联克格勃主席弗·亚·克留奇科夫狱中自述》，何希泉等译，北京：东方出版社，2000 年，第 128 页。

⑤ Leopoldo Nuti, Frederic Bozo, Marie-Pierre Rey, Bernd Rother, eds., *The Euromissile Crisis and the End of the Cold War*, p. 62.

⑥ Nate Jones, "The Vicious Circle of Intelligence", Cold War International History Project, November 13, 2004, https://www.wilsoncenter.org/publication/forecasting-nuclear-war#nate.

下来就至少要达到 60 的水准，70 则为理想的边缘。VRYAN 的数据库会不断进行更新，报告每月都会呈交给政治局。克格勃的分析师们相信，这种量化分析能够准确地提供战略预警。①

1981 年年初，东西方局势的进一步恶化令安德罗波夫感到情报工作的进一步改革变得刻不容缓。3 月 25 日，他在对克格勃官员的秘密演讲中提出成立一项新的情报倡议的构想。他提醒情报官员必须思考，如何在新的、更为复杂的任务面前提升情报部门的效率。简而言之，要学习如何更加集中、更加精确、更快地开展行动，“我们的目标是不要错失敌人的军事准备和我们最危险的敌人发动核打击的准备，不要轻视战争爆发的现实危险”。②5 月，安德罗波夫联合乌斯季诺夫，共同说服政治局批准实行一项新的全球性情报行动，即“瑞安行动”。在该行动中，克格勃将首次与格鲁乌进行合作。前者将主要负责监测西方国家的相关决策进程，而后者则负责监测西方为发动核打击所做的一切军事准备。③

正如东德国家安全部（Stasi，下称“史塔西”）的一份报告所言，克格勃五月会议所确定的情报工作原则在于消除“突然性”。④ “瑞安行动”将作为维护苏联国家安全的第一道防线，目的在于在合适的时间及时发出预警，若不能做到这点就只能坐以待毙。⑤ 安德罗波夫作为“瑞安行动”的主设计师，将他的情报理念注入到了这项行动的组织模式当中。首先，情

---

① President's Foreign Intelligence Advisory Board Report, "The Soviet 'War Scare' ", February 15, 1990, Top Secret, UMBRA GAMMA WNINTEL NOFORN NOCONTRACT ORCON, pp. 43–46, National Security Archives.

② KGB Chairman Yuri Andropov to KGB Members, "The Results of the 26th Congress of the CPSU and Tasks for the Party Organization of the KGB", March 25, 1981, Top Secret, National Security Archives.

③ Christopher Andrew and Oleg Gordievsky, eds., *Comrade Kryuchkov's Instructions: Top Secret Files on KGB Foreign Operations, 1975–1985*, Stanford: Stanford University Press, 1993, pp. 67–69.

④ "Ministry of State Security (Stasi), 'Note About the Talks of Comrade Minister [Mielke] with the Chairman of the KGB, Comrade Chebrikov, in Moscow' ", February 09, 1983, History and Public Policy Program Digital Archive, BStU, MfS, Abt. X, Nr. 1863, S. 1–31. Translated by Bernd Schaefer.

⑤ "Vladimir Krychkov, interviewed in *1983: The Brink of Apocalypse*", cited from James Graham Wilson, *The Triumph of Improvisation: Gorbachev's Adaptability, Reagan's Engagement, and the End of the Cold War*, Ithaca: Cornell University Press, 2014, p. 52.

报活动指向社会的各个领域——政治、经济、军事、文化、科技、民防和情报等，既包括国外也包括国内。“瑞安行动”的行动格言是“不要错失任何东西”。[①] 安德罗波夫特别强调，情报部门不能局限于仅从大体上展现敌人军事准备的图景，而是必须在所有重要的细节上提供具体情报，这是展现敌人现实行动综合图像的唯一途径。[②] 而在核战略的要求下，若一方能够提前了解另一方的目标、意图以及军事和政治的整体形态，那么就能够在敌方导弹击中己方目标前获得优势。[③] 因此“瑞安行动”开始后，苏联情报部门不断明确和扩充情报侦察清单，以求优先搜集那些最相关的情报。

第二，“瑞安行动”主要是一次人力情报活动，旨在弥补苏联在技术情报方面的不足。如前所述，苏联导弹现代化计划的各个环节仍有诸多不足，无法可靠地承担起保卫国家安全的任务。在此情形下，安德罗波夫认识到决策层真正需要的不是在敌方导弹来袭前依靠这些技术设备及时发出预警，而是需要情报部门在对方还在进行相关决策之时就从其军事、政治、经济和卫生管理等表象中发现其企图，从而大大提升苏联的反应时间。[④] 与技术情报相比，苏联在人力情报方面拥有诸多优势。其一，苏联在海外驻有大量情报官员。一般来讲，苏联的使馆人员和其他官方使团中多达30%—40%的人可能实际上是克格勃和格鲁乌人员，更何况苏联还有大量华约国家的情报资源可供利用。其二，苏联情报官员具有很强的进攻性，能够在对象国网罗到各类间谍。其三，与苏东国家相对封闭的社会结构相比，派驻西方的苏联情报官员能够在一个较为宽松的环境中进行活动，使其更有机会

① Taylor Downing, *1983: Reagan, Andropov, and a World on the Brink*, p. 83.

② KGB Chairman Yuri Andropov at the National Consultation Meetings of the Leadership and Members of the KGB, “On the Tasks of the KGB in Light of the Decisions of the 26th Congress of the CPSU”, May 25, 1981, Top Secret, National Security Archives.

③ KGB Chairman Yuri Andropov to KGB Members, “The Results of the 26th Congress of the CPSU and Tasks for the Party Organization of the KGB”, March 25, 1981, Top Secret, National Security Archives.

④ Gordon S. Barrass, *The Great Cold War: A Journey Through the Hall of Mirrors*, Stanford: Stanford University Press, 2009, p. 279.

获得一些有价值的情报。[1] 安德罗波夫对于人力情报也尤为青睐。他在任克格勃主席期间对于苏联的谍报工作进行了改革，改变了过去往驻外使领馆、贸易代表团或其他驻外机构派驻谍报官员的传统做法，而是更加偏重于使用非法人员（派遣改头换面、持假证件或编造理由的特工潜入对象国）。[2]

第三，"瑞安行动"也不单只是一场大规模的情报搜集活动，还包括各种形式的积极措施（Active Measure）[3]，主要形式有：资助西欧社会反对美国中程导弹部署的和平运动与反核运动；干预美国大选和英国议会大选，尽可能阻止里根和撒切尔夫人（Margaret Thatcher）再次当选；在各国加强亲苏宣传等。积极措施的目的在于加剧美国、西欧和日本间的矛盾；加快亚非拉国家反帝力量的建立；加深这些国家对于资本主义国家的厌恶；抵消中国与美国和其他资本主义国家基于反苏立场在军事政策上实现和解。[4] 不过，积极措施在"瑞安行动"中主要起的是辅助作用。后出任克格勃主席的切布里科夫（Victor Chebrikov）就指出，西欧的和平运动是非常重要的，它们有一定影响，"但不是决定性的"。[5]

## 三、自证的预言？——"瑞安行动"与冷战的白热化

1981 年 5 月至 1983 年 11 月是"瑞安行动"开展得最火热的时期，苏联在全球各地的情报官员都被动员起来去捕捉西方准备对其发动突然性核

---

① ［美］杰弗里·里彻逊：《剑与盾——苏联情报与安全机关》，马其等译，北京：时事出版社，1989 年，第 62—67 页。

② ［德］马库斯·沃尔夫：《隐面人》，第 252—253 页。

③ 所谓"积极措施"，指的是各种旨在影响国外事件使其对苏联有利的策略，包括伪造、宣传、影响间谍、准备军事行动和暗杀，参见［美］杰弗里·里彻逊：《剑与盾——苏联情报与安全机关》，第 129 页。

④ Christopher Andrew and Oleg Gordievsky, eds., *Comrade Kryuchkov's Instructions: Top Secret Files on KGB Foreign Operations, 1975-1985*, p. 15, 3.

⑤ "Ministry of State Security (Stasi), 'Note About the Talks of Comrade Minister [Mielke] with the Chairman of the KGB, Comrade Chebrikov, in Moscow' ", February 9, 1983, History and Public Policy Program Digital Archive, BStU, MfS, Abt. X, Nr. 1863, S. 1-31. Translated by Bernd Schaefer.

打击的相关征兆。同时这也是冷战达到白热化的阶段，特别在1983年秋，冷战的热度达到了顶峰。[①] 苏联领导层并没有从“瑞安行动”中获得多少安全感，相反他们愈发相信西方的核打击已迫在眉睫。美国冷战史学家沃泰伊克·马斯特尼（Vojtech Mastny）据此提出，苏联实际上产生了一种“自证预言”（self-fulfilling prophecy）的效应。在错误判断的前提下，苏联领导层机械地将情报部门搜集到的各类情报都当作是西方准备发动核打击的“证据”，反而使他们的恐惧呈螺旋式上升。[②]

1981年11月，克格勃驻西方各国、日本和一些第三世界国家的情报站负责人接到了“瑞安行动”的第一批正式指令，其中要求驻北约国家情报站负责人不要放过任何政治、军事和情报活动迹象，因为这些都可能是西方发动核战争的先兆。而其他地区的指令要简短很多，例如赫尔辛基情报站只被命令监视可能出现的诸如美国大使馆撤离，企业关闭和其他一些危机来临前的明显特征。[③] 这一阶段，“瑞安行动”在苏联的情报工作中拥有很高优先度，但还未达到最高程度。[④] 安德罗波夫的审慎态度无疑是原因之一，他仍对避免核战争抱有一定希望。1981年7月，他在与史塔西局长米尔克（Erich Mielke）的秘密会谈中指出，“美国正在准备战争，但它还不想发动战争，他们建造各种工厂和高楼大厦的目的不是要最终去毁灭它们”，“美国人争取军事优势旨在将我们一军，从而在不用发动战争的情况下就宣布把我们将死了”。[⑤] 对于里根，安德罗波夫提出应继续保持警惕，因为他

① Thomas R. Johnson, *American Cryptology during the Cold War, 1945-1989, Book IV: Cryptologic Rebirth, 1981-1989*, Center for Cryptologic History, National Security Agency, 1999, p. 319.

② Vojtech Mastny, “How Able Was ‘Able Archer’? Nuclear Trigger and Intelligence in Perspective,” *Journal of Cold War Studies*, Vol. 11, No. 1, Winter 2009, p. 112.

③ Christopher Andrew and Oleg Gordievsky, *KGB: The Inside Story of its Foreign Operations from Lenin to Gorbachev*, p. 488.

④ Benjamin B. Fischer, “The 1983 War Scare in US-Soviet Relations”, Undated, circa 1996, Secret, p. 62, CIA Electronic Reading Room.

⑤ “Stasi Note on Meeting Between Minister Mielke and KGB Chairman Andropov”, July 11, 1981, History and Public Policy Program Digital Archive, Office of the Federal Commissioner for the Stasi Records (BStU), MfS, ZAIG 5382, pp. 1-19. Translated from German for CWIHP by Bernd Schaefer.

是“不可预测的”。但也应重视里根准备改善苏美关系的任何迹象，保持秘密渠道的畅通。[①]

然而从1982年秋开始，苏联对于西方发动核打击的猜疑又日趋加深。1982年9月底，美国对苏“心理战”进一步升级。美军“企业”号和“中途岛”号航母突然闯入堪察加彼得罗巴甫洛夫斯克（Petropavlovsk-Kamchatsky）附近的海域，距离苏联太平洋舰队主海军基地不到300英里。当年秋末，“企业”号又出动数架飞机，对苏联“基辅”号航母模拟了一次远程攻击练习。[②] 10月末，苏共召集各最高政治代表和军队高层参加会议。会上乌斯季诺夫称“帝国主义国家的侵略本性正变本加厉，他们正把世界拖入核战争的烈焰中”。勃列日涅夫代表苏共中央通告各武装力量，他们会采取措施以满足军队的所有需求。与此同时，克格勃总部致电各国外情报站，指出鉴于国际形势的日趋紧张，显著地加强战略预警工作变得愈加重要。[③]

1982年11月10日，勃列日涅夫去世，安德罗波夫接任为苏共中央总书记。后者注意到了勃列日涅夫体制的弊端，提出了一些改革新思路，如改善经济管理和计划体制，给予国营企业以更多管理权，为提高劳动效率提供动力，打造企业的主动性和企业精神等。[④] 在对外关系方面，安德罗波夫希冀通过在军控谈判中做出重大让步以缓和紧张局势，并阻止美国中程导弹的部署。1982年12月末，他以苏联政府的名义提出了拆除相当一部分已部署的SS-20导弹的新建议。次年3月，他又提出将苏联欧洲部分部署

① Anatoly Dobrynin, *In Confidence: Moscow's Ambassador to America's Six Cold War Presidents (1962-1986)*, p. 538.

② David E. Hoffman, *The Dead Hand: The Untold Story of the Cold War Arms Race and Its Dangerous Legacy*, pp. 63-64.

③ President's Foreign Intelligence Advisory Board Report, "The Soviet 'War Scare'", February 15, 1990, Top Secret, UMBRA GAMMA WNINTEL NOFORN NOCONTRACT ORCON, pp. 57-58, National Security Archives.

④ ［俄］米·谢·戈尔巴乔夫：《孤独相伴：戈尔巴乔夫回忆录》，潘兴明译，南京：译林出版社，2015年，第231页。

的中程导弹数量削减到英法同类导弹数量的总和。① 尽管如此，来自西方的核威胁仍是安德罗波夫所无法摆脱的心病。他的上台给"瑞安行动"注入了新活力，使之成为苏联和平时期开展的规模最大的军事谍报行动。

进入 1983 年，"瑞安行动"的开展达到了前所未有的高度，莫斯科方面通过一系列指令不断强调行动的优先地位，对情报工作持续进行完善。在和平时期，一个国家准备发动核战争的迹象似乎无穷无尽，因而情报活动的具体组织成了"瑞安行动"自始至终所面临的一个难题。2 月 17 日，克格勃总部给各驻西欧情报站致去了一份《关于获取北约对苏联发动核打击准备情况的长期行动指示》。该指令指出，情报工作的一个要点是查明西方国家如何将武装力量和民政部门从和平时期转入战时轨道，搞清楚哪些行动还在筹划，哪些已经实行了。在情报搜集对象中，最重要的是与核战相关的战略和行动计划，包括美国的"统一作战行动计划"（Single Integrated Operational Plan，SIOP），北约的"总体防御计划"（General Defense Plans）、"核支援计划"（Nuclear Support Plans）和一系列"应急作战计划"（Contingency Operations Plans）。

该指令对于情报搜集对象还做了更为具体的划分，将其分为 7 项"当前任务"（immediate task）和 13 项"未来主要方向"（principal prospective direction），并注明完成任务的期限。"当前任务"主要关注的是西方民防方面的情报，包括摸清各民防工程的位置，血液采购量和价格的波动情况，政府官员及其家属面临核打击时的撤离路线、方式和地点等。"未来主要方向"关注的是与发动核打击更直接相关的情报，包括监测北约总部的工作安排，相关通信网络的情况，西方国家政要及机构疏散的路线、方式和地点等。指令还提出要特别关注教会首脑和大银行家，因为在西方当局发动核打击前，这些人很可能会被告知相关情况。②

① ［俄］罗伊·麦德维杰夫：《人们所不知道的安德罗波夫：前苏共中央总书记尤里·安德罗波夫的政治传记》，徐葵等译，北京：新华出版社，2001 年，第 368 页。

② "KGB Headquarters Moscow, to the London KGB Residency, Permanent operational assignment to uncover NATO preparations for a nuclear missile attack on the USSR, and enclosed documents", February 17, 1983, Top Secret, National Security Archives.

8月11日，克格勃总部又签发了新一批指令，意在确认西方情报部门是否已参与进发动核打击的准备之中，尤其要注意针对华约国家的情报活动，例如北约是否已派遣装备有核、细菌和化学武器的破坏小组渗透进华约国家；是否在扩大破坏活动培训和情报训练学校网络；是否在扩大招募来自社会主义国家的移民和懂得这些国家语言的人；是否在建立移民的军事组织和破坏与情报小组等。①

与此同时，格鲁乌也在紧张地开展情报工作。他们被要求搜集有关美国"潘兴-2"导弹的相关情报，以防止这种能迅速打到苏联腹地的导弹在预定部署期限前就被秘密地部署到西欧。为此，格鲁乌前出到美国奥兰多、卡纳维拉尔角、帕特里克空军基地这些"潘兴-2"导弹生产、试验、转运的地点进行谍报活动。② 到1983年，格鲁乌越来越真切地感到与西方的核战争随时都可能爆发。格鲁乌总部给各国外情报站下达指令，要求他们立即采取预防措施，以确保在战争爆发后各驻外情报站仍能继续在所在国开展情报活动。此外，格鲁乌总部还特别重视维持与国外情报人员的联系，以保证在核战爆发后仍能对其下达指令。为此，格鲁乌内部新成立了一个总局，目的是在国外非法情报人员中建立新的情报小组，使这些小组能够与格鲁乌总部单独联系。③

除了克格勃和格鲁乌外，东德、捷克斯洛伐克、保加利亚等华约国家的情报部门也陆续参与进"瑞安行动"中来。1982年5月17日至20日，华约各国情报部门首脑在莫斯科举行多边会议，就相关行动、行动技术和

---

① "Permanent operational assignment to detect signs of NATO preparations for a nuclear attack (RYAN) on the USSR as reflected in the activity of the special services of member-countries of the block", 12. 08. 83, No. 14953/KR, Christopher Andrew and Oleg Gordievsky, eds., *Comrade Kryuchkov's Instructions: Top Secret Files on KGB Foreign Operations, 1975–1985*, pp. 82–85.

② Gordon Barrass, "Able Archer 83: What Were the Soviets Thinking?" *Survival*, Vol. 58, No. 6, 2016, pp. 15–16.

③ President's Foreign Intelligence Advisory Board Report, "The Soviet 'War Scare' ", February 15, 1990, Top Secret, UMBRA GAMMA WNINTEL NOFORN NOCONTRACT ORCON, p. 63, National Security Archives; Robert Gates, *From the Shadows: The Ultimate Insider's Story of Five Presidents and How They Won the Cold War*, p. 271.

分析、组织措施展开磋商。[①] 次年 1 月 5 日，华约各国首脑在布拉格举行政治协商会议，一致决定应持续而集中地监测美国及其盟国的战争准备。[②] 在此要求下，史塔西对外情报局（Hauptverwaltung Aufklärung，HVA）仿照“瑞安行动”成立了自己的早期预警系统，包括一个特别形势分析中心和紧急指挥中心。[③] 1984 年 3 月，保加利亚情报部门也命令其驻外情报员监视来自北约的地下网络和外交代表，临近国家的战备状态，以及无线电电子情报等。[④] 通过这些华约情报部门的力量，克格勃和格鲁乌的活动得以扩大，并建立了一个延伸的、广泛的苏联集体安全网。

1983 年秋，东西方关系的极度紧张使得核战争恐慌的浪潮席卷苏联上下。9 月大韩航空 007 号班机（KAL007）空难事件[⑤]后，美国借机发动了全球范围的反苏运动。苏共领导层对此达成一致结论，即同里根实现和解是不可能的。为了让国内民众做好战争准备，1800 万名苏共党员被告知，已无望在军控谈判中达成协议。当美国中程导弹部署后，苏联必须做好（战争的）准备。[⑥] 10 月，苏联在军队战备方面下达了新的指令。驻波兰的空军第四师被命令缩短核武器装载飞机的时间，25 分钟内要装上一枚，40 分钟

---

① “Ministry of State Security (Stasi), ‘Report on Development and Achieved State of Work Regarding Early Recognition of Adversarial Attack and Surprise Intentions (Complex RYAN)’”, May 6, 1986, History and Public Policy Program Digital Archive, BStU, MfS, AGM, Nr. 1021, S. 32-44. Translated by Bernd Schaefer.

② “Statement by CPSU Central Committee and USSR Minister of Defense, Marshal of the Soviet Union D. F. Ustinov, at the extraordinary session of the Committee of Defense Ministers of Warsaw Treaty Member States on 20 October 1983 [in Berlin]”, October 20, 1983, History and Public Policy Program Digital Archive, Federal Archives of Germany, Military Branch (BA-MA), Freiburg i. Br. Call Number: DVW 1/71040. Translated for CWIHP by Bernd Schaefer.

③ ［德］马库斯·沃尔夫：《隐面人》，第 260 页。

④ “MVR Information re: Results from the work on the improvement of the System for detection of RYAN indications”, 9 March 1984, and related documents, Top Secret, National Security Archives.

⑤ 1983 年 9 月 1 日，大韩航空 007 号班机因偏航而误闯入苏联领空。苏联防空军误以为这是美军的 RC-135 侦察机，因而命令苏军升空拦截的苏-15 截击机将其击落，造成机上 269 名乘客全部遇难。

⑥ Don Oberdorfer, *The Turn: From the Cold War to a New Era*, Baltimore: Johns Hopkins University Press, 1998, p. 64.

要装上两枚。[①] 10月25日美国入侵格林纳达后，苏联进一步感到里根政府随时准备动用武装力量来维护美国的利益。[②] 苏联媒体对美国发起大规模的宣传战，甚至直接对里根本人进行人身攻击，称他神经不正常，既是“疯子”又是“骗子”，将他同希特勒类比。[③]

在核战争恐慌的氛围下，苏联情报部门内部也愈发感到形势严峻。11月2日，克留奇科夫给克格勃各驻外情报站下达了新的指令，称“爆发核战争的威胁已经到了极度危险的时刻”，因而及时预警对苏联发动的突然性核打击“变得更加紧急和迫切”。[④] 三天后，克格勃总部的调门进一步提升，首次公布了西方发动第一次打击的时间表，称西方从做出决定到实施打击仅需7至10天的时间。[⑤] 11月7日至11日，北约在西欧举行了一场代号为“优秀射手83”的例行性联合军演，将苏联的紧张情绪推向了顶峰。北约的各类大型军演本就是“瑞安行动”的重点监测对象之一，因为在莫斯科方面看来，若西方要对其发动突然性的核打击，军演是一个完美的掩护。[⑥] 在苏美关系高度紧张的背景下，即便是“优秀射手83”这样的例行性军演，苏联也不敢掉以轻心。

“优秀射手83”主要演练的是一场针对华约国家的全面核战争。与以往的“优秀射手”军演相比，1983年的内容主要有两点不同。一是演练了新的核武器发射程序，强调司令部与下属部门间的通讯畅通。二是在军演中，参演力量从正常的战备状态逐次升级到最高级别的“全面警戒”（General

---

① President's Foreign Intelligence Advisory Board Report, "The Soviet 'War Scare'", February 15, 1990, Top Secret, UMBRA GAMMA WNINTEL NOFORN NOCONTRACT ORCON, pp. 68-69, National Security Archives.

② Beth A. Fischer, *The Reagan Reversal: Foreign Policy and the End of the Cold War*, Columbia: University of Missouri Press, 1997, p. 125.

③ Benjamin B. Fischer, "A Cold War Conundrum: The 1983 Soviet War Scare", September 1997, Unclassified, pp. 1-3, CIA Electronic Reading Room.

④ Peter Vincent Pry, *War Scare: Russia and America on the Nuclear Brink*, pp. 38-39.

⑤ KGB Headquarters Moscow to the London KGB Residency, "Ref no. 1673/PR of 24. 10. 83", November 5, 1983, Top Secret, National Security Archives.

⑥ Robert Gates, *From the Shadows: The Ultimate Insider's Story of Five Presidents and How They Won the Cold War*, p. 272.

Alert）状态。而在过往军演中，北约全程都保持“全面警戒”，这使得军演更为真实。[①] 军演前夕，苏联通过“瑞安行动”提前获知了有关“优秀射手83”的相关情况。克留奇科夫回忆，他事前接到了一份来自史塔西的报告，称即将举行的北约军演可能被用于挑起军事冲突。他将这一情报通报给了苏共主管情报工作的中央委员会，并给驻西欧的克格勃情报站发出了警告。[②] 格鲁乌同样发现了相关情况，并特别指出美国战略核力量参加了军演。为此，苏军从 10 月 20 日起就采取了一些应对措施。11 月 2 日（苏联所认为的演习开始时间），根据苏军总参谋部的命令，苏联的战略核力量也相应地加强了战备。[③]

军演开始后，苏联情报人员持续地对美军基地进行现场侦察。克格勃发现美军官员的行动模式发生了变化，美军基地还在一个夜晚进入了持续一小时的“无线电静默”状态，他们据此断定美军确实进入了战备状态。[④] 11 月 9 日至 10 日，演习进入了模拟对华约国家发动核打击的环节。恰逢此时，美国驻世界各地的军事基地突然提升了战备状态，更是令苏联真切地感到形势严峻。实际上，美军基地提升战备与“优秀射手 83”毫无关联，而是“贝鲁特军营爆炸案”后所采取的必要的防范措施。[⑤] 但莫斯科方面担心这预示着西方发动第一次打击的倒计时已经开始。因而他们闻讯立即给

---

① President's Foreign Intelligence Advisory Board Report, "The Soviet 'War Scare' ", February 15, 1990, Top Secret, UMBRA GAMMA WNINTEL NOFORN NOCONTRACT ORCON, p. 70, National Security Archives.

② Marc Ambinder, *The Brink: President Reagan and the Nuclear War Scare of 1983*, pp. 194-195.

③ President's Foreign Intelligence Advisory Board Report, "The Soviet 'War Scare' ", February 15, 1990, Top Secret, UMBRA GAMMA WNINTEL NOFORN NOCONTRACT ORCON, pp. 71-72; "Unpublished Interview with Colonel General Viktor Ivanovich Yesin by Taylor Downing for Flashback Television", circa 2007, pp. 5-6, National Security Archives.

④ Oleg Gordievsky, *Next Stop Execution: The Autography of Oleg Gordievsky*, London: Endeavour Quill, 2018, p. 314.

⑤ Arnav Manchanda, "When Truth is Stranger than Fiction: The Able Archer Incident," *Cold War History*, Vol. 9, No. 1, 2009, p. 123.

驻北约各国的克格勃和格鲁乌情报站致去一份紧急电报，命他们立即予以求证。① 命令下达后，苏联和华约各国驻西方的情报人员都被动员了起来，格鲁乌每 6 至 8 小时就给苏联战略火箭军部队通报一次有关“优秀射手 83”的最新进程。② 与此同时，苏军高度戒备。各空军基地提升了战备状态，大量派出侦察机去搜集相关情报。驻东德和波兰的空军部队更是枕戈待旦，他们被告知苏联和华约正面临一场可能的侵略威胁。③ 此外，苏联的洲际弹道导弹发射井、北方舰队、战略轰炸机部队等也被命令进入高度战备状态。④

苏联对于“优秀射手 83”的反应是前所未有的，所幸的是，苏军没有对其做出进一步反应。11 月 11 日，随着军演的结束，苏军也很快就解除了高度战备。英国学者戈登·巴拉斯（Gordon Barrass）认为，军演的平静结束要归功于情报部门的及时查证。在演习的最后一天，北约演练了又一轮对华约的大规模核打击，这本该引起莫斯科的新一轮恐惧，但由于情报部门已经确认了“优秀射手 83”只是场例行军演，因而他们在这一天没有做出任何反应。⑤ 亚当斯基则更是认为，这正是“瑞安行动”所做出的卓越的历史贡献。⑥ 史塔西打入北约总部的间谍雷纳·鲁普（Rainer Rupp）给上述说法提供了一定确证，他声称，在危机期间曾给史塔西对外情报局总部通报，“北约并不是在进行战争准备”。⑦ 但仅凭这样的证据并不能证明情报部门在缓解危机的过程中起到了决定性作用，更何况苏联决策层绝不会只听

① Christopher Andrew and Oleg Gordievsky, eds., *Comrade Kryuchkov's Instructions: Top Secret Files on KGB Foreign Operations, 1975-1985*, pp. 87-88.

② "Unpublished Interview with Colonel General Viktor Ivanovich Yesin by Taylor Downing for Flashback Television", circa 2007, p. 15, National Security Archives.

③ Central Intelligence Agency, Special National Intelligence Estimate, "Implications of Recent Soviet Military-Political Activities", May 18, 1984, Top Secret, p. 4, National Security Archives.

④ Taylor Downing, *1983: Reagan, Andropov, and a World on the Brink*, pp. 243-249.

⑤ Gordon S. Barrass, *The Great Cold War: A Journey Through the Hall of Mirrors*, p. 301.

⑥ Leopoldo Nuti, Frederic Bozo, Marie-Pierre Rey, Bernd Rother, eds., *The Euromissile Crisis and the End of the Cold War*, pp. 58-59.

⑦ Marc Ambinder, *The Brink: President Reagan and the Nuclear War Scare of 1983*, p. 212.

信单一来源的情报。① 因此，我们还需要更多、更强有力的证据来判断“瑞安行动”在“优秀射手 83”事件中的作用。

## 四、警钟长鸣：“瑞安行动”的完善与终结

“优秀射手 83”事件后，苏联的紧张情绪并没有消减下来。1983 年 11 月 23 日，随着美国中程导弹按计划在西欧部署，又一股核战争恐慌的浪潮在苏联上下席卷开来。当年 12 月回国的苏联外交官帕拉兹申科（Pavel Palazchenko）不由地感到全国实际上处于一种战前状态。② 随后，苏联中断了历时两年的日内瓦中程导弹谈判，接着又中止了削减战略武器谈判和中欧裁军谈判。作为对美国的反制措施，苏联重启了 SS-20 导弹的部署，加速在东德和捷克斯洛伐克部署 SS-12、SS-22 导弹，并沿美国海岸部署战略核潜艇。③

12 月 5 日至 7 日，乌斯季诺夫在华约国防部长会议上向各盟国警告，为了夺取军事优势，美国及其北约盟国既急剧加大了军事开支，又采取了新的军事战略，它要求在战争一开始就对华约集团发动决定性的攻击。通过发展用于发动第一次打击的新式核武器以及建立用于指导高精度武器的导航系统，西方“先发制人的打击力量”已得到了加强。基于上述原因，苏联在 1983—1985 年会继续巩固其国防。④ 1984 年初，苏军在训练中更加注重“确保生存”和反击敌人的突然袭击。3—4 月，苏军开展了苏联有史以来规模最大的核军演，包括战略火箭军、战略空军、北方舰队、波罗的

① Taylor Downing, *1983: Reagan, Andropov, and a World on the Brink*, p. 253.

② Pavel Palazchenko, *My Years with Gorbachev and Shevardnadze: The Memoir of a Soviet Interpreter*, University Park: Pennsylvania State University Press, 1997, p. 20.

③ Department of State memo from Director of the Bureau of Intelligence and Research Hugh Montgomery to Secretary of State George Shultz, “Subject: SNIE 11-10-1984”, May 28, 1984, Secret, National Security Archives.

④ “Statement by Marshal Ustinov at the Committee of Ministers of Defense Meeting in Sofia”, December 5-7, 1983, in Vojtech Mastny and Malcolm Byrne, eds., *A Cardboard Castle?: An Inside History of the Warsaw Pack*, pp. 490-491.

海舰队在内的各战略核力量均参加了此次军演。当年夏季，苏联的战备工作扩展到整个华约集团，主要措施包括停止动用军队人员和车辆支援农业收割、加强民防动员、扩大征兵范围和时间、提高部分军工企业的产量等。①

1984 年年初，“瑞安行动”也得到了进一步加强。当年 1 月，克格勃总部就“1982—1983 年度工作成绩”召开高级会议。克留奇科夫在会上声称爆发核战争的威胁已达到了一个“危险的概率”，白宫方面还在宣传其极富冒险性和危险性的“核生存”理念。他们之所以这么做，无疑是为了让其民众做好打核大战的准备。克留奇科夫表示，种种现象表明使用核武器的门槛已经降低了，发动核打击的突然性正变得愈发重要。因此情报部门还是要集中最大力量在其主要任务，即及时发现敌人发动核打击的准备上。随后克格勃总部给国外情报站下达了更多指令，如伦敦情报站又被要求侦察英国政府在民众中散布反苏情绪的措施；监测格林汉康蒙基地的活动；监视银行、屠宰场、邮局以及军事和民间团体的活动等。为了让国外情报部门专注于其本职工作，葛罗米柯还命令各大使和行动主管不得干涉克格勃和格鲁乌的个人工作。②

1984 年夏，苏联情报部门认识到了前期工作的一些不足，开始对“瑞安行动”的工作模式进行完善。7 月，时任克格勃主席切布里科夫在第一总局第一处新成立了一个部门，负责总揽克格勃的“瑞安行动”。这个部门在克格勃中有很大的优先权，它的任务包括：协调各部门间的行动，不断监视形势的发展，分析和处理呈交上来的材料，帮助执行部门指导和培训国外非法特工和情报员，进一步完善文件整理工作（如开列新的侦察对象清

① President's Foreign Intelligence Advisory Board Report, "The Soviet 'War Scare'", February 15, 1990, Top Secret, UMBRA GAMMA WNINTEL NOFORN NOCONTRACT ORCON, pp. 83-84, National Security Archives.

② President's Foreign Intelligence Advisory Board Report, "The Soviet 'War Scare'", February 15, 1990, Top Secret, UMBRA GAMMA WNINTEL NOFORN NOCONTRACT ORCON, pp. 80-81, National Security Archives.

单），组织好各情报力量和手段。① 8月，克格勃第一总局副局长列夫·沙普金（Lev Shapkin）向史塔西对外情报局局长马库斯·沃尔夫（Markus Wolf）表示，他们正在对“瑞安行动”进行改革。尽管两人在这次会谈中没有提及“优秀射手83”事件，但很显然二人都担心对西方核打击的误报可能会引发苏联核力量发动先发制人的核打击。沙普金认为情报分析部门必须得到进一步补充和完善，使其判断更为精确，从而不被错误的情报所欺骗。他重申在“瑞安行动”中要“保持头脑清醒”，这应当成为“强制性的要求”。马库斯·沃尔夫则强调了解“实际情况”的重要性，称这比相关情报所呈现出来的表象要重要得多。他在此次会谈纪要的附录中特别指出：“相关评估要充分考虑某些事物的发展趋势是否真的会导致一场危机。”②

耐人寻味的是，在苏联情报部门着手完善“瑞安行动”的同时，它在情报行动中的优先地位却正逐步丧失。尽管莫斯科方面仍要求各国外情报站按时提交相关报告，但没有以往那么急切了。随着美国“战略防御计划”（Strategic Defensive Initiative，SDI）开始研发，莫斯科方面转而更加关注美国在武器科技上的发展，要求克格勃和格鲁乌注意搜集这类情报。到1984年年末，一项有关西方科技发展的情报搜集计划被提升到了与“瑞安行动”同等重要的地位。③

之所以出现这种变化，根源在于苏联的内外政策和国际形势发生了变化。1984年2月，安德罗波夫去世，契尔年科（Konstantin Chernenko）接任为苏共中央总书记。与前者相比，后者对遭受西方的核打击并不悲观。在葛罗米柯的推动下，苏联领导层开始承认有必要打破苏美关系的僵局，特别是在限制核武器会谈问题上。9月，苏联领导层进一步感到通过谈判来

① “Deputy Minister Markus Wolf, Stasi Note on Meeting with KGB Experts on the RYAN Problem, 14 to 18 August 1984”, August 24, 1984, History and Public Policy Program Digital Archive, Office of the Federal Commissioner for the Stasi Records (BStU), MfS, ZAIG 5384, pp. 1-16. Translated from German for CWIHP by Bernd Schaefer.

② Ibid.

③ President's Foreign Intelligence Advisory Board Report, “The Soviet ‘War Scare’”, February 15, 1990, Top Secret, UMBRA GAMMA WNINTEL NOFORN NOCONTRACT ORCON, pp. 89-91, National Security Archives.

寻求和解是有必要的，这也有益于商讨外层空间武器问题。11 月，政治局拟定特别指示，强调苏联对美国的期望是首先讨论彼此的安全问题。自此苏联改变了态度，对里根政府从对抗到开始尝试与其达成协议。[①]

1984 年年末，随着乌斯季诺夫的去世和奥加尔科夫被调离总参谋长的职务，苏联“强硬派”的力量进一步遭到削弱。与此同时，以戈尔巴乔夫（Mikhail Gorbachev）为代表的“改革派”开始崛起，他们期望实行更加激进的国内改革和对外政策以改变苏联的不利处境。12 月 10 日，戈尔巴乔夫在全苏意识形态工作学术实践会议上谈到了苏联未来的改革方向，包括扩大企业权力和经营自主权、更积极地利用市场机制、发挥科技对国民经济的拉动作用等，在苏共党内引发了热潮。[②] 16 日，他又率苏联最高苏维埃代表团访问英国，与撒切尔夫人就东西方关系、军控问题、苏联国内改革、人权问题等展开了广泛而坦率的讨论，进一步推动了东西方新一轮缓和的到来。[③]

再者，美英政府对苏联实行的有限缓和政策也对缓解紧张局势起到了重要作用。1983 年年末，里根认识到苏联是真的担心美国会对他们发动核打击，而不只是宣传上的说辞。为了打消苏联的疑虑，里根在致安德罗波夫的信中明确表示美国“绝不寻求对苏联及其人民的安全发起挑战”，并尝试与苏共领导层进行直接对话。[④] 1984 年 1 月 16 日，里根发表了相当于“结束冷战倡议”的和解演说。他一改此前充满对抗性的语调，声明美国不

---

① Anatoly Dobrynin, *In Confidence: Moscow's Ambassador to America's Six Cold War Presidents (1962–1986)*, pp. 557–561.

② ［俄］瓦·博尔金：《戈尔巴乔夫沉浮录》，李永全等译，北京：中央编译出版社，1996 年，第 65 页。

③ 相关会谈记录可参见“Soviet Union: No. 10 record of conversation (MT-Gorbachev) [private lunchtime conversation: trade, USSR economy, human rights, miners' strike, communism and free enterprise]”, “Soviet Union: No. 10 record of conversation (MT-Gorbachev) [afternoon meeting: East/West relations, arms control, Anglo-Soviet relations]”, December 16, 1984, PREM 19/1394, The National Archives (UK)。

④ Ronald Reagan, *An American Life*, New York: Simon & Schuster, 1990, pp. 588–589; “December 20, 1983: Reagan to Andropov”, The Reagan Files, http://www.thereaganfiles.com/19831220.pdf.

会威胁苏联，强调“对话、建设性合作与和平竞争”，表示真诚地希望裁军与和平。[①] 英国同样重新审视了其对苏政策。“优秀射手 83”事件后，撒切尔夫人和外交大臣杰弗里·豪（Jeffrey Howe）在获知相关情报后深感给东西方关系降温变得刻不容缓，他们随即决定通过扩大与苏东国家的接触和完善建立信任措施以增强互信，从而避免因误判而带来的不必要的危险。[②] 随后，英国积极改善与苏东国家的关系，并在美苏间扮演起“中间人”和“协调者”的角色。

在上述背景下，苏联似乎已不再需要警惕所谓西方的“核导弹攻击”。但“瑞安行动”优先地位的降级更多是出于政治领导层关注度的降低，而情报界和军界则还在不停地敲响警钟。1984 年 12 月，伊瓦舒京在报告中详尽分析了北约的长期军备计划，结论是形势仍相当严峻。他指出北约已经将“空地一体战”（Airland-Battle）与“后续部队打击”（Follow on Forces Attack）两项战略理念结合了起来，其要求武装力量在和平状态下从战斗一开始就先发制人，同时通过常规力量或核力量打击敌方第一梯队、第二梯队的战略结构，以及在敌方战略预备队投入前尽可能予以削弱。照此趋势发展，到 90 年代初美国和北约发动突然性核战争或常规战争的可能性会显著地提升。此外，西方以大型军演为掩护，或者武装力量在和平时期就发动突然袭击的危险也会提升。[③]

1985 年 3 月，戈尔巴乔夫接任为苏共中央总书记后，情报部门还保持类似的基调，强调要警惕来自西方的核威胁。克格勃 1985 年的年度报告表示，他们仍最优先搜集敌人的军事和战略计划、他们谋取夺得军事优势的

---

① “Address to the Nation and Other Countries on United States-Soviet Relations”, January 16, 1984. Online by Gerhard Peters and John T. Woolley, The American Presidency Project. http: //www. presidency. ucsb. edu/ws/? pid = 39806.

② Geoffrey Howe, *Conflict of Loyalty*, New York: Pan Macmillan, 1995, pp. 349-350; Document 7: UK Ministry of Defense, “Soviet Union Concern About a Surprise Nuclear Attack”, April 10, 1984, https: // nsarchive. files. wordpress. com/2013/11/document-7. pdf.

③ “Report by the Head of Soviet Military Intelligence to the Committee of Ministers of Defense”, December 3-5, 1984, in Vojtech Mastny and Malcolm Byrne, eds. , *A Cardboard Castle?: An Inside History of the Warsaw Pack*, pp. 500-506.

企图以及他们准备发动突然性核打击的相关迹象。另一份 1986 年的年度报告则指出，为了及时预警一场针对苏联的核打击，克格勃已经部署了关键的情报力量和手段来搜集相关情报。① 苏联军方也在继续着核战备工作，包括战略轰炸机开始在北冰洋巡航、战略火箭军在斯摩棱斯克的预备指挥所移至奥伦堡、战略核力量仍训练应对美国的突然性核打击、增强战略核武库的生存能力等。②

戈尔巴乔夫时期，苏联情报部门对“瑞安行动”进行了进一步改革。1985 年以后，克格勃加强了与史塔西的合作，让后者肩负起更多任务。1985 年 2 月 15 日，米尔克签发了年度“第一号指令”，要求史塔西对外情报局与克格勃第一总局配合，提前发现“帝国主义国家及其帮凶的侵略企图和相关军事行动，特别是阻止他们对社会主义阵营发动突然性的核打击”。③ 史塔西仿照“瑞安行动”，实行了相对应的情报行动——KWA（Kernwaffenangriff，即德语“核攻击”之意），其核心任务在于帮助苏联编辑出一套有关核战争预警信号的清单或目录，以便能及时发现一场迫在眉睫的危机或战争。1983 年以后，克格勃一直在通过各项指令来逐步明确“瑞安行动”的情报搜集对象。1983 年 10 月，克留奇科夫透露，克格勃“情报侦察问题科学研究所”将把与核战争相关的迹象编为 7 份目录，但由于相关工作太过复杂，他们还未达成任何原则性的决定。④

史塔西对于克格勃的这项工作进行了完善，将原来的 7 份目录缩减为 5 份主要目录，分别对应的是政治、军事、情报、民防和经济部分。在每份

---

① Raymond Garthoff, “The KGB reports to Gorbachev,” *Intelligence & National Security*, Vol. 11, No. 2, April 1996, p. 228.

② President's Foreign Intelligence Advisory Board Report, “The Soviet ‘War Scare’ ”, February 15, 1990, Top Secret, UMBRA GAMMA WNINTEL NOFORN NOCONTRACT ORCON, pp. 92-93, National Security Archives.

③ “Ministry of State Security (Stasi), Order Number 1/85”, February 15, 1985, History and Public Policy Program Digital Archive, BStU, MfS, BdL/Dok. Nr. 004817, S. 1-3. Translated by Bernd Schaefer.

④ “Ministry of State Security (Stasi), ‘About the Talks with Comrade V. A. Kryuchkov’ ”, November 7, 1983, History and Public Policy Program Digital Archive, BStU, MfS, Abt. X, Nr. 2020, S. 1-7. Translated by Bernd Schaefer.

主目录下，史塔西详尽地罗列出与西方准备发动核打击可能相关的迹象。[①] 1986年5月，在5份主目录的基础上，史塔西进一步将相关迹象整理为292份子目录，而且声称其中的226项（占比为77%）已经在不同程度上出现了。[②] 与过去那种通过临时下达指令来指导情报工作的做法相比，史塔西让“瑞安行动”变得更加制度化和组织化，使得整个行动的开展变得更加有迹可循，更多优质情报被发掘出来。例如，1986年8月苏联情报员搜集到了美国“政府连续性项目”（Continuity of Government Program）的相关情报。他们发现了两架装备有加速器和电子设备的总统专机，这是为了应对核战争而设计的。当核战争爆发后，美国总统及其战时内阁可以在飞机上进行指挥。[③]

尽管克格勃和史塔西做出了诸多努力，但相关工作仍称不上是尽善尽美的。很多不足是前一阶段工作失误的延续，如情报搜集方式过于单一，技术情报搜集能力不足，提出过高的情报搜集目标，情报搜集对象的安排没有充分考虑西方国家的实际情况等。此外，“瑞安行动”固然在情报搜集对象的编排上有了突破，但并没有将这些对象的优先次序排好，文件中也没有说明究竟哪些情报是最关键的。例如史塔西1986年5月的报告中称目录中77%的迹象已经出现了，但这种现象究竟是乐观的还是悲观的却没有明确说明。

1987年12月，随着《中导条约》的签订，美苏开始销毁各类中程导弹，冷战核对峙的时代逐渐走向终结。同时，戈尔巴乔夫的政治“新思维”

① “Committee for State Security (KGB), ‘Indicators to Recognize Adversarial Preparations for a Surprise Nuclear Missile Attack’ ”, November 26, 1984, History and Public Policy Program Digital Archive, BStU, MfS, HA II, Nr. 11792, S. 25-38. Translated by Bernd Schaefer.

② “Ministry of State Security (Stasi), ‘Report on Development and Achieved State of Work Regarding Early Recognition of Adversarial Attack and Surprise Intentions (Complex RYAN)’ ”, May 6, 1986, History and Public Policy Program Digital Archive, BStU, MfS, AGM, Nr. 1021, S. 32-44. Translated by Bernd Schaefer.

③ “Committee for State Security (KGB), ‘About Results of Intelligence Activities to Note Indicators for a Surprise Nuclear Missile Attack’ ”, August, 1986, History and Public Policy Program Digital Archive, BStU, MfS, ZAIG, Nr. 6755, S. 2-6. Translated by Bernd Schaefer.

在克格勃尤其在第一总局内部也产生了重要影响，使其对西方的看法有了巨大改变。1988 年 10 月，克留奇科夫接任切布里科夫为克格勃主席，并在第一总局发表了题为《对世界的客观看法》的离任讲话。尽管他在演说中还声称“许多原有任务仍未移出第一总局的日程之外，尤其是不要低估来自核冲突的直接危险”，但总的来说其对未来形势的估计是乐观的。克留奇科夫强调，“避免大规模军事冲突的危险”已变成“完全可以实现”的目标。戈尔巴乔夫的改革已改变了苏联的国际形象，“敌人”不再将苏联视作一个“极权主义”和“半文明”的社会，并在承认着苏联改革的深刻本质及其对外交政策的积极影响。[①] 1988—1989 年呈交给政治局的年度报告中，克格勃不再提及所谓的“突然性核打击”。[②] 1990 年，“瑞安行动”在苏联情报搜集中的地位下降到第三位，排在“美国/北约战略和政治—经济问题”与“重大国际政治变化”之后。[③] 1991 年 11 月，随着克格勃的全面重组，时任克格勃第一总局局长普里马科夫（Yevgeny Primakov）最终取消了这一行动。[④]

## 余　论

美国冷战史学家约翰·加迪斯（John Gaddis）认为，如果谍报活动可以减少突然袭击的危险，那么至少从理论上讲，各国可以从容忍一定程度的刺探活动中共同受益。某些形式的间谍活动不仅促进了交流，还有助于

① Christopher Andrew and Oleg Gordievsky, *KGB: The Inside Story of its Foreign Operations from Lenin to Gorbachev*, pp. 525-526.

② Raymond Garthoff, “The KGB reports to Gorbachev,” *Intelligence & National Security*, Vol. 11, No. 2, April 1996, p. 228.

③ President’s Foreign Intelligence Advisory Board Report, “The Soviet ‘War Scare’ ”, February 15, 1990, Top Secret, UMBRA GAMMA WNINTEL NOFORN NOCONTRACT ORCON, p. 93, National Security Archives.

④ ［俄］瓦季姆·巴卡京：《摆脱克格勃——克格勃最后一任主席回忆录》，非琴译，北京：新华出版社，1998 年，第 74 页。

和平事业。[①] 克留奇科夫同样指出，情报侦察机关不仅消除了不适当的猜疑，使复杂情况具有透明度，而且促使紧张局势趋向缓和，增强了相互间的信任。[②] 然而回顾“瑞安行动”的历史，我们发现大规模的情报行动并没有让苏联感到更加安全。相反，“瑞安行动”开展得最火热的时期恰恰是冷战达到白热化的阶段。在“优秀射手 83”军演期间，东西方关系甚至陷入到了一种一触即发的险境。直到 1984 年秋，随着苏联决策层自身的判断发生变化，苏联才逐渐走出了核恐慌的阴霾，但情报部门仍存在着夸大紧张局势的倾向。

“瑞安行动”并不像部分学者所说的是安德罗波夫的警觉心达到“神经质地步”的表现。[③] 实际上，在西方的强力施压和苏联其他防御手段存在严重不足的情况下，它是苏联维护国家安全的一种可行手段。但在实践层面上，它所存在的一些不足也确实增大了决策层出现误判的危险。

第一，情报搜集内容过于庞杂，一些侦察对象的安排完全缺乏现实考虑。当时供职于克格勃驻华盛顿情报站的尤里·什维茨（Yuri Shvets）回忆，他们每天都会去清点政府机构亮灯窗户和附近停车场车辆停放的数量，还会特别关注当地报刊的内容，寻找上面有没有政府秘密征兵或补充战略物资和食物储备的迹象。尽管驻外情报官员为此花费了很多时间和精力，但取得的成果却是微不足道的。[④] 更糟糕的是，由于莫斯科总部签发各项指令的官员对于西方社会缺乏基本了解，造成一些侦察对象的安排完全脱离了现实情况。如克格勃总部认为，由于核战争会造成大量人员放射性烧伤，西方国家在发动核打击前会大量收购血液，因此要特别注意血液收购量和价格的波动情况。但事实上在西方国家里，血液普遍是无偿捐献的。直到

---

① ［美］约翰·刘易斯·加迪斯：《长和平：冷战史考察》，潘亚玲译，上海：上海人民出版社，2011 年，第 262 页。

② ［俄］弗·亚·克留奇科夫：《个人档案（1941—1994）——苏联克格勃主席弗·亚·克留奇科夫狱中自述》，第 76—77 页。

③ Vladislav M. Zubok, *A Failed Empire: The Soviet Union in the Cold War from Stalin to Gorbachev*, Chapel Hill, University of North Carolina Press, 2007, pp. 271-272.

④ Yuri B. Shvets, *Washington Station: My Life as a KGB Spy in America*, New York: Simon & Schuster, 1994, p. 75.

1984年3月，克格勃总部仍浑然不知，还特别夸赞了一份有关血液捐献的报告。①

第二，该行动过于偏重情报的搜集，却在情报的分析判断上有重大缺陷。在历史上，情报的分析判断本就是苏联情报部门的弱点所在。曾任克格勃第一副主席的博布科夫（Philip Bobkov）指出，克格勃“大多数业务人员和领导干部都把分析工作看作是次要的，他们更看重直觉和经验”。② 尽管安德罗波夫曾对情报分析工作进行完善，但相关工作还存有很多不足。“瑞安行动”中国外情报站每两周提交一次的报告完全由原材料汇编而成，其中不得带有情报人员的个人分析，而且也通常没有交代与该情报相关的背景介绍。据统计，克格勃每年呈交给苏共领导层的这类“情报报告”多达7000余份，而“分析报告”则通常仅有600—700份。③ 这就造成了一种十分荒谬的现象：情报部门花大力气搜集情报，却很少对这些情报进行分析评估，大量情报判断工作留待情报部门高层和苏共决策层自己解决，这样既加大了上层的负担，也为其凭自己的主观意志判断情报提供了空间。考虑到此时的苏共领导人大多年老多病，他们在奔涌而来的情报面前显得力不从心，许多材料只能束之高阁。由于不能对搜集到的材料进行系统性的研究，苏联情报部门也就无法发掘隐藏其中的事物发展规律，难以提供国际战略态势的完整图像，以及判断国际关系总的发展趋向等。

第三，情报工作的政治化严重干扰了其工作方向。“瑞安行动”开始后，很多克格勃中下级官员并不相信西方会对苏联发动核打击。史塔西对外情报局局长马库斯·沃尔夫同样不相信存在爆发核战争的危险，认为“瑞安行动”纯属浪费时间。④ 但莫斯科方面严禁下级部门对其判断提出异议，下级官员也不愿意拿自己的前途命运去冒险质问总部假设的正确性。

---

① Christopher M. Andrew and Oleg Gordievsky, *KGB: The Inside Story of Its Foreign Operations from Lenin to Gorbachev*, p. 493.

② ［俄］菲·博布科夫：《克格勃与政权——克格勃第一副主席的回忆》，王仲宣译，北京：东方出版社，2008年，第178页。

③ Raymond Garthoff, “The KGB reports to Gorbachev,” pp. 228-229.

④ ［德］马库斯·沃尔夫：《隐面人》，第260—261页。

为了按时向总部提交每两周一次的情报搜集报告，即便没有发现相关情报，情报官员也会把一些似是而非的内容写进报告里。而总部看到这样的情报后变得更加警觉，于是便要求再搜集类似的情报。① 国外情报站深知莫斯科方面青睐那些能证明其判断的情报，因而他们提交的情报报告都是经过仔细筛选的。伦敦情报站站长甚至将英国媒体报道的公开材料冒充是谍报情报交给了总部。无疑，在这种“政治正确性”的左右下，“瑞安行动”的方向逐渐走偏。情报所起的作用主要不是用来作为制定政策的咨询或依据，而是用来作为支持现行政策的证据，亦即用情报来证明领导层的决策是正确的。

① Christopher M. Andrew and Oleg Gordievsky, *KGB*: *The Inside Story of Its Foreign Operations from Lenin to Gorbachev*, p. 489.

# 美国的东南亚驻军与其海外利益的维护
## ——基于1975年“马亚圭斯”号事件的历史考察

于婷婷*

**摘　要**　1975年5月，途径暹罗湾的美国商船“马亚圭斯”号及其船员被柬埔寨红色高棉武装截获。当时福特政府的第一反应就是要做出强硬回应，并在随后进行了大量的外交努力和军事准备，最终运用武力手段解决了这一事件。美国对这一事件的重视既是因为其长久以来一直具有维护海外利益的传统，也是因为在当时的时代背景下，美国急需恢复其因越南战争而在东南亚地区受到负面影响的国家形象与信誉。此外，美国在1968年“普韦布洛”号事件中的历史教训也推动福特政府决定强硬解决这一事件。“马亚圭斯”号事件的解决既展现了美国重视和维护海外利益的信念和决心，也表现出美国的海外军事力量和同盟体系所提供的强大支撑。

**关键词**　美国　福特政府　“马亚圭斯”号事件　东南亚驻军　海外利益

* 于婷婷，中国海洋大学硕士研究生。

近年来，随着中国综合国力的上升和国家利益向海外拓展，以“一带一路”倡议的提出和“吉布提海外基地”的建立为标志，中国开始愈加重视海外利益的维护与海外军事力量的部署。而作为有长期对外扩张经验的国家和当今世界唯一的超级大国，美国在海外利益的维护上有丰富的历史经验。1975 年的“马亚圭斯”号事件就是美国维护海外利益的决心和实力的典型展现。美国学者曾经从战争史、国际法和政府决策等角度研究过这一事件，但较少将此事件与美国维护海外利益的决心和实力相联系，国内学界更是缺少对此事件的关注。① 因此本文将依托美国政府档案，具体论述福特（Gerald Ford）政府在“马亚圭斯”号事件中的决策与行动，总结美国在该事件中对其海外利益维护的经验教训，希望一方面能为中国在新时代的海外利益维护提供经验和教训，另一方面也对学界认识当下特朗普政府的印太军事战略提供历史参考。

## 一、“马亚圭斯”号事件的发生与福特政府的最初反应

华盛顿时间 1975 年 5 月 12 日 3 时 18 分②，美国商船“马亚圭斯”号驶至暹罗湾外海时突然遭遇两艘红色高棉海军炮艇的拦截。4 月 17 日刚刚夺

① 相关内容参见：Scott D. Sagan, “Crisis Resolution: Presidential Decision Making in the Mayaguez and Korean Confrontations. By Richard G. Head, Frisco W. Short, Robert C. McFarlane,” *Political Science Quaterly*, Vol. 95, No. 1 (Spring, 1980), pp. 130–131; I. M. Destler, “Crisis Resolution: Presidential Decision Making in the Mayaguez and Korean Confrontations. By Richard G. Head, Frisco W. Short, Robert C. McFarlane,” *The American Political Science Review*, Vol. 73, No. 4 (Dec. 1979), pp. 1214–1215; Phillip S. Meilinger, “A Very Short War: The ‘Mayaguez’ and the Battle of Koh Tang. By John F. Guilmartin,” *The Journal of Military History*, Vol. 60, No. 4 (Oct. 1996), pp. 805–806; Jordan J. Paust, “The Seizure and Recovery of the Mayaguez,” *The Yale Law Journal*, Vol. 85, No. 6 (May, 1976), pp. 774–806; Chris Lamb, “Belief Systems and Decision Making in the Mayaguez Crisis,” *Political Science Quarterly*, Vol. 99, No. 4 (Winter, 1984–1985), pp. 681–702; Michael J. Hamm, “The Pueblo and Mayaguez Incidents: A Study of Flexible Response and Decision-Making,” *Asian Survey*, Vol. 17, No. 6 (Jun. 1977), pp. 545–555; Michael David Sandler, “Mayaguez,” *The Yale Law Journal*, Vol. 86, No. 1 (Nov. 1976), pp. 203–207。

② 柬埔寨时间为 5 月 12 日 14 时 18 分。柬埔寨和华盛顿两地时差为 11 小时，为行文方便，除特别说明外，本文所提时间全部默认为华盛顿时间。

取柬埔寨政权的红色高棉在几天前单方面宣布拥有 90 海里领海权，“马亚圭斯”号作为不知情的“闯入者”被红色高棉怀疑其从事间谍活动而扣留。[①] 被拦截之时，“马亚圭斯”号船长米勒（Charles T. Miller）连续两次发出紧急求救信号。最先了解到这一事态的是美国驻印尼大使馆，它共向美国本土发送了五次紧急事态报告。但由于政府内部对情报不够敏感，拖延了向高层汇报的时间，事件发生 5 个小时之后，“马亚圭斯”号被劫持的消息才传到美国国务院和白宫。

8 时，负责东亚和太平洋事务的副助理国务卿泽赫伦（Owen Zurhellen）向国务卿基辛格（Henry Kissinger）汇报，美国一艘商船被红色高棉武装俘获。虽然只是获知这一事件的发生而并不知道事件发生的原因及最新进展，但基辛格的第一反应是“我们不会无动于衷，我们要反击”。他询问美国在附近是否有海军舰艇以及能否来得及拦截和营救，[②] 并强烈反对通过谈判解决这次事件。他认为谈判意味着美国从外交层面上承认了红色高棉强盗行径的合法性。[③] 当时兼任国务卿和总统国家安全事务助理的基辛格在福特政府的国家安全决策中具有举足轻重的作用，所以他的反应对福特总统的后续决策产生了关键影响。

同时，福特也从国家安全事务副助理斯考克罗夫特（Brent Scowcroft）处得知了这一消息，他立即决定组织召开国家安全会议。12 时 5 分，关于“马亚圭斯”号事件的第一次国家安全会议召开。中央情报局局长科尔比（William Colby）首先详细讲述了事件发生的过程，指出事件发生的水域及

---

① Peter A. Huchthausen, *America's Splendid Little Wars: A Short History of U.S. Military Engagements: 1975-2000*, Penguin Group, 2003, p. 4.

② Minutes of the Secretary of State's Regionals Staff Meeting. Washington, May 12, 1975, 8: 00-8: 40 a. m., Foreign Relations of The United States, 1969-1976, Volume X, Vietnam, January 1973-July 1975, see https: //history. state. gov/historicaldocuments/frus1969-76v10/d284.

③ Henry Kissinger, *Years of Renewal*, Simon & Schuster, 1999, p. 553.

周边岛屿存在领海界线及主权争端，[①] 而且推测该船正被挟持前往柬埔寨磅逊港。在此基础上，会议接下来重点讨论了应当如何应对这次事件。

国防部长施莱辛格（James Schlesinger）首先列举了可供选择的行动方案：夺取柬埔寨的资产或夺占一个小岛作为筹码；或对柬埔寨进行海上封锁。[②] 基辛格则首先指出这次事件应主要关注两个问题：如何让船返回？美国应如何反击？并接着提出了自己的解决方案：首先应该进行一定的外交努力，对外做出强有力的声明并通过中国向红色高棉政权施压；[③] 第二，运用武力，这也是他更重视的选择。在提出这个方案时，基辛格重点强调了美国在事发区域周围所拥有的军事资源——“珊瑚海”号航空母舰和菲律宾的苏比克湾军事基地。[④] 福特对此表示赞同，他总结道：“我们应命令‘珊瑚海’号航母全速前往事发海域，通知苏比克湾的军队做好准备，同时尽早发表强硬声明。”[⑤] 对此，副总统洛克菲勒（Nelson A. Rockefeller）仍觉得不够，他认为美国应该从“普韦布洛”号事件[⑥]中吸取教训，“要做出更加强硬及迅速的反应，否则等到他们获得人质就会为所欲为”。[⑦] 受到洛

① 自1969年起，柬埔寨声称其领海宽度为12海里，而美国宣称其领海宽度只有3海里。1958年《领海及毗连区公约》也未对领海宽度做出明确规定。而暹罗湾岛屿虽然长期以来被柬埔寨实际占领，但越南、泰国和柬埔寨都宣称在此拥有主权。具体参见 Jordan J. Paust, “The Seizure and Recovery of the Mayaguez,” *The Yale Law Journal*, Vol. 85, No. 6 (May, 1976), pp. 774-806。

② Minutes of National Security Council Meeting. Washington, May 12, 1975, 12: 05-12: 50 p. m., https: //history. state. gov/historicaldocuments/frus1969-76v10/d285.

③ Minutes of National Security Council Meeting, Washington, May 12, 1975, 12: 05-12: 50 p. m.

④ “珊瑚海”号航空母舰从1964年开始加入美国第七舰队对越作战，在1966—1975年的9年间，“珊瑚海”号航母先后7次被部署到西太平洋、越南海域执行任务。1901年美国在苏比克湾建立海军基地，1945年与菲律宾政府正式签署军事基地协定。该基地在朝鲜战争、越南战争等东亚军事行动中都发挥了重大作用。1992年美军全部撤出，2016年初美军再次开始使用该基地。

⑤ Minutes of National Security Council Meeting, Washington, May 12, 1975, 12: 05-12: 50 p. m.

⑥ 1968年1月23日，美国武装间谍船“普韦布洛”号在朝鲜东岸的日本海海域被朝鲜捕获并被扣押在朝鲜元山港，船员则被押往平壤。事发一个月后美国仅发表谴责，没有采取任何武力手段。此后，经过漫长谈判，美国向朝鲜做出大量让步。12月23日，朝鲜才释放被俘船员。关于该事件详情，请参见梁志：《“普韦布洛”号危机决策与美国的国际危机管理》，《中国社会科学》2011年第6期。

⑦ Minutes of National Security Council Meeting, Washington, May 12, 1975, 12: 05-12: 50 p. m.

克菲勒的提醒，为了保证美国不再重复在“普韦布洛”号事件中所受的挫折，福特采取军事行动的决心进一步增加。他提出可以集结一定军力占领岛屿，并考虑出动轰炸机的可能性。

在这次国安会议上，福特政府做出了初步决策，决定从外交和军事两方面同时努力。其中，由于受到前几年“普韦布洛”号事件和美国士气低落地从越南撤军的综合影响，福特政府也基本确立了强硬解决危机的态度。虽然福特及政府高层对如何解决该事件顾虑众多，没有马上确定解决方案，但这次会议的召开表明福特政府对这次事件所涉船只及船员的重视以及维护海外安全利益和国家信誉的决心。而对武力方案的讨论也显示出福特政府认为其东南亚驻军能够承担维护其当地海外利益安全的责任，海外军事基地和军事力量的分布使福特政府获得了武力解决这一事件的信心。

这次国安会议结束之后，福特政府立即开展外交行动。一方面，白宫新闻秘书内森（Ron Nessen）对外声明，福特政府已经就美国商船被红色高棉截获一事召开了国安会议，“总统强烈谴责红色高棉的强盗行径，他已经命令国务院要求其迅速释放船只，否则将会产生恶劣后果”。[①] 另一方面，美国积极运用中国渠道同红色高棉这个刚刚上台且未得到美国外交承认的柬埔寨政权进行交涉。副国务卿英格索尔（Robert Ingersoll）向中国驻美联络处主任黄镇表达了希望通过中国向红色高棉转达美方态度的愿望，美国驻华联络处主任布什（George H. W. Bush）也向中国外交部和柬埔寨驻华使馆传达了相同的信息。值得注意的是，虽然进行了一定的外交努力，但在基辛格看来，“这些外交辞令几乎等同于最后通牒，这向外界表明：军事行动是‘可能的’”。[②]

① Robert J. Mahoney, *The Mayaguez Incident: Testing America's Resolve in the Post-Vietnam Era*, Texas Tech University Press, 2011, p. 32.

② Henry Kissinger, *Years of Renewal*, p. 555.

## 二、福特政府的后续决策及行动与“马亚圭斯”号事件的解决

第一次国安会议确定强硬解决此次事件的基调之后，在 5 月 13 日到 15 日三天时间内，福特又召开了三次国安会议，根据事件的最新进展讨论相应对策。在此需要提及的是，事件发生伊始，美国军方就认识到对船只进行定位的重要性，所以在高层指示下发之前，就已经出动了驻扎在泰国乌塔堡海军基地的 P-3 侦察机对船只进行追踪定位。因此，自 13 日 10 时 30 分起，美国就一直掌握着船只的位置及其动向，这项情报也成为随后每次国安会议对此事件进行讨论和制定决策的基础。

在 13 日 10 时 22 分召开的关于该事件的第二次国安会议上，美国政府根据情报获悉“马亚圭斯”号正停泊在距柬埔寨本土 48 公里处的孔泰岛。为了防止船员和船只被转移至柬埔寨本土而增加营救难度，会议的焦点集中在了应采取何种手段阻止船员和船只进一步移动。[①] 这次会议上大体出现两种意见。以洛克菲勒为代表的一派主张做出迅速而有力的回应。洛克菲勒认为“一旦他们获得人质就抓住了我们的小辫子”,[②] 所以他主张通过击沉红色高棉船只以向其施压要求释放“马亚圭斯”号及其船员。以施莱辛格为代表的另一派认为击沉红色高棉船只可能会危及美国船员和船只，所以应该在救回船员和船只的基础上再对红色高棉实施报复性打击。经过一个小时的讨论，福特做出了折中选择，他决定“在不击沉船只的情况下用直升机阻止船只进出岛屿”，同时宣布“准备第二天实施夺船和夺岛行动”。[③]

但是在 10 个小时后就该事件召开的第三次国安会议上，事态的发展和基辛格的建议促使福特改变了其原来的折中态度，做出了更加强硬和主动

---

① 基辛格按照行程到密苏里州进行演说旅行，未出席这次会议。

② Minutes of National Security Council Meeting, Washington, May 13, 1975, 10: 22-11: 17 a. m. https: //history. state. gov/historicaldocuments/frus1969-76v10/d291.

③ Minutes of National Security Council Meeting, Washington, May 13, 1975, 10: 22-11: 17 a. m.

的决策。新事态主要表现在四个方面：首先，之前的外交努力并没有收获积极成果，北京未向红色高棉传达消息。[①] 其次，一架驻泰美军直升机在进行军事准备时坠毁，机上23人全部遇难。[②] 再次，在上次会议福特下达命令之后，美军两次使用直升机发射催泪弹以阻止船只行动，这使得红色高棉方面一艘船只沉没、一艘船只转向，但还有一艘船只未受影响仍然全速前进。最后，据最新情报推测，少数船员已被转移到柬埔寨本土，大多数船员仍然留在孔泰岛。面对这种情况，缺席第二次国安会议的基辛格针对上次会议"阻止但不击沉船只"的保守决定表达了他的不满，他认为："我们不仅要考虑柬埔寨，还要考虑朝鲜、苏联……必须抓住这个机会向其他国家证明：如果他们挑战我们，只会失败。"[③] 受到以上因素的推动，福特最终确立了三步行动计划：派一支海军陆战队乘直升机在孔泰岛实施机降，占领该岛，救出船员；派遣另一支海军陆战队在"马亚圭斯"号上降落，夺回该船；对柬埔寨本土实施有效打击。

此外，虽然企图通过中国向红色高棉转达消息的努力遭遇挫折，但是美国政府仍没有放弃外交努力。14日13时，美国驻联合国代表斯卡利（Amb. Scali）会见联合国秘书长瓦尔德海姆（Kurt Waldheim），向他说明了"马亚圭斯"号事件的详细情况并请求他给予外交援助，瓦尔德海姆表示他会迅速将美国的意见转达给红色高棉。[④] 中国方面也传来了积极消息：在布什向中国外交部提出外交援助请求的30小时后，得到了中国不会支持红色高棉的明确表态。基辛格称这种外交环境是"令人欣慰的"。[⑤]

于是，在进行了充分的外交努力并获得了积极进展以及详细讨论了武

---

① Minutes of National Security Council Meeting, Washington, May 13, 1975, 10: 22-11: 17 a.m.

② 5月13日，美国军方制订了一项应急作战计划，用一支突击部队夺回"马亚圭斯"号。在准备过程中，其中一架直升机在前往泰国乌塔堡皇家海军机场进行集结时因机械故障而坠毁，18名士兵及5名机组人员丧生。

③ Minutes of National Security Council Meeting, Washington, May 13-14, 1975, 10: 40 p.m.-12: 25 p.m., https: //history.state.gov/historicaldocuments/frus1969-76v10/d295.

④ Telegram From the Mission to the United Nations to the Department of State, New York, May 14, 1975, 1817Z, https: //history.state.gov/historicaldocuments/frus1969-76v10/d297.

⑤ Henry Kissinger, *Years of Renewal*, p. 564.

力行动计划之后，福特在 14 日 15 时 53 分召开的关于该事件的第四次国安会议上正式下发了实施营救作战计划的命令：海军陆战队于 15 日柬埔寨的日出时刻在孔泰岛进行机降，夺回“马亚圭斯”号。[①] 除此之外，会议中还提到了这次军事行动与国会和《战争权力法》[②] 的关系。由于美国在越南战争中所受的挫折和尼克松政府“水门事件”的影响，为限制总统在对外政策方面特别是总统作为总司令指挥美军作战的权力，[③] 1973 年国会通过了《战争权力法》。“马亚圭斯”号事件是《战争权力法》颁布后的第一次实践，需要考虑“总统在出兵前必须通知国会”这一条款。[④] 因此，福特决定在当天晚上通报国会领导人。

18 时 40 分，福特与国会两党领导人会面并详细报告了事件发生的过程及每次国安会议所做出的外交和军事决定。国会领导人就危机进展进行了深入提问，但是会议的焦点集中在《战争权力法》对作战行动的要求和对总统权力的限制上。面对众多质疑，福特表示他有权作为总司令采取行动，也有责任保护作战美军免受红色高棉武装的伤害。最终，国会大多数成员表示“支持总统解救美国公民”，[⑤] 福特政府也扫清了实施军事行动的政治障碍。

根据福特的命令，军事作战行动于柬埔寨时间 15 日黎明正式开始。而实际上，国防部的军事准备行动在 12 日得知船只被截时就已经开始且持续进行。事发当天，在出动乌塔堡的侦察机对船只位置及红色高棉军力情况进行侦查之外，国防部还命令太平洋第七舰队进入戒备状态。位于菲律宾西南方的“霍尔特”号和“维加”号护卫驱逐舰、正在爪哇岛以南海面的

---

① Minutes of National Security Council Meeting, Washington, May 14, 1975, 3: 52-5: 42 p. m., https: //history. state. gov/historicaldocuments/frus1969-76v10/d298.

② 《战争权力法》的主要内容是：当美国受到攻击或严重威胁时，总统决定对外出兵前必须得到国会授权。未经国会授权军队在国外驻扎不得超过 60 天，到期时需要在 30 天内撤离。

③ ［美］史蒂文·胡克、约翰·斯帕尼尔：《二战后的美国对外政策》，白云真、李巧英、贾启辰译，北京：金城出版社，2015 年，第 117 页。

④ Robert J. Mahoney, *The Mayaguez Incident: Testing America's Resolve in the Post-Vietnam Era*, p. 114.

⑤ Ibid., p. 102.

"珊瑚海"号航母和3艘驱逐舰以及台湾南部海域的"威尔逊"号导弹驱逐舰都迅速向事发海域进发。13日，国防部下令将驻苏比克湾的海军陆战队120人以及驻冲绳的水陆两栖部队1100人都调往乌塔堡。14日，国防部下令驻关岛的B-52战略轰炸机准备对柬埔寨本土进行轰炸。驻地司令部为了确保能在14日进行作战，从13日清晨就开始研究作战计划。但是在此过程中，由于情报失误，驻地司令部估计大部分船员仍留在孔泰岛，"马亚圭斯"号上只有少量驻守士兵，孔泰岛的兵力也只有18—20人，因此计划派遣11架直升机实施作战，其中3架配备60名陆战队员用以夺取"马亚圭斯"号，另外8架配备175名队员在孔泰岛着陆。然而，等到等到行动真正开始之际，战场上的实际情况却超出美军预料。

作战行动按照福特所制订的"夺岛、夺船和打击本土"的三步行动计划展开。首先，在孔泰岛登陆的8架直升机进入作战区域后遭到隐蔽在丛林中的红色高棉武装的火力攻击，在此阶段美军就阵亡15人，8架直升机被击落击伤，还有大量美军弃机躲进丛林。其次，在登陆作战的同时，"霍尔特"号登船分队登上"马亚圭斯"号时并未发现船员，因此"霍尔特"号只将船只拖离孔泰岛海域。最后，"珊瑚海"号航母舰载飞机对磅逊港的机场和港口设施进行轰炸。虽然夺船和夺岛行动并未取得预期效果，但是对柬埔寨本土的轰炸却产生了很大效果。在被扣留近68个小时之后，柬埔寨时间15日10时7分，39名船员全部被释放。当船员登上"威尔逊"号时，米勒船长表示"他已经向柬埔寨人保证尽力阻止飞机继续进行轰炸"。[1] 这表明，美国的报复性打击确实对红色高棉起到了震慑作用并推动了船员的释放。在经过简单的身体检查和询问之后，船员们返回"马亚圭斯"号并继续向新加坡驶去。

船员获救后，消息当即传到白宫，福特随即发表电视讲话，宣布船员和船只获救，同时也指出参与此次营救任务的美军仍在作战，但已经准备

---

① Peter A. Huchthausen, *America's Splendid Little Wars: A Short History of U.S. Military Engagements: 1975–2000*, p. 13.

撤退。[①] 至此，虽然船员和船只已获救，但在孔泰岛着陆的美军仍在战斗，尚未撤出。由于情报传输滞后[②]造成混乱、各军种配合欠佳及敌方的火力压力等原因，为了更好地撤退，美军进行了第二波兵力投放。又经过一番苦战，柬埔寨时间15日20时55分（船员获释近11小时后）美军才完成全部撤退，军事行动完全结束。在此过程中，美军共阵亡15人，受伤50多人，失踪3人[③]；参加作战的13架直升机中3架被击落，其余10架全部不同程度受损。完成撤退行动后，各参战部队分别返回苏比克湾、冲绳等原驻地，"马亚圭斯"号事件最终结束。

## 三、从"马亚圭斯"号事件看美国东南亚驻军与其海外利益的维护

美国独立早期就不断利用海洋（主要是大西洋）进行商业扩张，产生了重视海外利益的历史传统。后来，资本主义经济对开放市场的需要以及美国强大的经济实力，推动美国不断开拓海外生存空间，[④] 从大西洋走向太平洋，进一步拓展其海外利益。到19世纪末期，在马汉"海权论"的指导下，美国开始不断加强现代海军的建设，增强海军实力，构筑海外驻军基地网络，为美国的海外扩张和海外利益的维护提供了强大的支撑和保障。二战后，美国成为全球超级大国，并很快又与苏联进入冷战，美国海外利益的扩展与维护也发展到一个新的阶段。"马亚圭斯"号事件的解决从一个侧面反映了美国维护其海外利益的模式、能力与信念。

---

① "Ford Press Release, 15 May 1975, Gerald Ford Library", cited from Robert J. Mahoney, *The Mayaguez Incident: Testing America's Resolve in the Post-Vietnam Era*, p. 160.

② 由于情报传输环节的失误，岛上的作战美军均不知道船员和船只已经得到释放的消息，突击行动地面指挥官奥斯汀（Austin）中校认为他仍负责指挥营救船员的任务。

③ 除此之外，在整个事件中，伤亡的美军还包括5月13日进行军事准备运兵时因直升机坠毁所遇难的23人。

④ 王玮、戴超武：《美国外交思想史：1775—2005年》，北京：人民出版社，2007年，第45页。

## （一）美国对海外利益的认识与坚决维护海外利益的信念

“马亚圭斯”号事件发生在1975年，正值美国内政外交遭遇困境之际。美国在国外持续面临苏联的挑战，第四次中东战争和安哥拉内战等事件既影响了美苏缓和的进程，也恶化了美国同第三世界国家的关系。特别是由于美国撤出越南，其保护盟友的承诺和能力受到质疑。同时，美国国内的政治经济形势也十分严峻。当年美国的失业率为8%（主要经济体中最高）、通货膨胀率达到两位数①；国内政治体制特别是总统权力因为越战和水门事件而受到冲击。但这种内外交困的环境并没有使福特政府在“马亚圭斯”号事件中无所作为，反而增加了其维护海外利益的决心。这既是因为美国具有重视海外利益的传统，也是因为当时的国际环境和“普韦布洛”号事件的教训促使福特政府加强了对该事件的重视。

根据美国官方的说法，美国的海外利益既包含海外公民和法人的人身安全、经济收益等实体性的物质利益，又包括维持国际秩序稳定和促进价值观念传播等观念性的非物质利益。② 所以，福特政府在该事件中首先关注的是船员的生命安全和商船本身的物质利益。在就该事件召开的所有国安会议中，解救船员和船只一直是福特政府进行讨论和决策的优先考虑因素。虽然此时总统对外决策的权力受到国会的限制，且福特在对国会进行通报时也受到了一定的质疑，但国会领导人最终普遍支持总统运用武力手段解救美国公民。在收到红色高棉释放“马亚圭斯”号的消息后，福特并没有立即停止对柬埔寨本土的军事打击，而是在确认所有船员真正被释放之后

① ［美］孔华润主编：《剑桥美国对外关系史（下）》，北京：新华出版社，2004年，第424页。

② The White House, “A National Security Strategy for a New Century”, December 1999; Karl W. Eikenberry, “The Effective Use of American Power: Defining and Defending America's Interests Abroad,” *American Foreign Policy Interests*, 2012, (5). 转引自王发龙：《美国海外利益维护机制及其对中国的启示》，《理论月刊》2015年第3期。

才下令结束所有军事行动。① 此外，福特政府虽然从一开始就提出了武力方案，但仍做出了大量外交努力。美国并未与红色高棉这一未得到国际社会承认的政权建立外交关系，这实际上增加了通过外交手段解决这一事件的难度，但是美国仍然试图通过中国和联合国两个渠道同红色高棉交涉，反映出为了解救船员和船只，美国充分利用了不同手段。美国这种维护其公民生命和财产安全的固有传统成为最初推动福特政府重视这一危机的首要条件。

除了重视船员和船只安全之外，美国在此事件中所维护的海外利益还包括当时美国在国际社会尤其是其盟友心中的形象和信誉。美国 1973 年从越南的撤退及其后来对南越政权的有限援助和冷淡态度都严重损害了美国的信誉，致使美国的东南亚盟友非常担心美国能否继续恪守承诺，保护自己。② 而美国政府高层也意识到这一问题对本国形象的影响，福特和基辛格都认为“美国必须在其他局势上更为强硬，以修复越战的损伤”。③ 所以，最初收到“马亚圭斯”号被拦截这一消息后，福特、基辛格、洛克菲勒等决策者的第一反应都倾向于强硬应对，并在就该事件召开的几次国安会议中多次表示美国应该利用这次事件重塑国际威望，增强盟国信心。

此外，不论是外交交涉还是动用武力，福特政府在得知这一消息后便“迅速”就这一事件进行讨论，希望快速解救船员和船只以防出现类似“普韦布洛”号事件的损失。在“普韦布洛”号事件中，出于“人道主义”考虑，对于朝鲜扣留美国船员和船只一事，美国并没有采取及时的武力报复，而是与朝鲜进行了 28 次漫长会谈。这最终非但没有维护美国的“威望”和

① 14 日 20 时 16 分，华盛顿收到红色高棉释放“马亚圭斯”号的广播，消息称“红色高棉要求‘马亚圭斯’号立即退出红色高棉领海，今后不准再搜集情报，进行挑衅活动”。福特认为其中只谈到释放船只，而未言及船员，因而不能停止军事打击。

② 史宏飞：《维护美国信誉：福特政府亚太政策探析》，《美国研究》2015 年第 5 期。

③ National Security Council Memo from W. R. Smyser to Henry Kissenger Concerning "Lessons of Vietnam", May 12, 1975, File scaned from "Vietnam (23)", Box 20, National Security Adviser, Presidential Country Files for East Asia and the Pacific, Gerald R. Ford Presidential Library, Gerald R. Ford, *A Time to Heal*, p. 275. 转引自：史宏飞：《维护美国信誉：福特政府亚太政策探析》，《美国研究》2015 年第 5 期。

“信誉”，反而让船员及其家属苦苦等待了十个多月。[①] 所以为了避免这种情形再次出现，在得到“马亚圭斯”号被劫持的消息后，军方的军事准备就已经开始，美国政府第一次国安会议结束后也迅速做出外交努力，并且依据船员和船只位置的情报，努力防止船员被转移以免救援进一步复杂化。[②] 在后来就该事件连续召开的三次国安会议中，福特对该事件的决策经历了一个从“进行有限军事支援”到“决定采取军事反击”的快速升级过程。正是对海外利益的以上认识极大影响了福特政府对该事件的反应，坚定了其强硬解决这一事件的态度和决心。

## （二）美国维护海外利益的军事实力及其同盟体系

福特政府在一开始考虑武力选项以及后来做出军事打击的决策，既是因为美国具有维护其海外利益的坚定信念，更重要的是因为美国在东南亚地区强大的军事存在和同盟体系支撑着福特政府果断、强硬的反应。一方面，美国超强的军事实力及其广泛的海外驻军对其在全球开展军事行动提供了强大的力量后盾。二战期间，美国不仅大大提升了其军事力量，而且在全球建立了众多海外军事基地并留有驻军。冷战期间，为了遏制苏联扩张，美国在欧洲和亚太地区建立了密集的军事同盟体系，并相应保留或新建了很多海外军事基地。作为扼守太平洋至印度洋海上通道的咽喉，东南亚地区也成为美国海外军事部署的重要支点。到 20 世纪 70 年代初，虽然由于“尼克松主义”的出台和越南战争的失利，美国关闭了部分东南亚军事基地，但已经构建起来的相当完善的“岛链”[③] 网络依旧可以支持其大量海外行动。在“马亚圭斯”号事件中，美国就动用了菲律宾的苏比克湾海军基地、日本的冲绳海军陆战队基地、关岛海空军基地以及泰国乌塔堡空军

---

① 梁志：《“普韦布洛”号危机决策与美国的国际危机管理》，《中国社会科学》2011 年第 6 期。

② Peter A. Huchthausen, *America's Splendid Little Wars: A Short History of U.S. Military Engagements: 1975-2000*, p. 7.

③ “岛链”是指美国利用西太平洋海域中一些特殊岛群的战略地理位置建立的三道防御圈，美国在三线岛链上建有大量的军事基地，牢牢控制着西太平洋极为重要的海峡、航道和岛屿。

基地的军事力量，其中苏比克湾和关岛是美国在东南亚军事部署的重要支撑。[①] 固定的军事基地群可以承接美国在全球的军事部署，而其遍布全球的强大的机动军事力量则能够为美国的军事行动提供灵活、及时的支援。在接到“马亚圭斯”号被劫持的消息后，国防部就指示正在邻近海域巡航的舰艇迅速驶往事发海域，这大大缩短了军事准备的时间，为实施军事作战行动提供了很大便利。

另一方面，美国的同盟体系是其建立军事基地网络、实施作战行动的强大保障。冷战开始后，长期以来作为美国战略边缘地带的东南亚由于其地缘政治地位也升级成为美国在亚洲实施遏制战略的关键地带，美国对东南亚国家进行经济援助的同时也广泛建立军事同盟。而东南亚国家为了获得美国的经济援助和安全保障，也积极谋求与美国的友好甚至同盟关系。所以，美日、美菲同盟是美国建立冲绳、苏比克湾等军事基地的基础，也是福特政府武力解决“马亚圭斯”号事件的重要依托。与之对照，当时的美泰关系成为美国进行军事行动的另一段插曲。越南战争后期，美军实行战略收缩影响了其盟友泰国的安全战略。[②] 从1970年起，泰国就开始调整对美政策并要求美国撤出在泰驻军。对美军营救“马亚圭斯”号的行动而言，泰国因距柬埔寨最近，成为不可替代的行动基地。[③] 然而，泰国政府从事件发生之初就声明“美国和红色高棉政权之间的关系不应涉及泰国”，而且明确指出美国不能使用在泰国的军事基地。[④] 尽管如此，在关于该事件召开的几次国安会议上，福特政府一直将使用泰国军事基地作为进行军事行动决策的重要考虑因素，而且最终还是使用了泰国的军事基地，可见美国在这种不对等的美泰同盟关系中的强势地位，但福特政府也承诺照顾泰国

---

① 以菲律宾苏比克湾海军基地和克拉克空军基地为中心的东南亚基地群原为美岛链中承上启下的一环；关岛是美军在西太平洋中最大的海空军基地。参见：达巍：《美国在全球的主要军事基地及军事设施》，《国际资料信息》2002年第6期。

② 徐瑶：《美国海外基地体系的演变》，博士学位论文，复旦大学，2013年，第3页。

③ 刘莲芬：《论1975年“马亚克斯”事件与美泰交涉》，《东南亚研究》2009年第5期。

④ Telegram From the Embassy in Thailand to the Department of State. Bangkok, May 13, 1975, 1116Z, https://history.state.gov/historicaldocuments/frus1969-76v10/d288.

在此事件中的利益关切。无论如何，美国的同盟体系对其维护海外利益的重要意义还是在“马亚圭斯”号事件中得到明显体现。

## （三）美国在“马亚圭斯”号事件中的历史教训与现实启示

虽然“马亚圭斯”号商船及其船员最终被成功救回，但是美国在解决该事件的过程中仍然暴露出很多问题，导致了一定的人员伤亡，值得总结一些教训。整个事件存在的最大问题就是情报环节的失误。情报工作应该向决策层提供全面的情报分析以便决策层掌握做出决策所需的全部信息。① 而在此事件中，虽然对船只定位的情报是后三次国安会议对此事件进行讨论和制订决策的基础，但在整个事件中，情报从获取到传输仍然存在很多漏洞。越战结束，美军撤离越南时关闭了威马逊大型情报基地，② 这极大影响了美国在该地区的情报获取工作。关于“马亚圭斯”号商船及其船员的实时位置、红色高棉在孔泰岛的武装力量等情报不够精确，对政府决策产生了很大误导，造成了不必要的损失。此外，在事件发生之初，政府内部对情报不够敏感以及向高层汇报的滞后，在危机时刻可能会使政府错过最佳反应时间，使其处于更加被动的地位。船员和船只获救的消息没有及时转达给军事行动小组也造成了作战行动的混乱，增加了行动困难。在行动实施层面，空军、海军和海军陆战队各军兵种之间缺乏配合，未能有效协同行动，使美军在孔泰岛的作战和撤退遭遇困难。事后，时任空军参谋长和参谋长联席会议代主席的琼斯（David Jones）上将就以“马亚圭斯”号事件中混乱的作战行动作为教训，开始谋求联合作战指挥体系改革。③

“马亚圭斯”号这一历史事件对当前东南亚局势的认知也具有一定参考意义。虽然冷战后美军从东南亚部分基地撤出，但依然保留了很多基地。而且自 2011 年奥巴马（Barack Obama）政府提出“亚太再平衡战略”以

---

① ［法］夏尔-菲利普·戴维、路易·巴尔塔扎、于斯丹·瓦伊斯：《美国对外政策基础、主体与形成》，钟震宇译，北京：社会科学文献出版社，2011 年，第 166 页。

② 徐瑶：《美国海外基地体系的演变》，第 57 页。

③ Robert J. Mahoney, *The Mayaguez Incident: Testing America's Resolve in the Post-Vietnam Era*, p. 205.

来，美国的海外军事部署大力向亚太地区倾斜，其中也包括东南亚地区。特朗普执政以后，虽然其反对奥巴马政府的很多内外政策，但在“美国优先”的战略原则下，美国在亚太地区的军事部署不减反增，并且更加强调国家利益的维护和对军事实力的建设和依赖。特朗普在2017年12月12日签署高达7000亿美元的2018财年国防预算后，又在18日出台2018年版《美国国家安全战略报告》。该战略报告提出了“印太战略”，把印度洋与太平洋作为一个整体来对待，并把中国视为正在扩张地区影响力的竞争对手，指责中国对南海自由贸易和地区国家主权的威胁；还强调印太地区国家需要美国在该地区持续保持领导地位。①

东南亚地区是连接太平洋与印度洋的咽喉要地，也是南海所在区域，更是“21世纪海上丝绸之路”必经之要地。冷战后美军维持了东南亚基地群，包括分布于菲律宾、新加坡、印度尼西亚、马来西亚、泰国5国的4个空军基地和9个海军基地。② 美军在该地区特别是在这些基地的军力部署近年来持续增加，如向新加坡樟宜海军基地增加濒海战斗舰部署，向菲律宾等地区国家提供武器装备，加大在南海海域的巡航等。特朗普政府更是直接把菲律宾与泰国定义为美国重要的盟国与市场；把越南、印尼、马来西亚和新加坡视为美国日益增长的安全与经济合作伙伴。③ 总之，在奥巴马与特朗普政府看来，确保东南亚地区的“航行安全与自由”，防止地区大国主导地位的形成是美国的重大利益关切。而保持并加强美国在该地区的军事存在与同盟体系，是包括特朗普在内的历任政府维护其在东南亚地区海外利益的必要手段。这不仅攸关美国军事和商业船只在该地区的航行自由与安全，更攸关美国在该地区的国际领导力和国家信誉。因此，在特朗普政

① The White House, “National Security Strategy of the United States of America”, December 2017, pp. 45-46. see https://www.whitehouse.gov/briefings-statements/remarks-president-trump-administrations-national-security-strategy/.

② 巴耶黎、樟宜、克拉克、乌塔堡空军基地；樟宜、森巴旺、苏比克湾、曼谷、梭桃邑、帕塔亚、雅加达港、泗水、哥打基纳巴卢港海军基地。

③ The White House, “National Security Strategy of the United States of America”, December 2017, p. 46.

府时期，这一手段只会加强而不会放松。正在持续推进海洋强国及“一带一路”建设并要维护南海权益的中国，应该对此清醒认识和谨慎对待。

## 结　语

在全球化时代，大国的发展与崛起必然会带来海外利益的扩展，也会随之面临维护海外利益安全的课题。长期以来，美国就是一个外向的商业扩张型国家，也一直十分重视海外利益的维护。18 世纪 90 年代，独立初期的美国为了维护它在地中海的商船的安全，组建海军并派其前往北非海岸打击巴巴里海盗。二战后，成为全球大国的美国其海外利益的内容更加广泛，海外安全保障任务与海外力量也协同壮大，而冷战的背景又使其进一步复杂化。发生于 1975 年 5 月的“马亚圭斯”号事件虽然仅仅持续了 4 天时间，但是整个过程充分展现了美国对其海外利益的重视。在构建人类命运共同体的理念下，虽然中国海外利益的维护方式与西方国家存在差异，但是也需要外交和军事手段并举，共同加强国家能力、国家关系、海洋强国、国际形象和国际制度等五个方面的建设。① 通过分析福特政府对“马亚圭斯”号事件的一系列反应和事件发展的进程，中国可以从中借鉴许多经验和教训，为维护自己的海外利益以及认识和应对奥巴马和特朗普政府的亚太军事部署提供历史参考。

第一，要树立积极的海外利益观和海外利益保护观念，对海外利益进行清晰的界定和认知，明确海外利益维护的重点和目标。在保障海外公民生命和财产安全的同时，也要树立可信赖的国际形象，扮演好大国角色。

第二，要为海外利益的维护提供强大的力量保障，在提升综合军事实力的同时，更加注重发展同海洋强国地位相适应的海空军事力量，建立与“从近海走向远洋”战略相配套的海外基地，为海外利益的维护提供力量支撑和平台依靠。

第三，在充分利用现有国际机制的基础上积极贡献中国智慧和中国方

① 于军主编：《中国海外利益蓝皮书·2016》，北京：世界知识出版社，2017 年。

案。利用国际机制中有利于中国的部分，为维护和拓展海外利益增强合法性，同时要推动完善国际机制中的危机应急处理环节，确保海外利益受损时可以得到国际社会有效的支持和帮助。

第四，要加强国家间关系建设，从长远战略利益出发，建立对自身有利的利益共同体，[①] 加深同战略伙伴国家的合作。同时，以“一带一路”为依托，发展同沿线国家的友好合作关系，从而为不断扩展的海外利益提供广泛、多样和有效的保护。此外，在具体环节上，要多层次完善海外利益拓展和维护的国家机制，加强关于海外利益的法律和部门建设，更加重视日常监管和主动安全防御相结合，尤其要不断完善情报部门和国防部门的合作，加强情报的获取和传输，提升协同作战能力。这既是实施海外利益维护行动的关键要素，也是政府决策的重要依托。

第五，就东南亚地区来讲，它作为中国近邻，首先是中国周边外交和安全工作的关注对象及合作伙伴。同时，它又是美国在印太地区的重点利益关切区域。在印太地区处于竞争性共存状态的中美双方在东南亚地区的博弈在所难免，中国需冷静观察，从容而严肃地应对。

① 唐昊：《关于中国海外利益保护的战略思考》，《现代国际关系》2011 年第 6 期。

# 二战期间日本在亚洲的情报活动

## ——以陆军中野学校毕业生为考察中心

李文君*

**摘　要**　陆军中野学校是二战时期日本最为重要的间谍培养机构之一，其毕业生大部分被派往了日本本土以外的地区执行任务。本文在概述陆军中野学校成立的背景、内部编制、教学内容、学制及毕业生情况的基础上，重点考察二战期间日本陆军中野学校的毕业生在中国大陆、东南亚和南亚等亚洲地区的情报活动。最后，通过多视角分析战后对于陆军中野学校毕业生及日本在亚洲情报活动的不同看法，探讨这一群体战时活动的复杂性与争议性。

**关键词**　陆军中野学校　二战　间谍　亚洲

* 李文君，首都师范大学历史学院本科生。

新航路开辟后亚洲逐渐殖民地化，欧洲列强在亚洲无视原住民族群的既有疆界，根据自身需要划分殖民地，在政治上严格控制，经济上压榨掠夺。尽管亚洲地区的人民自19世纪末便开始追求独立，但直到二战结束后才纷纷实现。在这一过程中，作为本地区率先迈向现代化的日本，扮演了怎样的角色？是与亚洲其他国家团结合作对抗欧洲的殖民统治，还是力行“脱亚”、将亚洲其他地区视为可以被抢夺的殖民地？值得注意的是，日本在发动全面侵华战争爆发后不久，先是发表了宣扬“日满华相互提携”的所谓《大东亚新秩序》；后于1940年8月由外相松冈洋右在为德国驻日大使奥特举行的招待会上，首次提出了建设“大东亚共荣圈”的计划。安达宏昭认为，“大东亚共荣圈的范围，从到那时为止日本维持的殖民地——二战以前被称作地域统合对象地的日满华——扩大到包含与日满华完全不同的、曾经是欧美列强殖民地的东南亚。作为自认为是指导国的日本，理所当然地寻求与此前划分势力范围不同的课题或方法。”[①] 作为实施上述计划主体的日本军方，又是怎样看待亚洲其他地区的，具体采取了哪些行动，在战后又得到了怎样的评价？本文尝试以陆军中野学校的毕业生为例，对上述问题进行探讨。

因陆军中野学校的特殊性质，与之相关的史料整理和学术研究进展有限。据笔者所见，主要的文献大体可分为收藏于日本防卫研究所的原始档案、少量日文和英文论著，以及非学术性的纪实书籍与回忆录。档案主要是介绍陆军中野学校的分工概况、任务发布、工作汇报之类的官方材料。学术著作有史蒂芬·梅尔卡多（Stephen C. Mercado）的《中野的影子战士：帝国日军之精英间谍学校的历史》[②] 和霍伊塞·莱布拉（Joyce C. Lebra）的《在东南亚受训于日本的军队》[③]。纪实类书籍包括中野校友会编《陆军

① 安达宏昭：《「大东亜共栄圏」の経済構想——圏内産業と大东亜建設審議会》，吉川弘文馆，2013年，第3页。

② Stephen C. Mercado, *The Shadow Warriors of Nakano: A History of the Imperial Japanese Army's Elite Intelligence School*, Potomac Books Inc., 2002.

③ Joyce C. Lebra, *Japanese Trained Armies in South-East Asia*, Columbia University Press, 1971.

中野学校》[①]、纪实作家斋藤充功的诸多作品[②]、加藤正夫的《陆军中野学校·秘密战士的实态》[③]、日部下一郎的《陆军中野学校实录》[④]、畠山清行的《秘录·陆军中野学校》[⑤] 以及日本放送协会（NHK）取材班编写的书籍《我曾是少年游击兵·陆军中野学校组建的冲绳秘密部队》[⑥] 等。不过，这些纪实类作品并非学术性研究，缺少对征引文献的注释，且作者受到自身立场的局限，主观性很强。此外，陆军中野学校教官藤原岩市的回忆录《F 机关：二战期间日本陆军在东南亚的情报活动》[⑦] 经由研究日本军事、国际关系和东南亚史的名古屋南山大学荣誉退休教授明石阳次[⑧]翻译为英文出版，但其主观色彩也较浓。由于战争期间陆军中野学校是严格保密的，在战后教官和毕业生也没有遭到审判，且他们又大多对过去的事情保持缄默，故能够搜集到的史料很有限。基于此，本文将对现有的资料进行整合，并尽可能利用现有的档案进行分析。

---

① 中野校友会编：《陆军中野学校》，原书房，1978 年。

② 斋藤充功：《陆军中野学校の真実·諜報員たちの戦後》，角川文库，2005 年；斋藤充功：《陆军中野学校·情報戦士たちの肖像》，平凡社新书，2006 年；斋藤充功：《証言·陆军中野学校·卒業生たちの追想》，バジリコ株式会社，2013 年；斋藤充功：《日本スパイ養成所·陆军中野学校のすべて》，笠仓出版社，2014 年；斋藤充功：《スパイ·アカデミー·陆军中野学校·戦時中、七年間だけ日本に存在した「秘密諜報員養成機関」のすべて》，洋泉社，2015 年。

③ 加藤正夫：《陆军中野学校·秘密戦士の実態》，潮书房光人社，2001 年。

④ 日部下一郎：《陆军中野学校実録》，ベソトブック，2015 年，第 4 页。

⑤ 畠山清行：《秘録·陆军中野学校》，新潮文库，2003 年。

⑥ 二战后期日本兵源不足，政府将征兵年龄降至 15 岁，陆军中野学校毕业生将这些“少年兵”组成了一支年仅 14—16 岁、名叫“护乡队”的游击队在冲绳与美军作战。参见 NHK 取材班：《僕は少年ゲリラ兵·だった陆军中野学校が作った沖縄秘密部隊》，新潮社，2016 年。NHK 还拍摄了纪录片《那一天，我们奔赴战场：少年兵的自白》（あの日、僕らは戦場で 少年兵の告白），通过采访数十位当年的“少年兵”，并辅以动画形式还原场景。另见 1972 年的日本电影《海军特别年少兵》（海軍特別年少兵）。

⑦ Fujiwara Iwaichi, translated by Akashi Yoji, *F. Kikan*: *Japanese Army Intelligence Operations in Southeast Asia During World War Ⅱ*, Heinemann, 1983.

⑧ 明石阳次教授的详细信息可参见 https://prabook.com/web/yoji.akashi/3348873，以及南山大学官网。

## 一、陆军中野学校

1937年以前日本陆军的情报工作由参谋本部第二部担任，第七课负责对中国的情报搜集及绘制兵要地志的任务，而负责现代战争中不可缺少的宣传、谋略、破译密码及其他特殊机密情报的第四班并未受到应有的重视。为满足侵华战争时期日益重要的谍报需求，1938年春第四班正式改为第八课，中国通影佐祯担任第一任课长，驻各国大、公使馆武官的报告不再是唯一的情报来源。此外，1937年春日本陆军省兵务局设立“防谍课”以科学防范外谍，在牛込若松町的“兵务局分室”开展秘密工作，后来通称“山机关”，主要针对国内防谍，监视反对战争的人。为了进一步积极防谍，岩畔豪雄中校、秋草俊中校、福本龟治中校提议设立“谍报、谋略要员的培训机构”，[①] 1937年末兵务局成立“后方勤务要员培养所”，秋草中校是所长，他的辅助干事是福本中校，伊藤佐又少校是内务班长，也可以说是学生辅导员，负责具体事务。因为参谋本部起初对此并不热心，所以它先是隶属于陆军省。1938年7月借用九段牛之渊爱国妇女会本部的别馆作为校址。1939年4月迁往东京中野围町三番地电信队的旧址，第一期学生［18人，原本是19人，其间1人因病退学，全部是从大学或预备士官学校毕业的干部候补生，共同接受寺子屋式（私塾）的教育］临毕业前为第二期学生搭建了宿舍和校舍。1939年11月第二期将校学生（长期40人、短期69人）和从教导学校选拔的50名下士官入学。1940年8月颁布秘密敕令“陆军中野学校令”，学校改名为“陆军中野学校”，成为陆军大臣直辖的学校。1941年10月改为参谋本部长直辖，学校的编制和学生的通称也都改变了。该校的存在绝对保密，其对内掩护名称为“军事调查部”或“东部第三十三部队”，对外掩护名称为“陆军省通信研究所”。1944年战局更加危急，军部命令陆军中野学校帮助实验队培养游击战骨干，于是又在静

① 加藤正夫：《陆军中野学校·秘密戦士の実態》，第15页。

冈县磐田郡二俣町成立陆军中野学校二俣分校。[①] 1944 年东京空袭告急时，疏散到群马县北甘乐郡富冈町，直到战争结束。[②]

学校的第一任校长是北岛卓美少将，上田昌雄大校担任干事。上田大校明显地将秘密战体系化，定义了秘密战的谍报、宣传、防谍、谋略。其中防谍进一步改进以往的军机保护法，侦察敌方的谍报、谋略企图，以其人之道还治其人之身，并接受陆军省的请求，在教育课程中增加了占领地行政教育。由于学校创立之际，岩畔豪雄大校曾主张秘密战的科学性，因此与高度秘密战相关的研究部、实验队相继创立，负责研究和实验作为秘密战的实施手段的潜入、潜行、侦察、候察、伪骗、谋略、宣传、破坏、通信、暗号等，并负责训练。此后，陆军中野学校的组织、体制基本形成。[③] 下页图 1 是陆军中野学校最终的编制[④]。

负责学校教育的是文官教官、武官教官，还有来自陆军省、参谋本部各课、陆大和陆军士官学校的兼职教官。陆军中野学校所使用的教科书名为破坏杀伤教程，内容极为详尽和暴力，比如教学生伪骗潜伏、纵火、用炸药爆破等。学校的课表包括一般教养基础学（国体学、心理学、交通学、气象学等）、外国情况（苏联、意大利、印度、英国、美国、法国、中国、南方地区的军事、政治、经济等）、语言、专门学科（谍报、谋略、防谍、宣传、秘密兵器、暗号解说等）、实践课（拍照、开锁等）、术课（剑道、合气道），以及军队的官员或专家来进行特别讲座。[⑤] 相比于教授学生相关知识、外语和谍报技术，学校更重视精神上的教育，比如：坐禅以练习定力；忍者之道而非武士道精神，为完成任务努力活下去；灌输“七生报国”精神，吉原政巳教官将《国体学》作为讲义，《神皇正统记》《崎门学》《弘

---

① 参见 JACAR（アジア歷史資料センター）Ref. C15120098500，《（2）課内業務一般（1）》，藏于防卫省防卫研究所。

② 参见 JACAR（アジア歷史資料センター）Ref. C1510067800，《21. 昭和 21 年 6 月 8 日 涉外報第 85 号軍関係学校調査の件通牒》，藏于防卫省防卫研究所。

③ 加藤正夫：《陆军中野学校・秘密戦士の実態》，第 17—18 页。

④ 畠山清行：《秘録・陆军中野学校》，第 236 页。

⑤ 斎藤充功：《スパイ・アカデミー・陆军中野学校・戦時中、七年間だけ日本に存在した「秘密諜報員養成機関」のすべて》，第 40—45 页。

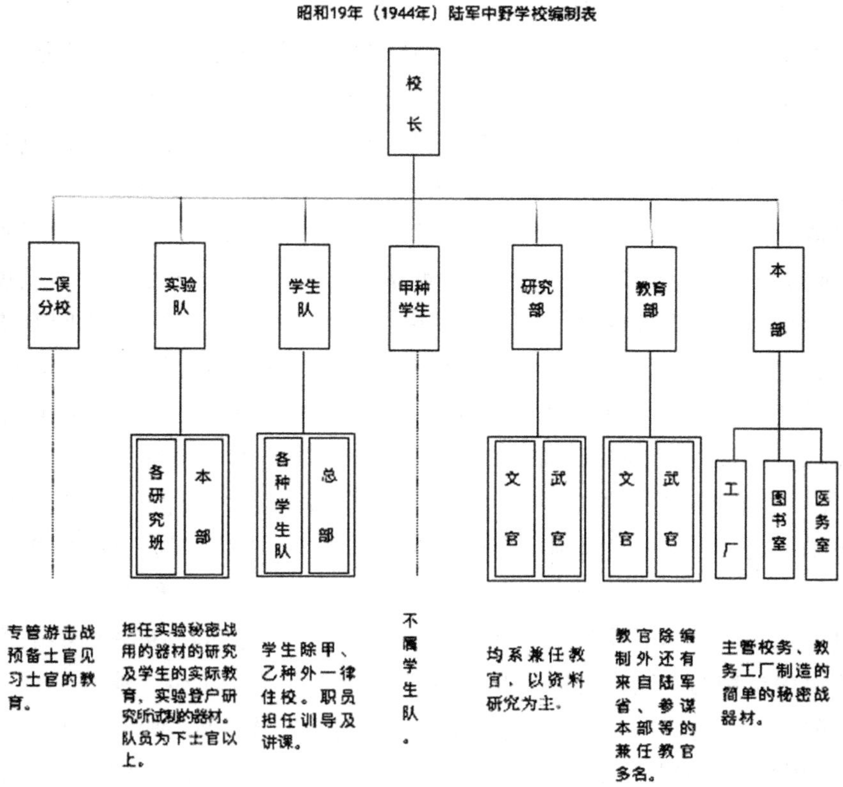


图 1　陆军中野学校最终的编制

道馆记述义》《讲孟札记》作为教材，① 还在学校内设“楠公社”，将神户凑川神社的分灵移来加以祭奠。② 表面上看，学生的校园生活很自由，不用早起、不强制长跑、有自由活动的时间、可以在外面留宿，但实际上学生无时无刻不在被学校“规训”。学生的上课时间是固定的，学生只能被灌输学校认为重要的思想，即使对家人也要保密身份、更名换姓，必须佩戴景泰蓝勋章，不能表露对天皇的敬意等。每月都会为教官和学生过生日，传

① 加藤正夫：《陆军中野学校・秘密戦士の実態》，第 34 页。

② 畠山清行：《陆军中野学校：谍报战史》，刘春兰译，北京：群众出版社，1984 年，第 220—221 页。

达“命运共同体”的精神。①

学生的挑选十分严格，他们都是由各部队、各单位推荐来的优秀分子，经过初步筛选才能到东京参加考试。“每名考生必须在四五十分钟的时间里，接受监考委员们如箭镞一样射来的问题。”② 这些问题涉及的领域非常广泛，主要考察知识面和随机应变的能力。学校完全尊重个人的意愿，即使录取后发现不喜欢谍报工作，也可以中途退学，因为这项工作不能靠“单纯命令或虚伪的爱国心”。③ 第一期学生共 18 人，全部是从大学或预备士官学校毕业的干部候补生，共同接受寺子屋式的教育。同学之间有横的联系，但没有纵的联系，即同期学生互相认识，不同期的同学就不认识了。随着学校的扩充，生源的地域范围和录取条件也越来越宽泛，还招收了基于特殊目的而召集的各种临时学生。1939 年陆军大臣直辖的时候，根据“陆军中野学校令”学生被分为甲、乙、丙三种学生。甲种学生是陆军士官学校毕业的；乙种学生是预备士官学校在校的学生中选拔的，“后方勤务要员培养所”的第一期学生也属于乙种学生，他们是中野学校学生的主体；丙种学生是从陆军指导学校（培养下士官的学校）获得教育总监奖的优秀下士官中录用的。比较特殊的是乙种学生和乙种长期学生，他们是分别录取、隔离培养的。1941 年 10 月改为参谋本部长直辖后，把原来的甲、乙、丙三种学生改为甲、乙、丙、丁、戊五种。甲种学生是乙或丙种学生毕业后经过一定时间的实践从表现优秀的军官中选拔出来的，这种学生将作为秘密战的中枢指挥者予以培养，由校长直接管辖，但由于战局紧迫，并未培养出甲种学生。乙种学生主要是陆军士官学校毕业的上、中尉经过推荐入学的。相当于陆军大臣直辖时的甲种学生。因为这两种学生多有家眷，所以是走读生，人数非常少。丙种学生是从预备士官学校中选拔出来的，相当于原来的乙种学生。取消了普通乙种和长期乙种学生，改为根据毕业后的任务要求，把丙种学生的一部分作为长期学生，进行特殊的间谍训练。

---

① 加藤正夫：《陆军中野学校・秘密戦士の実態》，第 28 页。

② 陈家光、郭国防：《不同寻常的日本陆军中野学校》，《环球军事》2008 年第 19 期，第 57 页。

③ 畠山清行：《陆军中野学校：谍报战史》，第 189 页。

戊种学生是以前的丙种学生。丁种学生是从戊种学生中选拔出来的优秀分子，并决定在毕业后作为军官使用，但因战局紧迫，也没有培养出来。①

图 2 是不同年度陆军中野学校学生情况②：

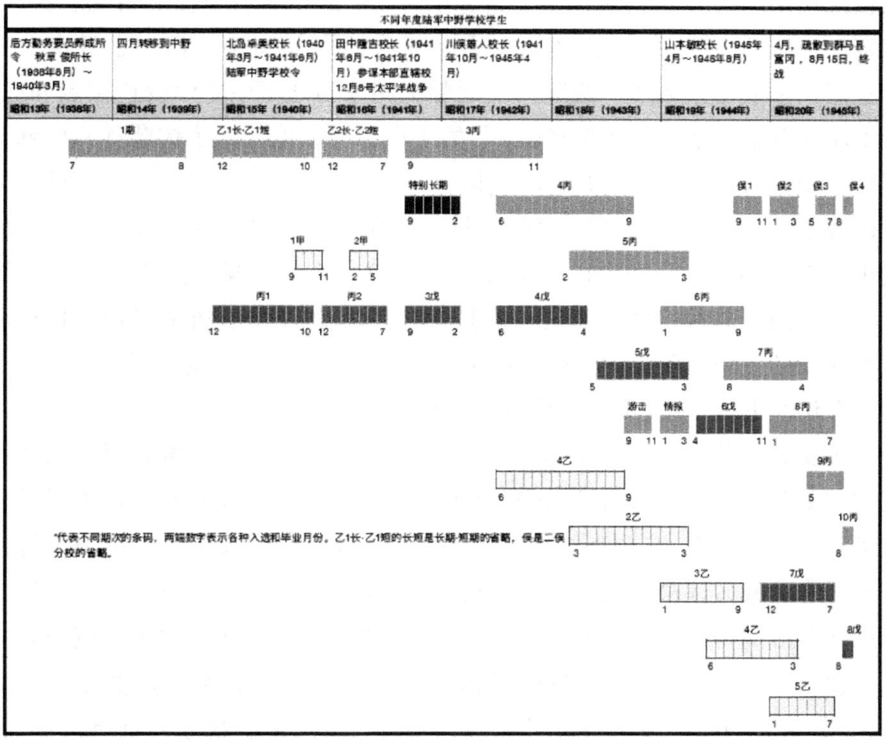


**图 2　不同年度陆军中野学校学生情况**

# 二、毕业生在亚洲的情报活动

陆军中野学校办学规模不大，存在的时间也不长。根据明治大学平和教育登户研究所资料馆的资料，陆军中野学校毕业生人数为 2131 人，其中

---

① 参见畠山清行：《陆军中野学校：谍报战史》，第 229—230 页。

② 斋藤充功：《証言・陆军中野学校・卒業生たちの追想》，第 14—15 页。

289 人战死，376 人下落不明。[①] 如果包含二俣分校的毕业生，总数超过 2500 人。其中的大部分毕业生被派往了日本本土以外的地区，比如：第一期的 18 名毕业生中，只有 5 人留校或去参谋本部、兵务局工作，其余的 13 人被派往中国（包括伪满洲国和外蒙古）、哥伦比亚、印度尼西亚、德国、阿富汗、印度、苏联。[②] 2017 年 3 月 10 日，国际记者高桥浩祐在日本《东洋经济》周刊上发表了一篇题为《北朝鲜间谍与陆军中野学校连接点和线：日本应该着眼于宝贵的历史经验》[③] 的文章。文中他介绍了佐藤优和原韩国国防省朝鲜分析官高永喆共著的《国家情报战略》[④] 一书中的观点，即：太平洋战争战前、战中，陆军中野学校出身的人中，不少被派往朝鲜半岛，其中相当一部分战争结束后还留在了北朝鲜。由此可见，陆军中野学校毕业生的去向是非常广泛且隐秘的。接下来，本文将介绍陆军中野学校毕业生在亚洲的三个主要去向，即：在中国、东南亚和南亚的情报活动。

在伪满洲国，出于对苏联开展谍报、破坏工作的目的，于 1937 年 6 月成立了受日本关东军指挥的浅野部队。它由松花江部队、横道河子部队和海拉尔部队构成。1941 年关东军特别大演习之际，白俄罗斯人事务局局长主动动员了 100 名“热切希望祖国复兴”的青年协助关东军。情报部海拉尔支部作为武力谋略要员，开展了约 3 周的特别教育。俄罗斯内战时组织游击队并参战的哥萨克大尉 I. A. 佩什科夫担任队长，由陆军中野学校毕业的久保盛太大尉和一名下士官进行指导。[⑤] 日本人挺进队和白俄罗斯人部队（浅野部队）对挺进攻击进行了准备，他们的设想是隐秘侦察训练的同时，收集子弹、炸药、衣料之类的战斗物资，换上马格达加奇和斯科沃罗季诺

① 《本土決戦・登戸研究所・中野学校》，https：//www. meiji. ac. jp/noborito/event/6t5h7p00000gn1xj-att/6t5h7p00000gn2fn. pdf，访问时间：2019 年 3 月 16 日。

② 斋藤充功：《スパイ・アカデミー・陆军中野学校・戦時中、七年間だけ日本に存在した「秘密諜報員養成機関」のすべて》，第 50 页。

③ 《北朝鮮スパイと「陸軍中野学校」を結ぶ点と線》，https：//toyokeizai. net/articles/-/161968？page=2，访问时间：2019 年 3 月 16 日。

④ 佐藤优、高永喆：《国家情报战略》，讲谈社，2007 年。

⑤ 西原征夫：《全記録ハルビン特務機関——関东軍情報部の軌跡》，每日新闻社，1980 年，第 109—110 页。

两地苏联军的军服，越过“国境”切断马格达加奇和斯科沃罗季诺附近的西伯利亚铁路。8月中旬，关东军派遣以村田武经少佐为首的中野学校出身的将校、下士官以及其他工作人员等，在漠河、鸥浦以假名对伪满洲国“国境警察队”隐瞒身份，秘密推进对苏作战准备。不过这一行动最终以日本终止对苏进攻而作罢。①

在中国大陆，陆军中野学校毕业生主要针对国民党开展情报活动。比如：他们支持缅甸独立运动，以切断英国的援蒋路线。在泰国负责“楠本机关”的三期丙种学生小田正身借助“昭和商社”开展“鸦片工作”，在中国很多省份通过秘密交易换取战略物资。另据一位参与“杉工作”的丙种第1期学生久木田幸穗所言，使用伪币是对蒋介石政权的经济谋略战，他曾负责运输巨额伪造法币。② 此外，日本“大陆挺进队”也主要由陆军中野学校毕业生构成，他们乔装打扮后潜入中国军队内部，造成了极大的破坏力。对此，还未找到来自日本方面的文字材料，只是在日本网站上流传有“大陆挺进队”的照片，后来又有人在整理日本旧杂志时发现了更多的照片。2010年12月3日，这些照片和相应的解释说明被发表在中国网的日文版上，其标题为《日本间谍部队“大陆挺进队”的秘密》。大陆挺进队的队员们都会说流畅的中文，精通中国军队的号令、指挥方式，他们混入中国军营进行奇袭、暗杀等情报活动。混入时，他们穿着和中国人一样的军衣或平常衣服，武器也和中国军人一样的，非常难以辨别，给中国军队造成了很大的威胁。③ 从他们使用的美制汤姆森冲锋枪可以判断他们是潜入国民党军队的间谍。

另有相当一部分毕业生被派去了东南亚，他们在东南亚的活动极为琐碎，笔者认为可以按照目的不同分为三类，即：扶持本土势力、获取物资和情报、从事破坏活动。在东南亚的本土势力投降日本后，日本转而扶持

---

① 西原征夫：《全記録ハルビン特務機関——関东軍情報部の軌跡》，第179—182页。

② 斋藤充功：《日本スパイ養成所・陆军中野学校のすべて》，第126页。

③ 《日本のスパイ部隊「大陸挺進隊」の秘密》，http：//japanese. china. org. cn/politics/txt/2010-12/03/content_21475817. htm，访问时间：2019年3月16日。

他们，甚至担负保护当地市民的工作。[①] 太平洋战争刚一开始，日军就在南方地区策划了支持“民族独立”的“马来工作”“缅甸工作”“印度尼西亚工作”“越南工作”等，并安排陆军中野学校的毕业生在当地的特务机关工作。比如，“南机关”成立于1941年2月，一年半后解散，其间机关长铃木敬司（陆军中野学校毕业生）主要是在缅甸帮助组建缅甸独立军、支持缅甸独立，被称作“日本版的阿拉伯的劳伦斯”。[②] 根据日本兵器局枪炮课的一封密电，“南机关”获得了执行任务所需的弹药武器，包括引信133个、九二式重机普通实炮1200发、穿甲弹实炮150发、四二年式爆破用雷管60个。[③] 枪炮课给“南机关”补给武器也不是只有这一次，而且是通过不同的渠道交付武器，[④] 可见“南机关”并不是单纯的对缅甸实施谋略、召集缅甸独立分子，还需要在很大程度上诉诸武力完成任务。

与此同时，毕业生通过一系列秘密活动获得日本战争期间所需的战略物资和情报等。为了获取石油，日本还成功运用了伞兵。日军陆军空降兵曾在中国战场进行过小规模使用，但是没什么战绩。不过在东南亚，伞兵发挥了很大的作用。陆军中野学校的毕业生比其他士兵更了解东南亚的地形、设施、炸药包安置点以及当地的语言，他们会亲身参与“落下伞部队”的突击作战。欧美在东南亚的部署很薄弱，陆军几乎没有装甲车和坦克，所以即使是伞兵也是足够控制当地的资源。日军的主要目标是石油的提炼厂和储存罐。1942年2月15日，包括6名陆军中野学校毕业生在内的“空挺工作班”，完成了占领苏门答腊最大石油基地巴邻旁的任务。此外，毕业生还在昭和商社公司职员身份的掩护下从事鸦片贸易、金块走私、在南方出售旧式武器换取资金等活动，用于1940年为埃塞俄比亚的意大利军队提

① 加藤正夫：《陆军中野学校・秘密戦士の実態》，第61页。

② Christopher Alan Bayly, Timothy Norman Harper, *Forgotten Armies: The Fall of British Asia, 1941–1945*, Harvard University Press, 2005, pp. 8–9.

③ 参见JACAR（アジア歴史資料センター）Ref. C04123617600，《南機関交付兵器に関する件》，藏于防卫省防卫研究所。

④ 参见JACAR（アジア歴史資料センター）Ref. C04123696600，《兵器補給の件》，藏于防卫省防卫研究所。

供武器，并支持“民族研究所”对大东亚圈内诸民族的调查研究。在东南亚，毕业生也秘密输出伪币，“印刷了马来亚元、菲律宾比索、缅甸卢比、在英属殖民地及南洋使用的先令、新几内亚雷比、荷属爪哇的盾（荷兰货币）等纸币”。[①] 昭和商社的总务部长小田正身（陆军中野学校三丙毕业生）——同时他有另一个名字——楠本明，指挥曼谷市内的谋略机关“楠本机关”，该机关主要负责视察出入泰国政府外国武官的动向、解读截获的泰文密电，以及通过在泰华侨收集中国的军事情报。[②] 此外，毕业生在印度洋上也有情报活动。比如：樱是毕业生中在参谋本部第二部第六课美国班任职时间最长的，其间他两度出差。据他回忆：“昭和十七年七月（1942 年 7 月），日美开战已经过了半年，我为了用交战国的扣留者交换在海外被扣留的日本外交官和民间人士，登上了被指定为扣留者交换船的日本邮船龙田丸，以三等航海士的身份作为掩护。”那时参谋总长给出的任务如下：1. 航海途中从乘船人员处收集情报。2. 收集印度洋上航空气象的情报。3. 和驻在洛伦索·马贵斯（濒临印度洋的港湾城市，现名马普托，为非洲南部国家莫桑比克首都）的德国领事联络，收集英国海军朝东洋（亚洲）方向的回航情报。[③]

破坏活动的方式也是多种多样的，包括文化宣传、切断交通线、游击战、自杀式攻击等。马来作战中，还通过文化宣传，破坏东南亚和南亚人民同宗主国的关系。“藤原机关”连续几个月通过广播宣传亚洲团结和其他的颠覆性项目，使得在马来亚和新加坡英国军队中占有很大比重的印度士兵投降日本。[④] 封锁海岸线后，援蒋路线只剩下印支和缅甸，而在 1940 年日本进驻印支后，盟军只有通过缅甸运输线援助中国了。由铃木敬司（陆军中野学校毕业生）担任机关长的“南机关”负责收集缅甸公路的情报，

---

① 畠山清行：《陆军中野学校：谍报战史》，第 350 页。

② 斋藤充功：《陆军中野学校・情報戦士たちの肖像》，第 13—47 页。

③ 斋藤充功：《陆军中野学校の真実・諜報員たちの戦後》，第 92—93 页。

④ Stephen C. Mercado, *The Shadow Warriors of Nakano: A History of the Imperial Japanese Army's Elite Intelligence School*, p. 29.

并借助缅甸独立运动将其切断，以破坏英国对中国的物资补给。[①] 另外，该校毕业生还作为游击战战士参与了缅甸、印度和冲绳的战役，他们所使用的教材是《陆军中野学校破坏杀伤教程》，详见《証言・陆军中野学校・卒業生たちの追想》的特别附录。[②] 在太平洋战争后期，由于胜利无望，日军展开自杀式攻击。陆军中野学校的毕业生中重男中尉和甲斐曹长所在的以台湾高砂族士兵为主力的"薰空挺队"，共 80 人，于 1944 年 11 月 26 日在菲律宾莱特岛强行着陆、烧毁敌机。此外，还有攻击冲绳飞机场的"义烈空挺队"，于 1945 年 5 月 24 日突袭盟军占领的冲绳嘉手纳机场和读谷机场，10 名陆军中野学校的毕业生为了保留谍报、落实游击战参加了此次行动，其中 9 人丧生。

毕业生在南亚的情报活动围绕"印度工作"展开，因为在印度"自主"的基础上，日本不仅可以联系东亚各国及欧洲的轴心国，还考虑到对重庆、对苏关系，可以展开世界性规模的"独立运动"。此外，为了尽快实施对印作战，日本以日军为支持，推进对所谓的印度国民军的训练与武装。[③] 为此日本设立了三个主要的情报机关，即"藤原机关""岩畔机关""光机关"。[④] "藤原机关"也被称作"F 机关"，由陆军中野学校毕业生和特别选拔的民间人士组成，[⑤] 于太平洋战争爆发前（1941 年 9 月）由参谋本部设立，并于同月调动到曼谷，机关长是藤原岩市（陆军中野学校教官）。其任务是联系印度"独立运动"、海外华侨和马来亚苏丹，以达到使他们与日本建立友谊、合作，[⑥] 并组织印度国民军的目的。在"藤原机关"的《马来工作报告》中，列出了针对北部、中部、南部马来和新加坡的攻略作战目的及成果。其中，"印度工作"是尽快结成"印度独立联盟"展开反英和协助

---

① 加藤正夫：《陆军中野学校・秘密戦士の実態》，第 110—111 页。

② 斋藤充功：《証言・陆军中野学校・卒業生たちの追想》，第 196—246 页。

③ 参见 JACAR（アジア歴史資料センター）Ref. B02032938000，《1. 第二次世界大戦中ニ於ケル我府印度施策経緯》，藏于外務省外交史料馆。

④ 参见 JACAR（アジア歴史資料センター）Ref. C14010423300，《第 1 要旨》，藏于防卫省防卫研究所。

⑤ 斋藤充功：《日本スパイ養成所・陆军中野学校のすべて》，第 144 页。

⑥ Joyce C. Lebra, *Japanese Trained Armies in South-East Asia*, p. 23.

日军的运动，成果包括结成了“印度独立联盟”、招降了英印部队并利用他们进行劝降以及获取情报等。此外，还指出要顾虑到将来的对印施策，留意和指导归顺、投降的印度士兵，使他们振作精神，到作战末期大致变回本来的状态。[①]

1942年新加坡陷落、驻新英军投降后“藤原机关”解散，取而代之的是“岩畔机关”。其负责协调印度国民军和日军的活动，[②] 旨在“击碎英帝国主义、达成印度完全独立”的目的。[③] “岩畔机关”也叫“I机关”，于1942年3月设置，机关长是岩畔豪雄（陆军中野学校建立者）。该机关成立了印度独立联盟本部（位于曼谷）、印度国民军司令部（位于新加坡）和斗士养成学校（Swaraj学院，意思是自治、独立），还负责对印度宣传、派逃亡日本的印度人潜回印度进行活动等。不过，印度国民军干部和独立联盟的干部有内部纠纷，印度激进派独立运动活动家中村屋的布斯（Rash Behari Bose）与当地的印度人出现对立。[④] 值得注意的是，林集团司令部于1942年7月9日分发《从独立的实现性角度分析印度人的民心动向》，为在缅甸从事“印度工作”的“岩畔机关”提供参考。该资料认为印度人的反英情绪逐渐增强，但是未必亲日，今后要努力引导亲日的情绪；介绍了印度的主要党派，指出印度的反英“恐怖”组织用于谋略的价值很大，还应暗中唆使印度人中激进分子展开行动、结成特殊的团体。[⑤] 此外，根据《第一中队阵中日志》的记载，“岩畔机关”为了纪念甘地的生日，于1942年10月

① 参见JACAR（アジア歴史資料センター）Ref. C14110646200，《馬来工作に関する報告》，藏于防卫省防卫研究所。

② 加藤正夫：《陆军中野学校秘密戦士の実態》，第134页。

③ 参见JACAR（アジア歴史資料センター）Ref. C14060065500，《電報・岩畔電第123号・昭和17年6月22日》，藏于防卫省防卫研究所。

④ 《本土決戦・登戸研究所・中野学校》，https：//www. meiji. ac. jp/noborito/event/6t5h7p00000gn1xj-att/6t5h7p00000gn2fn. pdf，访问时间：2019年3月16日。

⑤ 参见JACAR（アジア歴史資料センター）Ref. C01000521500，《独立の実現性より観たる印度人の民心動向の件》，藏于防卫省防卫研究所。

2 日在特别市厅前广场举行印度国民军的阅兵式。[①]

"光机关"是在缅甸支部创设一年后，于 1943 年 3 月由"岩畔机关"改编而成，业务内容仍是印度工作，机关长是山本敏大佐。同年 5 月，苏巴斯・钱德拉・鲍斯（Subhas Chandra Bose）前往日本，10 月在日本的援助下，中村屋的布斯和苏巴斯・钱德拉・鲍斯在新加坡成立自由印度临时政府。根据日本外务省的档案，实际上"光机关"由陆军统辖。苏巴斯・钱德拉・鲍斯和"光机关"的关系不太顺畅，因为鲍斯虽然承认战争期间日本帝国的最高指导权，但也希望他的意见及临时政府、国民军活动的自主性得到尊重。对此陆军充分肯定鲍斯领导的印度独立运动的地位和利用价值，但比起对印施策政治上的意义，其更重视对作战有利的谋略意义。因此，陆军需要掌握对独立运动的指导权，这与鲍斯的期待背道而驰，而外务省始终扮演调停二者摩擦的角色。[②] 1944 年 1 月，鉴于在曼谷的德国公使馆遭受空袭，"光机关"同意租借德国公使馆临时官邸事务所。[③] 后来"光机关"因准备英帕尔作战，变更为"南方军游击队司令部"。[④]"自由印度国民军"最高指挥官与英帕尔作战（1944 年 3 月到 7 月）呼应，印度国民军也参与进攻、人员渗透等活动。1944 年后，为配合日军的撤退，陆军中野学校毕业生作为留置间谍主力，执行扰乱和联络后方的任务。1945 年 4 月 13 日至 5 月 30 日，"光机关"的一部分成员加入步兵第六十联队，参与"克作战"。[⑤]

综上所述，针对不同的地区，陆军中野学校毕业生采取的行动是不同

---

① 参见 JACAR（アジア歴史資料センター）Ref. C14110636000，《陣中日誌・第 13 号・自昭和 13 年 10 月 1 日至昭和 17 年 10 月 31 日（1）》，藏于防卫省防卫研究所。

② 参见 JACAR（アジア歴史資料センター）Ref. B02032938000，《1. 第二次世界大戦中ニ於ケル我府印度施策経緯》，藏于外務省外交史料馆。

③ 参见 JACAR（アジア歴史資料センター）Ref. BB14090540100，《4. 独逸国ノ部》，藏于外務省外交史料馆。

④ 参见 JACAR（アジア歴史資料センター）Ref. C12122446400，《ビルマ方面部隊略歴（その1）/分割 5》，藏于防卫省防卫研究所。

⑤ 参见 JACAR（アジア歴史資料センター）Ref. C14060214300，《第 15 師団戦史資料/第 3・南方派遣/5・「トングー」附近の作戦（克作戦）》，藏于防卫省防卫研究所。

的。相较于在中国大陆针对国民党政权的破坏活动，毕业生在东南亚和南亚在一定程度上同当地的势力进行合作，比如保护当地市民、扶持本土势力、在精神上留意和指导归顺、投降的印度士兵、通过阅兵式纪念甘地的生日等。而破坏活动则出于获取物资或是战略进攻目的，更多是针对英国、美国、荷兰这些帝国主义国家。尽管在官方档案中，日军明确提出支持殖民地的完全独立，但是也不乏“谋略”“利用”之类的字眼，可见从军方的立场来看，日本帝国的最高指导权是不可撼动的，东南亚和南亚地区独立势力的自主性不能逾越当地日本陆军主宰的情报机关，而陆军中野学校的毕业生在执行任务的同时，又是所在地区亲日势力的指导者。

## 三、多元化的战后评价

在战后，对于二战期间陆军中野学校毕业生及日本在亚洲情报活动的看法可以大致分为以下三类。一种是批判二战期间日本在亚洲的侵略活动。中国学者主要从战争受害者的立场上出发进行历史书写，有代表性的是林庆元、杨齐福的《“大东亚共荣圈”源流》[①]。该书介绍了日本军国主义对外扩张侵略的每个时期所制造的不同借口，而所谓“大东亚共荣圈”就是其中最具欺骗性而又彻底暴露日本称霸世界野心的一个。梁志明的论文《论日本对东南亚的占领及其影响（1941—1945）》（该文稍做改动后被收入他主编的《殖民主义史：东南亚卷》）认为，侵略东南亚是日本军国主义的既定方针，在战前日本就向东南亚倾销商品、输出资本、攫取资源、派遣特工，并为“大亚细亚主义”造势。战时日本更是想在西方国家防备薄弱之时，独占资源丰富的东南亚。而日本所谓“共荣共存”的新秩序是依靠军刀建立起来的以日本为中心的殖民地体制。这种体制具有日本帝国主义对殖民地统治的一贯特征。[②] 由此，中国学者对二战期间日本间谍及其情报活动的研究较少，尚未有关于陆军中野学校的中文专著，更没有学者

① 林庆元、杨齐福：《“大东亚共荣圈”源流》，北京：社会科学文献出版社，2006年。

② 梁志明：《论日本对东南亚的占领及其影响（1941—1945）》，《世界历史》1995年第4期。

去追踪这些毕业生的去向。在日本有少数作者和媒体对此进行反思，日本纪实作家斋藤充功对与陆军中野学校有密切关系的昭和商社的评价带有批判色彩，指出其手上沾染了肮脏的交易——背地里进行的、产生莫大利益的“鸦片”和“金块走私”交易。① 还有 NHK 特别取材班编写的《我曾是少年游击兵・陆军中野学校组建的冲绳秘密部队》，向读者展示了战场上少年们看到的恐怖场景和令人心碎的悲剧，揭露了将本该被保护的儿童作为战争工具的，正是陆军中野学校的毕业生。“护乡队”的干部几乎全部由中野毕业生担任，主要来自六戊、六丙，受三乙的毕业生总领导。② 此外，2017 年 8 月 25 日缅甸《伊洛瓦底报》中，有一篇名为《缅甸独立军背后的男人》的文章，谈及的就是“南机关”的铃木敬司。作者认为尽管铃木被欧洲人称作是“真正关心”被欧洲殖民的亚洲国家的人，但日军对于从英国手中“拯救”马来亚根本没有兴趣：日本想要切断缅甸道路，使得英国不能由此向中国输送军援、物资和武器。此外，作者还写到铃木敬司下令让缅甸独立军（BIA）屠杀少数民族克伦人（Karen）的村落，不分男女老少。原因是他们对缅甸独立军持负面态度，并且英国也在克伦人中招募新兵。③

第二种是偏向中立的介绍性学术著作，以客观叙述为主。英国记者、著名历史学家唐纳德・麦考密克（Donald McCormick）笔名是理查德・迪安蔻（Richard Deacon），他不仅专门研究了英国、中国、苏联和以色列的秘密工作，还著有《日本秘密工作的历史》介绍日本的间谍活动。书中虽然多用叙述性语言、少有评价，但是在第 18 章“日本在东南亚的情报探索”中，作者揭露了日本不仅用鸦片来为谍报团队提供资金一事，而且其希望借此削弱中国的士气。这些大烟由日本人在台湾生产，而后走私到所谓的

① 斋藤充功：《陆軍中野学校・情報戦士たちの肖像》，第 22 页。

② 详见 NHK 取材班：《僕は少年ゲリラ兵・だった 陆軍中野学校が作った沖縄秘密部隊》，第 31—32 页。

③ Aung Zaw, “The Man Behind the Burma Independence Army”, 25 August 2017, https://www.irrawaddy.com/opinion/commentary/man-behind-burma-independence-army.html，访问时间：2019 年 3 月 13 日。

“中华民国自由地区”（so called “Free” China），[①] 但作者并没有对此进行批判。美国历史学家霍伊塞·莱布拉（Joyce C. Lebra）在一本介绍日本协助东南亚国家建设军队的书中写道：很显然日本在荷属东印度（印尼）的主要目标是获取自然资源、加强日本的作战潜力和工业建设。一个附加的目标是主宰“大东亚共荣圈”。日本认为爪哇尤其应是它在其他东南亚地区军事行动的补给基地，而苏门答腊则是主要的石油来源。[②] 但是作者并没有对此加以批判，只是在客观陈述。

第三种是持赞赏的态度，甚至带有怀念的意味。陆军中野学校教官藤原岩市的回忆录，反映了他对于“F 机关”给东南亚造成的影响的认知。书中，他多次提及自己和印度国民军战士之间的友谊。比如：“我想强调我们的印度工作绝不仅仅是间谍行动；它是一个旨在实现建国这一伟大道义的项目，这和陛下的愿望也是一致的，而我将它付诸行动。另外，我想要声明印度独立联盟（IIL）和印度国民军（INA）的战友们，他们的所作所为是出于自身的意愿，受纯粹的爱国主义之鼓舞，而且他们不是日本的傀儡。这是我唯一能回馈他们情谊的方式。”[③] 陆军中野学校的毕业生加藤正夫的书中也记述了陆军中野学校教官门松正一与之类似的想法。“如果日英开战，可以预见缅甸、马来亚、荷属东印度将成为重要的战场。接下来这些地区的诸民族和印度的动向将对战役成败造成重大影响。尤其这些地区是受英、荷长年殖民的殖民地。尽管由于英、荷巧妙的统治，乍一看他们已经丧失民族意识，但是摆脱从属和殖民、恢复自主自由之独立的民族天然意愿应该没有失去。于是日本洞察到他们民族的心愿，正确理解并准备援助。如果为民族独立的实现倾注热情和协作的话，在即将到来的日英战争之时，对他们最有效的是让日本军队帮忙。”陆军中野学校一期毕业生日下部一郎也认为：“东南亚诸国的独立主要是来陆军中野学校出身者们的热

---

① Richard Deacon, *A History of the Japanese Secret Service*, London: Frederick Muller Limited, 1982, p. 199.

② Joyce C. Lebra, *Japanese Trained Armies in South-East Asia*, p. 79.

③ Fujiwara Iwaichi, *F. Kikan: Japanese Army Intelligence Operations in Southeast Asia during World War Ⅱ*, p. 267.

情和努力的结果。”① 日本战后的一些书籍和杂志中，也反映了与陆军中野学校毕业生自我认知相似的观点，对毕业生“默默无闻地”完成秘密工作的行为予以肯定，并认为日本应该继续重视防谍。比如，畠山清行的著作《秘录·陆军中野学校》，以及2017年3月10日日本资深媒体人、美国《赫芬顿邮报》日文版总编高桥浩祐在日本《东洋经济周刊》上发表的《北朝鲜间谍与陆军中野学校连接点和线：日本应该着眼于宝贵的历史经验》②，也表达了类似的观点。

由上述内容可见，不同认知主体对二战期间陆军中野学校毕业生及日本的情报活动所持态度及其理由是各不相同的。比如，中国学者是站在受害者的立场对其进行批判；日本的纪实作家斋藤充功和NHK则是反思日本的过往，进而能够起到反战的作用；而缅甸报纸的作者是站在被日军利用的立场上进行书写。同样，反映中立态度的作品并不意味着作者本人也持有中立态度，因为作者可能会受到介绍性学术著作体例上的限制。而对此持赞赏态度、表达怀念的，除了陆军中野学校出身的作者以及战后的日本作者外，或许东南亚和南亚地区的亲日派也会有类似的看法。总之，战后对于二战期间陆军中野学校毕业生及日本在亚洲情报活动的不同看法，在一定程度上受到了作者的教育经历、政治立场和语境、写作体例的影响，同时也会融入新的时代关怀。

## 结　语

为了满足二战时期日益重要的谍报需求并积极防谍，日本“后方勤务要员培养所”于1937年底成立，后发展为陆军中野学校。在1944年战局危急之时，还成立了陆军中野学校二俣分校培养游击战骨干，直到二战结束才停办。由于其生源的优质和系统的教学，陆军中野学校培养的超过2500

① 日部下一郎：《陆军中野学校実録》，第4页。

② 《北朝鮮スパイと「陸軍中野学校」を結ぶ点と線》，https://toyokeizai.net/articles/-/161968？page=2，访问时间：2019年3月16日。

名毕业生无论是在日本国内留校或者进入其他军事部门，还是在海外都能够很好地完成任务，甚至不惜牺牲自己的生命。这在很多日本人看来是值得敬佩的，比如除了前面提到的“落下伞部队”“义烈空挺队”等外，还有菲律宾卢邦岛上直到1974年才投降，被称为“最后的归还兵”的小野田宽郎（陆军中野学校二俣分校俣1学生）。小野作为“留置间谍”[①] 在卢邦岛收集谍报、参与游击战，坚持执行任务长达30年之久，直到他的上司谷口义美宣读解除作战任务的命令。[②] 战后他的故事在日本引起了很大的轰动，感动了许多日本人。日本战后出版的关于陆军中野学校的图书也多带有纪念色彩，让更多的日本人了解陆军中野学校毕业生们不为人知的故事，只有一小部分作品是对二战期间日本及陆军中野学校毕业生的情报活动进行反思或者揭露其阴暗面的。

实际上，陆军中野学校的毕业生扮演了军方任务执行者和所在地亲日势力指导者的双重角色。同时，他们也会面临很多困难，比如“藤原机关”的机关长藤原岩市（陆军中野学校教官）在回忆录中写道：更糟糕的是，我没有外语天赋，无论是英语、马来语还是印地语。我只记得几个英文单词，还是中学时学的，面对陌生的民族，我对自己做好“工作”的能力没有信心。[③] 战后日本作家畠山清行在《秘录·陆军中野学校》一书中也提及，当时成立的由藤原岩市和小岩井光男负责的南方宣传谋略机关“淡路町事务所”在写作宣传文章时遇到很大的困难，因为日本并不了解美英荷压迫当地人民的历史和残暴行为。“从明治时代以来，因日英同盟的关系，东南亚方面的事务都依赖于英国，所以日本这方面的著述不多，尤为困难的是语言不通。”[④]虽然在官方档案中，日本军方显然是以战争最高指挥者的口吻发布命令，但在具体执行过程中，陆军中野学校的毕业生也可

① 小野田宽郎：《たった一人の30年戦争》，东京新闻，1995年，第29页。

② 小野田宽郎：《たった一人の30年戦争》，第189页。

③ Fujiwara Iwaichi, *F. Kikan*: *Japanese Army Intelligence Operations in Southeast Asia during World War Ⅱ*, p. 12.

④ 畠山清行：《秘録·陆军中野学校》，第278页。

以有一定的“独立性”。[1] 他们中有的认为自己是在帮助殖民地的人民争取独立，是“友情”而不是“利用”，当然，也有人只是在单纯地完成任务、生存下去。在战后，对于二战期间陆军中野学校毕业生及日本在亚洲情报活动的看法是很复杂的，受到诸多因素的影响，同时融入了新的时代关怀。

① 斋藤照子：《二战时期日军对缅工作机构——南机关再考》，司韦译，《南洋资料译丛》2009 年第 2 期，第 49 页。

# 法国外交文件选译（四）

刘彦伊、王祎慈、沈练斌、马吟婷等编*

［编者按］　为了推动冷战时期法国外交史的研究，本辑刊第 14—16 辑连续刊载了《法国外交文件选译》。本汇编为续篇。需要说明的是，本文编译时译者尽量保持了档案的原貌，发表时编辑做了一定删节。

19581028，FD000166

肖维尔①致德姆维尔②电（第 3459—3463 号）③

（1958 年 10 月 28 日）

1. 我请您参照我之前的电报。④

---

* 刘彦伊，南开大学历史学院硕士研究生；王祎慈，华北电力大学教师；沈练斌，天津师范大学讲师；马吟婷，法国加香高师博士生。参加译校工作的还有：首都师范大学教授姚百慧，以及首都师范大学硕士研究生任子晴、张臣臣、曹忠鑫等。

① 舍瓦利耶·肖维尔（Chevalier Jean Chauvel），法国驻英国大使（1955—1962）。——译者注

② 莫里斯·顾夫·德姆维尔（Maurice Couve de Murville），法国外交部长（1958—1968）。——译者注

③ 文献来源：*DDF*，1958，Tome Ⅱ，pp. 593-594。

④ 第 3457—3458 号电报，同样也是在 10 月 28 日，未收录，指出在关于禁止核试验的三方会谈（将于 10 月 31 日在日内瓦举行）的前夕肖维尔的同事和帕特里克·迪安爵士进行了交谈。助理常务次官不怀疑苏联接受去日内瓦，但是他不相信苏联会接受将暂停核试验与裁军的进展相联系。他同样认为在核查的提议上可能产生困难。尽管如此，英国高级官员认为苏联真诚地期待结束试验。——原编者注

2. 我的同事询问根据 7 月 3 日英美协议,[①] 互换情报的计划进展如何。在回应使馆公使问题时，帕特里克·迪安爵士（sir Patrick Dean)[②] 表示，在战术核武器的安置地点方面，美国无疑取得了决定性的进展。这个协议的执行是自发的、相互的交换所取得的成果吗？或是相反，美国政府只限于回答（英国）所提出的问题，只提供对研究计划的进展或正在取得的军事成就有用的情报？

助理常务次官答复说，诚然，协议的原则和精神要求英国有责任证明它需要它自身能够从中直接受益的信息。这就是规则。美国政府只会慎重地提供档案。但现在经常发生的是它没有被要求提供更有价值的信息。除此之外，我们对协议运作的方式非常满意。它符合最好的期望。

在给予了非常肯定的答复的同时，帕特里克·迪安爵士指出已经建立了和谐的合作，这种合作应该归因于英国科学家本身的优良品质，以及英美科学家、学者之间的相互尊重。

3. 对于这些回复，我没有理由质疑，它们只是证实了我最近多次谈到的 7 月协议在英国政治方向里的重要性。

最后，我注意到这些回复仅仅提及核事务。它们与我最近有关邓肯·桑兹（Duncan Sandys)[③] 先生之行以及在导弹领域合作已经取得的有限成功的通信相契合。

（窦云婷、姚百慧译，姚百慧校）

① 关于这项协议，参见 *DDF*, 1958, Tome Ⅱ, 第 19 号文件的注释。——原编者注

② 帕特里克·迪安（Patrick Henry Dean），英国代理副外交大臣，常驻联合国代表（1960—1964)。——译者注

③ 邓肯·桑兹（Duncan Sandys)，英国国防大臣（1957.1—1959.10)、民航大臣（1959.10—1960.7)、英联邦事务大臣（1960.7—1964.10)。他是丘吉尔的女婿。——译者注

19581106，FD000167

## 部长会议主席备忘录[①]

(1958年11月6日)

在为温斯顿·丘吉尔爵士[②]（sir Winston Churchill）准备的庆贺午宴结束后，格拉德温·杰布爵士（sir Gladwyn Jebb)[③] 要求会见戴高乐（Charles de Gaulle)[④] 将军。

杰布大使需要告诉戴高乐将军，在自由贸易区问题上，[⑤] 英国政府丝毫未想采取报复措施，媒体之前的相关报道纯属无稽之谈。然而，他补充说道，英国政府热切希望英法两国可以就此问题达成协议。

戴高乐将军回答大使说，法国政府丝毫不想给任何人带来伤害，而且这也不是共同市场的目的。共同市场定将起步，但英国明显担忧过度了。共同市场的发展将循序渐进，似乎的确不存在给英国造成威胁的严峻风险。

戴高乐将军继续说道，另一方面，法国政府也希望法英两国可以达成协议。各国仍需进行友好协商。莫德林委员会[⑥]就相关原则和构想进行了讨论，但鉴于其组织形式，莫德林委员会似乎并不利于协议达成。法英之间更需要一些审慎的协商，以确定两国能做与不能做的事情。

另外，戴高乐将军还向格拉德温·杰布爵士表示，英国的要求有些过

---

① 文献来源：*DDF*，1958，Tome Ⅱ，pp. 635-636。（该备忘录）按照外交部部长办公室的意愿所撰写。——原编者注

② 戴高乐将军曾授予英国前首相“解放勋章”。——原编者注

③ 赫伯特·格拉德温·杰布（Hubert Miles Gladwyn Jebb），英国常驻联合国代表（1950—1954）、驻法大使（1954—1960）。——译者注

④ 夏尔·安德烈·约瑟夫·马里·戴高乐（Charles André Joseph Marie de Gaulle），法国第四共和国部长会议主席（1958. 6—1959. 1）、第五共和国总统（1959. 1—1969. 4）。——译者注

⑤ 有关该事务，参见 *DDF*，1958，Tome Ⅱ，第304号与第311号文件。——原编者注

⑥ 雷吉纳德·莫德林（Reginald Maudling），英国财政部主计大臣（1957—1959）、贸易委员会主席（1959—1961）。英国首相哈罗德·麦克米伦于1957年7月任命莫德林负责英国关于成立广泛的自由贸易区的谈判。同年10月欧洲经济合作组织委员会同意成立以莫德林命名的委员会讨论英国的建议。——译者注

分，法国政府对这些要求不能完全满足，否则（即法方满足英国的要求的话）法国可能会被英国所压制。

关于9月备忘录，英国大使说在他看来，（虽然）美国理解三边磋商的必要性，但重组北约将是很困难的。戴高乐将军回应说，法国政府的当务之急是在大使层面、在常设小组中与英美一同探讨法国提出的建议。戴高乐将军强调不论怎样，在北约中法国都不会再像之前一样了。

（王祎慈译，刘彦伊校）

19581217，FD000100

外交部备忘录[①]

（1958年12月17日）

在1958年12月17日的会晤过程中，国务卿再次谈到华盛顿针对9月17日法国备忘录举行的三方会谈的后续问题。[②]

首先，国务卿向顾夫·德姆维尔先生表示，如果戴高乐将军真的希望建立正式的三方"组织机制"，国务卿本人不会参与其中。他同意法国政府首脑的观点，即决定战争与和平的重大国际事件通常情况下应交由个别国家和极少数人来进行小范围处理。但是这种协商讨论只有在十分谨慎、非官方且基于相互信任的情况下才能真正有效。例如，签署一份协议可能会深深地触犯到其他国家的敏感神经，还可能会导致福斯特·杜勒斯[③]先生本身很希望看到的在法、英、美之间所建立的协商机制更加艰难。他尤其对意大利、比利时、荷兰、德国和加拿大的反应表示担忧。

顾夫·德姆维尔先生回复称（虽然）我们一向更重视事情的实质而非它的形式，但（戴高乐）将军已经表达了对机制性会晤或有组织的会谈的看法。重要的是我们之间确实应该定期进行联络，讨论与我们共同利益息息相关的所有国际问题。

---

① 文献来源：*DDF*, 1958, Tome Ⅱ, pp. 893-894。

② 有关三方会谈，参见 *DDF*, 1958, Tome Ⅱ, 第390号和第403号文件。——原编者注

③ 约翰·福斯特·杜勒斯（John Foster Dulles），美国国务卿（1953—1959）。——译者注

福斯特·杜勒斯先生对此表示同意，并且提出了具体建议。1月初在他返回华盛顿后，杜勒斯先生将会建议在他本人参加的三方会谈中，依次对远东、中东和非洲问题加以讨论，这些问题应由我们一起轮流研究，顺序可以在我们方便时予以修改。国务卿的同僚对阿尔方（Alphand）[①] 先生表示，对于所有那些具有威胁和平性质的突发事件，三国小组理应即刻商讨，予以处理。

（马吟婷译，姚百慧校）

19590123，FD000007

阿尔方至德姆维尔电（第435—451号）[②]

（1959年1月23日）

参照您第551号至第559号电报。

我于1月22日下午受到了国务卿的接见，并向他通报了在您上述电报中包含的指示内容，即有关在战略领域方面的三方合作。我向杜勒斯先生指出，我们建议在华盛顿进行磋商，并希望达成有关您电报中所提出的三点内容的共同决定。

我首先谈到了建立一个世界战略的三方合作。我强调，最直接相关的三个大国能够（做到）对在核战争范围内所制订的计划进行讨论并且在威慑方面不只是信赖美国政府（您上述电报第2页）是必不可少的。

杜勒斯先生打断我并声明他已经考虑过，坦诚来讲，这种权力应该被视为一种自由世界整体的“共同王牌”“共同所有”。美国可能会永远赞成收到在有关在哪些情况下（对核武器的）使用是可能的或适当的（这一问题上）由它的盟国所通过的意见。

在目前，自由世界里没有其他的大国有这种可能性来组织这样的大批军火。美国事实上持有几乎全部的现代化武器，这就为它设立了咨询的

① 埃尔韦·阿尔方（Hervé Alphand），法国驻北约代表（1952—1954）、常驻联合国代表（1955）、驻美大使（1956—1965）——译者注

② 文献来源：*DDF*，1959，Tome 1，pp. 88-92。

义务。

我记录下了这个声明，并强调了我们也许必须要以三方为基础来确定使用核武器的明确条件——或者在北约内部或者在外部。

我引用了您指示中的第一点，提醒道，目前各个战区不能被相互隔离。对于我们来讲，在一个法国和英国各有一名代表再加上一位美军高级军官的常设小组内能够制定一个自由世界整体的战略，这对我们来说是必不可少的。计划制订中（虽然）不能涉及细节，但是至少可以提前确定一个整体行动，这个整体行动可能会考虑到最真实的假设。

在谈到您指示的第三个部分时，我向国务卿指出，我们不打算离开北约。在最初的结构上还可以附加一些机构：这些机构不是一成不变的，我们估计这些机构中的相当一部分应该进行调整。

我刻意强调，一个如同法国这样的国家如果被认为它没能完全承担其责任并且认为其他国家事实上承担了该任务，那么它就不能在完善的条件下确保其自身的防御，也因此不能保证自由世界的防御。

我举例说明，从现在开始，我们想将目前在地中海海域负责以国家任务为主的海军安置在一个大体上同美国第六舰队相同的情形中。这并不妨碍制订合作计划，这些合作计划在适当的时候可能会生效。

总之，我向杜勒斯指出，我们建议的改革以及我们希望得到的答复其目标只是确保联盟更好地运作。但是这会涉及对我们的大西洋政策今后的发展提出质疑的一些主要问题。

国务卿向我回答道，对于要达到的目标他完全同意我的想法。对于地中海舰队的特殊问题，他应该承认他的无能为力。这是一个很专业的问题，应该由军人们在他们之间进行探讨。

相反，在有关提出的几个很严重的原则问题的前两点上，他认为，启动对此的磋商事关各方利益所在，不是同美国那些国防机构磋商，而是直接同国务院磋商。美国的军人可能和所有国家的军人一样，天性多疑。他们不喜欢向本国居民透露秘密，更不用说向外国人了。当然，幸亏国务卿莅临国家安全委员会，亲自了解了诸如此类的众多问题。他打算在这个战略领域内告诉我们尽可能多的他所掌握的消息。

我提醒道，这不仅仅事关信息交流，而是要三方拟定一个共同的防御政策。

杜勒斯先生同意这就是目的，但是他重复道，最终决定不该由那些军人们做出，他们不是政策制定者。最终决定是美国总统的专属权力，他事实上是根据他的国务卿的意见来行动。

另外，美国的战略观目前还在全面修订中。带有核弹头的导弹的普遍使用将颠覆昨天还是正确无比的数据。几年前，人们就能够承认在战争状态下，指挥的作用就是在他掌握的方式的范围内打击并摧毁明确标出的敌方军事目标，比如说基地和机场。自 1961—1962 年开始，可能会发生一次彻底的革命。可能再也无法仅用一次就能够摧毁事先标出的敌人的出发基地。今后，无论哪一个苏联的发射井，（就算）表面上没有攻击性，也可能掩藏着洲际弹道导弹的发射架。报复行动将因此不能摧毁确定的目标。它可能应该以全面的方法试图让敌人的经济生活和通讯瘫痪。

人们因此可以思考，是否在不久以后所有现存的战略可能都不会过时。北约的战略计划规定，比如说战争状态启动后，将向欧洲派遣美国军队的几个师并在那驻扎 60 天。这是十年前很有道理的观念，但是如果战争是以原子轰炸开始，这个观念就没有任何意义了。原子轰炸可能在一天内就会让 8000 万的美国人立即消失，而且也可能使这个大洲上的所有生命马上消失。另外，小岛上幸免于难的人会处在一个什么样的悲惨和无力的境地呢？

至此该如何设想当一些主要的军火库被摧毁后，一些附属的作战战区可能将继续存在？如何设想可能仅仅是撒哈拉以南的非洲也许会躲避全面的摧毁？

面对这样的危险，那些军人们就无能为力了。衡量危险的程度，确定这种令人生畏的武器的使用条件，这些都属于文职官员的权力。

我向国务卿回答道，应该检验另外一种假设：即两个阵营中的核大国力量相互抵消，传统的军队可能会开战。在这种情况下，如同我们计划的那样，组织北约战区之外的战区就可能显得很重要。

国务卿承认会有这样的情况，并且这样的实施问题或许能够交送给各军事部门；但是他重申，对于确定世界战略政策，军事部门不是一个正确的对话者。如果它们对秘密情有独钟，这是因为大部分时间它们在各部门内部的意见统一上令人怀疑并且有分歧。它们在文职官员面前不会一味地提及这种分歧，并且最终它们的迟疑不决也只能化为沉默。

我问国务卿，鉴于他刚刚讲过的内容，是否我可以把这些话推断为他不赞成在军事部门间进行磋商，并且想把所有问题保留在国务院的范围内。

杜勒斯先生向我回答道，他认为事实上目前应该这样。他建议这样一个程序并不是打算寻求脱身之法。而且几天后就会展开有关远东地区的会谈。比如当我们可能最终达成对朝鲜局势的评判时，英国人或者我们自己力图去了解美国人会对如果中国军队可能越过分界线（这一情况）做出何种反应是很正常的。难道应该期待在这种情况下美国轰炸共产主义中国吗？如果这个问题向军事部门提出，这些军事部门都会心照不宣地被迫回答他们对此一无所知，而且事情不会有更大进展。只有总统和介入于此的国务卿，他们能够回答这样的问题。

可是杜勒斯承认一旦达成有关根本问题的政治协议，也许有可能要求我们的军事代表将我们的决定的实际落实制订出方案。

总而言之，杜勒斯先生回顾了在下午与法新社的拉格朗日（Lagrange）先生的会谈。为了透露给这名记者一些机密信息，他指出他的政府基本上同意在9月17日的法国备忘录①中阐述的观点和原则。针对这些问题法国给出的研究方法是符合逻辑的，并且也适合我们的民族传统。英美的观念其实质一致，即实用主义。为了达到一个我们共同追求的宏伟目标，杜勒斯现在尽力调解这两种倾向。就是在这种思想支配下，他要求我们研究他今天递交给我们的建议。

您的第690号电报②在本次会晤后已到达我处。

（沈练斌译，姚百慧校）

① 有关北约改组，收录于 *DDF*, 1958-Ⅱ, 第165号文件的附件。——原编者注

② 1月22日，未收录。该电报着重指出1958年9月17日的备忘录提出了两个不同的问题：（一方面）致力于共同做出最终决定的三方合作；另一方面，北约组织。有一个与第二点有关的先决问题：有关法国军队身份地位的问题。这涉及给予后者以明确占据优先地位的国家性。这在目前集结于阿尔及利亚的广大地区的陆军中已然实现。这有待于在海军中实现。——原编者注

19590127，FD000169

欧洲司备忘录①

（1959年1月27日）

英国大使曾秘密传递了戴高乐将军和盖茨克尔（Hugh Gaitskell）② 先生的会谈纪要，纪要由格拉德温·杰布爵士撰写。在与法方纪要进行对比后，如下几点值得注意。

1. 三方会谈

盖茨克尔先生以三点内容开启会谈：北约是必要的；北约内美英法三强的政治磋商是必要的；在任何情况下，军队都不能撇开政府独立使用核武器。

戴高乐将军也认为北约是必要的，但北约并不能很好地实现其目标。北约中小国过多，局部利益过多。有全球利益的强国间应该举行磋商。

盖茨克尔先生担心这类磋商若广为人知，会给北约内部制造困难。因而他认为磋商应尽可能采用非官方形式。

戴高乐将军认为应将美英法三强与德国、意大利等追求区域利益的国家相区分。北约应在全球范围内重组，以适应三个世界性强国的利益需求。

盖茨克尔先生担心这类联盟会遭到不结盟国家的强烈反对。尼赫鲁（Jawaharlal Nehru）③ 先生已经难以理解当前北约的意义；一个向全球扩张的联盟会让他更加震惊。所以盖茨克尔先生再次说到三边磋商应尽可能采用非官方形式。

戴高乐将军发现，在全球范围内，美国想把一切都留给自己。美国创立了一些区域联盟：北大西洋公约组织、东南亚条约组织，某天可能还会

---

① 文献来源：*DDF*，1959，Tome Ⅰ，pp. 105-109。

② 休·盖茨克尔（Hugh Todd Naylor Gaitskell），英国反对党（工党）领袖（1955—1963）。——译者注

③ 贾瓦哈拉尔·尼赫鲁（Jawaharlal Nehru），印度总理（1947—1964）。——译者注

出现非洲防御组织，美国只将全球战略留给自己。不应该任由美国继续错误地走下去了。据说法国政府想创立一个“常设政治小组”，正是出于此种考虑。

2. 核武器

在法方纪要中唯一要增加的一点是戴高乐将军提到的一个细节：关于发动核战争，三强中的任一国家都应拥有绝对否决权，除非本国领土正遭受核攻击。

3. 北约的结构

据英方纪要，戴高乐将军似乎考虑筹备一个三国领导小组，他有时称其“扩大化北约”，有时称其“世界安全组织”。这个小组将决定北约在一些地区（大西洋、太平洋等）的政治和战略行动，戴高乐将军将这些地区称为“政治与战略行动区”。目前北约正向属于这些地区的非洲和近东扩展。在军事一体化问题上（见法方纪要第4页），戴高乐将军明确指出，目前诺斯塔德（Lauris Norstad）[①] 将军的领导应该以常规方式结束。若有人坚持也可以让诺斯塔德将军继续领导，但这是无用的。任何军队都不应该像现在一样脱离国家。

当盖茨克尔先生提及“欧洲人的”爱国主义这个概念时，戴高乐将军回应称五百或一千年后这是可能的。没有强大国家作为支撑的民主体系——即没有国防力量，比如西欧——很容易坍塌。现行领导应被三国代表组成的参谋部代替，在英国大使看来这与“设计司”是同义词。

对这部分进行总结时，戴高乐将军宣称：“北约并不存在，它只是一种幻觉。”

4. 苏联

戴高乐将军通过以下方式表明他的观点：

① 劳里斯·诺斯塔德（Lauris Norstad），美国空军上将，1956年11月20日至1962年11月1日任北约盟军总司令。——译者注

在对外政策方面赫鲁晓夫（Nikita Khrouchtchev）[①] 比斯大林[②]更自信，但在对内政策中他没有斯大林自信。目前他像一个政治家一样作为，利用在国外的行动来增强自己在国内的威望。但苏联与赫鲁晓夫并非一体。共产主义只是一个短暂的现象，不能与永恒的俄罗斯国家混淆。苏联所有的战时努力均是为了欧洲，它应该逐渐回归欧洲。中国必定向苏联施压，这也会将苏联推向欧洲。为维持在亚洲的地位，苏联应在西方寻求关系缓和。这是个长期工作。在此期间，苏联将有大动作，正如不久前在柏林问题上的所作所为。[③] 面对这些行为，我们应该毫不含糊，但不应具有攻击性。我们不应让步，但要表明我们准备好协商了。最后，应该增加各种交流，而不仅仅是米高扬（Anastas Mikoyan）[④] 和艾森豪威尔（Dwight Eisenhower）[⑤] 间的交流。

大使将此次谈话纪要交予外交部，纪要不代表法国总统的官方立场，只是为了揭开华盛顿三方会谈的背后意图。[⑥]

附件

1月15日15：30共和国总统与休·盖茨克尔的会谈纪要

1月15日，盖茨克尔先生受到共和国总统一小时的接见，盖茨克尔先生首先谈及有关北约的问题。

---

① 尼基塔·谢尔盖耶维奇·赫鲁晓夫（Nikita Sergeyevich Khrushchev），苏共中央委员会第一书记（1953.9—1964.10）、苏联部长会议主席（1958.3—1964.10）。——译者注

② 约瑟夫·维萨里奥诺维奇·斯大林（Joseph Vissarionovich Stalin），苏共中央委员会总书记（1922.4—1953.3）、苏联部长会议主席（1941.5—1953.3）。——译者注

③ 影射1月10日苏联有关德国问题的备忘录：参见第18号文件及注释、第19号文件、第26号文件及注释。——原编者注

④ 阿纳斯塔斯·伊凡诺维奇·米高扬（Anastas Ivanovich Mikoyan），苏联部长会议第一副主席（1955—1964）。——译者注

⑤ 德怀特·戴维·艾森豪威尔（Dwight David Eisenhower），美国总统（1953—1961）。——译者注

⑥ 有关华盛顿三方会谈的计划，参见 *DDF*，1959，Tome 1，第12号、第33号、第42号文件。——原编者注

关于美法英间创立更有组织性的磋商的必要性，他立刻表示同意，更何况这一将要创立的政治机制是在英法美三国框架内，而不是在北约框架内：事实上印度从未准确理解北约，甚至有可能因带有北约印记的全球政策而感到不快。但盖茨克尔先生还提出将在美国成立的“常设政治小组”是否应是官方组织的问题。鉴于德、意、加等国可能做出的反应，他支持采用非官方形式。

接下来是关于核武器的问题，盖茨克尔先生提到制造原子弹的决定是工党执政时做出的，并且工党支持保守党制造氢弹的决定：英国采取此种立场的唯一真实原因是要避免对美国的完全依赖。作为反对党的领袖，盖茨克尔并不详细了解目前英国政府对弹道导弹的立场，但他知道这个问题十分复杂，争论还将继续。

目前，英美签订了一项关于发射装置的协定，被称为双重否定协定：[①]核弹头由美国掌有，英国不能独自使用核动力火箭，但美国也只能在英国同意的情况下才能使用核动力火箭。对这样的协定，英国表示满意，若是法国，法国也会觉得满意吗？

戴高乐将军强调，法国还未拥有任何核武器，只要核弹头不由法国自己掌控，法国就仍要依赖美国。但若核弹头不由法国掌控，法国也不会同意在本土建立发射装置。盖茨克尔先生承认英国对双重否定协定感到满意的唯一原因是英国可以拥有一些核武器。

于是盖茨克尔先生强调，在核战争中各国应迅速做出反应，但初始决定应该由各国政府共同做出。大多数英国人不赞同在没有英国政府同意以及未与英国进行深入探讨的情况下在欧洲使用核武器。只有在直接与美国产生冲突时——这一可能非常小，英国人同意立即使用核武器。

在被问及对北约的设想时，戴高乐将军简短地表明他希望在更高的层面，在政治和战略双重领域建立一个三国主导的世界安全组织；这一组织之下将有四个行动区域：大西洋、太平洋、印度洋、北冰洋。大西洋区域

---

① 1958年2月22日于华盛顿签订。中程导弹的核弹头由美国保管，但发射装置由英国控制，所以在遭受侵略时，导弹的使用由双方政府共同决定。场地建设由英国负责，美国提供火箭以及必要弹药和发射器。——原编者注

尤其应该更向南扩展，其包含范围应比如今广阔的多，中东也应包括在内。

盖茨克尔先生毫无保留地赞同了这一战略构想，因为最近一次战争就在不远的过去。但在政治层面，他还是看到了一些困难：在北非，让新形式的北约支持法国的政策和让法国接受在阿尔及利亚存在北约的政策一样困难；在中东，鉴于地区的敏感性，我们看不到北约的政策如何在这一地区实行，除非重新进行军事占领，但这是难以想象的。

戴高乐将军随后表示，北约这种高度协调一致的政策应该被三方磋商机制所代替，毕竟后者的提出只会让北约的现行机制，即一种一体化机制招致更多批评。该机制应被一种合作机制所代替，这种合作机制可以避免（相关）人员脱离国家而存在；只有战时在由三国委派的代表（所组成）的参谋部中出于组织战区的考虑，才会允许相关人员脱离国家而存在。

盖茨克尔先生完全赞同戴高乐将军关于三方磋商的政治观点，但在军事方面却有所犹豫：英国并不感到它在德国的军队比在塞浦路斯或别处的军队更加“脱离国家”；也许这是一个欧洲盟军最高司令部统帅之内和之外军事力量的比例问题；但法国，与英国一样，都从欧洲盟军最高司令部中撤出了力量，这好像就减弱了争论的必要。此外，戴高乐将军认为（并已向盖茨克尔先生确认）除了由三国委派的代表（所组成）的参谋部，还需要共同应对战争，协同行动等。在这些情况下，一体化和合作的界限在哪里？

在注意到运行不良的一体化（法国将撤出海军①更会减弱其运行效果）几乎不能再为现行体制辩护后，戴高乐将军从心理和道德上强调区别：现行体制让欧洲国家在防务方面完全信赖北约甚至是美国，防务不再是欧洲自身的事务了。这对欧洲民主制度的运行构成了威胁。

盖茨克尔先生看到了这一观点的价值：也许（这不是他的个人看法）我们可以孕育出一种支持军事一体化的“欧洲情感”，但不论怎样，北约中不存在任何此种性质的情感。

① 将于1959年3月6日在北约理事会上宣布：参见*DDF*，1959，Tome 1，第125号文件的注释。——原编者注

谈到与苏联的关系问题，盖茨克尔先生很高兴听到戴高乐将军说应该在各领域保持与苏联的对话，前提是立场坚定、不卷入会打破力量平衡的事务；要让作为俄罗斯人的苏联人重新与西欧取得尽可能多的联系，并不任由其自作主张。

关于阿尔及利亚的未来这一谨慎的问题，戴高乐将军回答说应改造阿尔及利亚，并找到一条既非独立也非与法国合并的出路，具体细节还不明了。

最后提到伊拉克事件,① 盖茨克尔先生注意到伊拉克印证了阿拉伯世界存在地区主义倾向的势力：我们都担心有侵略倾向的阿拉伯帝国的成立，但如今看来这些担忧是徒劳的。

（王祎慈译，刘彦伊校）

19590203，FD000008

阿尔方至德姆维尔电（第611—625号）②

（1959年2月3日）

2月3日上午，在国务卿出发前往欧洲前的几个小时前我受到了他的接见。③

我向杜勒斯先生指出，我认为很有必要在他启程前使他了解法国政府对于德国整体问题的态度。总的来讲，巴黎认为有必要表现出很强硬的态度。

A. 有关柏林，我指出我们现在想要的是自由进入该城市并且要获得我们全部的应得权利。苏联人应该知道万一他们碰巧阻止我们的行进部队，我们可能会采取必要的措施来确保陆地上乃至空中自由进入的畅通。如果

① 有关这些事件，参见 *DDF*，1959，Tome 1，第9号、第10号文件、第25号文件以及注释。——原编者注

② 文献来源：*DDF*，1959，Tome 1，pp. 135-138。

③ 有关杜勒斯先生欧洲主要城市之行，参见 *DDF*，1959，Tome 1，第62号文件的注释；第74、第77、第78、第81、第103号文件的注释。——原编者注

他们把权力移交给德意志民主共和国之后，他们想要以旅游名义进行控制或者制造障碍，我们就可以决定以所有适当的方法来达到我们的目的。当然，从我们一方来讲，并非是采取挑衅性的措施。我们寻求路径，但我们只有在如果有人针对我们使用武力时我们才会以武力回应。这种立场不排除借助空中补给线的可能性。对最后这一点，美国一直持反对态度，其原因可见我的第600号电报。[1]

B. 我们同意和苏联人举行一次外长级会议。从另一方面说，如同我已为此所若干次表明过的那样，我们认为不可能从现在起就确定一个具体的日期，并且从我们这方来讲，我们很遗憾地看到在刚刚递交给我们的美国回复方案中所提到的4月22日。在我们表达出这样的看法，即我们了解苏联最后通牒中的苛求内容时，如果我们表明我们的弱点和恐惧，这只会徒增苏联的强硬立场。另外，如果会议必须举行，就不能接受将苏联提出的两点建议作为会议议程，即签署和平协议和为西柏林建立新政体。我们认为，本次会议应该处理一些提出的真正问题，即德国的重新统一、和平协议之后的签署、欧洲安全问题。

作为结语，我希望共同纪要提及邀请苏联“在某个日期并且在某个地点为确定一个共同协议”而举行会议。

C. 有关那些实质问题，对我们来讲还涉及不到对德意志民主共和国进行承认的问题。相反，如果万一要进行对话，可以设想逐步达成有关几点务实建议的部分协议，最终形成一个临时协定。从另一方面说，我们一直反对在德国建立脱离接触区，并且我很遗憾看到这个想法又出现在新闻媒体上，并且得到参议院外事委员会新任主席的认可。

D. 国务卿的欧洲之行在巴黎会受到热情的迎接。这样的双边接触是有用的。在不久的将来，并且在同苏联人见面之前，也许应该考虑四个西方国家的外长进行一次会面。

在本次阐述之后，杜勒斯先生向我做了回复，在有关保持极其强硬的

---

① 2月22日电报，未收录。根据该份电报，美国军方认为，在技术方面，像1948年那样完成西柏林全部补给的“空中补给线”在当前的条件下可能是完全行不通的。——原编者注

态度的必要性方面他完全同意我的看法。他认为，在美国舆论的任何领域都不存在对该问题的任何让步。但是当使用“强硬”这个表达方式时，要特别避免躲在抽象当中。因此至关重要的就是从现在开始确定一个有固定范围的情形，并且不能超出这个范围，否则会有“日复一日使自己被蚕食掉”的风险。应该使苏联人懂得，他们将权力移交给东德，并且东德企图控制对柏林的进出，这是西方大国从来不会接受的。因为作为二战战胜国的苏联将控制其他战胜国部队行动的权力交给一个战败国，这是不能容许的。毕竟，从实际情况来看，在同德国的法律关系上战争状态仍继续存在。即使英国人不同意也应该运用这个理由。如果德意志民主共和国在苏联的准许下企图控制粮食弹药的运输，（那么）负责的军官能够接受核实其身份，但不同意参与检查、核实、为旅游事项加盖签证。这是一个很明确的界限，在此可以明确表示出西方世界的决定，在遇到此情形时没有任何可能的含糊和犹豫。

对于大会的日期，国务卿到目前为止并不认为接受在 4 月 22 日启动对话（的话）西方就给出示弱的信号。总之，在 1958 年 9 月 30 日[①]的美方纪要中，已经提出召开一次会议。就目前而言，试图现在确定一个旧的提议好像也是符合逻辑的。

因为他现在了解到这并非我们的观点，他不反对美方纪要的结论被修改以及只是按照法语的表述写入“在某个日期并且在某个地点可能会举行会议，这个地点尚待确定以达成一个共同协议”。

杜勒斯先生问我如果苏联人一味地建议会议在四月底举行，我们的立场会是如何。我的答复是在这种情况下，情形可能就完全不同了。苏联人可能会先迈出第一步，我们或许可能考虑所建议的日期。

在有关未来会议的日程上，他同意我们（的看法）。我们不应该让自己困在苏联的提议当中，恰恰相反，我们应保留自己从全局层面谈论德国问题的权利。另外要预见到在这个问题上和苏联还会有重重困难。苏联人实

---

① 有关 1958 年 9 月 30 日的西方纪要，参见 *DDF*，1958－Ⅱ，第 212 号文件；*l'Année politique 1958*，第 449 页。——原编者注

际上已经表明对于柏林问题他们同意举行四方会谈。但是对于德国问题的全局，他们还是有可能不会妥协。

我指出，对于我方来讲，我更愿意坚持重新统一、和平协议、欧洲安全这三个问题。这才是我们在此之后不得已接受一个更为广泛的表述的可能的起点。

这个时候，杜勒斯先生指出2月2日他收到了阿登纳（Konrad Adenauer）总理[①]的函件。阿登纳总理再次引用了他若干次借机阐述的理由，他并不希望看到外长级会议围绕着德国统一的问题进行。德国总理的理由是，如果过于强调这个问题，有可能使人认为冷战以及东西方之间的困难的根源仅仅是德国目前的分裂，并且当这个问题解决的时候，在欧洲就不会存在冲突的根源了。阿登纳先生因此建议向苏联人建议不要谈论专门的德国问题，而是广泛的裁减军备的问题。

对于国务卿来讲他并不倾向接受这样的建议。事实上，同苏联进行的有关中止核试验的日内瓦会谈完全陷入了僵局。苏联人提出了有关检验的不可接受的条件。有可能几天之后会谈就会破裂。另一方面，这次会议的失败使重启有关防止突然袭击的谈判变得不可能。在这样的情况下，在针对局部问题的解决，而且是更容易解决的问题的双重失败的翌日，向苏联人提出对裁减军备进行新的讨论的建议是不太符合逻辑的。

作为结论，杜勒斯先生和我说不要反对召开一次西方四国外长会议。对于此，他担心的是麦克米伦（Maurice Harold Macmillan）[②] 的莫斯科之行的计划，他刚刚从收音机里得知此事。[③] 总之，绝不能向恐惧让步。如果我们让自己被这种感觉主导，就会有无休止的让步。

（沈练斌译，姚百慧校）

---

① 康拉德·阿登纳（Konrad Adenauer），联邦德国首任总理（1949.9—1963.10）。——译者注

② 莫里斯·哈罗德·麦克米伦（Maurice Harold Macmillan），英国首相（1957.1—1963.10）。——译者注

③ 有关英国首相的莫斯科之行，参见 *DDF*，1959，Tome 1，第113号文件、第121号文件及注释、第131-Ⅱ号文件的注释、第132号、第146号、第147号文件。——原编者注

19590228，FD000171

## 共和国总统备忘录①
（1959 年 2 月 28 日）

在斯巴克（Spaak）② 先生的要求下，戴高乐将军于 2 月 28 日接见了他。

这位北约秘书长此次前来是要告诉戴高乐将军他的担忧。在他看来，西方正处于十分糟糕的境遇中。西方不知道自己想要什么，也没有任何确定的政策。麦克米伦先生的出访③没有任何意义。关于德国的柏林危机，斯巴克先生十分怀疑美国根本不想求助联合国。戴高乐将军回应称他也有此担忧。斯巴克先生认为求助联合国将是最不合适的，这不过是在做无用功。

另一方面，斯巴克先生也对美国国防部的动向表示担忧。据他所知，美军可能已经做好了打击苏联的充足准备。美方可能认为现在是最好的时刻，也是最后的时刻，因为四五年后，苏联将超过美国，但现在苏联的导弹还未达到尖端水平，而美国的空军力量却十分强大。艾森豪威尔总统和杜勒斯先生身体每况愈下，在此情况下他十分担心美国国防部的作用会越来越大。

斯巴克先生在思考在此环境下我们能做什么。他认为只有戴高乐将军能将西方团结起来，我们应该听到他的声音。

关于北约，斯巴克先生发现法国拒绝将本国的领空防御系统融入北约、拒绝建立中远程弹道导弹装置。④ 他认为法国政府应使美国承诺，除非该国

---

① 文献来源：*DDF*，1959，Tome Ⅰ，pp. 247-248。

② 保罗-亨利·斯巴克（Paul-Henri Charles Spaak），比利时政治家，1938—1939 年、1946 年、1947—1949 年任比利时首相，1957—1961 年任北大西洋公约组织秘书长。——译者注

③ 麦克米伦先生 2 月 21 日至 3 月 3 日出访莫斯科。有关此次行程，参见 *DDF*，1959，Tome 1，前面的第 113 号文件；后面的 121 号文件及注释、第 131-Ⅱ号文件的注释、第 132 号、第 146 号、第 147 号文件。——原编者注

④ 有关法国政府在法国装置远程弹道导弹的情况，参见 *DDF*，1958-Ⅱ，第 310 号文件的注释。——原编者注

同意，否则北约不从任何成员国领土上发射核武器。美国与土耳其、希腊和意大利签订了协议，在这类双边协议的框架下，北约的所有成员国都有可能被卷入核战争，而他们自身却几乎无力影响决策。斯巴克先生认为这是无法接受的。

戴高乐将军向斯巴克先生表示法国不会加剧北约的危机。但法国不会再向目前的方向走下去了。法国不接受将本国的领空防御系统融入北约，并将重新指挥其地中海舰队。戴高乐将军总结道，如果我们成功解决了柏林危机，那就应该继续讨论北约的问题了。

（王祎慈译，校）

19590310，FD000175

英法会谈纪要[①]

（1959 年 3 月 10 日）

15 时 30 分至 16 时 30 分，马提尼翁府

与会者：

英方：麦克米伦先生、赛尔温·劳埃德（Selwyn Lloyd）[②] 先生、格拉德温·杰布爵士、乔治·扬爵士（sir George Young）、安东尼·朗博尔德爵士（sir Anthony Rumbold）[③]、霍普（Hope）先生[④]、布鲁克斯·理查兹（Brooks Richards）[⑤] 先生。

法方：德勃雷（Debré）[⑥] 先生，顾夫·德姆维尔先生、若克斯（Joxe）[⑦] 先

① 文献来源：*DDF*, 1959, Tome Ⅰ, pp. 327-331。

② 赛尔温·劳埃德（Selwyn Lloyd），英国外交大臣（1955—1960）。——译者注

③ 安东尼·朗博尔德（Anthony Rumbold），英国负责欧洲和东西方关系的助理副国务大臣（1957—1960）。——译者注

④ 彼得·霍普（Peter Hope），英国驻西班牙公使（1959—1962）。——译者注

⑤ 弗朗西斯·布鲁克斯·理查兹（Francis Brooks Richards），英国外交大臣塞尔温·劳埃德私人助理秘书（1958—1959）、驻法国大使馆情报顾问（1959—1964）。——译者注

⑥ 米歇尔·德勃雷（Michel Debré），法国总理（1959—1962）、北约最高军事指挥官。——译者注

⑦ 法国外交部秘书长。——译者注

生、肖维尔（Chauvel）先生、拉辛（Racine）先生、巴拉迪克（Baraduc）先生、勒贝尔（Lebel）先生、阿芒里克（Amanrich）先生。

顾夫·德姆维尔先生汇报外交部长间的会谈内容。①

会谈首先涉及如何回应3月2日的苏联公函：具体日程将由四国工作组草拟；关于德国能否参与的问题，四国已一致同意采用2月16日的方式。②

之后各国部长讨论了柏林进出的问题，并强调不论怎样要保持柏林为自由市；英国表示最糟糕的方式就是虚张声势。

顾夫·德姆维尔先生说在他看来，保持进出柏林的权利所带来的一切实际问题都很难解决，但这些都不是主要问题；主要问题是共同意愿，即一种不任由自己被驱逐出柏林的共同意愿。他同意要进行军事战备，以警告苏联并让苏联看到西方的决心。

关于柏林地位问题，各国部长一致承认苏联提议将苏军部署在西柏林似乎并不是认真的，除非这是种旨在间接地回到旧体制的方法——即四国占领柏林。

各国部长最后讨论了军备限制区的问题；他们承认德国将很难接受一个会将目前的分界线最终确定下来的措施。

劳埃德先生补充说应该由四国工作组来起草对峰会会议和柏林问题的回应。

目前，对“应急方案”的研究有些被搁置了，诚然此项研究已明显不再紧急，但也不应该将其完全忘记。

麦克米伦先生表示应该首先回应苏联的公函，以拥有足够的时间共同分析西方将在这场危机中采取何种态度。他与德勃雷先生有同样的考虑，认为应该尽快回复。顾夫·德姆维尔先生补充说道，这是完全可能的，因为我们可以在之后的几天中做出答复。

德勃雷先生提醒道，麦克米伦先生和戴高乐将军提到过北约重组的问题。

---

① 同日，有关此次会谈的报告被收录于第326号文件及其后（III）。——原编者注

② 有关西方（确定）日期的函件，参见第50号文件、第101号文件的注释。——原编者注

现在，他希望他的对话者们可以考虑采取一种在他看来对北约的未来，尤其是对法英的未来都十分重要的态度。

事实上，针对欧洲以外地区的问题，尤其是地中海和非洲地区的问题，我们应该更好地调整两国政策。面对世界上所有严重的问题，我们都应努力合作、团结一致，否则北约就可能受到严重的打击。

在北约中，法国自身面对着两个问题：阿尔及利亚问题和法兰西共同体的结构问题，这两个问题的发展会深刻影响法国的未来。

关于阿尔及利亚，法国政府的态度众所周知。让起义军领导人到巴黎商议停火协定，不预先采取政治立场，而是随着事态发展不断调整自身态度，最终重归和平，北非经济逐渐发展，阿尔及利亚的命运由全民公投决定。

英国政府应该了解，讨论阿尔及利亚这一政治问题的不只是专家；法国民众的情绪也被深深地激起，原因有以下几个：尤其是因为在阿尔及利亚服兵役的青年对他们在这个国家见到的所有成果大为震惊，也是因为法国舆论已不再能接受再度出现从前在北非所发生过的（那种）遗弃。

法国的盟国，尤其是英国，应该意识到法国十分关注他们对待阿拉伯问题的态度。事实上，法国与摩洛哥、突尼斯和其他阿拉伯国家间仍存在不同程度的问题，每次遇到这些问题时，法国都会十分认真地审视盟国的态度，因为法国对起义可能获得的任何潜在外援都十分敏感。我们的立场和反应均是以国家利益为先；在国外也应该牢记这一点，以警惕在此方面民众可能产生的强烈反应。

麦克米伦对法国总理的陈述非常感兴趣，并向他询问阿尔及利亚的形势将如何发展。是否可能会向更好的方向发展。德勃雷先生说形势一定会更好，原因有两个：首先是因为法国将动用更强的军事力量；其次是因为在国内方面，阿尔及利亚的社会和经济结构在政府的努力下始终不断发展。

此外阿尔及利亚形势的好转也符合自由世界的利益。

德勃雷先生就此结束，并表示希望阿尔及利亚起义的领导人能感受到西方世界的支持正在减少，不久就将完全消失。

之后，德勃雷先生终于谈到了法兰西共同体，共同体于去年秋季在第五共和国宪法的规定下成立，如今已开始运转，除几内亚表示拒绝外，马达加斯加、四个赤道非洲国家和六个西非国家选择在共同体下自治。

目前，正是这种自治模式饱受争议；共同体中一些国家较为富有，如科特迪瓦，另一些较贫穷；一些国家拥有更强的国家意识，如马达加斯加。

但所有国家均有一小部分政治精英。

同时还应确定共同的行动能力范畴；我们在良好的共同意愿中积极努力。此外令人瞩目的是自现在起，共同体的内部问题——如在布拉维柴尔出现的问题①——对共同体本身的结构未产生任何影响。诚然离心力确实存在，但与共同体的凝聚力相比离心力鲜有成效。

法国政府决定让民主机制自由运行，并给予尽可能多的援助，同时避免直接的行政干预。

法国认为如此行动有利于西方本应在非洲完成的使命：避免黑人世界脱离西方，将其维持在西方世界内部。

英法之间还应定期举行会议，以协调两国政策，避免地方性争论，从而维持黑人世界在西方框架中的稳定。

麦克米伦先生强调，英国怀着最大的同情考虑法国在非洲遇到的问题；我们意识到白非洲和黑非洲的问题对于西方来说越来越急迫。对于多种族的国家来说尤其如此，如阿尔及利亚、肯尼亚和尼亚萨兰，在这些地方，受过西方教育的白人和愈加意识到自身特性的黑人共处一地。

英国认为面对这些问题他们没有最终的答案；可能法国也处在同样的境地；英法两国仍需交流经验。

德勃雷先生承认非洲问题可能没有最终答案；但不管怎样，搅动黑人世界的两种趋势带来很大的忧虑：开罗的帝国主义和共产主义。

在不过于预先寻找答案的前提下，我们需要协调两国领地的发展，以避免一些西方国家，比如我们的盟友美国，可能会犯的错误。

劳埃德先生询问在三个层面运行的（常规外交联系，外交部官员间会议，部长会议）法英协商机制是否令人满意。

德勃雷先生回答称该机制运转良好，但部长间会议可以更频繁些。他

① 有关在刚果（布）出现的问题，参见第307号文件的注释。——原编者注

尤其强调，仅在事件发生后进行研究是不够的，应该共同决定未来我们将做些什么，并在行动前进行商议。在这一点上，如果未付出额外的努力，我们就会遭遇严重的困境。

顾夫·德姆维尔于是强调今年各类会议使两国部长可以经常会面。

劳埃德先生认为关于非洲问题的磋商一定要尽量秘密进行，以避免其他西方国家想要参与其中。

德勃雷先生重复道一定要重视未来，因为目前非洲的一切都在改变。为进一步阐明他的思想，他还补充说道，英国和法国均可对一些黑非洲国家政府产生影响，并且这些国家有时间接使英法卷入他们之间的国际关系；我们应该就给予这些国家的政策建议进行协商，以避免某些国家的态度——如加纳，会扰乱我们的统一行动。

劳埃德先生指出英国政府的实际影响力有时要比人们想象的小得多，比如英国对加纳的影响。

德勃雷先生指出不管怎样，对于我们能够施加影响的黑人国家政府，可以要求他们平息争论，因为这些争论经常会影响法英关系。

因而法英两国应共同商讨对非政策以避免西方丢掉黑人世界。这样行动不只对英法有利，更对整个西方有利。

德勃雷先生希望英国各部长仔细思考这一问题，当法国总理赴伦敦时可以再次对此进行讨论。

劳埃德先生承认截至现在，在有关非洲的法英磋商中，我们并未就未来进行充分探讨。

德勃雷先生复述了麦克米伦先生的话：没有最终的措施；这是一定的，因为非洲永远在发展。但应该付出努力让这些变化不会朝着不利于我们的方向发展，并且这是一项值得尝试的事业。

接下来，德勃雷先生就一个非常重要的问题进行举例，即黑人大学生。要避免他们去国外，即莫斯科、布拉格，甚至某些情况下可能是美国，接受颠覆性或革命性的思想。另外还应在非洲本地建立教育机构，引导黑人大学生，为的是不会培养出今后采取反对西方立场的精英。

但是在巴黎、伦敦还有其他地方，我们都应互相帮助以在大学中接待这些年轻的黑人精英。这是个至关重要的问题。

劳埃德先生承认刚刚提到的这一点非常重要，有关黑人精英的问题表明在今后的会谈中，就非洲五年或十年后的发展前景进行交流探讨是非常必要的。

德勃雷先生强调，对西方来说非洲今后的意义主要在战略和军事层面，而不仅仅是经济问题，因而从这个角度说今后的会谈就更为重要了。

为回应杰布爵士的问题，他明确指出尤其应该将莫斯科或布拉格的大学生吸引到我们的首都来。

让黑人大学生直接了解欧洲世界及其氛围是至关重要的。本地教育应主要发展科学和技术相关科目，并且地方教育终究应以欧洲的学校和大学为导向。

最后他总结道，他深信无论在任何情况下，英法其中一国在非洲的失败对另一国来说都不是成功。

麦克米伦先生感谢德勃雷先生的这番话并补充道，可能只有总理到访伦敦时我们才能讨论经济问题。

就另一个问题他补充道，目前在赫鲁晓夫的众多讲话中，他看到了某些不自信。

德勃雷先生注意到苏联领导人赫鲁晓夫想通过数量众多的讲话扰乱西方世界并在其内部制造分裂。此外，也不需对苏联的一切讲话都过于关注，西方只需了解苏联的意图就好了。

麦克米伦先生对此表示认同，但他重申道苏联十分关心自身的威望。说到底，赫鲁晓夫先生之所以感到十分自在，是因为西方领导人称其为“兄弟”。

苏联的舆论已被本国政府的和平宣传所毒害，劳埃德先生和若克斯先生再次提到了苏联舆论可以在危机后发挥的作用，随后德勃雷先生感谢英方与会者到访巴黎。①

（王祎慈译，刘彦伊校）

① 有关法英在波恩会谈的报告，参见 *DDF*，1959，Tome 1，第 147 号文件。——原编者注

19590504，FD000026

阿尔方致德姆维尔电（第2328—2335号）①

（1959年5月4日）

5月1日，我陪同吕夫（Rueff）② 先生与财政部长进行了长时间的会晤。

首先，安德森（Anderson）③ 先生极力称赞了他所密切关注的法国财经复兴计划。他认为法郎的贬值④仅仅引起了国内物价的小幅上涨，因而称赞了该计划技术方面的优势。他指出，从根本上恢复经济秩序的关键，在于有效防止物价以及工资水平的持续性上涨。据他所述，法国已经展现了可以通过开放更广阔的边境，让外部竞争对价格施压，借此避免本次危机的可能性。在某些情况下，由于利率的提升，这种方式会伴随出现信贷偏低的现象，正如去年英国采取措施后所发生的那样，不过如今法国已经度过了利率上涨的阶段。

另外，财政部长强调倘若没有制度方面的改革和戴高乐将军的勇气与威望，我们不可能实现财政体系的重建。遗憾的是美国政府由于受到来自国会、企业或工会中有影响力的团体的压力，无法如其所愿地像法国那样贯彻相关整顿政策，以此实现经济的复苏。安德森先生特别提到了两种困难：其一，削减给联邦政府预算造成重负的多种津贴；其二，反对当下美国生产者当中的某些贸易保护主义的论调。他表示："每天面对提高关税的要求都会让我难以应对，因为它总是受到参议员或众议员的支持。总统和我都认为坚持尽可能自由的对外贸易政策十分重要，就此而言，我想我们为此付出的努力即将战胜我们所遭受的打击。"

此外，戴高乐将军在3月25日新闻发布会上提出的西方世界与苏联应

① 文献来源：*DDF*，1959，Tome Ⅰ pp. 599-601。

② 雅克·吕夫（Jacques Léon Rueff），法国经济学家，1958年起任戴高乐的经济顾问。——译者注

③ 罗伯特·安德森（Robert Bernard Anderson），美国财政部长（1957—1961）。——译者注

④ 法郎贬值发生于1958年12月，参见 *DDF*，1958-Ⅱ，第442号文件的注释。——原编者注

携手努力援助经济欠发达国家的观点，令财政部长感到惊讶。[①] 安德森先生表示他了解此观点的政治利益，但是实际操作起来会非常困难，甚至十分危险。在他看来，实际上各国的财经体系千差万别，因此我们很难运用同样的国际援助机制。苏联将要通过提供不可兑换的卢布，或者几年来精心准备的技术援助，以此展示它的慷慨。财政部长更倾向于认为，两种体系应各自采取办法对欠发达国家施以援助。

就西方而言，他认为最好的办法是恢复美国去年在新德里召开的世界银行董事会上所提出的计划，即建立世界银行新的分支机构。安德森先生提到“国际开发协会”的项目，该机构由世界银行成员国提供资金，因此苏联被排除在外，为不发达国家提供长期低息贷款，如有必要，也可以用本国货币偿还。

我向安德森先生指出，法国总统认为当今世界的主要问题，是亚非国家二十亿人民的生活水平与欧美发达国家人民生活水平之间的巨大差异。柏林的地位，潘科组织机构的存在以及脱离接触的提议等，这些都不是主要问题，只有解决人的生存问题，才是维持和平的根本。

尽管两种体系现在相互对立，但在这一点上还是有很多讨论的空间，也可能会有新的建树。就专业技术层面而言，戴高乐将军并未提出任何见解。

我特别注意到安德森先生的反应。事实上，尽管他之前在专业技术方面提出的反对意见在我看来并不是非常有说服力，但是他的看法可能对总统和政府产生较大影响。我们已认识到该计划的重要性，倘若我们要把建立一个援助欠发达国家人民的共同组织机构列入东西方会议的日程中，难道不应该提前和我们的英国与美国盟友研究制定相关原则，然后确立实施该计划的技术方案吗？[②]

（马吟婷译，姚百慧校）

① 有关本次新闻发布会，参见 *DDF*，1959，Tome 1，第 211 号文件的注释和第 274 号文件的注释；以及 *l'Année politique 1959*，第 354—357、615—617 页。——原编者注

② 注：应要求重新发送部分内容，因而此电报并非完整。——原编者注

19590522，FD000027

阿尔方致德姆维尔电（第2632—2636号）[①]

（1959年5月22日）

今日（5月22日）我陪同比内（Antoine Pinay）[②] 主席[③]与艾森豪威尔总统进行约四十分钟的会晤。

首先，会谈就我国财经复兴问题展开讨论。艾森豪威尔先生对我国采取的改革措施予以高度赞赏，[④] 并表示我国的经济改革为整个自由世界提供了极具参考价值的范例。他强调开采撒哈拉油田带来的特殊利益——撒哈拉油田的产量将进一步促使西欧不再依赖中东石油的供给。

因此，艾森豪威尔先生对于法国重新成为民族国家中的佼佼者甚感欣慰，据他所言，这只会有利于我们两国关系的改善。

然而，法国针对北约的运作问题所提出的某些决定令他深感忧虑。在他看来，北约对西方世界的安全防御而言具有前所未有的重要性，一切可能有损我们之间团结的举措即刻将成为苏联对抗我们的武器。

总统尤其影射了我国驻地中海舰队的变动，[⑤] 以及签订关于在目前驻法美军的飞机上建立必要的原子储备的协议所遇到的瓶颈这两个问题。[⑥]

---

① 文献来源：*DDF*，1959，Tome Ⅰ，pp. 662-664。

② 安托万·比内（Antoine Pinay），法国经济和财政部长（1958—1960）。——译者注

③ 财政部长为接受纽约大学授予他的奖章于5月21日上午抵达美国。他将主持召开关于法国经济复兴与共同市场的相关会议（*Le Monde*du 22 mai，第14页；23 mai，第14页）。——原编者注

④ 有关具体措施，参见 *l'Année politique 1959*，第159—173页。——原编者注

⑤ 参见 *DDF*，1959，Tome 1，第125号文件的注释。——原编者注

⑥ 就此问题参见 *DDF*，1959，Tome 1，第237号文件的注释和第252号文件。德勃雷先生已告知赫脱（Herter）先生［克里斯蒂安·赫脱（Christian Archibald Herter），美国国务卿（1959. 4—1961. 1）。——译者注］，戴高乐将军拒绝就核武器储备问题与美国展开任何协商（参见第260号文件），另外还有德罗斯（de Rose）先生寄给阿尔方先生的私人信件（未收录）。杜勒斯于5月6日与法国大使在华盛顿就各种问题进行会见时坦言道，他对于该问题非常关心，并且十分重视此问题与阿尔及利亚和三方会谈进展情况之间的联系。阿尔方在回信中表示联盟是不可分割的，联盟需要法国的盟友们提供在现代战争中必不可少的防御措施（5月6日来自华盛顿的第2380—2382号电报，未收录）。而同一天（即5月6日），美国与波恩、海牙、雅典与安卡拉等政府已经达成建立核储备的相关协议（5月6日来自华盛顿的第2385号电报，未收录；参见第260号文件和注释）。——原编者注

安托万·比内先生回复道，法国政府和美国政府一样致力于加强北约。然而，戴高乐将军曾指出，为了更好地使联合军队树立民族责任意识，应该对联盟的某些军事机构进行调整。虽然我们希望进行一些调整，但并非出于使我们游离于北约组织之外的目的，相反，我们正是为了促使美法两国之间的合作具有更高的价值和效率才出此方案。

比内先生补充道，法国有充分的理由对原子问题方面感到不满。倘若我们是真正平等的合作伙伴，我们应该坦诚地分享我们在现代武器领域中所具备的科学技术知识，特别是关系到核武器问题。法国被迫以高昂的财政支出为代价，自行重新研发已被美国盟友掌握甚至已被苏联掌握的（核武器）制造的核心技术，这是不正常的。也许我们一向不认同美国的立法和国会精神，但这是美国的内政。每个法国人都乐于承认法国成功地完成了转型，而美国参议院与众议院却没有认识到与这样的法国进行全面且真诚的合作的益处，对此我们无法理解。

这些言论似乎使艾森豪威尔总统感到震惊。对他而言，他当然希望能够找到一个足以同时回应技术、心理、政治三方面问题的答案。然而，据他所说对于在法国领土上建立核储备这一特殊情况，他急需在与戴高乐将军会晤、讨论核心问题之前，至少找到一个临时方案。艾森豪威尔先生十分期待这次会见，并且二人的会晤很可能在峰会期间举行。

（马吟婷译，姚百慧校）

19590616，FD000030

## 德勃雷与霍顿①会谈纪要②

（1959 年 6 月 16 日）

6 月 13 日星期六中午 12 点 30 分，总理应邀接见了美国大使。塞西尔·莱昂（Cecil Lyon）③ 先生和阿芒里克先生出席了长达三十分钟的会晤。

① 阿莫里·霍顿（Amory Houghton），美国驻法大使（1957—1961）。——译者注

② 文献来源：*DDF*，1959，Tome Ⅰ，pp. 819-821。

③ 塞西尔·莱昂（Cecil Lyon），美国驻法国大使馆副馆长。——译者注

霍顿先生带来了一份备忘录，作为对德勃雷先生 4 月 28 日信件的回应；[①] 这份备忘录撰写于 6 月 13 日，重新强调了美国的传统立场：美国始终尽力援助法国，却总未充分获悉法国的相关政策；美国的法律规定使其无法对民族解放阵线的活动予以限制；就北非政策进一步而言，华盛顿与法国目标一致。

美国大使明确表示他对备忘录增加了口头评论，以此强调美国政府合作的意愿。他强调了一项特殊措施，即国家部门任何级别的办公厅不再接待民族解放阵线的官员。同时，他希望利用这次会晤，获知德勃雷先生信中所提问题的法方立场。

总理于是解释了为何我们认为美国对民族解放阵线人员的态度对阿尔及利亚问题的发展造成了严重的后果。

我们的西方盟友对叛乱领导者总持强烈的保留态度。于是，每当我们对它们增长中的保留态度有所要求时，它们就用美国的例子反对我们。例如，当我们请求罗马当局禁止民族解放阵线要员在意大利逗留时，罗马当局就是这样做的；当我们对加拿大政府提出了同样的要求，同时要求禁止对尚德利（Chanderli）进行采访时，加拿大的做法也是如此。

我们理解美国政府受到司法方面的约束，不便对反叛者的宣传活动进行限制，然而，在有关能从异常谨慎的行为中获益的反叛者所要求的政治避难这一方面上，我们相信还是有很多工作可做的。

我们要求大量在法国寻求避难的各国难民特别是西班牙籍难民，谨慎行事。

在我们看来，在所有民主国家把对政治避难者的收留款待与允许他们随意宣传的自由加以区分，这既是必要的，也是完全可能的。就民族解放阵线的情况而言，更为严重的是他们的宣传实际上会导致纯粹的恐怖主义活动，而且他们自称阿尔及利亚人，而并无哪个国家给他们颁发了护照。

因此，我们依然坚信如果美国人愿意，美国政府会对民族解放阵线代表的态度更加坚决。

---

① 美国备忘录参见本篇会议纪要后面的附件部分。——原编者注

霍顿先生表示他对法国总理的解释很感兴趣，他将即刻转告给美国政府。德勃雷先生也表示很快会对备忘录做出书面答复。

在关于和突尼斯以及和摩洛哥的关系这一更为宽泛的问题上，大使重新解释了美国政府对合作的忧虑，继而法国总理也进一步阐明，他并不怀疑高层行政与军事人员对合作有所担忧，但是对下层人员特别是在拉巴特和突尼斯两个地方的下层人员，态度却未必如此。[①] 我们认为已经有令人不快的先例发生过。

大使承诺华盛顿将会继续探讨这个问题。

在会见的尾声，霍顿先生指出戴高乐将军和美国总统在不久之后的会见将会非常有用。

附件

备忘录

美国大使馆，巴黎，1959 年 6 月 13 日

总理先生 4 月 28 日的信件表明，[②] 美国与法国关于北非的政策似乎存在诸多误解。我们真诚地希望误会能得到澄清。

在所谓的对北非缺乏团结的问题上，我们记得多年来即使在美国政府没有完全理解或完全同意法国政策的时候，在关于北非的各种问题上美国也向法国政府提供了有力的政治支持，这些支持已使美国频繁受到国内外的批判，（但）似乎却没有得到法国的充分理解。

阿尔及利亚的冲突无论现在还是未来显然都是北非的难题，其结果对北非这样一个对西方安全至关重要的地区的走向起决定作用。我们没有低估阿尔及利亚问题的重要性和复杂性。美国政府希望法国当下能够就该问题成功地提供一个开明且持久的解决方案。然而，不论是对法国提出的政治解决方案，抑或是对法国有关何时能取得成功的预估，美国政府都毫不知情。因此，美国很难对它尚未完全获知的政策予以全力支持。尽管如上

① 有关法国外交官对派往突尼斯的美国代表的指责，参见第 216—313 号文件。——原编者注

② 此文件缺失。——原编者注

所述，美国政府已经尽力避免做任何会阻碍问题得以解决的事情。

至于总理所关心的民族解放阵线在美国的活动问题，需要说明该组织未享有官方身份。事实上，美国政府对该组织的态度从未损害过法国的利益，也没有阻碍问题的和平解决。尽管如此，美国和法国一样拥有历史悠久的自由主义传统众所周知，这使得美国通常允许外国人或外国团体组织入境，且允许他们公开表达自己的看法，即使这些观点美国政府并不一定认同。

关于协调对西北部非洲独立国政策的问题，美国政府从未有过任何企图破坏法国与这些国家紧密关系的行为。相反，我们希望美国的努力能够进一步协助法国帮助这些国家取得进步，也能帮助法国与它们合作，以此加强自由世界的力量。因此，美法在此问题上的基本目标相同，不存在任何矛盾。总之，美国政府真挚地希望维护并加强这些独立国与法国之间的传统友谊。

（马吟婷译，姚百慧校）

19590620，FD000031

德姆维尔致驻外使节通电（第82号）[1]

（1959年6月20日）

关于政府拒绝在法国建立核武器储备，以增加北约空军的问题（北约空军基地位于我国领土内），外媒予以较多关注。[2] 这些议论通常反映出大家对真正的问题一无所知，我认为十分有必要向您表明法国政府的态度。如果您考虑到当地的情况且认为有必要，可以通过这些指示澄清事实真相。在解释的过程中（我）无意与我们的盟友产生争论，唯一的目的就是让别人更好地理解我们的立场。

① 文献来源：*DDF*，1959，Tome Ⅰ，pp. 859-860。该电报于6月16日编辑，20日发送。——原编者注

② 有关该问题，参见 *DDF*，1959，Tome 1，第338号文件及注释。——原编者注

德勒斯（de Leusse）[①] 先生在北约理事会中表示，[②] 在法国建立核武器储备的问题与世界安全组织的一般性问题息息相关。目前，在他们参与的许多方面，并不存在捍卫自由世界利益的严密组织机构。法国对众多国家的安全，甚至对位于北约范围以外地区的安全负有责任，此问题对法国来说非常重要。在世界其他地区，西方的根本利益受到了威胁。这些地区的安全，要由那些对全世界各种事务负有责任的国家捍卫。现在急需这种组织机构。法国政府已经提出了这个问题，只要尚未就此做出决定，它就无法就参加北约的条件做出新承诺。对部署核武器储备所做的安排，没有考虑到防御的整体需求，因此属于本原则所决定的范围之内。

因此，在这个问题上无须抱有如下想法，即我们将以交换有关制造核武器的信息为条件达成协议。

法国这样做，绝不是为了满足法国的基本利益从而予以施压，它的动机源于全体西方国家共同的担忧，即倘若缺少这个西方国家借此捍卫自由世界根本利益的组织，那么，我们这些国家将在受威胁的地区遭遇新的政治失败，抑或是被卷入这些地区的冲突当中。

（马吟婷译，姚百慧校）

19590707，FD000179

## 欧洲司（中欧处）备忘录：日内瓦会议和裁军[③]

（1959 年 7 月 7 日）

在日内瓦会议的有限会议期间，裁军问题被再三提及。特别是在 6 月

---

① 布鲁诺·德勒斯（Bruno de Leusse），法国驻北约代表。——译者注

② 依据 6 月 11 日的宣言（见同日北约常驻代表—巴黎第 50050 号电报，内容已经在此重述，该电报本书不再收录）。应斯巴克先生及其多名同事的要求，此宣言的文本已通过德勒斯先生转交给北约委员会其他代表。——原编者注

③ 文献来源：*DDF*，1959，Tome Ⅱ，pp. 22–24。备忘录由外交事务顾问、欧洲司副司长（裁军）米歇尔·勒让德尔（Michel Legendre）先生撰写，它介绍了在 7 月 13 日重启日内瓦第二阶段外长会议前四大国的立场。有关第一阶段（5 月 11 日至 6 月 20 日），参见 *DDF*，1959-Ⅰ，第 300、第 321、第 342、第 347 号文件以及附件卷。（为了参考附件卷，会加上特别标识，如 bis、ter 等，如 *DDF*，1959-Ⅰ，273[bis]，273[ter]）。——原编者注

15日的会议上，[1] 葛罗米柯（Gromyko）[2] 先生做了如下声明："是否有可能共同向联合国大会建议，成立一个更为有限的组织以便研究这个（指裁军）问题？我已表明我们打算讨论这一建议并且研究这样一些问题，如这样一个组织的构成以及成员国的数量。如果你们现在还没有准备好就其进行讨论，我也不会坚决要求。可能我们的替代者会聚在一起研究这一问题。"

西方国家的外长们，由于不希望绕开柏林问题，故于17日借口由于有能力的专家的缺席，联合国的代表们会重启裁军问题并建议一个谈判程序。葛罗米柯先生，在表明他偏爱由外长们自己研究这一问题后，没有再坚持。

苏联人的意图很可能是，在如果没有就柏林达成一致的情况下，通过提出重启裁军谈判以达成一项协议，从而能获得西方国家的认可，以召开峰会。苏联人也可能希望就裁军方面在联合国大会上做做姿态，鉴于他们的82人裁军委员会提案显然一无所获，在大会上他们身陷困难。

英国政府的立场已经通过它今年五月份在伦敦的专家小组代表的态度得以明确。西方的"和平计划"[3] 有两处提出重启总体裁军谈判，而只有当英国人孤立于美、法、德代表团的协议之外时，英国人才接受了这个计划。事实上，他们的愿望是在重启任何总体裁军谈判之先前达成一项关于中止核试验的协议。他们害怕，如果重启总体裁军谈判，会导致目前已在日内瓦进行六个月的停止核试验谈判复杂化并放慢速度。

相反，美国人似乎打算接受重启裁军谈判的方针。法国，从它这一方面来看，有意不单单任凭日内瓦的三方会议延长下去，且有意重启有关裁

---

① 1959年6月15日，在赫脱先生、葛罗米柯先生、赛尔温·劳埃德先生以及顾夫·德姆维尔先生之间举行了第12次有限会议。在会议的最后，葛罗米柯先生提到了裁军问题以及建立一个新组织的问题。参见：*Ministère des Affaires étrangères*, *Réunions des ministres des Affaires étrangères*, *Genève*, *11 mai-20 juin*, *13 juillet-5 août 1959*, *Procès-verbaux des séances restreintes*, Imprimerie nationale, 1959, 第81页。——原编者注

② 安德烈·安德烈耶维奇·葛罗米柯（Andrei Andreyevich Gromyko），苏联外交部长（1957—1985）。——译者注

③ 5月14日：*DDF*, 1959-Ⅰ，第278[bis]号文件。——原编者注

军的总体谈判，在这方面，在缺少协议的情况下，重要的意见交换是会发生的。

重启裁军谈判的先决条件是找到自1957年10月开始的有关裁军委员会以及小组委员会构成的争论的解决办法。鉴于1957年和1958年在纽约的代表们为了解决这一问题而付出的努力是徒劳的，（因此）如果人们真的希望达成一项协议，再度将这一任务交付给代表们是不合适的。日内瓦的有限外长会议或能找寻达成协议的方法。

两个问题如下所示：

1. 裁军委员会。直到1957年，委员会都是由安理会成员再加上加拿大组成的。在1957年的大会上，就苏联人提出的成员数扩充的要求进行了一次长时间的讨论。西方国家提出的25人成员数解决方案获得了三分之二的票数，但苏联人对此表示反对，他们提议32人。[①]

西方国家的提案是让多数国家反对1957年8月29日完全区分的方案，[②]特别是要清楚区分禁止核试验和管控生产用于军事目的的可裂变材料的方案。苏联人提议的32人提案是为了获得意见相反的成员支持。25人委员会从未召开过（会议）。

1958年，苏联人使人们接受了他们的由联合国的82名成员组成裁军委员会的提案，这一委员会也从未召开过（会议）。

实际上，如果背弃安理会组成（的委员会），找到一个所有人都接受的方式真的十分困难。这也有可能开扩充安理会成员数的先例。因此，最合理的解决方案可能是回到旧有的方式，这就是说回到由安理会组成（委员会）的方式。况且，与有关工作和谈判组织的构成这一问题相比，该问题可以被看作是第二位的。

2. 苏联人不接受回到以前的裁军小组委员会的组成上，然而这样一种组成是最为合理的（安理会常任理事国，除中国外，加上作为中小国家代表的加拿大）。苏联人总是要求对等。接受（苏联人的要求）显然会开启一

① *DDF*，1957-Ⅱ，第399号文件的注释。——原编者注

② 有关该计划，参见*DDF*，1957-Ⅱ，第142、第143、第150号文件。——原编者注

个先例；美国到目前为止仍对此坚决反对（能想到的例子是，美国只是在有保留、谨慎的情况下，在有关突然袭击的会议上接受了对等）。

尽管如此，人们会思忖，对于一个特别专门的且权能有限的组织来说，是否这一方式（指要求对等）可能也不是最坏的。不管怎样，这一方式比引入中立国更可取，在许多方面中立国论点的危险与苏联的论点相似。苏联可能会附加它的两个卫星国，而这并不会让人不舒服。因此，组成可能是：美国、英国、法国、苏联以及两个卫星国（波兰和捷克斯洛伐克）。

不过，应该避免将西方国家这边的圈子扩大至意大利和加拿大，这可能会招致另外两个卫星国的加入，就像为了有关突然袭击的会议那样。因此，人们可能会看到展开真正的谈判，（谈判）在大会之外，由主要的三个核大国之间的会谈组成。

这样一种方式（3+3）可能会从根本上使苏联人感兴趣，且对于西方国家来说，这可能是最不令人感到不舒服且最不危险的方式。

（刘彦伊译，姚百慧校）

19590728，FD000182

肖维尔致德姆维尔电（第2294—2298号）[①]

（1959年7月28日）

使馆参赞7月27日就关于核试验的日内瓦会议进展情况询问了奥尼尔（O'Neill）[②] 先生。[③]

副外交大臣说过去一个月的会议在谈判上没有取得任何显著进展。

1. 最近这几周发生的最引人注目的事件是三大国技术专家之间达成的

① 文献来源：*DDF*，1959，Tome Ⅱ，pp. 116-117。

② 英国副外交大臣。——译者注

③ 有关每月举行会议的禁止核试验日内瓦会谈，参见 *DDF*，1959-Ⅰ，第21、第53、第151、第218号文件。——原编者注

一致，他们于7月10日向大会提交了一份联合报告。① 这份文件日后将公布，媒体已于次日公布了其部分梗概。文件的结论是有可能控制所有发生在太空的爆炸。文件明确指出了要完成这一目标所要使用的方法。乍一看，这构成了英美论断的胜利，因为它将建立地面的以及人造卫星的站点系统。但事实上，该协议是以西方的让步为代价的：在已提出的四种陆地观测手段中，其中一种（后向散射雷达）在苏联人的固执面前必须放弃，以避免本质上允许监测某些太空运动的所有方法。

正如英国外交部预测的那样，谈判的这一主题得到了解决，但是这只触及次要的困难。

2. 站点的构成问题几乎没有进展。奥尼尔先生表示，正是他的政府使华盛顿同意提交那项媒体已经公布的提案，即把站点技术人员的三分之一分配给东道国，三分之一分配给其他两个核大国，三分之一分配给一个非核国家。② 大多数非技术人员将由该站点所在国提供。站点的技术人员首脑不能是该地区国籍。媒体已经报道察拉普金（Tsarapkine）③ 先生如何要求东道国提供位于其领土上每个站点30名技术人员中的20名，并粗暴地拒绝非核国家的参与。因此，苏联代表向前走了一小步。奥尼尔先生指出，尽管这两处位置地处偏远，但英美无意在这个问题上再做让步。

3. 一些小问题已经得到解决或正在讨论中。已商定监督机构的总部设在维也纳。④ 美国代表提交了关于筹备委员会的组成和运作的条约附件

---

① 6月29日，美英苏三国科学家提交了一份关于监督高海拔爆炸的暂定报告。7月10日，大会收到了由帕诺夫斯基（Panofsky）（美国）、亨利·休姆（Henry Hulme）（英国）、费奥多罗夫（Feodorov）（苏联）三人签署的意见一致的最终报告。在报告中，科学家们确认了使用人造卫星方式监测距离约30万公里的爆炸的可能性。关于这一问题，参见 *l'Année politique*, *1959*, 第445—446页。——原编者注

② 7月20日，美国和英国代表提议，监测站应该由三部分人员组成，即三分之一美国人或英国人，三分之一苏联人，三分之一其他国家人员（包括法国人和中国人）。西方代表建议每个监测站的领导不能是该站点所处国家的人。参见 *l'Année politique*, *1959*, 第446页。——原编者注

③ 谢苗·察拉普金（Semyon Tsarapkine），苏联驻联合国副代表。——译者注

④ 7月24日，美国、英国、苏联的代表选择维也纳作为未来禁止核试验监督组织的总部。——原编者注

草案。[1]

4. 主要部分没有取得任何进展。苏联没有任何想要讨论地下爆炸技术材料的迹象。因此检查配额问题仍处于停滞状态。

奥尼尔先生总结说，在这样的情况下，协议还很难达成。即使峰会的结果是解冻了地下爆炸的问题，长达数月的艰难谈判依然是不可避免的。这位英国官员以半开玩笑的语气重复了在上一次会谈时已经提过的意见，他补充说，法国政府可能打算在这项正在三个核大国之间进行讨论的协议达成之前爆炸第一颗核弹。

（曹忠鑫译，姚百慧校）

19590820，FD000186

勒贝尔致德姆维尔[2]

（1959年8月20日）

8月20日，我的同事询问法利（Farley）[3] 先生对代办处消息的看法，根据代办处的消息，关于中止核试验的日内瓦会议可能在几个星期内停止。[4]

法利先生的回答如下：

---

① 7月27日，美国提议设立一个"筹备委员会"，该委员会将在签署条约之后开展工作，并在经批准后转为"国际监督委员会"。这个筹备委员会将由美英苏三国专家组成。草案附件规定可以接纳其他国家技术人员扩大委员会。——原编者注

② 文献来源：*DDF*，1959，Tome Ⅱ，pp. 203-204。

③ 美国国务院负责原子能与裁军事务的国务卿特别助理。——译者注

④ 关于停止核试验的日内瓦会议从8月4日到20日继续召开。但是，针对在西方和苏联阵营间控制站点的构成、年度检测的次数及其均衡方面，美国、英国、苏联三个核国家间并不一致。对于政治意见的分歧，西方代表认为停止核试验的问题最好在政府层面商讨。盎格鲁—撒克逊人同意推迟会议的工作直到赫鲁晓夫访美（预计从9月15日到28日）后。在8月20日的会议后，在纳拉亚南（Naranayan）先生作为联合国秘书长的私人代表出席的非正式会议期间，苏联代表察拉普金被告知了西方的提议。他没有反对，只要求询问本国政府意见。参见 *l'Anneée politique*，1959，pp. 461-462。——原编者注

A. 准确地说，盎格鲁—撒克逊[①]方面希望暂停日内瓦会议一段时间。美国和英国代表团的团长就该主题与察拉普金先生进行了接触，并等候他的回应。如果回应是积极的，将在最近公布暂停工作。[②]

法利先生明确表示，在这件事上，美国政府打算表现出谨慎，避免给人以它想暂停协商而苏联却想继续下去的印象。另外一个问题是，如果决定暂停日内瓦的工作，应避免让人认为，这是为了让艾森豪威尔和赫鲁晓夫在他们的会晤中有完全的自由，以在他们（首脑）级别对中止核试验问题加以讨论。在美国看来，实际上人们认为与在外长级别进行探讨相比，该问题不应该更多地在苏联与美国首脑会谈期间进行探讨。

B. 至于在目前阶段人们希望暂停日内瓦会谈的理由，法利先生主要提及了既有的看法：协商已经走进死胡同，是时候反思问题的一些方面以及给美国代表一些新的指示。关于新的指示，他没有给出更多的细节。他只是表明这取决于一系列的因素。在国会，为了让美国政府做出让步，汉弗莱（Humphrey）[③] 参议员表现出更加坚决（的态度）。相反，安德森参议员越来越反对妥协。原子能委员会和五角大楼要求重启核试验，最近一次是建议在 10 月 31 日即美国已暂停核试验满一年后开始。[④]

在 10 月 31 日联合国大会上提出的问题将对美国政府造成困难。如果它决定重新实验，宣布这个决定的时刻会是个糟糕的选择。相反，如果它决定继续它的承诺，它不应该放弃再一年的继续中止核试验，否则会把大量的好处给苏联。

法利先生提醒道，最后要知道的是在两国政府首脑会见后，苏联的打算是什么。在日内瓦会议方面，有一些因素将会影响美国政府做出的决定。

（张臣臣、姚百慧译，姚百慧校）

---

① 指英国——译者注

② 8 月 26 日，会议决定休会到 10 月 12 日。事实上会议在 10 月 27 日才重新开始。——原编者注

③ 休伯特·霍拉蒂奥·汉弗莱（Hubert Horatio Humphrey Jr.），美国明尼苏达州民主党参议员（1949—1964）。——译者注

④ 1958 年 8 月 22 日，美国宣布从 1958 年 10 月 31 日中止核武器试验一年。——原编者注

19590923，FD000188

肖维尔致德姆维尔电（第2485—2853号）[①]

（1959年9月23日）

针对奥尼尔先生9月17日讲话中提及的赛尔温·劳埃德先生参与裁减军备的情况，我的一个同事向他提出了许多问题。[②] 根据外交部助理次官的回应，我记录如下：

1. 与可能流行的假设相反，在最后一刻，劳埃德先生并未提出旨在削弱赫鲁晓夫先生次日可能提出的方案的影响的议案。[③] 他在离开伦敦前就已做好了这一决定。

2. 这个决定一方面反映了对选举的担忧。无论如何，在竞选中，保守党政府如能提及它在裁减军备中的新创举，将是十分重要的。当然，赫鲁晓夫先生的这个创举获得了更为广泛的反响，但现如今对于保守党而言，能够断言伦敦像莫斯科一样提出全面裁减军备的完整计划是容易的。

3. 这实际上是劳埃德先生所坚持的主张的特征。从1957年开始，政府实际上在回应批评时陷入窘境，批评者谴责政府，无论是1957年8月29日

---

① 文献来源：*DDF*，1959，Tome Ⅱ，pp. 377-379。

② 赛尔温·劳埃德先生于9月17日在联合国全体大会上提出的计划应该充当十国委员会工作的基础。这个计划设想了三个阶段。第一个阶段涉及一系列技术会议，这些技术会议研究所有已提出的问题（停止核试验，防止突然袭击），以及当时暂停工作的问题。第二个阶段关于控制工作实施的协议，为此要召开会议，讨论传统武器、核武器生产和核武器储备的削减，以及防止突然袭击、防止外太空利用的监察体系的运作。第三个阶段是这些禁止的生效，以及减少核储备和传统武器到内部安全所需要的水平。减少核储备和在内部安全规定的水平下减少传统武器的应用。有关这份文件印刷本，参见 Documentaion française，*Notes et études documentaires*，n° 2675，11 juin 1960，document n° Ⅳ，第16页；Ministère des Affaires étrangères，*Documents sur le désarmement*（*10 septembre 1959*）*et XIV*[e] *session de l'assemblée des Nations Unies. Débats devant l'Assemblée générale et sa Commission politique*（*New York 15 septembre-13 décembre 1959*），La Documentation française，1960，第22—24，65—66页。有关这个计划，参见 *l'Année politique* 1959，第503—504页。——原编者注

③ 有关赫鲁晓夫9月18日在联合国提出的计划，参见上述的 *Documents sur le désarmement*，第24—28页；*l'Année politique 1959*，第504—505页；第149号文件的注释。——原编者注

的方案,[①] 还是更局部的在日内瓦的讨论（突然袭击、核试验），目标都过于有限。劳埃德先生回应国会称，法英计划[②]并没有被放弃，但是这种论断不能令人信服。他的新方案同1956年计划有继承关系，已被国会平静地通过，这应该会让政府的地位更舒服些。

4. 9月17日的提案是被奥尼尔先生称为“足够深入”的研究的结果，然而人们却觉得它无法持久。劳埃德先生亲自介入。我们知道他对此问题保有强烈的兴趣。

5. 如果保守党赢得了选举，9月17日的这个计划就会成为在明年组成的新裁军委员会上英国代表团的提议的基础。

6. 如果把这个计划和法英计划对比，两者之间的相似性显而易见，但也不应该有错觉。二者的区别多且深刻。两个方案是在目标范围、设想和已开展措施的进步性、系统的精神等方面，而不是各自的内容上，更为接近。

7. 英国新计划的主要特点之一就是，如其发起人已经指出的，他们认为第一阶段的举措从现在开始就能协商或实施。因此，第一个阶段在外交部看来，是和1957年8月29日计划目标相同的、片面的裁军计划。

8. 至于同1956年计划的区别，9月17日的这个计划不包含任何过渡阶段的安排。在把裁军和政治问题的解决联系起来这一方面，据奥尼尔先生看来，目前已经被放在一旁了。此外，这个计划的结构特点乍看来并没有那么严格。而实际上，在预想的第二阶段，传统武器与核武器将同样多的得到削减，这必然有进步意义。它们的局限依然在于不精确，在第三阶段会进一步采取这些解决措施。

9. 这个计划最初的特征之一就是完成纯粹地“消极”控制的设想。也

① 有关1957年8月29日的西方计划，参见*DDF*，1957-Ⅱ，第142号和143号文件。也可参见Ministère des Affaires étrangères, *Documents sur le désarmement*, *1957-1959*, La Documentation française, 1959, doc. Ⅰ，第57—59页，以及les déclaration des différentes délégations，第60—68页。——原编者注

② 有关1956年4月19日的法英计划，参见*DDF*，1956-Ⅰ，第182号文件的注释以及*DDF*，1956-Ⅲ，第251号文件。——原编者注

许被委托的机构也可能承担“不断增加的保卫和平的责任”。奥尼尔先生确认，在提案的这个方面，应该重新考虑桑兹先生去年提出的观点（参见我1958年6月13日的第1861号①和第1913号②电报），该观点坚持使整体裁军确定下来，并坚持通过真正的“国际部队”让解决国际冲突的规则被遵守。此外，劳埃德先生从去年开始就为“联合国部队”组织说情。

10. 外交部倾向于认为，新计划包含了向毫无学术性的苏联观点的让步。在所建议的第一阶段的措施中，突出了要召开关于突然袭击的会议，“这既能检验问题的技术方面，也能检验其政治方面”。这种会议当然要有前提条件，因为其支柱性的原则要与其他会议的协定相联系，那就是停止把裂变材料用于军事目的的技术会议，但这种保留似乎更不牢靠。我们不能因此排除英国新提案的更为直接的结果是在不利情况下重新推进关于防止突然袭击的协商。

（任子晴、姚百慧译，姚百慧校）

19591124，FD000194

阿尔方致德姆维尔电（第5672—5677号）③

（1959年11月24日）

来自朱尔·莫克（Jules Moch）④ 先生。

在热纳韦（Genevey）先生、勒让德尔（Legendre）先生以及珀朗（Pelen）

---

① 1958年6月11日来自伦敦的第1861—1866号电报，未收录，汇报了6月10日下议院关于裁军讨论的摘要。邓肯·桑兹先生和赛尔温·劳埃德先生发表了两个演说，强烈支持原子试验和生产的必要。——原编者注。

② 1968年6月13日来自的伦敦第1931—1934号电报，未收录，谈及了国防大臣邓肯·桑兹先生在下议院提出的整体裁军方案。通过提出这个的计划，国防大臣熟练地利用内部政治的手法，打乱了反对派的意见。——原编者注。

③ 文献来源：*DDF*，1959，Tome Ⅱ，pp. 609-611。

④ 朱尔·莫克（Jules Salvador Moch），法国驻联合国裁军审议委员会代表（1951—1960）。——译者注

先生的陪同下，我于 11 月 24 日早上与基斯佳科夫斯基（Kistiakowsky）[①] 先生——艾森豪威尔总统的科学问题特别助理进行了一次长谈。他的聪明才智、坦率、清晰明确的精神给我留下了深刻印象。在一场有趣的谈话中，我们谈到了如下问题：

1. 中止核试验的日内瓦会议[②]

基斯佳科夫斯基先生立即自发地表达了他对这次会议和可能出现的结果的强烈保留意见。在他看来，从科学上很难将一次地下爆炸与一场地震区分开来，且美国将不会同意在有关控制问题没有明确保证的情况下走上中止（核试验）的道路。他非常信任刚到日内瓦的菲斯克（Fisk）博士领导的新的技术小组的才能。基斯佳科夫斯基先生认为会议将会持续一段难以估计的时间。另外他强调称即便达成了一项协议，它可能也无法阻止核竞赛的继续，只能将这样一项协议当作裁军的开始。

2. 核武器运载手段控制

我向基斯佳科夫斯基先生陈述了我们的一些有关运载手段的控制和有关该问题的紧迫性的观点。他在原则上表示同意，但是他立即提出了如下意见：

a. 鉴于他们当前的领先（态势），苏联人不太可能走上这一道路。他们可能会在有关防止突然袭击的会议上采取同样的负面立场。在基斯佳科夫斯基先生看来，美国将会在火箭和外层空间上赶超苏联，但不会早于五至十年。

b. 另一方面，如果苏联人接受一项有关火箭控制的谈判，那么很明显对美国海外基地的撤除以及对战略空军司令行动的控制和限制将会成为

---

① 乔治·基斯佳科夫斯基（George Bogdanovich Kistiakowsky），美国总统科学顾问委员会（PSAC）主席（1957—1959）、白宫科技政策办公室（OSTP）主任（1959—1961）。——译者注

② 有关停止核试验的日内瓦会议已于 8 月 27 日中断了它的工作，并已经决定于 10 月 12 日再度召开。实际上，这些工作直到 10 月 27 日才重新开始。在 11 月，三个核大国的代表们关注于一个由美国提出的具体的技术问题，即地下爆炸的识别问题。三个星期内，相继召开正式会议和非正式会议。11 月 24 日，美英苏三方代表同意委任一个技术工作专家小组去研究。参见 *l'Année politique*, *1959*, 第 533—534、542—543 页。——原编者注。

（对苏联的）补偿。然而，在基斯佳科夫斯基先生看来，没有任何美军会在没有装备有核武器的战略空军司令部的保护下留在国外，特别是欧洲。因此，在这样一项谈判的假设下，危险可能是看着美国走向孤立主义并退回到美国的堡垒。

3. 核武器控制

基斯佳科夫斯基先生完全赞同我们有关控制可裂变材料和核武器的不可能性的看法。他认为，相反，就像我一直所主张的那样，对将来可裂变材料产品的控制在技术上是可能的，同样的，对将核武器储备转用于和平目的进行控制在技术上也是可能的。

4. 裁军计划的声明阶段

我陈述了我们的想法，即预备阶段可能有些好处，在该阶段，一个国际组织可能会乐于接受一些“声明”。基斯佳科夫斯基先生对此主题持保留意见。实际上他认为当苏联给予的迹象无法得到证实时，对一个民主政体来说几乎不可能去做一个虚假的声明。因此，从一开始可能就会有根本性的不平等。

5. 地理上的限制区问题

基斯佳科夫斯基先生自己提出了这一问题。他认为从理论上说该问题不应被推后，因为它可能会构成（考察）苏联人在有关监察方面的意图的有趣测试。在他看来，这样一个区域应该是狭窄并延伸到北方，比如挪威，另一方面延伸到南方，比如土耳其。我立即告诉他，鉴于当前欧洲各国政府的反对，欧洲的地缘战略形势——根据该形势，向西 1000 米相当于向东 1 万米，以及现代武器的发展，这一提议是不切实际的。基斯佳科夫斯基先生没有坚持，他说该问题不在他的权限之内。

（刘彦伊译，姚百慧校）

19591221，FD000198

德姆维尔致驻苏东国家外交代表电[①]

（1959年12月21号）

根据四国外交部长在日内瓦会议上做出，并于1959年9月7日公布的决定，一方由美国、加拿大、法国、英国、意大利，另一方由苏联、保加利亚、波兰、捷克斯洛伐克、罗马尼亚组成的关于裁军问题的十国委员会可能在1960年初集会。

美国政府、加拿大政府、法国政府、英国政府、意大利政府同意向其他有关五国政府建议：在瑞士政府同意的情况下，于1960年3月15日或者3月15日前后，在日内瓦开始协商。它们要求法国政府以它们的名义，如同法国自己的提议一样，向相关政府提出建议。[②]

请驻莫斯科、华沙、布加勒斯特、布拉格和索非亚的代表，分别立即告知苏联政府、波兰政府、罗马尼亚政府、捷克斯洛伐克政府、保加利亚政府建议召开十国委员会会议的上述的时间和地点，对此我非常感谢。

你们可以指明联合国秘书长已经知晓了这个活动。

（张臣臣译，姚百慧校）

---

① 文献来源：*DDF*, 1959, Tome Ⅱ, p. 748。

② 在华盛顿11月17日会议期间，根据英国和法国人的观点，十国委员会会议应该在峰会之前而不是之后举行。——原编者注

19591221，FD000199

## 美法英加意有关裁军问题的外长会议①
## （1959年12月21日）②
## 致外交部

会议一开始，顾夫·德姆维尔先生对来和其他三位外长会合的③加拿大外长格林（Green）④ 先生和意大利外长佩拉（Pella）⑤ 先生表示了欢迎。

（会议中）提及了下述五个问题：

1. 十国委员会会议的日期

顾夫·德姆维尔先生提醒称已经考虑了3月15日或3月15日前后的一天。

格林先生、佩拉先生以及赫脱先生表示赞同。

佩拉先生提出了有关（召开）西方国家政府代表预备会议的问题，以便决定西方国家的立场的指导性原则。

2. 十国委员会会议的准备

顾夫·德姆维尔先生建议在华盛顿召开一个西方五国工作委员会的会议。

赫脱先生提议在1月25日召开，这样就可以在十国委员会会议召开前留出六个星期进行准备工作。如果他们愿意，比如为了（进行）预备性会谈和确定议程，西方代表也许可以提前几天到华盛顿。

赛尔温·劳埃德先生表示了赞同，但认为预备性会谈也许应该在25日前一个星期开始，以便讨论议程和其他一些问题。

---

① 文献来源：*DDF*，1959，Tome Ⅱ，pp. 783-785。

② 应该是21日而不是12日，因为保存在档案中的文件标错日期了。——原编者注

③ 北约的部长理事会从12月15日起开始召开（*l'Année politique 1959*，第563页及其后）。在会议最后，它被要求聚焦于裁军十国委员会的工作，21日下午召开了一场参加了该委员会的西方五国外长（参加的）会议。——原编者注

④ 霍华德·格林（Howard Charles Green），加拿大外交部长（1959. 6—1963. 4）。——译者注

⑤ 朱塞佩·佩拉（Giuseppe Pella），意大利外交部长（1959. 2—1960. 3）。——译者注

佩拉先生提出1月的会议应以两种方式召开。一种是专家级会议，也许可以从1月25日开始；另一种，根据赛尔温·劳埃德先生刚刚说的，是政府代表级会议，（代表）也许应该是驻华盛顿的大使们，以便确定总的政治立场。

另外四位外长同意这一提议。因此一致同意将在1月18日举行一场驻华盛顿大使间或者各国希望任命的代表间的有关政治立场的预备会，并在1月25日开始举行技术型专家会议。

3. 与苏联和另外四个东欧国家的会谈

赫脱先生提议由会议主席顾夫·德姆维尔先生以他自己和其他四位外长的名义，向十国委员会的五个东方成员国政府提出在3月15日或3月15日前后的一个日期在日内瓦举行该委员会会议的建议。

大家都对此表示同意。邀请将立即由法国向东方五国的首都发出。大家也一致同意法国政府（将此）告知联合国秘书长并将恳请瑞士政府的同意。

4. 公报的草拟

顾夫·德姆维尔先生念了公报的第一段，它未加修改就被接受了；接着是第二段，在此，（他）一方面补充道："需经瑞士政府同意"，另一方面，由于格林先生强调称联合国在裁军问题上十分重要，故在他的要求下补充道："他们也一致同意将这一提议告知联合国秘书长"。

顾夫·德姆维尔先生接着念了第三段并提议将"五国政府代表……"替换成"一个由五国政府代表组成的委员会……"；顾夫·德姆维尔先生补充道，实际上，重要的是组建一个进行共同工作的机构。

佩拉先生认为还是说"代表们"更好，且认为这是为了避免长时间争论的更为简单的方法。在1月18日有关政治立场的会议上，大家将决定"小组"这一称呼是否是必需的。

格林先生支持佩拉先生。

赫脱先生和赛尔温·劳埃德先生表示赞同。

顾夫·德姆维尔先生不再坚持，但提请注意称实际上这将是一个工作委员会。

5. 与北约的磋商和联系

格林先生提出了与北约进行磋商以及与北约各机构保持紧密联系的问题。他希望有关裁军的工作在盟军最高司令部和欧洲盟军最高司令部同意的情况下也在北约内部进行。这些研究应该会构成必不可少的基础材料；他认为强化北约及其军事当局的协商性作用是适当的；他也认为探寻保障北约和十国委员会的西方五国代表之间的紧密联系的最佳方法是适当的。

佩拉先生支持格林先生的声明，他说，我们的心是和北约连在一起的。因此应该收集可能来自北约各机构的所有看法。五国驻北大西洋理事会的常驻代表们也许应该照此意思做一个公共报告。

赛尔温·劳埃德先生同意应该与北约建立紧密联系。但是他有一点保留意见。他说，应避免两个工作委员会——一个在北约内，另一个在北约外——进行相似的研究。大量的时间必然将用来准备十国会议。应避免任何可能延长期限（的事情的发生）。如果我们要求北约进行一项技术研究，我们就会冒六个月后才获得答复的风险。（但）无论如何，咨询秘书长和总司令都将是必需的。

顾夫·德姆维尔先生提请注意称，实际上，这两种态度间不存在对立。所提出的问题是要知道北约将如何被咨询以及将怎样（与之）保持联系。如果五国之外的北大西洋公约组织成员国中的一员或者任何一个军事当局有一些想法，大家都将会非常乐于对这些想法进行研究。（但）无论如何，这都是在明天的北大西洋理事会的会议中才需要探讨的问题。

接替不得不离开会场的赫脱先生的麦钱特（Merchant）[①] 先生支持顾夫·德姆维尔先生。

佩拉先生和格林先生都支持这一提议。

因此下述文本被采用：

“理事会也真心欢迎由十国委员会的西方五国于 12 月 21 日做出的有关裁军的声明，且尤其欢迎他们在商议的过程中（愿意）维持与理事会进行

---

① 利文斯顿·麦钱特（Livingston T. Merchant），历任美国国务院欧洲事务助理国务卿（1953—1956）、驻加拿大大使（1956—1958）、国务院欧洲事务助理国务卿（1958—1959）、国务院政治事务副国务卿（1959—1961）、驻加拿大大使（1961—1962）。——译者注

磋商的意愿。为此目的，外长们向北约的常任理事会和军事当局做出了指示，即把控制裁军问题放在首位以及思考他们可以对控制裁军计划的准备工作做出哪些贡献。"

另一方面，根据顾夫·德姆维尔先生的建议，大家一致同意佩拉先生将在12月22日的北大西洋理事会的会议上就裁军问题担任五位外长的发言人。

6. 公报的具体时间

顾夫·德姆维尔先生提议6：30，即法国新闻发布会的时间。

在格林先生——他在5点举行新闻发布会——的要求下，后一个时间被接受以便向新闻界送交公报。

（刘彦伊译，姚百慧校）

19600310，FD000202

### 德姆维尔致法国外交代表电①

（1960年3月10日）

在华盛顿举行的关于裁军问题的西方专家会议上，美国政府向我们提交了一项计划，② 经部长会议审议后，我们认为我们无法予以同意。

事实上，该项计划没有采纳我们在谈判之初提出的关键性建议，即控制乃至禁止一切可运载原子弹的工具（卫星、火箭、飞机、潜艇等）。此外，禁止生产用于军事目的的可裂变材料并没有自动地与库存转换的开始相联系。在这种情况下，真正的核裁军的开始被无限期推迟了，相反，富有的大国保留了自由处置它们所拥有的武器的权利。

在我们向我们的盟友宣布这一立场后，西方五国代表于3月8日在巴黎再次会面。

---

① 文献来源：*DDF*, 1960, Tome Ⅰ, pp. 252-253。

② 关于这项计划的概述，参见 *DDF*, 1960, Tome Ⅰ, 第97号文件。——原编者注

我们已经取得了显著进展。① 正如我们所要求的，尤其是美国代表已经同意重新引入将禁止生产用于军事目的的可裂变材料与库存转换的开始相联系的想法。同样地，清楚的是，彻底销毁核武器有可能在第三阶段实现。

另一方面，美国同意，从早期阶段开始，火箭的发射基地和制造地点应该被公开和核查。此外，火箭的彻底销毁应该在最后阶段进行。最后，对于飞机或潜艇这一类旧式武器，当它们的总数超过以前商定的数字时，它们将被储存起来。

在这种情况下，既然美国人明显考虑到了我们对销毁库存和核查运载工具的关切，部长会议于 3 月 9 日同意了五国的计划。

尽管如此，在两个基本问题上我们持保留意见，我们驻北约的代表已收到指示于 3 月 10 日宣读包含如下保留意见的声明：

a. 关于确定兵力问题，鉴于其承担了沉重的负担，特别是阿尔及利亚的情况，法国政府目前不可能同意将其兵力及其配备的武器确定在一个精确的水平。

b. 在核裁军领域，我们坚持强调禁止生产和库存转换之间不应有正式的、象征性的联系。重要的是实现大规模裁军。如果出于某种原因，这种必要性在执行计划时没有被考虑到，就不会有真正的裁军。因此，我们在讨论将被储存或销毁的可裂变材料的总额时坚定地保留了这一立场。②

由此，这些解释构成了我们支持该计划的条件。该计划将成为与俄罗斯人讨论的基础，同时我将把它用外交邮袋传递给您。

（窦云婷译，姚百慧校）

---

① 在朱尔·莫克主席从法方立场就真正的核裁军的必要性发表了一份长篇声明之后（我们已经取得了显著的进展）。然而，在法国代表看来，美国提出的计划是“与维持威慑有关的常规裁军”；它从属于威慑性的裁军。——原编者注

② 根据同样是 3 月 10 日的第 142 号文件，法国常驻北约代表已详叙了传给他的这份指示。——原编者注

19600314，FD000203

德姆维尔致法国裁军会议代表团电（第11—12号）[①]

（1960年3月14日）

致朱尔·莫克先生。

在处理西方计划[②]的媒体会议上，至少在核裁军问题上，如果您能明确引用我们的代表于3月10日在北大西洋理事会上所做的声明，并从中得到启发，将是非常有利的。[③] 在我们看来，承诺不再生产可裂变材料，则需要对现有储备进行快速的、有保障的调整。如果这种调整仅仅关于象征性的数量，它就无法构成真正的裁军，因此对我们来说，我们不能承诺不再生产可裂变材料。一旦开始停止生产本身，就会不可避免地根据约定日程准时执行库存调整。

您可以在您将于3月15日的会议上所要发表的开幕讲话中借鉴这些同样的考量。

（任子晴、姚百慧译，姚百慧校）

① 文献来源：*DDF*，1960，Tome Ⅰ，p. 267。

② 提及的西方计划在3月16日提出。有关文件文本，参见：Ministère des Affaires étrangères, *Documents sur le désarmement*. Conférence du Comité des dix puissances sur le désarmement（Genève, 15 mars-29 avril 1960），La Documentation française，1960，第18—20页。有关对该计划的分析，参见 *l'Année politique 1960*，第428—430页。——原编者注

③ 根据已传送给他的指示：参见 *DDF*，1960，Tome Ⅰ，第105号文件。——原编者注

# 近年来学术辑刊中国际关系史研究论文综目（五）*

窦云婷**

［编者按］　《近现代国际关系史研究》第二、四、六、十二辑分别刊登了近年来学术辑刊中有关国际关系史研究的论文目录，本辑继续刊登，以方便同人检索利用。前四辑综目主要是按地域来划分，与前四辑相比，本辑综目对大类做了适当调整，主要分为总论与跨区域研究、中国外交与中外关系、亚洲国际关系史、非洲国际关系史、欧洲国际关系史、大洋洲国际关系史、美洲国际关系史、研究动态与综述等专题，每一专题下，再视内容多少分出小类。每条书目收入论文名、作者、辑刊名、辑刊期号、起止页码等内容。

* 首都师范大学新兴交叉学科建设项目“国别区域研究”资助。

** 窦云婷，首都师范大学历史学院硕士研究生。感谢我的导师、首都师范大学历史学院姚百慧教授在辑刊目录搜集与整理过程中的指导。

# 一、总论与跨区域研究

## （一）跨区域研究

二战后太平洋“战略托管”体系的确立——基于联合国角度的考察/刘晓莉//近现代国际关系史研究，14. 111—130

美国“重返”亚太与俄罗斯亚太战略的调整/程春华//俄罗斯问题研究，2012. 122—126

流动性促进的创新和创新带来的流动性：得失与局限/克里斯托弗·利普斯著，丁剑译//欧洲评论，2015（春）. 303—317

世界无边界：环境史的国际化/［美］唐纳德·沃斯特（Donald Worster），侯深译//新世界史，1. 269—276

试论第二次世界大战的起源/徐蓝//近现代国际关系史研究，13. 2—17

第二次世界大战何以爆发？——七十余年来中国学者关于二次大战起源问题的研究/赵文亮//近现代国际关系史研究，13. 169—185

评哈罗德·德怀特·拉斯韦尔著《世界大战中的宣传技巧》/蓝大千//近现代国际关系史研究，15. 209—215

国别和区域研究须打破学科壁垒的束缚——论人文向度下的整体观/罗林、邵玉琢//国别和区域研究，7. 147—165

二战后法国、美国和日本在非洲的战略综述——兼分析比较三国的战略利益及其影响/潘华琼//中国非洲研究评论，4. 37—59

构建更和谐的世界秩序/［加纳］科菲·安南//中国非洲研究评论，5. 21—25

国际金融危机及其对新兴经济体的影响/皮埃尔·萨拉马//欧洲评论，2013（春）. 95—105

第一次世界大战、间谍与现代中东国家的起源——评《阿拉伯的劳伦斯：战争、谎言、帝国愚行与现代中东的形成》/肖文超、王艺儒//近现代国际关系史研究，12. 362—369

中东北非伊斯兰政党的发展及对中国的影响/王光远//国别和区域研究，1/[1]2. 48—77

阿拉伯世界动荡期的走势及表现/田文林//国别和区域研究，1/2. 118—133

欧盟的中东北非政策概述/赵晨//国别和区域研究，1/2. 187—198

阿拉伯世界极端势力发展壮大的多维透视/涂龙德、戴贝//国别和区域研究，1/2. 208—222

阿拉伯世界教派冲突及其影响/王晓丽//国别和区域研究，1/2. 223—235

欧盟对阿拉伯战略的嬗变与危机/贾烈英//国别和区域研究，4. 67—86

阿拉伯地区反恐形势分析与展望/戴贝、涂龙德//国别和区域研究，5. 31—44

反思与进步：阿拉伯世界对“阿拉伯之春”的认知变化/包澄章//国别和区域研究，5. 45—67

“回不到过去，看不到未来”——中东乱局仍在向纵深发展/田文林//国别和区域研究，5. 68—97

油气价格低迷下的阿拉伯世界：出路与前景/王震//国别和区域研究，6. 130—146

## （二）史料学

PHV 与国际关系史研究/姚百慧//冷战国际史研究，25. 173—184

上海小三线口述史选编（四）/徐有威、韩佳、李帆//冷战国际史研究，24. 245—262

战争信息署档案资源导论/王睿恒//近现代国际关系史研究，12. 119—123

战争信息署档案选译/王睿恒、翟韬选编校，高可攀、魏煜星译//近现代国际关系史研究，12. 124—153

① 符号“/”在本辑综目的辑刊期号中为合辑出版的标志。

战争信息署档案选译（二）/王睿恒、翟韬选编校，高可攀、隗敏译//近现代国际关系史研究，13. 275—316

战争信息署档案选译（三）/王睿恒、翟韬选编校，王兵杰、高可攀译//近现代国际关系史研究，14. 244—267

缅甸国家档案馆冷战时期英文外交档案评介/陈洪运//近现代国际关系史研究，12. 207—240

关于“绞拧机”计划和“缝合”计划的档案信息/［日］近藤翔太郎撰，丁何昕子译，王唯笑校//近现代国际关系史研究，12. 241—246

公共信息委员会档案选译（二）/蓝大千选编译，翟韬译校//近现代国际关系史研究，15. 137—163

法国外交文件：研究的工具？/［法］莫里斯·瓦伊斯著，高嘉懿译//近现代国际关系史研究，14. 292—304

法国外交文件选译（一）/李洪峰、吕军燕、沈练斌、李东旭编//近现代国际关系史研究，14. 305—348

法国外交文件选译（二）/邱琳、吕军燕、王珏、唐璇、李东旭编//近现代国际关系史研究，15. 216—351

冷战时期苏联与东欧关系苏联档案简介/崔海智//近现代国际关系史研究，15. 352—370

澳大利亚外交史史料简介/张绍兵//近现代国际关系史研究，13. 364—379

俄罗斯联邦档案文件解密状况考察/徐元宫//俄罗斯问题研究，2010. 307—311

冷战时期罗马尼亚的社会制度转型及其相关档案文献述略/刘勇//冷战国际史研究，24. 189—219

东德国家安全部关于信息员克恩的卷宗（一）/童欣//冷战国际史研究，23. 271—311

# 二、中国外交与中外关系

## （一）中国外交

青铜与玉帛：丝绸之路深境界/易华//新世界史，2. 175—190

海上丝绸之路朝鲜史料中的山东海商/袁晓春、张俊杰//朝鲜·韩国历史研究，17. 248—268

中外商战浪潮中的王文典及其国货事业/管世琳//近现代国际关系史研究，12. 17—32

论东北地区朝鲜共产党人加入中共问题/许永吉//朝鲜·韩国历史研究，13. 290—306

中国全面抗战与反法西斯国际动员及合作/韩永利//近现代国际关系史研究，13. 86—100

“十四年抗战说”替换“八年抗战说”的历史依据与政治内涵/林利民//近现代国际关系史研究，13. 101—107

评“广播战：冷战中的广播”组稿——兼论中国广播战研究的路径拓展/赵继珂//近现代国际关系史研究，12. 351—361

新中国初期海外华侨在广东的投资活动及成效（1949—1955）/张小欣//冷战国际史研究，24. 107—129

新中国成长历程中外交观念的变迁——从革命的、民族的视角到发展的、全球的视野/章百家//冷战国际史研究，24. 1—18

华玲和谈的实现与中国和平共处外交政策的形成与实施/贺艳青//冷战国际史研究，24. 131—154

周恩来“求同存异”的哲学思维/吴小宝//周恩来研究，1. 73—82

周恩来国防外交思想早期形式与内容探析/孙富林//周恩来研究，2. 94—103

周恩来外交思想的哲学基础与哲学“内蕴”/随新民//周恩来研究，2. 104—113

试论周恩来对外经济技术援助的思想与实践/肖宗志//周恩来研究，2. 114—123

试论周恩来的对外开放思想/张四海//周恩来研究，2. 124—139

周恩来中外文化交流思想与实践的特点/赵春生//周恩来研究，2. 232—242

周恩来对外宣传思想初论/张沭宁//周恩来研究，2. 243—249

建国初期周恩来外交思想探析/牛晓//周恩来研究，3. 139—146

周恩来人民外交思想探析/杨绍琼//周恩来研究，4. 307—313

应重视国别和区域研究学科化及人才培养/胡春春//国别和区域研究，1/2. 299—303

中国和平发展道路与构建利益共同体/郑必坚//国别和区域研究，1/2. 1—5

合作共赢是中国走向世界舞台中心的必由之路/于洪君//国别和区域研究，3. 1—5

G20 杭州峰会：全球治理与中国责任/张仕荣//国别和区域研究，3. 6—15

G20 推动新型全球发展伙伴关系构建与中国战略选择/黄超//国别和区域研究，3. 16—33

后危机时代的 G20——角色定位与机制建构/王冰//国别和区域研究，3. 34—45

G20 的长效机制转型：一项不可能的任务？/朱杰进//国别和区域研究，3. 46—59

全球治理创新的中国公共外交/赵启正//国别和区域研究，4. 1—10

保持战略定力，稳中求进，维护和平发展大势/马小军//国别和区域研究，4. 11—21

反恐格局多极化及对中国的影响/朱永彪//国别和区域研究，4. 87—93

全球化时代中国担当的使命/龙永图//国别和区域研究，5. 1—3

浅谈具有中国特色的全球治理观/刘世强//国别和区域研究，5. 4—9

历史上陆海复合型国家的战略转型及其对中国的启示/秦立志//中国周

边外交学刊，4.24—51

构建新型中美俄大国关系/秦宣仁//国别和区域研究，6.35—54

美日安全政策动向与“一岛三海”形势分析/高兰//中国周边外交学刊，7.73—87

日本对中亚的铀资源研究情况及对中国的借鉴/王栋//中国周边外交学刊，7.213—231

开展“中国周边学”研究刻不容缓/石源华//中国周边外交学刊，7.9—14

“中国周边学”的学科定位、研究视角与重点领域/李文//中国周边外交学刊，7.15—20

中国周边学的理论视角与理论意义/周方银//中国周边外交学刊，7.21—24

中国周边外交何以“特色”/赵明昊//中国周边外交学刊，7.25—28

创建“中国周边学”的机遇与挑战/关培凤//中国周边外交学刊，7.29—32

中日“周边观”的比较、变迁与对接/祝曙光//中国周边外交学刊，7.33—37

特朗普、中国和亚洲/任晓//中国周边外交学刊，7.41—55

中国外交政策变化对处理边界问题的影响/高飞、周玉萍//中国周边外交学刊，7.56—72

周边大国在交叉承认韩朝问题上的博弈/朱芹//朝鲜·韩国历史研究，11.432—449

美国介入TPP的战略考虑与中日韩合作/姜跃春//朝鲜·韩国历史研究，16.416—426

美国“重返”亚太对中国——东盟关系的影响——以美国奥巴马政府对湄公河地区合作的介入及其影响为例/俞家海//东盟研究，2014.40—60

中国与印度洋地区经济发展研究——兼论昆明的物流中枢地位/梁隆斌//印度洋地区研究，1.84—100

中国对印度洋地区的战略诉求/汪戎//印度洋地区研究，2.3—17

朝鲜半岛问题与中美关系/崔志鹰//朝鲜·韩国历史研究，13. 432—445

中美日三国围绕朝鲜半岛初次博弈述论/丁兆胜//朝鲜·韩国历史研究，12. 97—110

远东“黄祸”的演变与启示——中朝移民在俄罗斯滨海地区的历史轨迹（19世纪中叶至1938年）/李旻、朴键一//朝鲜·韩国历史研究，17. 309—329

中美关系的转变与朝鲜半岛安全/方秀玉//朝鲜·韩国历史研究，16. 427—442

中苏分裂与1960年代日本的对华政策/［日］神田丰隆撰，陈洪运译//冷战国际史研究，23. 91—108

安全的革命：中国援越抗美政策的缘起与形成（1960—1965）/牛军//冷战国际史研究，23. 1—55

中国援越抗美政策之再研究/牛军//冷战国际史研究，24. 19—37

推动中国与印度洋地区共同发展/汪戎//印度洋地区研究，1. 3—4

中印关系与中国在印度洋地区发展中的独特作用/刘建//印度洋地区研究，1. 7—20

印度洋地区与中印的崛起/［印度］谢钢//印度洋地区研究，1. 21—33

中印与南非经贸关系比较研究/朱翠萍//印度洋地区研究，3. 19—35

加拿大与中国的对非援助：国际战略联盟提案/［加拿大］莫斯·N. 基冈杜撰，沈晓雷译//中国非洲研究评论，2. 207—244

中非合作论坛与东京非洲发展国际会议之比较/宛如//中国非洲研究评论，3. 370—392

促进中国、美国和非洲利益相关方的合作/［布基纳法索］姆帕克·佛阿楞撰，余欣、梅景瑄译//中国非洲研究评论，7. 23—29

中美关系：它能为乌克兰带来什么？/塔兰·马卡尔//乌克兰研究，2. 6—13

奉系军阀制定朝鲜移民政策中的苏俄因素分析/彭怀彬//朝鲜·韩国历史研究，16. 295—316

国际共运斗争中的统一战线：中朝在德国统社党六大前后的合作及其

影响/陈弢//近现代国际关系史研究，13. 237—253

冷战后美澳同盟的强化与中澳关系嬗变的理论与实证探析/于镭//澳大利亚研究，1. 3—21

美国对 1945 年中苏条约谈判的介入——基于核军事背景下的分析/［日］吉田丰子//近现代国际关系史研究，14. 97—110

“合作政策”与上海公共租界的诞生/姚远//上海美国评论，2. 195—204

试析当今中俄美三角关系的若干特点/李兴//上海美国评论，1. 115—126

美国的亚太同盟体系与中国的应对/周方银//上海美国评论，1. 127—150

周恩来与和平解决台湾问题的构想/廖心文//周恩来研究，1. 245—250

周恩来与“一国两制”构想的形成/陈立旭//周恩来研究，1. 251—265

试论 20 世纪 10 年代图们江流域中、朝、俄边境贸易/禹英兰//朝鲜·韩国历史研究，12. 217—232

“印太战略”背景下美越深化战略合作及对我国的影响与对策/瞿俊锋、龚益波//南亚东南亚研究，4. 92—102

## （二）一带一路

丝绸之路经济带与欧亚经济联盟的关系/陆南泉//俄罗斯问题研究，2014/2015. 197—203

俄罗斯智库评“一带一路”战略/琳娜编译//俄罗斯问题研究，2014/2015. 204—208

“一带一路”倡议：美国的认知和可能应对/杜兰//上海美国评论，2. 69—79

中美印围绕新丝绸之路的竞争与合作分析/甘均先//上海美国评论，2. 80—95

“一带一路”区域能源合作中的大国因素及应对策略/杨晨曦//上海美国评论，2. 96—106

以海纳百川的胸怀，以乘风破浪的勇气，共建21世纪海上丝绸之路/李肇星//国别和区域研究，1/2. 6—9

中国“一带一路”建设与中东利益相关国家/高尚涛//国别和区域研究，1/2. 10—30

“丝绸之路经济带”战略构想的意义、效应及影响/张仕荣、熊洁//国别和区域研究，1/2. 31—47

“一带一路”背景下的中国与阿拉伯世界/吴磊、杨泽榆//国别和区域研究，1/2. 93—109

“一带一路”合作倡议在中东的主要风险及政策选择/罗林//国别和区域研究，1/2. 110—117

“丝绸之路”构想的历史的演变/侯艾君//国别和区域研究，1/2. 134—153

“一带一路”视野下的东南亚/王迎晖//国别和区域研究，1/2. 154—164

日本应对“一带一路”战略布局与中国的对策/刘轩//国别和区域研究，1/2. 175—186

2014年有关中巴关系、巴基斯坦和“一带一路”相关会议介绍//巴基斯坦研究，2. 146—151

“一带一路”背景下中老合作研究/杨玙//南亚东南亚研究，4. 78—91

澳大利亚各界对“一带一路”倡议的反响及政策/［澳］蔡源//澳大利亚研究，1. 103—113

“一带一路”背景下中国在中东地区的利益保护问题研究/郑东超//国别和区域研究，5. 20—30

“一带一路”倡议是参与全球治理的中国智慧/孙劲松//国别和区域研究，7. 56—66

“一带一路”在非洲的适用范围与实施/刘伟才//国别和区域研究，1/2. 165—174

“一带一路”建设在非洲的机遇与挑战/李岩、张展、白炜//国别和区域研究，7. 106—120

“一带一路”倡议与中非新型合作/［英］阿历克斯·瓦因、罗楠//中国非洲研究评论，7. 3—13

博雅非洲新年论坛综述：“一带一路”倡议和非洲《2063 年议程》/罗楠//中国非洲研究评论，7. 241—247

“一带一路”倡议与东盟发展战略对接：从“边界上”合作走向“边界后”合作/赵江林//中国周边外交学刊，4. 83—100

中菲共建“一带一路”的基础、挑战与可能路径/林勇新//中国周边外交学刊，4. 101—113

中国“一带一路”与印尼“全球海洋支点”战略的对接分析/何永朋//中国周边外交学刊，4. 114—130

“东盟共同体发展与‘一带一路’倡议的对接”国际研讨会综述/张群//中国周边外交学刊，4. 264—277

“中国西北周边局势与‘丝绸之路经济带’建设：挑战与进展”研讨会综述/马斌//中国周边外交学刊，4. 288—298

“一带一路”与中国周边安全环境的重塑/曹云华//中国周边外交学刊，7. 91—108

宗教公共外交与“一带一路”软环境建设/范磊、杨鲁慧//中国周边外交学刊，7. 109—131

“一带一路”建设中的人文交流：挑战与对策/邢丽菊//中国周边外交学刊，7. 135—147

21 世纪海上丝绸之路与中马文教合作/李一平//中国周边外交学刊，7. 148—158

民心相通的桥梁——“一带一路”背景下的匈牙利孔子学院/王治江、谷双、王雪彤//国别和区域研究，6. 100—109

“一带一路”倡议下的国际环境争端解决机制研究/刘媛媛、张晓进//国别和区域研究，6. 147—157

## （三）中国与亚洲

### 1. 总论、跨区域研究

丝绸之路前的亚洲西段贸易探析/刘昌玉//新世界史，2. 166—174

略论唐代科学技术的发展及其在朝鲜、日本的传播/姜秀玉//朝鲜·韩国历史研究，11.45—57

从融入到共同体建设：中国亚太战略回顾与展望/吴莼思//中国周边外交学刊，4.9—23

亚太自贸区建设的实现路径分析/周士新//中国周边外交学刊，4.52—80

环孟加拉湾区域合作与中国/刘学成//印度洋研究，4.145—156

东亚视角下的孔教运动/金俊//朝鲜·韩国历史研究，15.282—292

元朝东方事务专家——洪茶丘/朴延华、李跃虎//朝鲜·韩国历史研究，16.83—99

仁祖前期（1623—1637）以朝鲜为中心的东亚国际潜贸易/刘琳//朝鲜·韩国历史研究，17.197—215

东北亚的教育变革与文化传统论纲——对中国、日本和韩国19世纪中叶以来教育变革历程的分析/孙启林、周世厚//朝鲜·韩国历史研究，11.403—419

“自顾不遑，断难干预”——清政府对日本吞并大韩帝国的认识与反应/权赫秀//朝鲜·韩国历史研究，12.189—209

韩日合并声中中国民间之反应——以安重根刺杀伊藤案中之《民吁报》为例/胡春惠//朝鲜·韩国历史研究，12.210—216

中方在“庚申年讨伐”前对延边地区朝鲜反日独立运动的庇护/李洪锡//朝鲜·韩国历史研究，12.276—293

日本在延边地区的情报活动与所谓“间岛问题”出笼/李洪锡//朝鲜·韩国历史研究，11.322—344

试论19世纪后期基于朝鲜地缘价值观的中日两国纷争/于海君//朝鲜·韩国历史研究，15.293—311

中韩共同应对日本历史认识问题的现状与展望/许寿童//朝鲜·韩国历史研究，15.391—404

论析中国共产党对朝鲜反日独立运动的认识——以“七七事变”前为中心/金雄鹤//朝鲜·韩国历史研究，11.345—362

抗日战争时期中国共产党与朝鲜反日民族解放运动——以关内地区为中心/金雄鹤//朝鲜·韩国历史研究，12. 347—358

浅析中国与东盟国家社会保障双边合作前景/王峰坤、董建//东盟研究，2011. 50—62

南海安全形势发展及影响分析/唐培//东盟研究，2013. 56—77

东盟国家能源经济与环境研究综述/郑慕强、孟繁邨//东盟研究，2013. 16—33

东盟五国能源产业发展现状与展望/杨程玲、李兰芝、郑慕强//东盟研究，2014. 2—16

论东南亚地区非传统安全形势及东盟的应对举措/葛红亮//东盟研究，2014. 17—37

印尼海洋经济发展及其与中国海洋经济合作政策思考/吴崇伯//中国周边外交学刊，4. 165—180

东盟经济共同体及其外国直接投资效应/李皖南、奚溢//中国周边外交学刊，4. 181—201

菲律宾“南海仲裁案”的背景、实质分析：从中美日海权博弈的视角出发/高兰//中国周边外交学刊，4. 215—234

南海问题持续发酵的线索与特征：以 2015 年国际舆论的角度/鞠海龙//中国周边外交学刊，4. 235—253

从投资视角看中国—东盟经济一体化/张淼、黄子坚//中国周边外交学刊，7. 161—186

澜沧江—湄公河合作机制：新合作、新共同体与新挑战/曾安安、皮缇·斯里桑兰、黄贝//中国周边外交学刊，4. 202—212

中国——南亚经贸合作新进展/陈继东//印度洋地区研究，2. 179—191

中国与印度对缅甸政策的比较（1988—2010）/李晨阳//印度洋地区研究，1. 34—59

中国与中亚关系的里程碑/张宁//俄罗斯问题研究，2013. 240—243

**2. 中国与蒙古**

蒙古国的蒙中关系史研究——20 世纪 60 年代以来蒙古国蒙中关系史研

究的几个热点问题/金泉//冷战国际史研究，23. 201—213

**3. 中国与朝鲜半岛**

近代中朝宗藩关系研究述评/李鹏//朝鲜·韩国历史研究，11. 229—240

清末民国朝鲜族上书呈文与其中华/国家认同意识/刘智文//朝鲜·韩国历史研究，12. 233—248

中国正史中的朝鲜形象研究/刘宝全//朝鲜·韩国历史研究，13. 224—233

朝鲜经济政策变化对中朝图们江区域合作的影响/张玉山//朝鲜·韩国历史研究，13. 446—462

朝鲜半岛南北关系新变化与中韩合作/郑继永//朝鲜·韩国历史研究，13. 463—471

鸭绿江流域边境贸易活动的历史记忆与传承价值/满海峰//朝鲜·韩国历史研究，16. 404—415

公元 3—5 世纪东北亚诸民族·政权的关系研究——以高句丽中期历史为中心/孙泓//朝鲜·韩国历史研究，15. 59—78

渤海国遗民及其后裔流入朝鲜半岛诸事考/孙炜冉//朝鲜·韩国历史研究，15. 79—98

韩国与中国近 30 年百济史研究述要——以对外关系史研究为中心/冯立君//朝鲜·韩国历史研究，15. 220—248

5—6 世纪中叶高句丽黄海活动与东亚地缘格局/冯立君//朝鲜·韩国历史研究，16. 31—48

安臧王时期高句丽与南北朝关系探析/金锦子//朝鲜·韩国历史研究，17. 68—79

渤海与新罗的对立关系/李东辉//朝鲜·韩国历史研究，11. 71—87

高丽礼制对唐宋五礼体系的效法与变异/金禹彤//朝鲜·韩国历史研究，12. 26—39

慕容鲜卑迁入朝鲜半岛及其影响/孙泓//朝鲜·韩国历史研究，13. 1—19

新罗文武王对“亲唐派”将领肃清及其发动“罗唐战争”的关系/孙炜

冉//朝鲜·韩国历史研究，16.49—64

唐罗战争中的李谨行/孙炜冉//朝鲜·韩国历史研究，17.80—101

十—十四世纪的中朝关系形态与东亚世界——兼评费正清所谓“华夷秩序”论/魏志江//朝鲜·韩国历史研究，15.99—114

龟山学堂与理学东传高丽/王明星//朝鲜·韩国历史研究，13.20—32

高丽海商与宋丽民间贸易/白承镐//朝鲜·韩国历史研究，13.62—76

蒙元等级体制下高丽待遇之争/刘中玉//朝鲜·韩国历史研究，11.98—118

元朝高丽内属政策的出台与失败/王明星//朝鲜·韩国历史研究，11.119—134

元控制高丽储君方法研究/金春//朝鲜·韩国历史研究，11.151—163

论丽元和平外交关系建立的历史意义/金春//朝鲜·韩国历史研究，12.40—51

高丽忠穆王代整治都监改革与元廷关系/朴延华//朝鲜·韩国历史研究，13.51—61

蒙古驻军高丽相关问题研究/金春//朝鲜·韩国历史研究，16.65—82

蒙古的入侵及丽元和平关系的建立/金春//朝鲜·韩国历史研究，17.102—119

北方游牧王朝与高丽的榷场贸易/李乐营//朝鲜·韩国历史研究，17.120—128

明初《性理大全》的刊行及其在朝鲜的传播/刘宝全//朝鲜·韩国历史研究，11.201—216

论清朝对朝鲜政策的转变及评价/张礼恒//朝鲜·韩国历史研究，11.241—261

昭显世子入质期间在协调中朝关系中的作用/郭强、赵兴元//朝鲜·韩国历史研究，12.65—85

明清时期朝鲜半岛的地缘战略地位分析/王志伟//朝鲜·韩国历史研究，12.86—96

近代中国“开眼看世界”思想及其对朝鲜的影响/姜秀玉//朝鲜·韩国

历史研究，12. 111—126

试论明与后金战争中的朝鲜将领姜弘立/王臻//朝鲜·韩国历史研究，13. 131—142

清入关初期与朝鲜关系述论/陈放//朝鲜·韩国历史研究，13. 159—174

概论清与朝鲜典型封贡关系确立的原因及表现/陈放//朝鲜·韩国历史研究，15. 186—203

论后金（清）与朝鲜关系中的英俄尔岱/王臻//朝鲜·韩国历史研究，16. 137—153

朝鲜使臣眼中的明末山东社会风俗/刘宝全、邵双双//朝鲜·韩国历史研究，16. 154—168

华夷观视角下的中朝宗藩关系——以明清时期为例/谢桂娟//朝鲜·韩国历史研究，16. 187—208

宗藩体制下明代琉球与朝鲜交往之研究/赖正维、李郭俊浩//朝鲜·韩国历史研究，17. 151—172

崇祯年间（1630—1631）朝鲜奏改贡路探因/薛戈//朝鲜·韩国历史研究，17. 173—196

略谈朝鲜与明清的诗歌交流/李宗勋//朝鲜·韩国历史研究，17. 216—228

从《袁世凯全集》看朝鲜的"甲申政变"/胡春惠//朝鲜·韩国历史研究，17. 269—276

甲午战争前后50年间朝鲜"中国观"的嬗变历程/金成镐//朝鲜·韩国历史研究，17. 277—293

浅议近代东北社会与朝鲜移民的互动关系/彭怀彬//朝鲜·韩国历史研究，17. 294—308

近代中国人对朝鲜"三·一"运动的认识与"五·四"运动/姜秀玉//朝鲜·韩国历史研究，17. 330—345

国立中山大学韩籍学生考实——以20世纪30年代为主/崔凤春//朝鲜·韩国历史研究，11. 287—306

中国共产党与朝鲜·韩国独立运动（1921—1945）——纪念中国共产

党成立 90 周年/杨昭全//朝鲜·韩国历史研究，13. 338—365

国外政客炒作《图们江中韩界务条款》的法理性徒劳无益/曹中屏//朝鲜·韩国历史研究，16. 255—274

19 世纪末朝鲜独立协会运动与“中华观”的嬗变/金成镐、李岩//朝鲜·韩国历史研究，15. 312—337

光复以来韩国学术界对大韩民国临时政府的研究述论/魏志江//朝鲜·韩国历史研究，13. 366—384

朝鲜安全政策与朝鲜半岛危机/张慧智//朝鲜·韩国历史研究，16. 443—456

新时期中国朝鲜半岛政策再思考/仇发华//朝鲜·韩国历史研究，16. 457—471

中国对朝鲜半岛政策的再审思/郭锐、孙天宇//朝鲜·韩国历史研究，16. 472—482

“打不断、炸不烂”的“钢铁运输线”——论中国人民志愿军在朝鲜战争中运输保障机制的形成/赵丽//朝鲜·韩国历史研究，13. 385—398

社会价值观的变革与重塑：抗美援朝战争时期“时事宣传教育”运动再认识/石建国//朝鲜·韩国历史研究，17. 404—418

朝鲜战争中转入朝鲜人民军的中国朝鲜族参战军人采访录/延边朝鲜族自治州延吉市朝鲜族参战军人采访录（七）/徐龙男//冷战国际史研究，23. 215—240

朝鲜战争中转入朝鲜人民军的中国朝鲜族参战军人采访录/延边朝鲜族自治州延吉市朝鲜族参战军人采访录（八）/徐龙男//冷战国际史研究，26. 229—267

建国 60 年来我国的朝鲜·韩国史和中朝、中韩关系史研究综述/杨昭全//朝鲜·韩国历史研究，12. 434—479

冷战时期的中朝关系/马晶、权红//朝鲜·韩国历史研究，12. 420—433

关于中韩建交之际各自相关方关系的调整/郑信哲//朝鲜·韩国历史研究，15. 364—372

中朝“唇齿关系”的确立与弱化/王海凡//朝鲜·韩国历史研究，

15.405—419

六方会谈的特点、绩效及未来趋势/仇发华//朝鲜·韩国历史研究，15.435—450

吉林省对朝经贸合作现状分析及对策/王圆、张玉山//朝鲜·韩国历史研究，15.451—469

中朝两国科学院的科技合作（1953—1976）/王勇忠//冷战国际史研究，25.109—126

关于推进中韩文化产业合作的思考/孙永//朝鲜·韩国历史研究，11.420—431

中韩两国有关“间岛问题”的研究思路及存在的问题/李花子//朝鲜·韩国历史研究，12.262—275

中共上海韩人支部/崔凤春//朝鲜·韩国历史研究，13.268—289

延边地区韩人孔教运动/李钟洙//朝鲜·韩国历史研究，16.275—294

东方海上丝绸之路视角下的中韩合作探析/李家成//朝鲜·韩国历史研究，17.456—470

水到渠成：建交前体育交流与中韩关系发展/赵青峰//冷战国际史研究，25.127—150

**4. 中国与日本**

关于中日关系的几点思考/蒋立峰//海大日本研究，1.13—19

中国的日本史研究/汤重南//海大日本研究，1.20—25

从海洋的视角看中日文化交流史/王晓秋//海大日本研究，1.26—29

中日文化的共性与个性——以中日姓氏文化为中心/李卓//海大日本研究，1.30—41

战后中国人加入日本国籍及对日感情变化机制/冷舟//海大日本研究，1.124—136

试论冀东地区朝鲜民族抗日英雄周文彬/董顺擘//朝鲜·韩国历史研究，11.363—378

万历援朝抗倭战争明军兵力考/刘永连、段玉芳//朝鲜·韩国历史研究，17.229—247

试论中日甲午战争与东亚宗藩朝贡体系的解体/刘艳、安成日//朝鲜·韩国历史研究，12. 127—147

東アジア共同体の告知者・孫中山と梅屋庄吉——もうひとつのアジア主義を求めて/进藤荣一//海大日本研究，1. 58—64

青岛日侨的学校教育——以青岛日本居留民管制时期为中心（1923—1937）/戴淑妮//海大日本研究，1. 195—208

抗战胜利初期中国知识界关于琉球归属问题的争鸣/朱大伟//近现代国际关系史研究，13. 150—168

"九一八事变"前中国共产党关于东北朝鲜民族抗日运动的方针政策/金成镐、夏润国//朝鲜·韩国历史研究，16. 317—338

"九一八事变"后中国共产党关于东北朝鲜民族抗日运动的方针政策/金成镐//朝鲜·韩国历史研究，17. 369—388

20 世纪初日本对东北朝鲜族地区的教育侵略/朴今海、朴君峰//朝鲜·韩国历史研究，12. 359—374

朝鲜族的反日斗争与双向认同/刘智文//朝鲜·韩国历史研究，13. 325—337

民主党执政后的中日关系/王新生//海大日本研究，1. 42—55

周恩来与中日民间外交/王玉贵//周恩来研究，3. 121—138

论周恩来对战后中日复交的巨大历史功绩——纪念中日邦交正常化 30 周年/杨大生//周恩来研究，3. 147—156

两个 40 周年对重新审视和重视中日关系"特殊性"的启示——纪念中国改革开放与《中日和平友好条约》走过"不惑之年"/朱建荣//冷战国际史研究，25. 1—31

《日中和平友好条约》缔约谈判文件——日本外交档案"开示文书"/徐显芬//冷战国际史研究，25. 233—289

政治生存与安倍的对华靖国神社外交/张望//中国周边外交学刊，7. 199—212

**5. 中国与越南**

论越南传统文化的来源及其与中国文化的关系/谭志词//东盟研究，

2014. 102—122

弄下峒、跨境联系与族群认同：以广西中越边境横村布傣的弄峒节为例/潘艳勤//东盟研究，2014. 170—185

越南战争期间中国对越援助与援越政策研究（1964—1975）/邵笑//冷战国际史研究，25. 53—86

联合反修的形成与破裂——兼谈中越关系从合作到分歧的转折（1963—1965）/游览//冷战国际史研究，26. 59—90

1975—1979 年中越关系的流变——基于法国外交档案的考察/李云逸//冷战国际史研究，26. 91—106

近代中越边境人口流动与跨境民族的交融初探/吴锦娟//东盟研究，2013. 118—133

6. **中国与老挝**

广西壮族与老挝佬族干栏民居比较研究/武智//东盟研究，2011. 133—153

老挝华人社会现状及分析/罗华//东盟研究，2011. 107—121

7. **中国与泰国**

从灵魂观念看壮泰民族渊源关系/冯俏丽//东盟研究，2012. 178—189

政治互信与经贸合作：推动中泰关系稳定发展的双引擎/杨保筠//东盟研究，2014. 86—99

20 世纪以来泰国华人文化认同状况/潘艳贤//东盟研究，2014. 236—256

浅析汉、泰语叹词对比/黄心蕾//南亚东南亚研究，4. 131—151

8. **中国与缅甸**

全球化视野下的瑞丽——缅甸边贸研究/俞家海、谢宝婷、郎鸿//东盟研究，2012. 110—127

推广在缅老兵“品牌”为我公共外交赋值/李枫//东盟研究，2014. 257—274

缅间民主化改革的外部效应及对中缅关系的影响/朱翠萍//印度洋地区研究，2. 64—78

中缅关系：基于贝叶文化视角的解读/郭山//印度洋研究，4. 19—36

缅甸政局的变化及对中缅关系的影响/秦治来//国别和区域研究，1/2. 282—290

21 世纪以来缅北国民党军问题研究：新视角与新文献/陈洪运//冷战国际史研究，24. 221—243

论缅甸联邦共和国与中华人民共和国的建交过程/三宅康之、邵天泽//冷战国际史研究，25. 33—51

“民地武”对中缅关系的影响研究/宁威//南亚东南亚研究，4. 19—34

9. **中国与印度尼西亚**

汉—印尼“死亡”委婉语的跨文化对比/陈程//东盟研究，2011. 154—167

印尼山口洋华人的元宵大游行探析/郑一省//东盟研究，2013. 154—168

21 世纪初印度尼西亚华商的经济地位——以华商大企业为分析重点/刘文正//东盟研究，2013. 169—18

汉文化在印尼的传播与变迁——以印尼三宝垄市为例/郑一省//东盟研究，2014. 188—207

10. **中国与菲律宾**

近年来菲律宾在南海问题中的行为分析/陈丙先//东盟研究，2011. 32—48

21 世纪初菲律宾华商的经济地位——以华商大企业为分析重点/刘文正//东盟研究，2012. 152—164

从“地域乡愁”到“文化融合”——论菲律宾华文文学的文化嬗变/姚春美//东盟研究，2012. 165—176

前殖民时期菲律宾的中国移民/陈丙先、方园园//东盟研究，2013. 183—192

11. **中国与马来西亚**

马来西亚东海岸潮州人与地方文教关系研究/何启才//东盟研究，2014. 208—235

12. **中国与新加坡**

新加坡在中国改革中所扮演的角色/黄朝翰、黎良福//新加坡研究，

1.44—72

典范选择、领袖偏好与国家发展——新加坡经验与中国现代转型/黄璇、任剑涛//新加坡研究，1.168—181

文化资本与政治竞争：二战前新加坡华人社会权力结构——转变中的华文日报/李淑飞//新加坡研究，2016.268—279

13. **中国与印度**

“桥头堡”建设背景下的中印经贸合作/陈利君//印度洋地区研究，1.103—111

中印经济关系：洞察与展望/朱翠萍//印度洋地区研究，1.112—136

中印外资准入法律制度的比较研究/王宏军//印度洋地区研究，1.137—150

格局、时局与变局：中印发展角逐与多国博弈/周靖祥//印度洋地区研究，1.151—175

论云南“桥头堡”建设中的印度因素/肖建明//印度洋地区研究，3.82—99

印度的海军战略——兼论印度对中国印度洋政策的认知/孙现朴//印度洋地区研究，3.100—116

印度洋安全与中印关系/张力//印度洋研究，4.3—18

中印人口转变的比较分析/吕昭河//印度洋地区研究，2.111—123

中印经济增长：趋势、问题与展望//印度洋地区研究，2.124—143

交流合作或是疑惧对抗——中国和印度关系的回顾与展望/陈宗海//印度洋研究，4.71—83

斯里兰卡与中国、印度关系发展的新维度及其战略考虑/杨晓萍//印度洋研究，4.84—97

关于开展中国云南与印度东北地区实用技术合作的建议/吕昭义//印度洋研究，4.157—172

广西开拓东盟工业品市场：现状、问题与对策研究/李好、李立民//印度洋研究，4.173—190

印中对抗：新德里的视角（1960—1970）/索尼亚·科尔代罗撰，藺晓

林译//冷战国际史研究，23. 109—126

**14. 中国与巴基斯坦**

中巴经济、科技、教育、文化全面合作的战略考量及其实现途径/孙红旗//巴基斯坦研究，2. 57—59

中巴经济走廊——谢里夫经济外交的突破口/曾渝杰//巴基斯坦研究，2. 60—68

中巴经济走廊建设：机遇与挑战/钮锡浩//巴基斯坦研究，2. 69—76

**15. 中国与斯里兰卡**

斯里兰卡政局变化及对中斯关系的影响/宋志辉、马春燕//国别和区域研究，1/2. 273—281

## （四）中国与非洲

非盟、非洲一体化与中国的建设性参与/罗建波//国别和区域研究，1/2. 78—92

非洲丛林中的新使命——马法贤老人访谈录（十三）/李丹慧、周娜//冷战国际史研究，23. 241—269

非洲丛林中的新使命——马法贤老人访谈录（十四）/李丹慧、周娜//冷战国际史研究，25. 197—232

中非关系研究中的方法论问题/李安山//中国非洲研究评论，2. 1—16

关于中国的修辞法？——对中国向发展中国家输出囚劳谣言的分析/严海蓉、沙伯力//中国非洲研究评论，2. 137—164

论中非合作论坛的起源——兼谈中国非洲战略的思考/李安山//中国非洲研究评论，2. 165—187

铁路时间：中国专家与坦赞铁路的技术转让/刘海方、［美］孟洁梅撰，黄立志译//中国非洲研究评论，2. 188—206

中非教育合作政策：非洲对中非教育合作有何期待？/塞道藏·阿皮蒂撰，沈晓雷译//中国非洲研究评论，2. 326—329

中非关系与中国对非政策解读/许孟水//中国非洲研究评论，2. 330—341

浅析非洲鼓乐在华的流行与分布/王涵洁//中国非洲研究评论，2. 442—458

中国与非洲的文化相似性——兼论中国应该向非洲学习什么/李安山//中国非洲研究评论，3. 1—15

中国的崛起与非洲的机遇/林毅夫//中国非洲研究评论，3. 19—33

“全球帝国的开端?”——关于“中国在赞比亚铜矿采掘”的论述与争论/严海蓉、沙伯力//中国非洲研究评论，3. 34—68

中国与西非地区发展和安全/［加纳］伊曼纽尔·艾吉亚姆蓬撰，许亮译//中国非洲研究评论，3. 69—85

广州非洲城的草根多语主义：国家在全球化中扮演的角色/韩华梅、金鑫//中国非洲研究评论，3. 86—108

中国与利比里亚——与一个走出冲突国家的交往（2003—2013）/［贝宁］吉尤姆撰，刘均译//中国非洲研究评论，3. 285—308

加纳人对中国和中国人的认知/刘少楠//中国非洲研究评论，3. 309—330

中非关系研究中国际话语的演变/李安山//中国非洲研究评论，4. 1—34

非洲人在中国：研究综述/亚当斯·博多姆//中国非洲研究评论，3. 109—121

中国人在布基纳法索：民间的中非合作/季夫·汗·穆罕默德撰，王唱译//中国非洲研究评论，4. 158—182

在加纳调研华人华侨的经历/刘少楠//中国非洲研究评论，4. 344

在尼日利亚和加纳调研华人华侨的经历/刘少楠//中国非洲研究评论，4. 345

参加美国非洲研究会年会的感受/刘少楠//中国非洲研究评论，4. 346

在南非遇到台湾味/吴孟翰//中国非洲研究评论，4. 347—348

发展中的中非关系：机遇、挑战和前景/［尼日利亚］易卜拉欣·A. 甘巴里撰，梁筱璇译//中国非洲研究评论，5. 12—20

“我有这样一个美丽的信念”——2015 年 9 月 10 日在北京大学的讲话/李肇星//中国非洲研究评论，5. 26—29

与大使对话：中非关系的现在与未来/刘贵今//中国非洲研究评论，5. 30—45

国际政治话语中的中国移民：以非洲为例/李安山//中国非洲研究评论，5. 65—87

中非关系中非洲动力的再置入/［加拿大］哈尼·巴萨德撰，陈钰培译//中国非洲研究评论，5. 112—138

中国对非留学生奖学金政策沿革与绩效研究/刘海方//中国非洲研究评论，5. 141—192

历史经验、共同挑战与相互学习：中非环保合作评估/许亮//中国非洲研究评论，5. 193—211

在非洲做工程项目的中国人的“吃苦”与“诉苦”/Miriam Driessen撰，戴梦涵译//中国非洲研究评论，5. 212

南非实习项目报告/张丽芳//中国非洲研究评论，5. 253—261

爱资哈尔大学与中国赴爱大留学生/孟熙元//中国非洲研究评论，5. 262—275

如何“进入非洲”——我的尼日利亚田野体验/程莹//中国非洲研究评论，5. 241—248

非洲的发展，我们的责任/周欲晓//中国非洲研究评论，5. 53—56

文化交流双向性的重要意义/李安山//中国非洲研究评论，6. 1—10

2018年中非合作论坛峰会展望：优势与挑战/李安山//中国非洲研究评论，7. 1—8

中国的发展模式会取代西方发展蓝图吗？——非洲通过中国道路实现自我发展/［津巴布韦］萨桑卡·当哥泽拉撰，张乙品译//中国非洲研究评论，7. 14—22

被动的行为体？非洲—中国谈判中政府机构的作用——贝宁的案例研究/［法］佛拉沙笛·苏蕾-孔郁撰，于舒婷译//中国非洲研究评论，7. 30—51

促贸援助与非洲的贸易绩效：来自中国与OECD国家双边贸易流量的证据/［美］阿杜格纳·勒米撰，董尤勤译//中国非洲研究评论，7. 55—89

政企学合作框架下的中非高等教育合作——非洲模仿中国的可能性/

［尼日利亚］奥卢瓦菲米·米米科撰，白晨雨译//中国非洲研究评论，7.90—104

中非农业技术转移的生成机理与模式创新研究/耿建忠、王先忠、毛世平//中国非洲研究评论，7.105—116

当代非洲华人社会的社团发展及在中非关系中的作用/刘海方、余欣119—136

在非华侨的结社——以赞比亚华侨社团为例/李杭蔚、施雪飞//中国非洲研究评论，7.137—152

中非人文交流：机制、局限与对策/刘天南、蔡景峰//中国非洲研究评论，7.155—167

非洲孔子学院的现状与可持续发展的思考/高莉莉、马坡//中国非洲研究评论，7.168—181

好个体，坏社会？在非华人对非洲认知的两面性——以孔子学院志愿者为例/宁润东//中国非洲研究评论，7.182—196

公益志愿者的非洲观察/李阳//中国非洲研究评论，7.234—240

中国援刚果（金）医疗队调研报告/蒋晓晓、张辰//中国非洲研究评论，2.273—290

坦桑尼亚—赞比亚铁路/朱利叶斯·克·尼雷尔撰，沈喜彭译//中国非洲研究评论，2.293—299

## （五）中国与欧洲

### 1. 总论

早年周恩来与西方文明/刘济生//周恩来研究，4.78—91

中国—欧盟自贸区建设中的绿色贸易壁垒/董静然//国别和区域研究，6.29—34

地方合作：中国—中东欧合作的一个突破口/徐刚//俄罗斯问题研究，2013.217—221

从尼科利奇访华看中塞关系特点/左娅//俄罗斯问题研究，2013.222—227

中塞关系的演变及特点/左娅//俄罗斯问题研究，2014/2015. 339—344

中国移民能否振兴欧洲的不景气经济体？/张邦庆//欧洲评论，2013（秋）. 276—287

**2. 中国与乌克兰**

乌中合作从停滞走向突破/伊戈尔·利特文//乌克兰研究，1. 30—40

中乌两国务实合作刍议/张震//乌克兰研究，1. 41—51

第聂伯河上的边陲之地——我做驻乌大使的那段经历/周晚沛//乌克兰研究，1. 56—61

新时期不断发展的中乌关系/张霄//乌克兰研究，1. 62—68

乌克兰在2010年上海世博会取得初步成果/谢尔盖·布尔吉利亚科//乌克兰研究，1. 79—82

中国和乌克兰经贸及投资合作/德米特里·巴纳马连科//乌克兰研究，1. 83—87

向乌克兰展现中国的内心世界——评柳德米拉·斯吉尔达的《中国的呼吸》一书/H. B. 科斯坚科//乌克兰研究，1. 178—187

中国与乌克兰在各领域的合作/龚恰鲁克·安德烈//乌克兰研究，2. 1—3

中乌学者在生物科技领域的合作/科米萨林克·谢尔盖//乌克兰研究，2. 63—65

乌克兰与中国的合作和相互理解——纪念乌中建立外交关系20周年/马特维耶娃·列霞//乌克兰研究，2. 66—68

乌克兰国家科学院与中国相关机构在科学和技术领域合作的现状与展望/纳乌莫维茨·安东//乌克兰研究，2. 69—73

乌中文化关系（1949—1959）/乌鲁索夫·弗拉基米尔//乌克兰研究，2. 74—84

乌克兰高等教育体制分析纲要/亚斯特列布良斯卡·玛丽//乌克兰研究，2. 85—91

积极实施国际化战略努力推进中乌教育交流合作/吴锋民//乌克兰研究，2. 92—95

苏霍姆林斯基教育思想对我国素质教育推行的启示——以江苏省江阴市华士实验学校为例/魏李飞//乌克兰研究，2.100—110

从颜色看民族性格——乌克兰和中国人喜爱颜色之对比/翁馨//乌克兰研究，2.141—145

乌克兰的中国现代研究/戈罗德尼雅 · 娜塔莉娅//乌克兰研究，2.161—174

乌克兰的汉学研究（历史和语文学方面）/伊萨耶娃 · 娜塔莉娅//乌克兰研究，2.175—194

**3. 中国与俄罗斯及苏联**

中俄两国在世界反法西斯战争中的地位和贡献——2015 年圣彼得堡国际学术研讨会/《俄罗斯问题研究》编辑部//俄罗斯问题研究，2014/2015.394

关于《毛泽东和中苏伙伴关系，1945—1959：一部新历史》的评论以及作者的回应/赵继珂//冷战国际史研究，23.161—199

对河北省清苑县工人"赴苏援建"问题的历史考察（之二）/谷继坤//冷战国际史研究，26.107—133

俄罗斯的朝鲜半岛政策与中国的应对/徐博//中国周边外交学刊，4.133—145

苏联对华提供海军援助的历史考察（1949—1953）/李嘉豪、肖瑜//近现代国际关系史研究，12.154—171

俄罗斯政局及中俄关系的几个问题/田永祥//俄罗斯问题研究，2010.12—15

与梅德韦杰夫总统面对面——俞可平教授访俄观感/高晓惠//俄罗斯问题研究，2010.23—27

中俄文化交流的新篇章/王秋文//俄罗斯问题研究，2010.167—172

对当前推进中俄经贸合作的几点思考/陆南泉//俄罗斯问题研究，2011.149—153

中俄经贸合作再上新水平的战略思考/陆南泉//俄罗斯问题研究，2012.145—149

中俄经贸关系发展的特点和影响因素/徐向梅//俄罗斯问题研究，

2013. 147—152

深化中俄经济融合的战略升级策略/米军//俄罗斯问题研究，2014/2015. 175—179

抓住普京访华契机，进一步提升中俄关系/左凤荣//俄罗斯问题研究，2014/2015. 180—183

俄罗斯远东开发模式及中俄合作路径/李建民//俄罗斯问题研究，2014/2015. 184—192

中俄合作中的问题与前景/［美］杰弗瑞·曼考夫著，袁倩译//俄罗斯问题研究，2014/2015. 193—196

增强战略相互借重 提升发展合作水平——中俄天然气合作新思考/秦宣仁//国别和区域研究，7. 28—40

中国东北与俄罗斯远东区域合作：进程、挑战与对策/谢晓光、王莉//中国周边外交学刊，7. 187—196

**4. 中国与英国**

战时中英关系：以领土问题为中心/关培凤//近现代国际关系史研究，13. 123—132

赵敏恒与中英新闻合作（1937—1944）/林婕、许哲铭//近现代国际关系史研究，13. 133—149

中国科学重建的模式：李约瑟在方法论上的突破/基克坚科·维克多//乌克兰研究，2. 37—62

全球史视野下的中西碰撞——评《英国的课业：19 世纪中国的帝国主义教程》/卢宣玮//近现代国际关系史研究，15. 371—378

## （六）中国与大洋洲

Forty-Five Years of Australia-China Relations（1972-2017）/［澳］马克林//澳大利亚研究，1. 22—57

亚太地区秩序：中国与澳大利亚/查道炯//澳大利亚研究，1. 61—67

特朗普执政以来的中国—澳大利亚关系/陈弘//澳大利亚研究，1. 68—80

中国对澳大利亚直接投资的可持续性/［澳］杭智科、［澳］李薇//澳大利亚研究，1. 83—102

中澳外语教育政策演进及对比研究/武海燕//澳大利亚研究，1. 117—132

谁在塑造中国？——澳大利亚公众中国观发展轨迹（1949—1972）/樊琳//澳大利亚研究，1. 133—145

2017年澳大利亚对华政策“政经悖离”现象加速发展的内外动因评析/于镭、于飞洋//澳大利亚研究，2. 3—18

澳大利亚焦虑症话语下的中国/［澳］格瑞格·麦卡锡、［澳］宋宪琳撰，董汀编译//澳大利亚研究，2. 19—40

Chinese Kangaroos：Thoughts on Four Decades of a Bilateral Relationship/Jocelyn Chey//澳大利亚研究，2. 76—95

## （七）中国与美洲

### 1. 中国与拉丁美洲

比森特·罗维塔与原生书店——试论冷战时期毛泽东思想在拉丁美洲的传播/张琨//冷战国际史研究，25. 151—172

中国与阿根廷农产品贸易合作的思考/徐昕、李小米//国别和区域研究，6. 17—28

### 2. 中国与加拿大

迪芬贝克时期加拿大与中国小麦贸易探析（1957—1963）——基于对加拿大政府解密档案的解读/李瑞居//冷战国际史研究，24. 155—177

### 3. 中国与美国

中美债务关系的相互依赖及影响/孙海泳//上海美国评论，1. 235—250

中美商务外交的经济性制约研究/张丽娟、［美］吴鹰//上海美国评论，1. 251—269

美国对外援助机制及其对中国的启示/孙明霞//上海美国评论，2. 161—180

全球性变革中的中国和美国/谢尔盖·舍尔金//乌克兰研究，1. 69—78

中美关系的机遇与挑战/［美］詹姆斯·斯坦伯格//国别和区域研究，7. 1—16

汲取美苏冷战经验，冷静管控中美关系/黄靖//国别和区域研究，7. 17—27

邓小平处理中美关系的战略思维与外交技巧/于洪君//冷战国际史研究，26. 1—18

美国工会为什么反对尼克松访华——以“劳联—产联”主席乔治·米尼为例/何慧//冷战国际史研究，26. 19—32

美国的中国定位/郭素萍、刘明//国别和区域研究，6. 55—62

1970年初美中接触的恢复与美台关系的变化/聂冰玥、刘磊//近现代国际关系史研究，12. 195—206

从“美中关系全国委员会”看民间力量在中美关系中的作用/何慧//近现代国际关系史研究，14. 206—226

美军与青岛民众之纠葛与对美军负面印象的形成——以青岛市警察局档案为中心的考察/张维缜、苏婧//近现代国际关系史研究，15. 18—33

传教士与上海美国学校的创办（1896—1912）/何方昱//上海美国评论，2. 205—216

上海美国人社区的形成（1919—1925）/［美］何振模著，黄健美、张笑川译，喻满意校//上海美国评论，2. 217—241

美国对常德细菌战情报的收集/张华//近现代国际关系史研究，13. 108—122

评林孝庭《意外的国度：蒋介石、美国、与近代台湾的形塑》/刘彦伊//近现代国际关系史研究，14. 384—390

美国国务院对乒乓外交的评估报告/侯新竹//冷战国际史研究，26. 269—272

中美缓和时期美国与盟国在对华政策上的互动（1969—1972）/张静//近现代国际关系史研究，13. 254—273

美国网络安全战略调整与中美新型大国关系的构建/汪晓风//上海美国评论，2. 122—136

论后冷战时代中美海权矛盾中的南海问题/杨震、周云亨、朱漪//上海美国评论，2.3—20

特朗普政府对华贸易保护的新态势及其影响分析/王金强//国别和区域研究，5.10—19

# 三、亚洲国际关系史

## （一）总论

地方性视野下的亚洲价值观/肖俊//新加坡研究，2013.330—341

东亚经济一体化进程中的“开放性”概探/苗红妮//国别和区域研究，1/2.199—207

东亚区域格局分析与趋向前瞻/刘建飞、丑则静//国别和区域研究，4.22—38

东亚地区合作与规则转移/韩爱勇//国别和区域研究，4.39—53

东亚区域合作中的公共产品问题探究/姜运仓//国别和区域研究，4.54—66

发展地区主义与东亚合作/魏玲//国别和区域研究，7.67—91

文明核心国家在东亚秩序重构中的价值——道义现实主义在东亚/王庆、亢升//国别和区域研究，7.92—105

浅析和平解决东南亚海洋争端的主要挑战及其应对/胡二杰//南亚东南亚研究，4.64—77

东盟与地区合作：回顾与展望/杨泽瑞//东盟研究，2011.63—79

东盟经济共同体建设的主要内容、现状及前景/王玉主//东盟研究，2011.2—15

东盟政治安全共同体建设内容、现状及前景/韦红//东盟研究，2011.16—29

多层互动与东盟跨界议题治理——以东南亚烟霾污染为例/范磊//东盟研究，2012.2—21

集体行动逻辑语境下的东南亚反恐合作/王利文//东盟研究，2012. 60—75

区域间主义与东盟的一体化/肖斌//东盟研究，2013. 2—15

论东盟驱动下的亚太区域一体化进程/帅洪福//东盟研究，2012. 22—39

中老铁路：推动东盟区域一体化建设/杨卓娟//国别和区域研究，7. 41—55

具有军队特色的“东南亚地区研究”课程实践与创新/虞群//南亚东南亚研究，4. 241—248

印度东北地区的安全局势与孟中印缅次区域合作/林延明//印度洋地区研究，3. 128—147

中亚及高加索诸国的学院流动/伊丽莎白·毕达诺瓦、纳塔莉亚·穆什克托夫、尼古拉·巴达诺夫著，薛宗阔译//欧洲评论，2015（春）. 264—279

## （二）朝鲜半岛

朝鲜时代赴日通信使文献价值的再发现/王鑫磊//朝鲜·韩国历史研究，15. 132—150

韩人柳子明与桂林灵枣农场/黄巧燕//朝鲜·韩国历史研究，16. 339—349

5—14 世纪西域音乐舞蹈在朝鲜半岛的传播和影响/孙泓//朝鲜·韩国历史研究，11. 30—44

论朝鲜民族宗教——青林教的反日活动/许永吉//朝鲜·韩国历史研究，11. 307—321

李重夏之“土门”认识考辨/陈慧//朝鲜·韩国历史研究，12. 249—261

试析韩国反日独立运动中的义烈斗争/彭怀彬//朝鲜·韩国历史研究，12. 294—308

论朝鲜共产党满洲总局的反日民族运动/许永吉//朝鲜·韩国历史研究，12. 309—322

论朝鲜共产党派系斗争/崔凤春//朝鲜・韩国历史研究，12. 323—346

日俄战争之后朝鲜半岛地缘战略地位的弱化/王志伟//朝鲜・韩国历史研究，13. 234—253

“三一”运动时期朝鲜“民族代表”的历史作用和局限性/宋健//朝鲜・韩国历史研究，13. 254—267

日本明治维新与朝鲜甲申政变之比较/姜秀玉//朝鲜・韩国历史研究，15. 249—265

福泽谕吉与朝鲜甲申政变/王明星//朝鲜・韩国历史研究，15. 266—281

论新韩民主党的创立与韩国独立运动的发展/石建国//朝鲜・韩国历史研究，16. 389—403

朝鲜半岛“三韩”研究/刘子敏//朝鲜・韩国历史研究，11. 1—12

朝鲜战争中的苏联空军援助——以俄罗斯解密档案文件为根据的解读/徐元宫//俄罗斯问题研究，2010. 302—306

朝鲜停战后苏联对和平解决朝鲜问题的反应/宋晓芹//近现代国际关系史研究，12. 33—52

当代韩国对外贸易发展的总体评价/沈万根//朝鲜・韩国历史研究，12. 391—405

韩国推进区域合作的发展历程/李冰//朝鲜・韩国历史研究，15. 420—434

## （三）日本

日本在“核不扩散”框架中的扩散行为/尹晓亮//国别和区域研究，6. 80—86

安倍价值观外交与积极和平主义的理性辨析/尹晓亮//国别和区域研究，1/2. 248—255

日本价值观外交及积极和平主义的应对/尹晓亮//国别和区域研究，4. 108—115

日本安保战略转型及其对策/张玉来//国别和区域研究，5. 141—148

英日同盟与日韩合并/王明星//朝鲜・韩国历史研究，12. 164—188

关于当代日韩关系研究中的若干问题/安成日//朝鲜·韩国历史研究，11. 379—402

安重根“东洋和平论”评析——兼谈安义士义举与“日韩合并”/宋成有//朝鲜·韩国历史研究，12. 148—163

日本对东南亚外交中的非政府组织及其对中国的启示/包霞琴、黄贝//中国周边外交学刊，4. 149—164

浅析韩日间独岛（竹岛）领有权争端的演变过程及其现实意义/王海龙//朝鲜·韩国历史研究，12. 406—419

试论日韩“经济合作”与日韩邦交正常化/安成日//朝鲜·韩国历史研究，13. 399—417

鸠山内阁推进“共产圈外交”与日韩关系/安成日//朝鲜·韩国历史研究，15. 373—390

印太战略背景下日本加强与印度军事合作探析/周浩//南亚东南亚研究，4. 37—54

简析日本近五年在东南亚地区的战略渗透/曹宇//南亚东南亚研究，4. 55—63

日本与南非关系研究综述：兼论对日本外交的新思考/许亮//中国非洲研究评论，2. 388—404

## （四）越南

冷战背景下越寮“特殊”关系的发展和演变（1959—1965）/游览//冷战国际史研究，24. 71—105

一个革命家的思想轨迹——胡志明《狱中日记》研析与思考/黄楫//南亚东南亚研究，4. 176—184

## （五）老挝

浅析老挝的均势外交战略及对其国家安全的影响/曾文斌//南亚东南亚研究，4. 103—113

## （六）泰国

浅析泰国阿瑜陀耶时期“大国平衡”外交策及其延续/刘颖//南亚东南亚研究，4. 114—127

20 世纪以来泰国华人政治认同的转变及参政状况/潘艳贤//东盟研究，2011. 82—106

泰国政府对南部穆斯林民族政治整合评述/龚益波//南亚东南亚研究，4. 3—18

浅析泰语模糊性及其成因/邬赵龙//南亚东南亚研究，4. 152—160

## （七）缅甸

国际直接投资（FDI）与缅甸经济发展/杨先明、袁帆、杨洋//印度洋地区研究，2. 53—63

缅甸议会补选及其对缅内政外交的影响初探/张雪鹏//印度洋地区研究，2. 95—108

缅甸和孟加拉国孟加拉湾海域争端研究/邵建平、朱耀顺//印度洋地区研究，2. 79—94

浅析西方文学对加尼觉玛玛礼文学的影响——基于对《她的沉沦》的分析/王禹力//南亚东南亚研究，4. 203—213

## （八）新加坡

族群善治：新加坡国家认同建设的当下挑战/朱大伟//国别和区域研究，6. 87—99

人民行动党与战后新加坡的“血债”记忆/朱大伟、唐梦琪//近现代国际关系史研究，14. 131—145

## （九）印度尼西亚

论爪哇的兼容性与独立性/邵文文//南亚东南亚研究，4. 214—224

## （十）菲律宾

试析《邦萨摩洛和平框架协议》/肖建明//东盟研究，2012. 42—59

## （十一）印度

印度的大国追求与印度洋非洲国家：认知与行为/亢升//印度洋地区研究，1. 60—83

尼赫鲁的价值观对印度尼赫鲁政府外交政策的影响/刘鹏、胡潇文//印度洋地区研究，3. 117—127

印度扩展与非洲经贸关系的策略及对中国的启示/亢升//印度洋研究，4. 37—53

印度—沙特阿拉伯关系：观察与分析/贾舒琦、肖宪//印度洋研究，4. 54—70

试析印度崛起的制约因素/楼春豪//印度洋研究，4. 101—115

对印度外交与战略政策的冷静思考——基于对《不结盟 2. 0：印度 21 世纪外交和战略政策》的评述/葛红亮//印度洋研究，4. 116—130

1962—1963 年印度空防问题与英美关系/刘恒//冷战国际史研究，25. 87—107

“东向”政策视角下印度的海洋战略/胡娟//印度洋地区研究，2. 35—49

地区安全视角下印度的海洋战略解读/陶亮//印度洋地区研究，2. 18—34

新世纪印度高调重返非洲之战略动因管窥/亢升//印度洋地区研究，3. 36—49

看似特立独异的女贵族——印度史诗《摩诃婆罗多》女性贵族形象评析/张洪雷//南亚东南亚研究，4. 185—192

西方文化在印度的渗透及其影响/陈伟//南亚东南亚研究，4. 193—202

## （十二）巴基斯坦

巴基斯坦、阿富汗和普什尼斯坦问题/［巴基斯坦］玛萨拉特·阿比德//

巴基斯坦研究，2. 1—15

从非传统国际格局看美巴关系中的哈卡尼网络/安高乐//巴基斯坦研究，2. 77—89

解析巴基斯坦社会和文化的主要特征/张道建、陈卫恒//国别和区域研究，6. 119—129

### （十三）阿富汗

“普什图尼斯坦”与外援政治：达乌德的外交符号（1953—1963）/唐陆//近现代国际关系史研究，12. 172—194

## 四、非洲国际关系史

摩洛哥与马里的经济、文化和政治联系——中世纪的撒哈拉商路、非洲城市和伊斯兰文化/潘华琼//中国非洲研究评论，2. 51—68

非洲、阿拉伯海湾与亚洲：变化中的当代西非政治经济诸动力因素分析/［加纳］伊曼纽尔·艾吉亚姆蓬撰，沈晓雷、张旻译//中国非洲研究评论，2. 109—134

为什么尼日利亚的独立对非洲的独立如此重要？/阿米努·巴希尔·瓦利撰，沈晓雷译//中国非洲研究评论，2. 317—325

试论图阿雷格人与马里危机——兼论马里的民族国家建构问题/潘华琼//中国非洲研究评论，3. 125—144

泛非主义和反对新殖民主义的斗争/尼尔斯·哈恩撰，阎鼓润译//中国非洲研究评论，3. 145—180

浅析安哥拉内战与苏联的作用/南江//中国非洲研究评论，3. 257—282

浅析伦比德的非洲主义思想/沈晓雷//中国非洲研究评论，4. 60—74

非统与非洲边界和领土争端解决析论/关培凤//中国非洲研究评论，4. 105—120

“你们不是我们唯一的朋友”——安哥拉视角看“安哥拉模式”/刘海方、马婕//中国非洲研究评论，4. 145—157

探寻全球卫生公共产品提供路径——博雅非洲论坛之“埃博拉与世界：认知与行动”会议精要/黄立志//中国非洲研究评论，4. 210—214

援助与发展：非洲人为何要有梦想并走出去/詹姆斯·希夸提撰，许明杰译，李安山校//中国非洲研究评论，4. 237—250

文化的尴尬：以非洲卫理公会主教派教会在南罗德西亚农业教育的问题及影响为例/潘致远//中国非洲研究评论，4. 316—338

国际援助的历史与现实：理论批判与效益评析/李安山//中国非洲研究评论，4. 121—141

亚洲对非外交政策的比较研究/岩田拓夫撰，邓哲远译//中国非洲研究评论，4. 183—209

“我们是非洲人”/［津巴布韦］罗伯特·加布里埃尔·穆加贝//中国非洲研究评论，5. 3—11

去非洲：给非洲研究者的中肯指南/［肯尼亚］/Keguro Macharia//中国非洲研究评论，5. 249—250

加纳阿科松博大坝库区移民安置项目的影响分析及政策建议/［加拿大］张梦露、Gary Xie//中国非洲研究评论，5. 225—240

阿契贝研究、后殖民理论与非洲文学研究的解域/姚峰、严思琪//中国非洲研究评论，6. 63—76

当前阿尔及利亚面临的主要挑战/陆映波//国别和区域研究，6. 110—118

# 五、欧洲国际关系史

## （一）总论、跨区域研究

思考与重建欧洲/［法］贝尔纳·布尔乔亚//欧洲评论，1. 17—26

欧洲的多元身份/［法］罗伯特·达米安//欧洲评论，1. 59—81

帝国：一个概念及其应用/［德］鲁杰·库恩哈特//欧洲评论，1. 99—110

反主权与和平的欧盟，或正义、和平和主权/［法］皮埃尔·李维//欧洲评论，1.122—128

欧元危机是第四类经济危机吗/艾哈迈德·西莱姆//欧洲评论，2013（春）.40—52

欧元危机考验下的法德关系/玛丽-克洛德·埃斯波西托、汉斯·斯塔克//欧洲评论，2013（春）.71—80

欧元危机对中东欧欧盟新成员国的冲击/卡罗依·阿提拉·肖什//欧洲评论，2013（春）.123—131

在国际背景下的欧洲学生的流动性/雅克琳娜·贝瑞龙、吉尔·鲁埃著，陈矿译//欧洲评论，2015（春）.1—7

高校学生的流动在非洲——欧盟的一项实践/雅克琳娜·贝瑞龙著，王莹兮译//欧洲评论，2015（春）.234—245

欧洲一体化运动中宪政模式的历史考察/许海云、胡晔//新世界史，1.243—266

法德货币政策分歧与欧洲经济一体化初期尝试（1969—1970）/王雯菲//冷战国际史研究，23.127—141

英国、第二次柏林危机与欧洲冷战格局的演变/滕帅//近现代国际关系史研究，14.183—191

欧洲跨国公司与本土发展：从“双赢”神话到政治上的不负责——以驻尼日利亚的石油公司为例/塞西尔·赫努瓦著，于婧译//欧洲评论，2015（秋）.260—279

欧盟东扩与西方式民主制度在中东欧的确立/高歌//俄罗斯问题研究，2010.198—202

中东欧国家加入欧盟后的政治新动向/高歌//俄罗斯问题研究，2012.237—241

斯洛伐克加入欧元区的利弊得失：政治和经济分析/姜琍//俄罗斯问题研究，2012.242—246

欧洲议会选举中的中东欧国家/贾瑞霞//俄罗斯问题研究，2014/2015.302—306

中东欧国家区域经济合作：问题与挑战/贾瑞霞//俄罗斯问题研究，2014/2015. 334—338

中欧 V4 集团国家对美国加强在欧洲军事存在的反应/姜琍//俄罗斯问题研究，2014/2015. 328—333

流动性与欧洲一体化：以斯洛伐克为例/拉多万·古拉、玛丽娅·罗斯特科瓦著，陈矿译//欧洲评论，2015（春）. 16—36

“布拉格之春”及其意义再认识/高晓川//冷战国际史研究，23. 143—159

对前南斯拉夫解体中民族主义因素的思考/马细谱//俄罗斯问题研究，2010. 221—224

西巴尔干国家向欧盟标准趋同：问题和抚战/左娅//俄罗斯问题研究，2013. 208—212

欧盟基金在罗马尼亚的使用和绩效评估/曲岩//俄罗斯问题研究，2014/2015. 307—311

成为移民接收国家——南欧和国际移民/毛里齐奥·安布洛西尼//欧洲评论，2013（秋）. 102—122

通往南欧的移民——意大利和西班牙，新接纳形式的实验场/塞尔日·韦伯//欧洲评论，2013（秋）. 152—171

流动的巴尔干人/安娜·克勒斯泰娃//欧洲评论，2013（秋）. 200—213

## （二）乌克兰

乌克兰危机中的俄罗斯/徐向梅//俄罗斯问题研究，2014/2015. 211—216

四方会谈后的乌克兰局势/王秋文//俄罗斯问题研究，2014/2015. 242—248

乌克兰危机中国际组织的作用和影响/王秋文//俄罗斯问题研究，2014/2015. 249—256

乌克兰发生冲突的主要原因在于苏联解体——戈尔巴乔夫接受德国《明镜周刊》采访/高晓惠译//俄罗斯问题研究，2014/2015. 257—265

乌克兰危机爆发后维谢格拉德集团四国与俄罗斯的关系/姜琍//俄罗斯问题研究，2014/2015. 266—269

乌克兰危机对中东欧国家安全的影响/张弘//俄罗斯问题研究，2014/2015. 270—275

跳出棋盘之外：乌克兰对外政策的当务之急/康斯坦丁·格里先科//乌克兰研究，1. 1—7

迈上战略伙伴之路/尤里·科斯坚科//乌克兰研究，1. 8—13

乌克兰外交政策形成阶段的划分问题/安纳托里·兹连科//乌克兰研究，1. 14—29

充满神奇魅力的乌克兰/潘占林//乌克兰研究，1. 52—55

2010 年乌克兰经济形势分析/朱红根//乌克兰研究，1. 88—93

当前乌克兰经济形势及影响因素分析——兼论中乌经贸合作/米军、黄轩雯//乌克兰研究，1. 94—108

教育现代化条件下的民族教育纲要分析/奥莉加·苏霍姆林斯卡娅//乌克兰研究，1. 109—117

乌克兰教育领域的国际合作/帕维尔·波利扬斯基//乌克兰研究，1. 118—131

基辅国立塔拉斯·舍甫琴科大学的国际合作/列昂尼德·古别尔斯基//乌克兰研究，1. 132—134

苏霍姆林斯基教育思想在中国的传播及其影响/肖甦//乌克兰研究，1. 135—146

由苏霍姆林斯基教育图书在中国的热销而引发的思考/祖晶//乌克兰研究，1. 147—152

乌克兰现代化进程中的中小学教师继续教育/张天雪、娜杰日达·卡捷尔尼珂娃//乌克兰研究，1. 153—164

苏霍姆林斯基教育思想的国际传播形式及发展趋势/李姬花//乌克兰研究，1. 165—175

乌克兰的活力/陈昊苏//乌克兰研究，1. 176—177

乌克兰絮语/高莽//乌克兰研究，1. 188—193

追忆舍甫琴科/彭龄、章谊//乌克兰研究，1. 194—198

乌克兰哥萨克小说综述/谢尔盖·库兹米乔夫//乌克兰研究，1. 199—206

大使那些事/亚历山大·斯林普琴科//乌克兰研究，1. 207—216

国际安全领域的合作/利特维年科·亚历山大//乌克兰研究，2. 4—5

乌克兰之殇：西化梦想与民主陷阱/张树华//乌克兰研究，2. 14—21

百年烟云一纸契——《佩列亚斯拉夫协议》/陈虞文//乌克兰研究，2. 22—27

我们的伙伴——航天成就的保障/阿列克谢耶夫·尤里//乌克兰研究，2. 28—30

文化集群组织：乌克兰及其他欧洲城市的经验/伟利奇科·瓦连京//乌克兰研究，2. 31—36

伊丽娜的梦想/李姬花//乌克兰研究，2. 96—99

戈宝权与莱霞·乌克兰英卡：文学创作上的递接/奥格涅娃·叶莲娜//乌克兰研究，2. 111—122

海上明月——写于乌克兰雅尔塔海滩月夜/眭依凡//乌克兰研究，2. 123—124

无题/叶建军//乌克兰研究，2. 125—126

淘来的"金沙"——读卡达耶夫的《梦》/彭龄、章谊//乌克兰研究，2. 127—133

乌克兰文学史上的主要流派及代表作家简介/许丽莎//乌克兰研究，2. 134—140

荣耀与沉思——卢甘斯克游学散记/张力跃//乌克兰研究，2. 146—160

## （三）俄罗斯及苏联

"嘤其鸣矣，求其友声"：二战期间苏联犹太人代表团盟国之行评析/宋永成//近现代国际关系史研究，13. 18—49

苏联和俄罗斯二战史观点体系的形成与演变——兼论俄罗斯同西方的历史大战/张盛发//近现代国际关系史研究，14. 1—36

苏俄国内战争时期西北白卫军研究/周国长//近现代国际关系史研究，14. 146—182

二战后苏联的全国性反犹运动/徐元宫//俄罗斯问题研究，2012. 280—284

《改变世界的七年》是怎样的一本书/左凤荣//俄罗斯问题研究，2012. 196—197

核战一触即发？——20世纪80年代初期苏联的核战争恐慌与“优秀射手83”事件的历史考察/欧阳洛奇//冷战国际史研究，26. 135—166

科瓦廖夫访谈录：对史实的两点解释/谢尔盖·N. 贡恰罗夫、郝江东//冷战国际史研究，26. 167—192

八一九事件中的苏联及俄罗斯联邦最高苏维埃/刘将禹//冷战国际史研究，26. 273—314

戈尔巴乔夫与冷战的终结：对于历史与人物个性的评介/弗拉季斯拉夫·M. 祖博克著，忻怿译//近现代国际关系史研究，12. 73—117

关于俄罗斯国际地位和影响的几点看法/于振起//俄罗斯问题研究，2010. 19—20

梅德韦杰夫外交析评/李兴//俄罗斯问题研究，2010. 155—161

俄罗斯对外政策的现代化/侯静娜编译//俄罗斯问题研究，2010. 162—166

西方与俄罗斯的关系：与俄罗斯自由派不同的观点/戈登·M. 哈恩著，许宝友译//俄罗斯问题研究，2010. 180—184

西方软化对俄罗斯威权主义制度的态度/许宝友编译//俄罗斯问题研究，2010. 185—189

普京的欧亚强国梦/庞大鹏//俄罗斯问题研究，2014/2015. 51—55

普京的金砖构想/王秋文//俄罗斯问题研究，2014/2015. 168—174

俄罗斯外交战略中的海洋战略/左凤荣//俄罗斯问题研究，2014/2015. 147—150

克里米亚入俄进程与分析/李莉//俄罗斯问题研究，2014/2015. 217—223

克里米亚并入俄罗斯后的问题/［俄］奥列格·休姆科著，晓萌摘译//

俄罗斯问题研究，2014/2015. 224—228

俄罗斯二十年来的移民流动所造就的欧洲式移民模式/弗朗索瓦-奥利维耶·塞斯//欧洲评论，2013（秋）. 232—249

从新版海洋学说看俄罗斯海洋战略的新变化/左凤荣、刘建//国别和区域研究，1/2. 236—247

2010年重启中的俄美关系：特点、进展与问题/吴大辉//俄罗斯问题研究，2010. 173

俄美关系的新支点/费·卢基扬诺夫著，刘敏茹编译//俄罗斯问题研究，2010. 176—179

俄罗斯在叙利亚战略的真相/［俄］安德烈·苏申佐夫著，晓宇编译//俄罗斯问题研究，2014/2015. 163—167

《苏东剧变之后》一书的写作与思考/陆南泉//俄罗斯问题研究，2012. 193—195

俄罗斯中东欧战略的发展变化——以欧盟东扩为视角/庞大鹏//俄罗斯问题研究，2014/2015. 158—162

俄乌民族的历史文化渊源/戴桂菊//俄罗斯问题研究，2014/2015. 229—234

俄乌关系中的大国博弈/王秋文//俄罗斯问题研究，2014/2015. 235—241

## （四）波兰

卡廷创伤与波俄关系/孔田平//俄罗斯问题研究，2010. 203—206

俄罗斯公开发布卡廷事件档案/高晓惠//俄罗斯问题研究，2010. 312—313

## （五）匈牙利

德国与匈牙利的关系/贺婷//俄罗斯问题研究，2014/2015. 318—322

## （六）德国

对阵亡者的哀悼——1945年以来德国对二战的记忆/［德］约尔格·埃

希腾坎普//欧洲评论，1.429—435

哪个欧洲？德国对二战后欧洲的计划和观念/［德］沃尔夫·D. 格鲁纳//欧洲评论，1.465—477

冷战后德国与中东欧国家的经济关系/朱晓中//俄罗斯问题研究，2014/2015.312—317

简析冷战后罗马尼亚与德国的关系/曲岩//俄罗斯问题研究，2014/2015.323—327

### （七）葡萄牙

葡萄牙应对欧债危机的举措及其启示/盖逸馨//国别和区域研究，3.109—115

### （八）英国

英国海军“两强标准”政策探析/王本涛//近现代国际关系史研究，15.115—135

20世纪初英国对战时海上贸易保护政策的探讨/杜平//近现代国际关系史研究，13.218—236

鸦片、大英帝国与近代资本主义/金永丽//新世界史，1.227—242

二战初期英国奥兰群岛军事化战略破产的主要因素/唐方亮//近现代国际关系史研究，13.64—72

二战时期英国Z舰队的覆灭及原因分析/胡德坤、钱宇明//近现代国际关系史研究，13.73—85

1947—1948年印巴克什米尔争端与英国的应对困境/姚远梅、王琛//巴基斯坦研究，2.16—25

英国“脱欧”公投的情况分析——欧洲认同危机的定点爆发/庄严、石坚、李竹渝//国别和区域研究，3.60—70

英国脱欧公投下英国、欧盟对外政策和中欧关系/忻华//国别和区域研究，3.71—84

## （九）法国

共同面对敌对的历史：法德共同历史教科书/［法］艾蒂安·弗朗索瓦//欧洲评论，1. 443—447

阿拉伯知识分子移民在法国——一种社会政治史的路径/多玛·布里松//欧洲评论，2013（秋）. 304—320

学生流动性和法国文化外交/吉尔·鲁埃著，陈矿译//欧洲评论，2015（春）. 143—162

摩洛哥青年学生留法意图/玛蒂尔德·贝赫尼、伯纳德·鲁比著，于婧译//欧洲评论，2015（春）. 193—209

卢梭“永久和平”思想辨析/王存胜//近现代国际关系史研究，12. 1—16

是法国战局，还是法国战役？/肖石忠//近现代国际关系史研究，13. 186—190

回忆法国抵抗运动，1945—2008/［法］奥利维尔·维韦奥卡//欧洲评论，1. 314—335

抵抗运动中的法国共产党/［法］菲利普·布东//欧洲评论，1. 342—346

## （十）比利时

比利时移民问题研究/陈琰璟//国别和区域研究，5. 112—129

# 六、大洋洲国际关系史

有关澳大利亚外交政策的力作——评《恐被抛弃：1942 年后的澳大利亚国际关系》/［澳］加雷斯·伊文思//澳大利亚研究，1. 149—154

渐进发展模式的澳大利亚叙事——评王宇博教授新著《澳大利亚史》/赵昌//澳大利亚研究，1. 155—163

破解澳大利亚亚洲焦虑的文化基因密码——评《澳大利亚的亚洲观》/

李建军//澳大利亚研究，1. 164—168

The End of the British World and the Redefinition of Citizenship in Australia, 1950s-1970s/Jatinder Mann//澳大利亚研究，2. 41—75

澳大利亚工党派系之争对澳大利亚外交政策的影响——以鲍勃·卡尔外长与吉拉德总理在巴勒斯坦“入联”问题上的交锋为例/戴宁//澳大利亚研究，2. 96—112

# 七、美洲国际关系史

## （一）拉丁美洲

拉美独立协会和全球气候治理/李江春、张鹏//国别和区域研究，3. 91—108

## （二）美国

### 1. 总论

美国网络空间战略研究/崔建树//上海美国评论，1. 3—21

美国网络空间先发制人战略的构建及其影响/蔡翠红//上海美国评论，1. 22—34

美国社会化媒体外交评析/杨建平、赵磊//上海美国评论，1. 35—45

社交媒体在美国对华外交中的运用/汪晓风//上海美国评论，1. 46—63

嵌入与冲突——美国军事制度改革的动力与机制/左希迎//上海美国评论，1. 67—97

美国国家安全委员会的模式变迁及相关思考/孙成昊//上海美国评论，1. 98—112

美国亚太安全战略论析：“聚合安全”视角/王联合//上海美国评论，1. 151—173

NGO参与美国“普世价值”推广的路径分析/马方方//上海美国评论，1. 177—185

美国非法移民立法改革与利益集团因素研究/唐慧云//上海美国评论，1. 186—204

再工业化与美国经济增长/宋国友//上海美国评论，1. 207—221

奥巴马政府经济外交评析/张继业//上海美国评论，1. 222—234

奥巴马政府网络空间战略面临的挑战及其调整/鲁传颖//上海美国评论，2. 109—121

美国国会情报监督“失灵”：动因与前景/赵国军//上海美国评论，2. 139—160

美国如何鉴别恐怖分子及其启示/贾春阳//上海美国评论，2. 181—192

美国外交的变迁：从冷战共识到争议与困惑/［美］冯稼时//上海美国评论，4. 45—60

金融危机后美国的新孤立主义思潮探析/韩召颖、岳峰//上海美国评论，4. 61—91

“拒绝衰落”与“美国要塞化”：特朗普的大战略/葛汉文//上海美国评论，4. 92—115

特朗普贸易新政：理念、议程与制约因素/吴其胜//上海美国评论，4. 119—136

特朗普政府的对外经贸政策与中美经贸博弈/张玉环//上海美国评论，4. 137—168

美国对全球气候资金的贡献及其影响因素——基于对外气候援助的案例研究/赵行姝//上海美国评论，4. 171—198

政策变化对美国新能源产业的影响/元简//上海美国评论，4. 199—219

特朗普政府的能源与气候政策及其影响/李巍、宋亦明//上海美国评论，4. 220—241

移民、归化与宪法——论美国移民法中的“归化”问题/高全喜//上海美国评论，4. 245—280

美国政治中的非法移民议题：基于主权视角的分析/强舸//上海美国评论，4. 281—302

试析移民社群对当代美国外交的影响/隆德新//上海美国评论，4. 303—

330

美国的政策与1989年革命（一）/托马斯·布兰顿撰，田少颖译，郭又新译校//冷战国际史研究，24. 39—69

美国的政策与1989年革命（二）/托马斯·布兰顿撰，田少颖译，郭又新译校//冷战国际史研究，26. 33—58

美国核研究的发展和“曼哈顿工程”的建立/耿志//近现代国际关系史研究，14. 37—85

倡导国际管制的先行者——尼尔斯·玻尔的原子能国际管制思想及其实践（1943—1944）/刘京//近现代国际关系史研究，14. 86—96

战后美国国际传播机制研究（1945—2010）/陈静静、冯国雄//近现代国际关系史研究，14. 268—290

“胜利”计划——战时美国的综合性战略计划/耿志//近现代国际关系史研究，13. 50—63

美国公共信息委员会对外宣传研究（1917—1919）/蓝大千//近现代国际关系史研究，15. 164—196

美国公共信息委员会与威尔逊和平主义的推销/胡腾蛟//近现代国际关系史研究，15. 197—208

阿瑟·范登堡与马歇尔计划的形成/陆宏谋//近现代国际关系史研究，15. 34—49

美国和平队志愿者研究综述/李培培//近现代国际关系史研究，14. 370—383

**2. 美国与亚洲**

美国的南海政策：目标与战略/时永明//上海美国评论，2. 21—35

美国南海政策新动向及其政策两难/楼春豪//上海美国评论，2. 36—48

南海问题中的美国跨国石油公司/严双伍、李国选//上海美国评论，2. 49—66

“亚太再平衡”战略背景下的美泰军事同盟/宋清润//国别和区域研究，4. 94—107

评美国亚太“再平衡”战略/王缉思、赵建伟//冷战国际史研究，

23. 55—90

福特政府的对韩人权政策研究——以金大中事件为例/顾颖颖//近现代国际关系史研究，15. 95—114

“亚太再平衡”战略背景下的美国与印尼的“大国”军事关系/宋清润//东盟研究，2014. 61—85

美国“重返亚洲”与印度的“东向”/吕昭义//印度洋地区研究，3. 3—18

3. **美国与非洲**

非洲国家的再军事化：试析美国非洲司令部背后的计划/［美］贺拉斯·坎贝尔撰，刘少楠译//中国非洲研究评论，2. 19—50

论美国在利比里亚隐蔽和公开的行动，从20世纪70年代到2003年/尼尔斯·哈恩撰，许明杰译//中国非洲研究评论，4. 75—104

林登·约翰逊政府对非教育外交/奥田俊介撰，田地译，王唯笑校//近现代国际关系史研究，12. 53—72

战后初期美国对埃及的外交政策及成败（1945—1953）/杜晓东//近现代国际关系史研究，13. 317—338

论艾森豪威尔政府对纳赛尔的态度转变——以美国的地区关注为视角（1957—1960）/白云天//近现代国际关系史研究，15. 50—66

费尔斯通橡胶种植公司与美国在利比里亚的殖民/［英］尼尔斯·哈恩撰，陈炯宇译//中国非洲研究评论，5. 88—111

4. **美国与欧洲**

从公开信看“新欧洲”与美国关系的新变化/朱晓中//俄罗斯问题研究，2010. 193—197

美俄交恶中的德国立场/刘立群、李微//国别和区域研究，6. 63—79

1969年西柏林危机与美国的反应/温主保//近现代国际关系史研究，15. 82—94

冷战期间美国苏联学的发展历程考察/万青松//冷战国际史研究，26. 193—228

掌控和平：艾森豪威尔政府对苏政策的调整/樊百玉//近现代国际关系

史研究，14. 192—205

漫长的一天——尼克松与赫鲁晓夫的三次争论/田地//近现代国际关系史研究，15. 67—81

**5. 美国与阿根廷**

从“南乔治亚事件”看美国在马岛危机问题上的政策立场/武思成//近现代国际关系史研究，13. 339—363

### （三）墨西哥

墨西哥政府对海外移民政策述评/袁艳//国别和区域研究，4. 116—131

国外学者关于墨西哥毒品问题的研究综述/卢玲玲//近现代国际关系史研究，12. 336—350

## 八、研究动态与综述

华东师范大学冷战国际史研究中心与中国冷战史研究/梁志//近现代国际关系史研究，13. 380—389

新视角、新材料与文化冷战史再研究/赵继珂//冷战国际史研究，24. 179—188

中国的东南亚研究之——云南省东南亚研究机构、人员与成绩//东盟研究，2011. 170—190

厦门大学的东南亚研究//东盟研究，2012. 210—221

北京大学东南亚学研究中心//东盟研究，2013. 240—251

广西民族大学的东盟研究//东盟研究，2014. 276—279

“中国东南亚研究高级专家第一次圆桌会议”会议纪要/广西民族大学东盟学院（中国—东盟研究中心）//东盟研究，2011. 191—203

东南亚国际关系变迁与大国因素——“比较视野下的东南亚国际关系”国际学术研讨会综述/叶炜//近现代国际关系史研究，13. 397—403

“未来潮流”之争：大国道路与东南亚国际关系的塑造和演变——第四届“国际关系史青年论坛”综述一/薛斌//近现代国际关系史研究，

13. 390—396

英国二战官方史学述评/杨东//近现代国际关系史研究，13. 191—204

中国第二次世界大战史研究会 2017 年年会暨学术研讨会侧记一/喻卓//近现代国际关系史研究，13. 205—211

中国第二次世界大战史研究会 2017 年年会暨学术研讨会侧记二/谢茜//近现代国际关系史研究，13. 212—217

近年来学术辑刊中国际关系史研究论文综目（四）/喻卓//近现代国际关系史研究，12. 247—335

复旦大学第二届中国海洋战略高端论坛综述/高兰//中国周边外交学刊，7. 233—238

第二届“一带一路背景下的宗教与中国周边外交”研讨会综述/邹磊、涂怡超//中国周边外交学刊，7. 239—245

“一带一路”与中国—东盟务实合作研讨会综述/陈妙玲//中国周边外交学刊，7. 261—268

“一带一路”背景下缅甸语本科人才培养过程新模式初探——以广西民族大学为例/欧江玲、朱君、林诗婷//南亚东南亚研究，4. 249—264

“当前中亚安全形势及对中国的影响”国际研讨会综述/赵华胜//中国周边外交学刊，7. 253—260

“东亚的多彩发展与中日韩的贡献”国际学术研讨会综述/徐伟钧//中国周边外交学刊，7. 279—284

首届“中国与印度洋地区共同发展”国际研讨会综述/朱翠萍//印度洋地区研究，1. 179—192

聚焦发展战略谋求互利共赢——第二届“中国与印度洋地区共同发展”国际研讨会在昆明举行/朱翠萍//印度洋研究，4. 193—197

“中国印度洋战略”圆桌专题研讨会综述/朱翠萍//印度洋地区研究，3. 151—157

“南海共同开发：欧洲经验与澜湄启示”学术研讨会会议综述/陈妙玲//中国周边外交学刊，4. 257—263

“中菲关系发展的前景与挑战”研讨会综述/刘青尧、李红梅//中国周

边外交学刊，4. 280—289

第七届中国周边外交研讨会综述/肖阳//中国周边外交学刊，7. 235—242

第二届跨界民族与周边国家关系论坛综述/李元元//中国周边外交学刊，7. 246—252

北京大学非洲研究中心大事记/王天白//中国非洲研究评论，2. 459—504

北京大学非洲研究中心大事记/沈晓雷//中国非洲研究评论，3. 395—426

北京大学非洲研究中心 2014 年大事记//中国非洲研究评论，4. 357—373

北京大学非洲研究中心 2015 年大事记//中国非洲研究评论，5. 288—305

北大非洲研究中心 2016 年大事记//中国非洲研究评论，6. 457—479

北京大学非洲研究中心 2017 年大事记//中国非洲研究评论，7. 248—259

多民族社会的民主制度——第八届中俄经济社会发展比较论坛国际学术研讨会纪要/徐向梅整理//俄罗斯问题研究，2011. 79—87

俄罗斯的非洲研究/［俄］弗拉基米尔·述宾撰，宛如译//中国非洲研究评论，2. 345—352

非洲研究在哈佛："非洲在行动"大型研讨会侧记/许亮//中国非洲研究评论，4. 341—343

德国当代史研究的重镇：慕尼黑—柏林当代史研究所/陈弢//近现代国际关系史研究，14. 349—355

访德国当代史研究所柏林分所所长赫尔曼·温特克教授/陈弢//近现代国际关系史研究，14. 356—363

访历史学家梅德维杰夫/肖瑜、魏磊、江艺鹏//近现代国际关系史研究，14. 364—369

**附录：**

# 征引辑刊目录

《澳大利亚研究》，中国澳大利亚研究会主办，孙有中主编，北京：社会科学文献出版社。第1—2辑（2018年）。

《巴基斯坦研究》，江苏师范大学中国—巴基斯坦教育文化研究中心主办，孙红旗主编，北京：中国社会科学出版社。第2辑（2017年）。

《朝鲜·韩国历史研究》，中国朝鲜史研究会、延边大学朝鲜·韩国历史研究所主办，延吉：延边大学出版社。第11—12辑（2011—2012年），中国朝鲜史研究会、延边大学朝鲜·韩国历史研究所编；第13辑（2013年），中国朝鲜史研究会、浙江大学韩国研究所、延边大学朝鲜·韩国历史研究所编；第15辑（2014年），中国朝鲜史研究会、北京大学历史系、延边大学朝鲜·韩国历史研究所编；第16辑（2015年），中国朝鲜史研究会、上海外国语大学东方语学院、延边大学朝鲜半岛研究院历史研究所编；第17辑（2016年），中国朝鲜史研究会、山东大学（威海）韩国学院、延边大学朝鲜半岛研究院历史研究所编。

《东盟研究》，教育部区域与国别研究培育基地（东盟研究中心）、广西科学实验中心（中国—东盟研究中心）及广西民族大学东盟学院主办，北京：世界知识出版社。2011（2012年），黄兴球、庄国土主编；2012（2013年），周喜梅、滕成达主编；2013（2014年），陈丙先、庄国土主编；2014（2015年），滕成达、潘艳勤主编。

《俄罗斯问题研究》，中央编译局俄罗斯问题研究中心主办，徐向梅主编，北京：中央编译出版社。2010—[①]2013卷（2014年），2014/2015卷（2016年）。

《国别和区域研究》，中华人民共和国教育部国际合作与交流司指导，北京语言大学主办，罗林主编，北京：社会科学文献出版社。第1/2期

① 符号“—”在征引辑刊目录中为连续出版的标志。

（2017 年）、第 3—4 期（2017 年）、第 5—6 期（2018 年）、第 7 期（2019 年）。

《海大日本研究》，中国海洋大学日本研究中心主办，修斌主编，青岛：中国海洋大学出版社。第 1 辑（2011 年）。

《近现代国际关系史研究》，首都师范大学历史学院国际关系史研究中心主办，徐蓝主编，北京：世界知识出版社。第 12—13 辑（2017 年），第 14—15 辑（2018 年）。

《冷战国际史研究》，华东师范大学历史系冷战国际史研究中心主办，李丹慧主编，北京：世界知识出版社。第 23—24 辑（2017 年），第 25—26 辑（2018 年）。

《南亚东南亚研究》。第 4 辑（2018 年），潘远洋、龚益波主编，北京：时事出版社。

《欧洲评论》①，高宣扬主编。第 1 辑：汉、德（2010 年），同济大学欧洲文化研究院主办，上海：同济大学出版社；2013（春）—2013（秋）（2013 年）、2014（春）—2014（秋）（2014 年）、2015（春）—2015（秋）（2016 年），上海交通大学欧洲文化高等研究院暨巴黎欧亚研究中心主办，北京：人民出版社。

《上海美国评论》，上海市美国问题研究所主办。第 1—2 辑（2015—2016 年），上海市美国问题研究所编，上海：中西书局；第 4 辑（2019 年），王联合主编，北京：时事出版社。

《乌克兰研究》，浙江师范大学乌克兰研究中心主办，李姬花主编，北京：中国社会科学出版社。第 1—2 辑（2011—2016 年）。

《新加坡研究》，深圳大学新加坡研究中心主办，重庆：重庆出版社。第 1 卷（2009 年），吕元礼主编；2013 卷（2014 年），吕元礼、陈家喜主编；2016 卷（2017 年），吕元礼、陈家喜、张万坤主编。

《新世界史》，中国人民大学历史学院主办，北京：社会科学文献出版

① 高宣扬主编的辑刊《欧洲评论》分两种版本：其一由同济大学欧洲文化研究院主办，系同济大学出版社出版；其二由上海交通大学欧洲文化高等研究院暨巴黎欧亚研究中心主办，系人民出版社出版。

社。第1辑：什么世界史：跨越国界的思考（2017年），孟广林、王大庆主编；第2辑：古代世界的生成和成长（2019年），徐晓旭、王大庆主编。

《印度洋地区研究》，汪戎、万广华主编，北京：社会科学文献出版社。2012.1—2012.3（2012年）、2012.4（2013年）。

《中国非洲研究评论》，李安山主编，北京：社会科学文献出版社。2012—2014（2013—2015年）、2015（2017年）、2016—2017（2018年）。

《中国周边外交学刊》，复旦大学中国与周边国家关系研究中心编。第4辑（2018年），北京：社会科学文献出版社；第7辑（2018年），北京：世界知识出版社。

《周恩来研究》，北京：中央文献出版社。第1—2辑（2000—2001年），淮阴师范学院周恩来研究会编；第3辑（2004年），淮阴师范学院周恩来研究会编；第4辑（2008年），淮阴师范学院编。

# 美国对外关系史研究中“合作主义”框架的局限性与启发性

## ——罗森堡《传播美国梦：美国经济与文化的扩张，1890—1945》读后

潘米奇*

**摘　要**　加州大学尔湾分校教授埃米莉·罗森堡的《传播美国梦》，是20世纪80年代美国外交史学界经历重大转型之后，引入“国际眼光”与“文化视野”而写成的一本通览性外交史大著，极具思想启发性。在具备着上述新意的同时，该书的总体框架仍旧延续了开创自20世纪早期的“进步主义”范式，并可被进一步划归入其下的“合作主义”支脉；该书的写作也在很大的程度上丰富了“合作主义”理论的内涵，使之能够为更长的时段提供历史解释，以启迪读者们更多地从美国国内的角度出发，审视美国外交行为的“利益”根源。然而，作为一个解释/组织框架，《传播美国梦》所体现的“合作主义”框架，自身也拥有着不少的局限性，诸如缺乏对美国政党政治的体察，对美国政府及各“行为者”普遍且长期拥有的“外扩共识”存在着“解释过度”，“国际视野”仍显不足等；而且更为重要的是，

* 潘米奇，北京大学历史学系硕士生。

作为一个“整全性”的理论框架，“合作主义”极易受到来自“特例”的挑战——1893年克利夫兰政府企图限制已然成功大半的“夏威夷兼并”，便是一个明显的反例——这也使得在“后现代”思想冲击之下，“大理论”提出的必要性与合法性被又一次地重提。不过，通过引入波普尔的“证伪主义”与库恩的“范式”思想，本文主张包括“合作主义”在内的史学“大框架”，在当今时代仍然具有着重要价值；本文还认为，切实且有意义的历史研究，只有将个案研究（“细析”）与理论整合（“整合”）加以综合，才能够成为可能。

**关键词** 美国外交史 合作主义 夏威夷 范式

在美国外交史研究领域，大概很少有书籍能像埃米莉·罗森堡（Emily Rosenberg）的《传播美国梦：美国经济与文化的扩张，1890—1945》[①]（以下简称为《传播美国梦》）一样，受到如此多学术史回顾的偏爱，并被不同的学者纳入各自不同的学术谱系之中加以梳理：在哈佛大学教授马尼拉（Erez Manela）博士看来，此著应当可以被看作是美国外交史时下“文化转向热”的最早先声之一；[②] 而依照另一位哈佛学人、前美国历史学会会长入江昭（Akira Iriye）教授的观点，《传播美国梦》则应当被划入外交史领域另一前沿思潮——“跨国转向”（Transnational Turn）[③] 奠基著述的行列。[④] 然而，尽管此书蕴藏了如此多“新时代”的苗头，但是通过对文本的析读，笔者却更倾向于认同王立新教授的观点，即认为，从基本的学术脉络上看，本书仍然不脱战后两大传统外交史范式之一的“进步主义”范式框架，并

① Emily Rosenberg, *Spreading the American Dream: American Economic and Cultural Expansion, 1890-1945*, New York, NY: Hill and Wang, 1982.

② Erez Manela, "The United States in the World," Eric Foner and Lisa McGirr, eds., *American History Now*, Philadelphia: Temple University Press, 2011, p. 205.

③ 根据王立新教授的观察，当下美国外交史领域最为前沿的两条进路，一为“国际化转向”，二为“文化转向”。详参：王立新：《试析全球化背景下美国外交史研究的国际化与文化转向》，《美国研究》2008年第1期，第26—46页。

④ Akira Iriye, *Global and Transnational History: The Past, Present, and Future*, Basingstoke: Palgrave Macmillan, 2013, p. 24.

且更准确地说，此著应当属于其下“威斯康星学派”（Wisconsin School）[①]余音“合作主义史学”（Corporatism）的理论传统。[②] 为试图对这一判断加以澄清，本文将在简要爬梳美国外交史“范式变迁”的基础之上，对于“合作主义史学”的基本观点，以及《传播美国梦》对于该理论发展的贡献做简要的分析。随后，笔者将对此书所体现的“合作主义”解释框架提供一些个人的思考——通过对1893年夏威夷政变的个案分析，本文将指出，仅仅依靠“合作主义”对美国的外交进行解释是不完善的；与之相反，政党竞争、多元身份认同以及价值观念等因素，很多时候都会使政府或非政府的精英走向“扩张”的对立面，甚至是发展为制约“扩张”的力量。笔者力图表明，尽管“合作主义”的解释框架存在着相当程度的不完善之处，但是，我们却不能以此便全盘否认它对于我们理解美国外交政策的重要启发意义。因为历史诠释的深化，本身便是一条由“范式”到“证伪”再到“新范式”，在辩证中不断前行的道路。

## 一、辩护·批判·“失范”：美国外交史研究的范式演进

与美国史研究的其他领域相较，专业的“美国外交史”是一个出现时间相对晚近，并且“研究范式”也一度较为单一的领域。根据史学史学者的梳理，美国外交史的发端尽管可以上溯至1826年西奥多·莱曼（Theodore Lyman）的两卷本《美国外交》（*The Diplomacy of the United States*），但由于美西战争之前“域外事务”一直都只是美国社会之中较为边缘的一个方面，因此相关的研究著述无意、也很难兴旺发达。[③]

然而，随着20世纪尤其是第一次世界大战的到来，情况却发生了很大

---

① 即冷战史领域的“修正主义”（Revisionism）史学，或政治立场上的“新左派”（New Left）史学。

② 王立新：《试析全球化背景下美国外交史研究的国际化与文化转向》，第29页。

③ Jerald A. Combos, *American Diplomatic History: Two Centuries of Changing Interpretations*, Berkeley, CA: University of California Press, 1983, p. 3.

的变化：紧随美国步入世界舞台中央的脚步，专业化的“美国外交史”也迅速登上了历史的前台——塞缪尔·比米斯（Samuel F. Bemis）、托马斯·贝利（Thomas A. Bailey）、尤里乌斯·普拉特（Julius W. Pratt）、德克斯特·珀金斯（Dexter Perkins）……一个个响亮的名字，昭示着外交史研究领域第一个高峰期在20世纪30—40年代的到来。然而，正如前文所指出的，尽管专业性迅速提升、佳作频出，但是，草创期的美国外交史，却在思想层面更多地展现出了“一致性”更盛而少有“丰富性”的特征。[①] 换言之，尽管各史家倾注精力的领域各有不同，但是他们的叙史逻辑却大多采用了同一种被后世史家称为“民族主义”（nationalism）[②] 的论调，即在坚信美国官方档案的实证研究基础之上，强调美国外交传统的美德性与正确性。他们认为，美国在1898年后开始的扩张政策仅仅是一种“反常”与“偏差”；与之相较，1775—1898年奉行的“不干涉”政策才是美国外交的“应有之义”，它们使得美国在对外问题上“几乎未犯任何错误”。[③] 对于那些仅仅只是“反常”的对外扩张，“民族主义”的史家们也倾向于为它们辩护：他们声称，这些扩张没有包含任何的利益筹谋，有的只是对自我正当利益的保护。[④] 可以看到，以比米斯为代表的第一代“民族主义”范式外交史家，其方法论（methodology）的核心在于“实证”，其因果论（causality）的指向在于“外因”，而其目的论（objective）的指归在于“辩护”。

不过，正如王晓德教授所指出的那样，表面上的“异口同声”，却并不

① Brian McKercher, “Reaching for the Brass Ring: The Recent Historiography of the Interwar American Foreign Relations,” Michael J. Hogan (ed.), *Paths to Power: The Historiography of American Foreign Relations to 1941*, Cambridge: Cambridge University Press, 2000, p. 157.

② Cameron G. Thies, *The United States, Israel, and the Search for International Order*, London: Routledge, 2014, p. 52.

③ Samuel F. Bemis, *A Diplomatic History of the United States*, New York, NY: Henry Holt and Company, 1936, pp. 802-804.

④ Julius W. Pratt, *Expansionists of 1898: The Acquisition of Hawaii and the Spanish Islands*, Chicago, MI: Quadrangle Books, 1936, pp. 192-212.

代表着完全不存在反对者的声音[①]——尽管应者相对寥寥，但是在这些反对之声中，以查尔斯·比尔德（Charles A. Beard）为代表的“进步主义”（Progressivism）史学，却为其后继者、极富生命力的“维斯康星学派”开辟了理论上的先导：根据比尔德的观点，美国对外政策的动因，并不如“民族主义者”所说，来源于被动地应对国外的挑战；与之相反，美国的外交行动，大多服务于国内的主动需求——这种需求，一方面来自“杰斐逊式”（Jeffersonian）的农业利益集团，[②] 另一方面则来自“汉密尔顿式”（Hamiltonian）的工商业利益集团；[③] 尽管表现形式各有分疏、利益指向也各有差异，但他们都积极地谋求对外经济扩张，以最终实现国内剩余产物的输出。与此同时，比尔德还极富创见性地指出，尽管美国的外扩动力来自内部，但是它的结果却无法做到真正地造福本国，因为外扩所花费的成本，往往总是大于它为国内经济带来的收益。[④] 不难看出，与当时占主流地位的“民族主义”范式不同，由比尔德所开创的“进步主义”范式，其因果论的指向明显地由“国外”转向了“国内”，而其目的论的指归，也相应地由“辩护”转为了“批判”——这同此后“维斯康星学派”的观点，存在着明显的传承关系。

如果说两次世界大战之间美国对外政策的孤立与收缩，为外交史领域大唱旧时代“美好赞歌”提供了历史情景的话，那么二战以及随之而来的冷战，则为外交史学界的“批评之声”赢得了巨大的空间——可以看到，无论是脱胎于“民族主义”范式预设的“现实主义”（realism）范式，还是完全继承了“进步主义”范式衣钵的“维斯康星学派”，都将对美国外交政策的“批判”置于其话语的核心位置，仅有的差别只是“批判”的角度各有分疏。

① 王晓德：《全球视野下的新外交史学在美国的兴起》，《世界历史》2014 年第 4 期，第 4—5 页。

② Charles A. Beard, *The Idea of National Interest: An Analytical Study in American Foreign Policy*, New York, NY: Macmillan, 1934, pp. 52-58.

③ Ibid., pp. 99-101.

④ Ibid., pp. 247-294.

先来看“现实主义”范式。作为对先前“民族主义者”所执“孤立迷梦”的反思，以乔治·凯南（George Kennan）、汉斯·摩根索（Hans J. Morgenthau）、诺曼·格雷布纳（Norman Graebner）[①] 为代表的“现实主义者”，通过将现实政治“利益至上”观引入史学探索的方式，一举击碎了“民族主义者”乌托邦式的幻想：在“现实主义”范式的“开山之作”[②]《美国大外交》中，凯南就曾直言不讳地表明：“解决国际问题的‘法律—道德主义’方法就像一束红线一样贯穿于我们过去50年的外交政策之中，我认为这对我们制定外交政策是有百害而无一利的。”[③] 但是反过来看，正如王立新教授所指出的那样，“现实主义”范式所力图摆脱的，却并非是由比米斯等人所定立的基本框架，而仅仅只是这些“民族主义者”对于意识形态教条的过度迷信；换言之，与其说“现实主义”范式是“民族主义”范式的“迭代”，不如说后者是前者的“深化”，因为无论是从方法论还是从因果论上看，“现实主义”范式都完全接续了“民族主义”范式重视材料、重视地缘政治“外因”、重视精英的基本预设，只是在目的论上更为精致与务实而已。[④] 因此，诚如牛可教授所言，尽管历经了时代的变迁，但是“范式”的基本稳定，使得美国外交史学科长期呈现出一派“成功而板结的样貌”。[⑤]

然而这一“板结的样貌”，却随着20世纪60年代美国对外行动的屡屡受挫而受到了来自“进步主义”范式极大的动摇。不过，正如前文之中已

① 根据史学史家杰拉德·康博斯（Jerald A. Combos）的观点，诺曼·格雷布纳有关美英“俄勒冈问题”的历史考察，是美国外交史学界应用“现实主义”范式的早期经典之作。详参：Jerald A. Combs, “Norman Graebner and the Realist View of American Diplomatic History,” *Diplomatic History*, Vol. 11, Issue 3, 1 (July 1987), pp. 251-264.

② 弗兰克·宁科维奇：《范式失落：文化转向和美国外交史的全球化》，《冷战国际史研究》2006年第1期，第120页。

③ George F. Kennan, *American Diplomacy, 1900-1950*, Chicago, MI: Chicago University Press, 1951, pp. 82-83.

④ 王立新：《试析全球化背景下美国外交史研究的国际化与文化转向》，第28页。

⑤ 牛可：《超越外交史：从外交史批判运动到新冷战史的兴起》，《冷战国际史研究》2014年第1期，第5页。

经述及的那样，尽管“进步主义”范式扩大营盘、英杰辈出的年代是20世纪60—70年代，但是它的基本理论预设却不出30年前的比尔德时代所订立的规矩。作为“进步主义”范式昌盛年代的缔造者，“维斯康星学派”的奠基人威廉·威廉姆斯（William A. Williams）便曾满怀赞赏地表示，比尔德的历史书写至少在三个方面给予了他启迪：1. 美国的对外政策与“国内事务”（domestic affairs）紧密相连；2. 美国的帝国构建，并非是“无心插柳”；3. 美国的对外扩张，往往非但没能解决国内问题，反而还会使得问题更为复杂化。[①] 而威廉姆斯，以及其后沃尔特·拉夫伯（Walter F. LaFeber）、劳合·加德纳（Lloyd C. Gardner）等人的著作，本身便可看作是对比尔德“规矩”的重申——尽管同“现实主义”范式的众史家类似，“维斯康星学派”在目的论上持有着对美国外交政策的批判态度，但他们两者之间的论证逻辑却针锋相对：在威廉斯等人看来，美国外交之中的现实考量与其说是太少了，毋宁说是太多了；而这一扩张的雄心，早在美国建国之初时便已早早地奠定了下来，并在之后的对外实践中不断深化。[②] 之所以人们常常忽视这一点，是由于美国基于繁荣仰赖“无限扩张自由市场”的信念，[③] 捐弃了以往旧大陆的“有形帝国”策略，转而采取了一种“门户开放帝国主义”（Open Door Imperialism）的形式，在力图开辟海外自由市场以缓解国内政治经济矛盾的指挥棒下，有限度、有权谋地开展对外扩张行动。然而这一筹谋的结果却不幸地注定会走向失败，因为它一方面会在国外引起蛮横输出美国价值所带来的名誉损伤，[④] 另一方面又会在国内培育起“外化邪

---

① William A. Williams, “Charles Austin Beard: The Intellectual as Tory-Radical,” Henry W. Berger (ed.), *A William Appleman Williams Reader: Selections from His Major Historical Writings*, Chicago, IL: Ivan R. Dee, 1992, p. 113.

② William A. Williams, *Empire as a Way of Life: An Essay on the Causes and Character of America's Present Predicament, along with a Few Thoughts about an Alternative*, New York, NY: Oxford University Press, 1980, pp. 43-207.

③ William A. Williams, *The Roots of the Modern American Empire: A Study of the Growth and Shaping of Social Consciousness in a Marketplace Society*, New York, NY: Vintage Books, 1969, p. 450.

④ William A. Williams, *The Tragedy of the American Diplomacy*, New York, NY: Dell Pub. Co., 1962, p. 292.

恶”（externalizing evil）的心态，使得美国总是将内部遇到的种种问题无端地归罪于外部因素，从而陷入无尽的恶性循环之中。① 可以看出，“进步主义”范式这种从“内部”找寻美国对外政策根源、从“利益”分析美国对外政策实质的取径，适度地纠偏了“现实主义”范式对于“权力政治”的过分强调，很好地契合了60年代美国对于自身政策“反思”的需求，故而受到了相当一部分学者的接纳。在这种“现实主义”与“进步主义”分庭抗礼的局面之下，美国外交史领域“板结”僵化的寒冰终于渐次消散，一种“健康的张力”因而也得以产生。②

不过，正如宁科维奇所观察到的那样，“现实主义”与“进步主义”难分轩轾的岁月并没有持续太久——随着“越战兴奋”的退潮，“进步主义”范式在60年代的短暂辉煌后很快便转入沉寂；而随之而来的，却并非是“现实主义”范式一家独大的复归，而是整个外交史领域发展的停滞。③ 究其原因，一方面自然与70年代“美苏缓和”的大背景脱不了干系，但更重要的原因，在于同此时新潮迭起的史学其他门径相较，外交史学科所信奉的两大古老范式，哪一个都显得是那样的老气横秋，哪一个都是那样的索然无味。

面对如此窘境，外交史家查尔斯·梅尔（Charles S. Maier）于1980年发表了他著名的学术宣言《止步不前：美国对外关系史学》（*Marking Time: The Historiography of International Relations*），一时激起学界的轩然大波。在文中，梅尔激烈批判了外交史学界长期以来的反应迟钝，指责学者们“抵制新技术”“拒用外国材料”“视域狭隘”“少有大作”，而只知一味固守“兰克史学”，因而已然处于“枯萎凋落”甚至是被视作“继子”的悲惨境

① William A. Williams, *The Tragedy of the American Diplomacy* (2nd and Enlarged Edition), New York, NY: Dell Pub. Co., 1972, p. 15.

② Michael Hunt, "The Long Crisis in US Diplomatic History: Coming to Closure," *Diplomatic History*, Vol. 16, No 1 (Winter 1992), pp. 123-128. 转引自：牛可：《超越外交史：从外交史批判运动到新冷战史的兴起》，第8页。

③ 弗兰克·宁科维奇：《范式失落：文化转向和美国外交史的全球化》，第124—125页。

地之中。[①] 这一观察极具洞见性，因为梅尔深刻揭示了，尽管外交史研究领域存在过理论争鸣与范式优化，但是①空间范围（space）上的“单国视域”、②主题（subject）上的“国家至上”、③方法论（methodology）上的“档案实证”、④核心议题（core issue）上的“利益与权力”与⑤行为主角（actor）上的“精英主义”却一以贯之，恒常不变。这使得外交史越来越无法跟上时代的发展变化，更奢谈能够贡献什么理论创新。

往者不谏，来者可追。在清晰地把握之前研究所存在的问题之后，外交史学界迅速地做出了回应，[②] 并在此后的近三十年中取得了十分可喜并且颇为惊人的成就。其中，在对①“单国视域”与②“国家至上”的反思之上，分别诞生出了“国际史”（International History）与“跨国史”（Transnational History）的学术潮流：前者在承认民族国家的基础之上，着重致力于考察多国间的多元互动；而后者则通过将“跨国行为体”与“跨国现象”置于考察重心的方式，以力图对陈旧的民族国家叙事加以超越。[③] 而对③“档案实证”方法论与④“利权”关注核心的批判，则最终催生出了马尼拉教授与王立新教授所指出的外交史领域的“文化转向”（Cultural Turn）：学者们或以“文化”透镜为工具，重新审视传统的历史事件，使之丰富的文化内涵得到挖掘（即对方法论加以更新）；[④] 或以“文化”视角为切入点，开辟出全新的研究领域，使得全新的历史叙事成为可能（即对核

---

① Charles S. Maier, “Marking Time: The Historiography of International Relations,” Michael Kammen (ed.), *The Past before Us: Contemporary Historical Writing in the United States*, Ithaca, NY: Cornell University Press, 1980, pp. 335-387.

② WIC; “Responses to Charles S. Maier, ‘Marking Time: The Historiography of International Relations’,” *Diplomatic History*, Vol. 5, No. 4 (Fall 1981), pp. 353-382.

③ Akira Iriye, “Transnational History,” *Contemporary European History*, Vol. 13, No. 2 (May 2004), p. 211. 王立新教授也对此有过深入的评述，详参：王立新：《在国家之外发现历史：美国史研究的国际化与跨国史的兴起》，《历史研究》2014 年第 1 期，第 144—160 页。

④ 其下又可细分为多种取径，诸如：1. 对外交决策者或集团的意义世界加以分析；2. 对外交行动中的话语或修辞加以分析；3. 对外交事件后果的文化意义加以分析等。

心议题加以拓展)。[1] 至于最后一点，即对以往过分强调⑤“精英主体”的否思，则同“社会史”的研究路径一拍即合，为众多“沉默的大多数”提供了发出声音的宝贵空间。[2]“从细微处做文章，亦大有文章可做”，美国外交史的多元面向，也由此得到了愈发精彩地呈现。

至此，本文大致完成了对美国外交史范式演进的爬梳。从中我们可以看到，美国外交史领域的智识进展，基本是同美国学术普遍的智识进展相同步的，[3] 即，从拥有一个或几个较为统一的“科学范式”（先是力主为美国外交辩护的“民族主义”范式，随后是注重权力政治“外因”因而对美国外交多有批判的“现实主义”范式，再后来是“进步主义”范式同“现实主义”范式在“批判”共识上的分庭抗礼)，到如今的“范式失落”、逐步走向个性化。但是，也应当注意到，美国外交史的转向始自20世纪80年代的“剧变”，却并未使得“旧规矩”彻底地走向死亡；相反，在部分吸纳“跨国史”与“文化史”养分的基础之上，“现实主义”范式与“进步主义”范式本身也在经历优化；而“后修正派”（主要基于冷战研究）与“合作主义”，便分别是它们在“新时代”的继承者。

---

① 剑桥大学美国史讲席教授安德鲁·普雷斯顿（Andrew Preston）结合“宗教”与“美国对外关系”的历史概览，便是这一取径上的上佳之作。详见：Andrew Preston, *Sword of the Spirit, Shield of Faith: Religion in American War and Diplomacy*, Toronto: Anchor, 2012。

② 韦尔斯利学院（Wellesley College）文馨善（Katharine H. S. Moon）教授的著作《盟国之间的性：美韩关系中的军妓》(*Sex Among Allies: Military Prostitution in U. S. -Korea Relations*, New York, NY: Columbia University Press, 1997）是这一研究取径上的代表。但是相对而言，从社会“底层”着眼的外交史研究依旧较为稀少。因此，笔者认为，日后外交史发展可能的一个重点方向，便是从“底层”的档案材料/社会科学“新工具”出发，探索以下问题：1. 外交政策究竟是如何被底层“执行”的［例如哈佛大学费正清中心宋怡明（Michael A. Szonyi）教授有关冷战时期金门的研究：Michael A. Szonyi, *Cold War Island: Quemoy on the Front Line*, Cambridge: Cambridge University Press, 2008］；2. 外交决策究竟是如何被底层“牵动”的（例如剑桥安德鲁·普雷斯顿教授提到的，“保护各地传教士”深刻地影响到了外交政策的制定)；3. 外交是如何通过“非政府”渠道实现的（例如朝日间的“在日本朝鲜人总联合会”)。换言之，即外交关系史的“社会”进路。此外，与“国际转向”/自然科学“新工具”联合，该潮流甚至可以开辟出“外交边缘地带史”（港澳、冲绳、柏林、夏威夷等“国际性”边缘，巴斯克、吉普赛等“跨国性”边缘，或“太平洋”“极地”等“全球性”边缘）的新进路。

③ 牛可：《超越外交史：从外交史批判运动到新冷战史的兴起》，第26页。

## 二、“合作主义”的定位与《传播美国梦》对该框架的贡献

如果说外交史领域的“国际转向”与“文化转向”堪称“革命”的话，那么“后修正派”与“合作主义”对于旧传统的反思，仅仅只能看作是一场温良的“改革”。之所以做出如此判断，是因为在笔者看来，“后修正派”与“合作主义”在三个关键层面上继承、而非颠覆了“旧时代”的精神，即①对于“整全性”“范式性”解释框架的偏好，②对于“精英”阶层的更多关注，以及③对于“利益与权力”核心议题的倾心。其中的第一点，放置于如今“碎片化”史学俯拾即是的学术生态之中看，无疑是非常好理解的；而由之所带来的种种问题，以及笔者对于这种取径“否定之否定”的思考，笔者将在后面加以详述，故此处不再展开。

对于其中的第二点，则有必要稍做解释。与传统史学片面忽视非精英群体不同，战后美国外交史中“进步主义”与“现实主义”范式所体现的“精英主义”，是建立在彼得·诺威克（Peter Novick）所说的“共识论”(consensus)① 的基础之上的。也就是说，在“现实主义”与“新进步主义”史家②看来，社会之中的“个体”与“底层”，并非是因为其地位无足轻重而不屑于对他们加以考察，而是因为他们被认为天然就与各自隶属的“精英集团”步调一致，因而没有必要再对他们另行叙述。③ 这种仅仅考察“精英”，便自以为涵盖“全部”的取向，即使是在被诩为“新左

---

① Peter Novick, *That Noble Dream: The Objectivity Question and the American Historical Profession*, Cambridge: Cambridge University Press, 1988, pp. 320-360.

② 即“威斯康星学派”。此处借用了宁科维奇的说法，以区别于比尔德等 20 世纪 30 年代的“进步主义者”。见：弗兰克·宁科维奇：《范式失落：文化转向和美国外交史的全球化》，第 121 页。

③ 对于美国知识界的主流范式演进，以及“共识论”的基本观点，萨缪尔·亨廷顿（Samuel P. Huntington）也进行过独到的评析，详见：Samuel P. Huntington, “Political Science, American Area Studies and Their Paradigms of American Politics,” Lucian W. Pye (ed.), *Political Science and Area Studies: Rivals or Partners?* Bloomington and London: Indiana University Press, 1975, pp. 48-77.

派”的“威斯康星学派”中也多有体现，而其后继者“合作主义”亦无甚反思。

对于第三点，即仍旧将“利益与权力”置于考察核心，则被体现得更为直观，因为它直接塑造了“后修正派”与“合作主义”更为“经典”、而非更为“趋新”的样貌。因此，再接下去的部分中，笔者将分别梳理“后修正派”与“合作主义”的基本观点。

先来看“后修正派”。它继承并发扬了“现实主义”范式对于国际政治中“权力”问题的关注，又吸收了“国际转向”与“文化转向”之下全新学科方法与视角的有益养分，使之更能适应时代的需求。在“后修正派”学者看来，“现实主义”范式以往仅仅关注“双边”的视域明显是偏狭的，这使得人们往往“只关注一棵棵的树木”，而忘记了“自己身处森林”这一事实；与之相反，正确的方法则应当是将眼界扩展到“国际”领域，认识到错综复杂的“国际体系”才是问题的根源[1]（呼应“国际转向”）；与之类似，传统“现实主义”范式对于“硬权力”的过分关注也是有失偏颇的，而意识形态因素，尤其是“国家安全”（National Security）观念，也有必要着重地加以考量[2]（呼应“文化转向”）。尽管如此，我们也应当意识到，“后修正派”对于“现实主义”范式的批判，目的绝非推倒重塑，而是在于对其进行“修正”；约翰·加迪斯（John L. Gaddis）等“后修正派”史家的基本进路，也仍旧遵循“现实主义”的范式、而非“国际史”或“文化史”的逻辑。换言之，在“后修正派”史家眼中，“文化”与“国际化”仅仅只是考察“权力”问题以及“美国”问题的有力手段，而非“反客为主”，成为论证的核心。在对待老敌手“进步主义”范式的问题上，“后修正派”也继承了“现实主义”范式的学脉，即从根本上拒斥前者所持有的美国外交“内源性”“扩张性”的论调，坚持认为美国是一个“受邀请”

---

① John L. Gaddis, “New Conceptual Approaches to the Study of American Foreign Relations: Interdisciplinary Perspectives,” *Diplomatic History*, Vol. 14, Issue 3 (July 1990), pp. 419–420.

② Ibid., p. 407.

(invited)、而非“强加于人”（imposing）的霸权。[①] 综合以上因素可以看到，尽管“后修正派”充分回应了外交史学界“国际转向”与“文化转向”的潮流趋势，但是其核心指归甚至是论证的“敌手”，都充分继承并发展了“现实主义”范式的基本思路，因而与前节所述的各“革命性”支派相比，“后修正派”体现出了更大的“继承性”特征。

接着再来看本文的核心——“合作主义”框架。如果说“后修正派”展现了“现实主义”范式在新时代的新面貌的话，那么“合作主义”框架便是20世纪80年代美国外交史“革命”之后，“进步主义”范式的深化版本。根据“合作主义”旗手托马斯·麦考密克（Thomas McCormick）在该框架最早的“宣言”《放任还是主宰?》之中的归纳，“合作主义”框架除继承了“进步主义”范式对美国外交“国内利益”根源的关注之外，一共发展出了如下五条新结论：1.“合作主义”认为，美国的对外政策必须纳入国际体系之中加以考察；2.“合作主义”揭示出了，美国的对外政策很大程度得益于建立在“生产主义”（productionism）观念之上的阶级合作；3. 然而颇为吊诡的是，随着美国对外扩张的加剧，回报上的差异却越发地使得这种跨越阶级的合作难以为继；4. 在应对外部事务的问题上，国家直接出面居于次席，而私人的活动则不断扩大；5. 政府精英、工农业利益团体及工会精英常常是参与外交政策的制定者，或至少在他们之间存在着高度的共识。[②] 从这五点之中可以看到，“合作主义”框架同“后修正派”一样，也吸纳了外交史领域“国际转向”与“文化转向”的智识进展，认识到了“国际视野”与“意识形态”研究的重要意义。并且与传统的“进步主义”范式相较，“合作主义”还进一步地突出了国内各利益集团的重要性，认为它们不仅仅只是在政策的“制定”过程之中扮演了角色，还在政策的“执行”过程之中发挥了举足轻重的作用。而后一种观点，恰恰是政治学学科

---

① John L. Gaddis, “The Emerging Post-Revisionist Synthesis on the Origins of the Cold War,” *Diplomatic History*, Vol. 7, Issue 3 (July 1983), pp. 173-178.

② Thomas J. McCormick, “Drift or Mastery? A Corporatist Synthesis for American Diplomatic History,” *Reviews in American History*, Vol. 10, No. 4 (December 1982), pp. 327-328.

在80年代对于“合作主义”的最新思考。[1] 这无疑呼应了梅尔对于外交史研究应当拥抱“跨学科方法”的呼吁。

然而，上述种种的新面貌，却无碍于我们得出“合作主义”是“进步主义”范式继承人的结论，因为同“后修正派”一样，“合作主义”对于“国际转向”与“文化转向”的回应，也仅仅只是“工具性”、而非“本质性”的——早在1984年,[2] 即麦考密特发表其“宣言”的两年之后，约翰·加迪斯便发文对“合作主义”解释框架的有效性提出了质疑，称其不过是对四分之一个世纪前“威斯康星学派”陈词滥调地重复;[3] 而前者提出的理由也颇切中要害：首先，加迪斯认为，“合作主义”完全不具备它所声称的“国际眼光”，因为在“合作主义”史家的立论之中，根本就找不到任何“外部因素”的地位；其次，加迪斯指出，尽管“合作主义”史家在国内问题上考虑到了意识形态的因素，以此解释阶级之间基于“生产主义”的“合作”，但是在国际层面上，“合作主义”框架却完全拒斥了对美国外交“理想”（ideal）成分的追索，认为它仅仅只是追求现实利益的手段抑或是“幌子”（cloak）。[4] 结合依照“合作主义”框架写成的诸多著作，我们确实可以看到，虽然“合作主义”史家确有将视野放大，扩展到区域乃至全球的“新趋向”，也确有探讨文化与意识形态作用的“新元素”，但是他们最终的结论，却依旧将美国外交的动因指向美国“内部”、指向“现实利益”。换言之，尽管“合作主义”史家们也承认，外部世界确实发生了种种变化，但是在他们看来，前者仅仅只是为美国的外交行动提供了一个“舞

---

① 根据政治学者阿伦·考森（Alan Cawson）于20世纪80年代提出的观点，“合作主义”即“垄断性的功能性利益团体就公共政策的输出与国家机构进行政治交换，而在这一交换之中，这些利益团体既扮演了‘利益表达者’的角色，也扮演了‘政策执行者’的角色”。这明显不同于此前70年代仅仅突出“利益表达”的“合作主义”理论。参见：Alan Cawson, *Corporatism and Political Theory*, Oxford: Blackwell, 1986, p. 38；卢春龙：《社团主义理论的兴起及其对拉美世界的影响》，《拉丁美洲研究》2013年第4期，第49页。

② 尽管该文最终发表于1986年，但是加迪斯的实际讲话发布于1984年。

③ John L. Gaddis, “The Corporatist Synthesis: A Skeptical View,” *Diplomatic History*, Vol. 10, Issue 4 (October 1986), p. 362.

④ Ibid., pp. 360-361.

台”而已，而演出的“剧本”，早就已经在美国国内、按照美国自己的逻辑写成了；[①] 同样的，尽管在美国的外交行动之中，确实存在着“意识形态”的成分，但是它们存在的目的，也仅仅只是为“现实利益”服务而已，自身并不具有什么独立的目的性。[②] 这种在本质上更为强调美国外交政策“内源性”“趋利性”的写作旨趣，使得“合作主义”框架更为契合“进步主义”范式，而并不属于“国际转向”或“文化转向”的潮流。这也是本文为何在开篇，便将依照“合作主义”框架写成的《传播美国梦》归入“进步主义”范式，而非将其视为“文化转向”或“国际转向”外交史著作的原因。

事实上，在前述加迪斯对“合作主义”的批判之中，还有几项笔者没有提及。而之所以如此处理，部分自然是因为它们与本文的关联性较小，故而只得割爱；部分也是因为它们之中的一些已经得到了解决，因而不再需要被提及。而其中的一项，便是由《传播美国梦》所克服的“时段解释力不足”这一问题。

根据加迪斯的观察，“合作主义”框架最首要的漏洞，在于它的时间涵盖面十分狭窄。也就是说，它仅仅最适合于解释两次世界大战之间这种“共识兴旺”、非政府集团活动也相对较为密集的时段，而对于之前及之后，

① 典型的例子，可见于“合作主义”领军人物迈克尔·霍根（Michael J. Hogan）的两部著作：在《非正式的协约》（*Informal Entente*）中，作者指出，早在第二次世界大战爆发以前，美国就已经根据自己的经济筹谋，而与英国建立起事实上的“同盟”了；而在《马歇尔计划》（*The Marshall Plan*）中，作者更是极富创见性地指出，“马歇尔计划”并非是一项专为应对“冷战”而制订的计划；相反，它拥有着更为久远、更深植于“国内”的根源，即前者是罗斯福新政的一个“国际翻版”。见：Michael J. Hogan, *Informal Entente: The Private Structure of Cooperation in Anglo-American Economic Diplomacy, 1918-1928*, Columbia, MO; London: University of Missouri Press, 1977; Michael J. Hogan, *The Marshall Plan: America, Britain, and the Reconstruction of Western Europe, 1947-1952*, Cambridge: Cambridge University Press, 1987。

② 相关的例子可见于埃米莉·罗森堡的《传播美国梦》：在该书中，尽管作者将“自由”与“发展”等量齐观，但是不能否认的是，在“自由—发展主义”之中，“自由”是为了“发展”而服务的。详见罗森堡自己对于“自由—发展主义”的定义：Emily Rosenberg, *Spreading the American Dream: American Economic and Cultural Expansion, 1890-1945*, p. 7。

"合作主义"框架的解释力就会大打折扣。[①] 对此，"合作主义"史家霍根在日后反驳加迪斯的挑战时也只得无奈地表示，后者确实抓住了他们的软肋，因为"合作主义"史家们的写作范围，的确更多地集中于加迪斯所指出的时段。[②]

然而，罗森堡的《传播美国梦》却极好地解决了这一问题，因而使得"合作主义"的适用性得到了极大地延展。而她解决这一问题的方式也十分巧妙，即将"合作主义"框架视为一个本身便具有"生成性"与"发展性"，而非"僵化不变"的理论框架，从而使得"合作主义"在各个历史时段之中都能找到恰当的措身之所。

根据罗森堡在书中的划分，美国的"合作主义"一共经历了三个不断演进、不断深化、政府同非政府团体间的联系日趋紧密、而政府的权力又在明显上升的历史阶段，即19世纪90年代至一战前后的①"促进型国家"（promotional state）、一战结束至"大萧条"前后的②"合作型国家"（cooperative state）与"大萧条"之后的③"规制型国家"（regulatory state）。在第一个阶段之中，以商人、传教士、慈善家、新闻媒体为主要代表的非政府团体，在美国施加海外影响力的过程之中扮演起了"中坚力量"的角色——他们或为提升影响力、或为谋取利益的目的，不断地在海外谋求积极的扩张；而政府的角色，仅仅只是为前者的扩张行动"保驾护航"，即提供包括海洋安全［例如从本杰明·哈里森（Benjamin Harrison）总统任期开始的现代海军建设计划[③]］、商业安全（例如"门户开放"政策[④]）、资金安全（例如坚决地维护"金本位"制度[⑤]）在内的种种有利条件。[⑥] 然

① John L. Gaddis, "The Corporatist Synthesis: A Skeptical View," *Diplomatic History*, Vol. 10, Issue 4 (October 1986), p. 359.

② Michael J. Hogan, "Corporatism: A Positive Appraisal," *Diplomatic History*, Vol. 10, Issue 4 (October 1986), p. 368.

③ Emily Rosenberg, *Spreading the American Dream: American Economic and Cultural Expansion, 1890-1945*, pp. 50-51.

④ Ibid., pp. 54-55.

⑤ Ibid., pp. 55-56.

⑥ Ibid., pp. 14-86.

而，随着一战的爆发以及20世纪20年代以降美国全球参与的迅速延伸，政府开始扮演起越来越重要的作用——它不再仅仅满足于为仍旧保持着极强"外扩野心"的传媒组织（第五章）、宗教与慈善团体（第六章）以及工商业利益集团（第七章）提供有利的环境，而是在此之外，积极地寻求同后三者展开密切的"合作"，以协助、指导甚至是利用［即"特选工具"（chosen instrument）］它们来实现自己的目的（显例便是"道威斯计划"与"杨格计划"[①]）；而这些非政府组织也十分乐见同政府的合作，因为这将进一步地扩展它们自身的利益图谋。[②] 最后，随着"大萧条"以及此后第二次世界大战的爆发，政府终于正式地从幕后登上了前台，开始扮演起统筹与规训各非政府团体涉外行动的角色。[③] 在"布雷顿森林体系构筑"等一系列问题上，政府甚至还选择了跳开"非政府组织"这一惯常被使用的"特选工具"，以直接参与其中。[④] 对此，罗森堡颇具见地地指出，尽管这种"规制型国家"充满着"强制性"与"直接性"的意味，但它却依旧是"合作主义"框架的延伸。因为此种"强制性"或"直接性"所立足的基础，仍旧是各海外行为体的"自觉自愿"，而非是强加逼迫、逆势而为。而这一"合作主义"框架之所以能够贯穿始终，原因便在于加迪斯所说的"共识"，或罗森堡所说的"自由—发展主义"意识形态——一种①以美式的"自由"理解为出发点，以②确保"门户开放"及推广"美国经验"为表现形式，以③服务于美国利益为最终指归的思想观念[⑤]——在美国人的心目之中自始至终、长盛不衰。

一条思想主线通贯始终，三种展开方式互为表里——罗森堡以一部"合作主义通史"的方式，有力地回击了加迪斯对于"合作主义"只能适用于特定历史时期的非难。可以看到，尽管按照严格意义上的定义，只有

① Emily Rosenberg, *Spreading the American Dream: American Economic and Cultural Expansion, 1890–1945*, pp. 150–151, 162.

② Ibid., pp. 87–138.

③ Ibid., pp. 139–228.

④ Ibid., pp. 192–193.

⑤ Ibid., p. 7.

“合作型国家”的阶段最为符合“合作主义”框架的标准，但是通过罗森堡对于历史事件的巧妙安排，使得所有“弱政府—强私人”的“合作主义前史”，都转化为了日后“合作”得以可能的“续曲”（即“促进型国家”），而将此后“强政府—弱私人”的全部“后合作主义时代”，都视为了合作由“零散”而“紧密”，并逐渐趋向于“体制化”的“合作主义高级阶段”（即“规制型国家”）。因而可以说，罗森堡以“一书之力”，完美地实现了“合作主义”框架由20世纪20—30年代的“历史殊相”，到通史性“历史共相”的华丽转身。

然而，笔者却认为，尽管罗森堡拓展“合作主义”解释框架的努力看似完美，但是也不乏漏洞。而这就回到了本节最初提到的那个问题上去了，即：作为一个“整全性”的解释（Interpreting）/组织（Organizing）框架，“合作主义”无时无刻不接受着“特例”的质问与挑战。而在接下来的小节中，笔者就将以1893年的“夏威夷政变”为反例，试图对罗森堡的两个预设提出质疑，即①“扩张雄心”是否真的是“普遍共识”，以及②美政府是否始终乐见，或至少是默许“扩张”。

## 三、“整全性”框架的悲剧：以1893年“夏威夷政变”为特例

1893年1月14日，夏威夷女王莉莉乌欧卡拉尼（Lili'uokalani）宣布解散以美国传教士后代为主体的立法机关，并力主颁布有利于土著居民的新宪法，以削弱美国殖民者的影响力。在得到消息之后，由反对派领导人、美国传教士后代劳伦·瑟斯顿（Lorrin A. Thurston）与桑福德·杜尔（Sanford B. Dole）等13人组成的颠覆性团体“安全委员会”（Committee of Safety）立刻组织反制措施：他们一面招募起一支由1500名白人组成的火枪队，另一面迅速同美驻夏威夷公使约翰·史蒂文斯（John L. Stevens）取得联系，合谋推翻女王政府。战斗最终于1月17日爆发。由于兵力悬殊，加之在公使史蒂文斯的要求之下，美海军陆战队的全部150余名士兵假借“保护使领馆”的名义参与了战斗，因此，殖民者一方兵不血刃便迫使莉莉

乌欧卡拉尼女王宣布逊位。以杜尔为总统的“夏威夷临时政府”也于当日成立，积极推动“美夏合并”事宜。对此，美国方面反应积极，不仅国务卿科士达（John W. Foster）大加赞赏，时任总统本杰明·哈里森（Benjamin Harrison）亦甚为满意，后者更是在任期不足两周的情况下，丝毫不加怠慢地向参议院递交了合并议案，以期能够迅速通过。然而出乎所有人意料的是，就在履新之后不久，继任总统格罗弗·克利夫兰（Grover Cleveland）便在第一时间撤回了前任的议案，并指派反对兼并的众议员詹姆斯·布朗特（James H. Blount）前往夏威夷实地调查，最终得出了“政变非法、美驻外代表滥权”的结论［即《布朗特报告》（Blount Report）］。新任驻夏威夷公使阿尔伯特·威利斯（Albert S. Willis）也于当年晚些时候开拔赴职，首要使命竟是废止“夏威夷临时政府”，并帮助莉莉乌欧卡拉尼女王重登王位。①

以上便是1893年“夏威夷政变”的大致经过。结合罗森堡在《传播美国梦》中提出的框架，我们便不难看出，整场“夏威夷政变”遵循了一套同“促进型国家”或“合作主义”截然相反的逻辑，即，美国政府非但没能为这些传教士的后裔们提供向外扩张的有利环境，反而漠视甚至蓄意阻挠了后者已然成功的行动，使之手脚受缚。根据证伪主义哲学家卡尔·波普尔（Karl Popper）的“可验证性与可证伪性不对称”② 原则，我们便可据此断言，至少在“促进型国家”阶段的论证上，罗森堡的框架并不具备普遍的解释力。

那么，罗森堡的框架究竟在哪里出现了偏差呢？换言之，究竟是什么因素，使得“促进型国家”在1893年的夏威夷失效了呢？笔者认为，至少有以下四点原因。

首先，罗森堡忽视了美国政府（state）的行为。美国政府常常受到

---

① Merze Tate, *The United States and the Hawaiian Kingdom: A Political History*, New Haven and London: Yale University Press, 1965, pp. 155-246; Roger Bell, *Last Among Equals: Hawaiian Statehood and American Politics*, Honolulu, HI: University of Hawaii Press, 1984, pp. 21-30.

② 即“证实”需要很多证据，但是“证伪”一条反例即可。Karl Popper, *Conjectures and Refutations: The Growth of Scientific Knowledge*, London: Routledge, 2002, p. 41.

“舆情”的监督与制约，因而很难能够按照一条所谓“促进”或“合作”的既定方针路线、一以贯之地执行外交实践。放到此案例的语境中看，早在夏威夷政变发生之后不久，美国国内的报纸媒体就对此表现出了高度的关注，而其中不少都对“兼并”表现出了极大的反感。根据《纽约晚间邮报》（*New York Evening Post*）与《圣保罗环球报》（*St. Paul Globe*）的观点，“政变”仅仅只是一小部分人为了自身的利益而展开的行动，既不成熟，也不正义；[①] 而在包括《匹茨堡电讯报》（*Pittsburg Dispatch*）与《新奥尔良新三角洲报》（*New Orleans New Delta*）在内的媒体看来，在2000余英里之外保留一块领土，对美国而言不仅无益、反将招祸。[②] 此外，后者还同《波士顿日报》（*Boston Journal*）的编辑们分享另一个观点，即，美国并非旧大陆殖民者们的“翻版”，美国人无意、也不可能建立欧洲人所缔造的那种“海外殖民地”。[③] 当然，站在今天的角度上看，也并非所有的“反扩张”意见都是如此“善良”或“冷静”的，也有不少媒体是站在“种族主义”这一角度，排斥吸纳夏威夷土著们成为“美国公民”——《芝加哥先驱报》（*Chicago Herald*）就在社论《并非理想的兼并》中直言不讳地表示，夏威夷土著不过是一帮“矮人”（pigmy）或“无知者”（benighted），吸纳他们成为美国公民，将会大大地败坏美国的民主政治；[④] 《民族报》（*The Nation*）也持有类似的观点，即美国人绝不能忘记过去接纳华裔或日裔移民的“惨痛教训”，因为此举绝对弊大于利。[⑤] 面对以上的种种声音，尤其是直接批判他们“拥抱扩张政策”的指责，[⑥] 政治家们无法，也绝不可能避而不谈。因此，迫于舆论压力而请愿，抑或是不情愿地放弃“促进”政策，

① “Division on Annexation,” *New York Evening Post*, February 6, 1893; “A Premature Protectorate,” *St. Paul Globe*, February 10, 1893.

② “Hawaii Too Far Away,” *New Orleans New Delta*, January 29, 1893; “U. S. Should Stay at Home,” *Pittsburg Dispatch*, February 12, 1893.

③ “Hands Off,” *Boston Journal*, January 30, 1893.

④ “Not A Desirable Acquisition,” *Chicago Herald*, January 30, 1893.

⑤ “The Power of Race Hatred,” *The Nation*, February 9, 1893.

⑥ 就在急匆匆地向国会提交了兼并夏威夷的议案之后，哈里森总统立刻便受到了报刊媒体的指责，称此举为一场“阴谋”。“Evidence of Conspiracy,” *New York World*, February 14, 1893.

也就成为美国政府一项不难理解的“可行”选项了。

其次，罗森堡忽视了美国政府的“党派性”。换言之，美国作为一个多党制的国家，无论是换届时的政党“更迭”，还是各党派之间的“倾轧斗争”，都将会造成美国对外政策的不稳定与不连贯。因此，简单地使用“促进”“合作”“规制”抑或是“限制”这样意义单一的词汇，来试图对美国政府的外交政策加以“通盘框定”，势必会走入到片面静止的误区之中。

围绕着 1893 年夏威夷政变问题的政策“更张”，便很好地体现了党派政治对于“促进型国家”的制约作用——作为一位继共和党人哈里逊之后上台执政的民主党总统，克利夫兰对于前者所提出的“夏威夷合并案”的狙击，绝不能简简单单地被视作是一次“就外交谈外交”的行动。在致夏临时政府“总统”杜尔的书信中，政变的另一位核心人物瑟斯顿就曾颇具见地地指出，克利夫兰之所以会在就职之初，便以如此迅捷的速度撤销前总统的“合并议案”，其目的根本就是出于美国国内“政党斗争”的考量。换言之，新总统亟须通过搁置前任决策的方式，来证明谁才是白宫的“新主人”，谁才是局势的掌控者。[①] 克利夫兰之后的言论也充分证实了瑟斯顿的判断——在阅读了《哈珀斯周刊》（*Haper's Weekly*）对于自己撤回“合并议案”的盛赞[②]之后，新总统不无骄傲地表示：“虽然我现在无法立即宣称，‘搁置合并’从任何角度来看都是无法指摘的，但是我至少知道一点，即我们应当停下来、仔细地观察并作仔细地思考。而这正是我现在所做的事情。”[③] 结合哈里逊在退职之前“火急火燎”的行动以及此后布朗特众议员受新一届政府指派在夏威夷历时数月的实地考察，克利夫兰“收回议案”的政治意涵就可以被十分明显地看出了，即新总统想要表明，共和党哈里逊的“合并主张”冲动冒进，而他所代表的民主党政府，才是审慎、成熟

① Thurston to Dole, March 10, 1893, AH, Hawaiian Officials Abroad, U. S. Minister, Washington. 转引自 Merze Tate, *The United States and the Hawaiian Kingdom: A Political History*, pp. 229-230。

② "The Annexation Policy," *Harper's Weekly*, Issue 37, 1893.

③ Frederic Bancroft, eds., *Speeches, Correspondence and Political Papers of Carl Schurz*, Vol. 5, New York, NY: Negro Universities Press, 1913, pp. 131, 133-134. 转引自：Merze Tate, *The United States and the Hawaiian Kingdom: A Political History*, p. 231。

的代名词。而这一国内政治行为的后果，便是在外交政策上对“促进”与“扩张”议题的搁置。[①]

再次，罗森堡对于“整全性”框架的强调，使得一个个充满着差异性的个人，尤其是“重要个人”对于历史的“独特作用”受到了隐没。尽管在之前的第二点中，本文已经指出，克利夫兰总统之所以会拒绝兼并，很大程度上是出于政治目的的考量，因此是一项“现实主义”的举措，但是也必须承认，这位民主党人的理想主义“反扩张”思维，也在其中扮演了重要的作用。克利夫兰研究专家艾林·布罗茨基（Alyn Brodsky）就曾经指出，作为在1861—1913年这漫长的50余年间唯一一位成功掀翻了“老大党”共和党对白宫垄断的民主党人，克利夫兰自有其独特之处；而其最吸引民众的地方，恰恰在于他对道德与传统的信奉。[②] 在1893年12月一次有关夏威夷问题的国会演讲上，克利夫兰的这种“理想主义”外交色彩被体现得尤为明显——他表示，无论对手强大抑或是弱小，美国政府的处事原则都将会是“待以公正”（justice）；因此，如果一个弱小的友邦因为某些假借“美国名义”的力量而被颠覆，以至丧失主权或独立地位，那么美国将会做的，便是不遗余力地加以反制，并且真心实意地予以补偿。在演讲的最后，克利夫兰还补充道，他将把有关夏威夷问题的最终裁决权全权授予国会，只要后者的判断“符合美国的荣誉、正直与道德”。[③] 由此，我们不难看出，除了纯粹基于现实考量的“利益筹谋”之外，在美国的政治中，尤其是在部分美国政治领袖心目中，同时还存在着相对“理想”的思想成分，而这，也无疑会对罗森堡所说的“促进型国家”起到制约作用。

最后，也是常常为人所忽略的一点即是，一国的对外关系，绝非是一

① 根据学者的研究，即使是前面提到的报刊“舆情”，也潜藏着民主党与共和党两党之间各划营盘、相互对立的“暗战”。见：Merze Tate, *The United States and the Hawaiian Kingdom: A Political History*, pp. 230-231。

② Alyn Brodsky, *Grover Cleveland: A Study in Character*, New York, NY: St. Martin's Press, 2000, p. 3.

③ Grover Cleveland, "President Cleveland's Message on Hawaiian Affairs, December 18, 1893," Edward McPherson, eds., *A Handbook of Politics for 1894*, Washington, D.C.: Robert Beall, 1894, pp. 112-118.

组又一组“双边关系”的简单叠加；相反，它是一个完整且内部各要素间相互影响、相互制约的“多元体系”。为了服务于一个体系的大局，一国政府本身就需要对外交体系之中的某些方面予以“促进”，而对体系之中的另一些方面加以“收缩”。因此，使用“促进”这样的字眼来进行外交政策的“整全性”描述，从根本上看就是不恰当的。针对“克利夫兰暂缓兼并夏威夷”这一问题，杨生茂先生就曾尖锐地指出，此项举措的一个重要国际背景，便是克利夫兰政府此时的扩张重心在南美、而非太平洋。[①] 沃尔特·拉夫伯亦认同此观点，称尽管此时的美国外交确有不断向西扩展的趋势，但是“南扩”却依旧是时代的主题。[②] 因此，为避免力量过于分散，美国兼并夏威夷的雄心只好暂时地搁置一边。

在克利夫兰总统那满含“理想”与“道德”的“夏威夷问题”国会演讲之中，我们便能够深刻地感受到这位民主党人在对待南美与太平洋事务上的不同态度。正如前节已经介绍过的那样，克利夫兰反对1893年政变的一项重要原因，正是在于它不符合“道义”的原则。然而，以同样维护“道义”的口吻，克利夫兰却在同一篇讲稿之中，在南美的问题上得出了同夏威夷问题完全相反的结论——总统声称，无论是在1889年的巴西，还是在1891年的智利，抑或是在1892年的委内瑞拉，革命的义举都受到了美国的支援与认可，因为它们是“受到人民支持的”（supported by the people）、是“为人民所拥戴的”（accepted by the people）。[③] 正如后世史家所评论的那样：“在（克利夫兰）调门极高的道德言辞之下，一位听众难免会听出其

① 杨生茂等：《美国外交政策史（1775—1989）》，北京：人民出版社，1991年，第180—181页。

② Walter F. LaFeber, *The New Empire: An Interpretation of American Expansion, 1860－1898*, Ithaca, NY: Cornell University Press, 1998, p. 203.

③ Grover Cleveland, "President Cleveland's Message on Hawaiian Affairs, December 18, 1893," p. 116.

下包藏的国家利益筹谋”。[1] 而从这一“正义”与“非正义”的言辞二分法中，西扩与南扩何者为重何者为轻、“扩张”与“收缩”是否真的截然不同，也就显得不言自明了。

如果说上述四点所揭示的是“促进型国家”（或更广义的“合作主义”）框架，在解读美国政府的态度方面存在着“过于简单”的纰漏的话，那么接下去笔者将要谈到的两点则表明，在“合作”或“促进”的“另一头”，即“非政府力量”方面，立足于实际利益筹谋的“对外扩张”，也并非是当时美国人的一个“先验共识”。

首先，笔者认为，相对多元的“身份认同”使得很多时候美国人的行动，并不总是指向“美国”或者“美国的利益”。而这一点，在存在着“身份困惑”的海外美国人（Foreign-born American）身上体现得尤为突出。1893年政变的“急先锋”、“夏威夷临时政府”的唯一一位总统杜尔便是一个典型的例子。根据后世学者的研究，尽管杜尔的确在美国兼并夏威夷的过程之中起到了“中流砥柱”的作用，但是，与所有出生于夏威夷的传教士子女一样，杜尔的身份认同，实质上兼具有“夏威夷人”与“美国白人”的双重色彩。[2] 换言之，尽管杜尔承认自己是一个“美国白人”，但是前提条件必须是，他是以一个“夏威夷人”的身份接纳“美国人”的归属、同意为“美国”的利益效劳。因此我们可以看到，在美国兼并夏威夷的进程之中，他能够成为这一版本“扩张主义”的同路人。然而，一旦当“美国”为了自身的总体利益，而希望牺牲掉“夏威夷美国人”的权利，以谋求其在世界其他角落的扩张的话，那么，这种“合作”关系瞬间就会变得荡然无存——在答复克利夫兰总统为实现美国的战略收缩（结合上段）而要求

---

① Charles S. Campbell, *The Transformation of American Foreign Relations, 1865-1900*, New York, Hagerstown, San Francisco and London: Harper & Row Publishers, 1976, p. 77. 转引自：Fareed Zakaria, *From Wealth to Power: The Unusual Origins of America's World Role*, Princeton, NJ: Princeton University Press, 2001, p. 80。

② Joy Schulz, *Hawaiian by Birth: Missionary Children, Bicultural Identity, and U. S. Colonialism in the Pacific Colonialism in the Pacific. Bicultural Identity, and U. S. Colonialism in the Pacific*, Lincoln, NE: University of Nebraska Press, 2017, p. 122.

夏“临时政府”解散的要求时，先前还在对美国的对外扩张表现积极的杜尔突然言辞大变：

> 我们不承认美国总统有权干涉我们的内政。他的干涉可以、也只可以通过本政府的赋予才能够达成，除非他不惜为之动用武力。①

通过以上言论便不难看出，对于像杜尔这样具有“多重身份”的海外美国人来说，他们同美国“扩张计划”的合作是有限度、有保留的，而这一合作的基础，是也只可能是两者间的利益关系在某些特定领域存在着一致。

其次，笔者也希望指出，即便是对于那些相对较少“身份困惑”的美国人而言，多元的“价值判断”也会使得他们并不总是将“利益”等同于“实际利益”；因而，“赞同扩张”也并不总能被安然地视作是这些“海外行动者”的共同标签。而这一点，在基督教传教士的身上就能够得到突出的体现——正如剑桥大学杰出的宗教与美国外交史学者安德鲁·普雷斯顿（Andrew Preston）教授所指出的那样，作为跨越疆界的“基督子民”，以传播宗教信仰为最高目标的传教士们，并不总是需要将“宗教目的”同美国的“战略优势”或“经济收益”等同起来。甚至在某些时候，当美国的“扩张诉求”同他们的“理想主义”背道而驰的时候，他们反过来会转变成为“扩张”的抑制势力。② 举例来说，在夏威夷兼并问题倍受关注的1894年，以火奴鲁鲁（Honolulu）为传教基地的美国公理会教士亚历山大·汤伯利（Alexander S. Twombly）就在给亲友的书信之中表示，尽管美国的政治家、农场主以及商人们都力主兼并，但是，在他及一些传教士看来，美国的此种扩张行径根本就算不得什么“最好的选项”；而更好的选择，根据他的观点，

---

① Sanford B. Dole, *Memoirs of the Hawaiian Revolution*, Honolulu, HI: Advertiser Publishing, 1936, p. 113.

② Andrew Preston, *Sword of the Spirit, Shield of Faith: Religion in American War and Diplomacy*, p. 197.

即是在夏威夷建立一个“免受一切外部干涉”的“独特国家”（a unique state）。[①] 若是将汤伯利的此番言辞纳入考量，那么，罗森堡将“美国扩张”同各“非政府力量”加以联系的主张,[②] 恐怕就无法如此安然地得出了。

通过以上六点，笔者意在说明，罗森堡的《传播美国梦》以及由其所代表的“合作主义”解释/组织框架并非是完美无缺的：它一方面既存在着种种考虑不周的因素，诸如对“国际体系”的淡化、对人们意义世界的过度简化等；更重要的是，它从“本质”上存在着所有人文学科“整全性”框架都必然要面对的一个问题，即无法做到“面面俱到”，总是会遇到来自“特例”的挑战。若化用威廉·威廉姆斯的说法，这便是一切“整全性”框架都必须要面对的“悲剧”。

对此，有观点认为，一个好的解决办法，便是躲藏到历史的“细节”中去，以“碎片”的实在与精密，来规避建立整全性“框架”所必须要面对的、“百密”亦总有“一疏”的风险。根据此种观点，任何“框架”的搭建都是不必要的，因为无论多么精巧的“框架”，都无法长久地立足——反对者只需要祭出一个反例，便能在顷刻之间使得整个体系轰然倒塌。那么，“框架”的搭建，根据如今的智识发展看，是否真的是一无是处、只是属于20世纪的“旧事物”呢？在随后的结语之中，笔者将试图给出一个不成熟的、“否定之否定”的个人回答。

## 结语：在“整合”与“细析”的辩证中勇敢前行

在致著名学者约瑟夫·胡克（Joseph D. Hooker）的一封书信中，查尔斯·达尔文（Charles R. Darwin）区分了两种治学的进路，即“整合者”（lumper）与“细析者”（splitter）——前一种倾向于对众多的事物加以综

---

① Alexander Stevenson Twombly to his Children, February 2, 1894, RG 30, Twobly Papers; Alexander Stevenson Twombly to “Ned”, February 5, 1894, RG 30, Twobly Papers. 转引自：Andrew Preston, *Sword of the Spirit, Shield of Faith: Religion in American War and Diplomacy*, p. 197。

② Emily Rosenberg, *Spreading the American Dream: American Economic and Cultural Expansion, 1890–1945*, p. 228.

合，以提出更为"整全"的框架；而后一种则相向而行，偏向于对具体的问题做具体分析，以提出更为精准无误的定义。① 尽管这两种治学路径的二分最早针对的是生物学的"物种分类"，但是笔者认为，将它应用于史学研究的类分之上，也是同样适用的：即"整合型史家"倾向于从纷繁的历史事件之中构建起一个概念体系，而"细析型史家"则偏爱于对一个个的个案进行细致的探究，以期避免谬误并克制"狂妄"。

尽管这两种治学路径都具有可取之处，但是，随着"后现代主义"对于客观性、整全性偏狭的揭橥，② 后一种思路似乎越来越多地为时下的人文研习者们所接受，进而生发出了如今史学界"碎片遍地"的面貌。通过本文第三节之中对于罗森堡"促进型国家"叙事的质疑，我们也能够明显地看出，"整全性"的体系在面对"特例"挑战时，确实显得过于脆弱。

那么，包括"合作主义"在内的"整全性"框架，是否真得不再适应当下的智识需求了呢？笔者认为答案并非是如此绝对的，而原因至少包括以下三点。

首先，我们应当认识到，在用"特例"检审"框架"的同时，这个"个案"本身也在接受着"框架"的检审，而这一"相互作用"的过程，将极大地丰富我们对"个案"的理解。这便是"整合路径"与"细析路径"在"个案（知识）"层面的统一。

此处仅以"夏威夷政变"对"合作主义"框架的挑战为例：尽管我们能够声称，克利夫兰总统对于"夏威夷兼并议案"的搁置以及汤伯利教士对于"兼并"的反对，足以颠覆罗森堡对1890—1912年美国政府与海外行动者所下的"促进性"与"扩张性"的特征判断，但是我们也不应忘记，罗森堡也同样能够提供整整70余页的论据，来为她的观点做背书。而这一事实恰恰表明，我们所给出的"反例"，更多的只是具备"特殊性"，而不是具有"普遍性"（换言之，一个成熟框架的"悲剧"，并不在于"错误"，而是在于"不够/总正确"；而反例之所以"强大"，也并非在于"总能成

---

① Charles R. Darwin, "To J. D. Hooker," *Darwin Correspondence Project*, August 1, 1857.

② 王晴佳、李隆国：《外国史学史》，北京：北京大学出版社，2018年，第360—368页。

立”，而是在于“成立过一次”）。而这些“特殊性”——诸如：“是什么使汤伯利教士如此迥异于他的殖民者同侪”“是什么使得克利夫兰及其民主党政府如此特别”等——则正好是我们进行下一步“个案研究”的好“抓手”。而这些针对“个案”所提出的问题，若不借助“合作主义”大框架的启发，是很难有效提出的。

其次，我们也应当认识到，正是由于框架的“构建”，需要给出比框架的“证伪”多得多的论据，因此，框架所提供的历史解说，有时反而更能揭示出事件表象之下的“深层次动因”或“趋势”。以美国政府对“夏威夷政变”的态度为例，尽管克利夫兰总统在上台之初便声称此举为“耻辱”①不假，由他派遣的“布朗特使团”也的确做出了同情土著政府的结论；但是，仅在克利夫兰发表陈词激昂的“国会演讲”之后不到两个月，不尽认同总统观点的参议院外交事务委员会，就自行指派参议员约翰·摩根（John Morgan）草拟了另一份同《布朗特报告》观点针锋相对的《摩根报告》（Morgan Report），以此力陈政变的合法性。② 随后的事态发展，也同1893年初的情形大相径庭：1894年5月31日，参议院在《摩根报告》的基础之上，表决承认了夏威夷的共和政府现状，并禁止其他外国势力染指群岛［“图尔佩决议”（Turpie Resolution）］，相当于将夏威夷纳入了势力范围。对此，克利夫兰只能表示默认。③ 四年后的1898年，在“小而辉煌”的美西战争胜利之后，“夏威夷之梨”正式瓜熟蒂落，被美国收入囊中。④ 由此可见，也许“促进”与“扩张”确非总能成立，但也绝不是个别特例便能够否认的“历史趋势”。在“促进型国家”巨轮砥砺前行的航程之上，1893年的短暂插曲，注定终究只是一朵“浪花”（布罗代尔语）。

最后，也是最重要的一点，即真正的理论/智识进步，往往都发生在“个案”对“框架”挑战的瞬间。也就是说，“框架”与“个案”必须协同

① Alyn Brodsky, *Grover Cleveland: A Study in Character*, p. 297.

② John Morgan, *Reports of Committee on Foreign Relations 1789-1901*, Volume 6 (The Morgan Report), Washington, D. C.: Government Printing Office, 1894, pp. 363-398.

③ Merze Tate, *The United States and the Hawaiian Kingdom: A Political History*, pp. 255-256.

④ Roger Bell, *Last Among Equals: Hawaiian Statehood and American Politics*, pp. 30-37.

工作，才能生发出有意义的“新结论”。这是“整合路径”与“细析路径”在“框架（理论）”层面的统一。如果一味地抱残守缺，将已有“框架”视为颠扑不破的真理，那就必然会阻塞我们对于“框架”之外历史事件隐秘面貌的挖掘（即把人为搭建的、永远在完善之中的“框架”，误认为是已然被发现的“历史真趋势”或“历史本身”，因而拒绝承认某些“特殊史实”的存在[①]）。同样的，如果仅仅是因为所有的“框架”都无法面面俱到，便因此失去了考察历史事件背后动因的雄心，转而一头扎入到材料无尽的细节之中，那么一个个的“特例”，都将永远只是一堆无法开口说话、只有各自“特性”而没有任何“意义”的“掌故集合”。

正如本文所展示的探索过程一样，如果高度崇信“合作主义”框架而无有反思，那么，1893 年的“夏威夷政变”就会被视为一个“异类”而被无情地裁剪掉；反过来看，如果没有罗森堡对于 1890—1912 年美国“促进型国家”形态的揭示，那么对于这场 1893 年的外交事件来说，我们除了能不断地通过史料，走近当时的历史现场之外，也并不能从中得到什么启迪。然而，通过将 1893 年的特例放入“合作主义”的框架之中，进行综合考察（study jointly）的方式，我们不仅能够得到一个认识更为深刻（即“结语”第一点）、面目更加真实（即“结语”第二点）的“个案”，而且还能得到一系列“新理论”“新方法”（例如：对于历史行为体的考察，还需要纳入“身份”“价值观”等因素），甚至是一个更为完善的“新框架”。正如科学哲学家托马斯·库恩（Thomas S. Kuhn）将“科学进步”还原为“范式—

① 即（且不仅是）怀特海（Alfred N. Whitehead）所提出的“误置具体性谬误”（the fallacy of misplaced concreteness）。根据怀特海的观点，此种谬误的问题在于，人们往往倾向于将人为抽象出的概念，当作是真实存在的物体，因而做出不合理的论证。详参：［英］A. N. 怀特海：《科学与近代世界》，何钦译，北京：商务印书馆，1989 年，第 49、54 页。除了“误置具体性谬误”之外，用“框架”来删改“史料”，还隐含着另一个谬误，笔者试图称之为“误置永恒性谬误”（the fallacy of misplaced eternity），即将永远在完善之中的“人为框架”，误认为是已经达到完满、正是“历史本身”的“绝对真理”。

关键性反例[①]—革命—新范式”的进趋图示一样，[②]历史学研究的不断推进，也同样是一条从大量的个案梳理出“大框架”[③]，再用不断具有攻击性的“特例”[④]予以勇敢挑战，最后进一步“修正”（或彻底“革命”）、产生出“新框架”，在“整合”与“细析”中不断“否定”与“否定之否定”，进而实现智识层层进步[⑤]的辩证历程。站在这一立足点上看，《传播美国梦》以及经其优化[⑥]后的“合作主义”框架，就不再仅仅只是为我们提供了一个可能的、组织史实的框架，更不只是为我们带来了许许多多零散的细枝末节，而是为我们提供了一个检验“个案”的“头脑工具”（对于“细析型史家”来说），或是一个不断提升智识高度、不断增进对美国外交史理解的“框架基础”（对于之后的“整合型史家”来说）。

---

① 根据库恩的观点，“反例”的攻击性强大并不在于积累（“多”），而在于关键（“切中要害”）。笔者较为认同此观点，即，史料在“量”上的积累，更多地有助于“框架”的维护与稳固；而史料在“质”上的深化，不仅有助于为“新框架搭建”提供灵感与第一推动力，而且更重要的在于，能够为针对“旧框架”的“特例提出”提供有效素材，进而为范式的批判与升级（或革命）提供有效动力。

② Thomas S. Kuhn, *The Structure of Scientific Revolutions*, Chicago, MI: Chicago University Press, 1970, pp. 160-173.

③ 完善且难以被轻易攻击的“框架”，仰赖具备远大雄心与充分综合能力的“整合者/整合书籍”。换言之，“框架”的提出，需要“整合”的方法；提出完善且强大的“框架”，赋予了“整合”工作（即为什么要从纷繁的历史事件中，不断挖掘历史的动因、不断找寻历史的趋势）以意义。

④ 攻击点切实、棘手且难以被轻易驳倒的“特例”，仰赖逻辑缜密、洞察犀利且分析细致的“细析者/细析论文”。换言之，有效“特例”的举出，需要“细析”的方法；贡献棘手且难以被轻易批驳的“特例”，赋予了“细析”工作（即为什么要研究关键个案）以意义。

⑤ 尽管历史学家们必须以挖掘历史的“真动因”、找寻历史的“真趋势”为己任，但是“特例”的永远存在也提醒我们，“真动因”与“真趋势”永远未完成，智识只可能“进步”而不可能“终结”，真理只可能“被接近”而不可能“被实现”，任何诉诸笔端的所谓“历史趋势/动因”，都仅仅只是探索之路上并不完美、却又是更接近理想之中那个“真动因/真趋势”的一个“人造物”。然而，这一不断完善之中的“历史理解”（或“人造物”），却能够为我们提供越来越“有用”的过去解释与未来指导。此即美国式的、实用主义的“真理观”。

⑥ 而优化的原因，恰恰就是为了回应此前加迪斯等学者对于“合作主义”框架“覆盖面过于狭窄”的质疑。这是正文所述“以特例证伪”［或学术挑战的“经验形式”（empirical approach）］之外，推动学术进步的另一种方式，即“从理论上质疑”［或学术挑战的“理性形式”（rational/Descartes' approach）］。

# 未终之战

## ——评格瓦特《战败者：两次世界大战间欧洲的革命与暴力，1917—1923》*

尹仪明**

对于胜利者来说，第一次世界大战结束于1918年11月11日；而对于战败者来说，战争的结束却意味着另一场暴力灾难的开始。第一次世界大战的破坏不仅在于战场，动荡的局面以革命、屠杀和军事冲突等形式一直延续到战后，在广为人所忽略的战败国家及地区，这样的暴力活动造成了数百万人死亡。形成于战争废墟之上的法西斯主义导致了第二次世界大战的爆发。在一战结束百年后的今天，部分由其引发的问题仍困扰着世界。第一次世界大战的停战为什么没能结束战争？

《战败者：两次世界大战间欧洲的革命与暴力，1917—1923》①（以下简称《战败者》）是由爱尔兰都柏林大学现代历史学教授、战争研究中心主任罗伯特·格瓦特（Robert Gerwarth）于2011—2016年写作而成。本书的观点起源于2007—2009年作者参与的有关1918年后准军事化冲突的项目，

---

* 本文是国家社科基金项目《冷战前期美国对华宣传与文化外交研究（1949—1972）》（15BSS023）的阶段性成果。

** 尹仪明，首都师范大学燕都学院世界史专业2016级本科生。

① Robert Gerwarth, *The Vanquished: Why the First World War Failed to End, 1917-1923*, New York: Farrer, Straus and Giroux, 2016. 中译本为：［德］罗伯特·格瓦特：《战败者：两次世界大战间欧洲的革命与暴力，1917—1923》，朱任东译，南京：译林出版社，2017年。

成形于2009—2014年作者参与指导的有关欧洲“战后”时期的研究工作。本书的早期概括工作在普林斯顿高等研究院完成，初步写作由作者于2014年在欧洲大学学院作为“费尔南·布罗代尔研究员”完成。《战败者》一书于2016年8月在法劳·斯特劳斯·吉罗出版公司（FSG）首次出版，发行范围已扩展至英语世界之外，中译本由朱任东翻译，于2017年10月由译林出版社首次出版。

《战败者》一书的主题即是1917—1923年这一时期欧洲从第一次世界大战到混乱“和平”的充满暴力的过渡，目的在于重现那些当时生活在战败国与希腊、意大利这些“残缺胜利”国家的人们的经历。[①] 第一次世界大战是何时结束的？普遍的回答是1918年11月11日，但这只是胜利者的答案，对于被征服的国家的人民来说，一种不同的甚至更糟糕的冲突已经爆发，而这一现象可以部分地追溯至1917年俄国革命。在停战后的几年里，东欧和中欧以及中亚和中东的大部分地区都经历了“战后”动荡，主要表现为三种类型：旧有、新兴国家之间爆发的战争；短暂时间内涌现的大量内战；集中爆发的社会、民族革命及其带来的政治暴力。俄国经历了革命和残酷的内战；欧洲最主要的四个内陆帝国相继解体，后续国家艰难诞生，新兴国家在肢解帝国的基础上制造新的“暴力边界”；在“民族自决”的原则鼓励下，中东欧民族矛盾爆发，为成立单一民族国家不断使用暴力手段；新兴国家里，极左和极右翼在意识形态和武装斗争上相互对抗；“停战梦境”下的盲目乐观与突然失望，政体转变带来的激进冲突；布尔什维克主义的传播与恐慌、法西斯主义的形成……事实上，在1918年第一次世界大战正式结束到1923年《洛桑条约》签署这段“停战”的“和平”时期，中欧、东欧、南欧、爱尔兰与中东等地区普遍陷于独立、革命、内战等带来的混乱和暴力，超过400万人死于战后欧洲的武装冲突。然而，这一极为动荡的时期却被很多拥有话语权的西欧国家出于对东欧和其他地区的先天优越感和固有认知而忽略。

---

① ［德］罗伯特·格瓦特：《战败者：两次世界大战间欧洲的革命与暴力，1917—1923》，第6页。

本书提出了一些有关欧洲从战争过渡到和平的不同观点。与很多历史学家不同，作者认为在理解整个20世纪暴力活动的轨迹上，与其关注第一次世界大战本身，不如关注这次大战的战败国在“战败”之后的经历：战败、帝国解体、革命风暴。与以“胜利”为安慰并拥有“正确合法”姿态的战胜国相比，战败国家再也没能回到战前的状态。失败情绪动员起来的力量可以解释战后暴力逐步升级的现象。这一时期欧洲发生的事情对整个20世纪都有深远的影响，1923年签署的《洛桑条约》暂时结束了冲突，1929年爆发的大萧条又点燃了之前没能解决的一切遗留矛盾，从而使欧洲陷入下一个暴力循环，在某些问题上至今仍困扰世界。本文将分为四部分对此书进行探讨，第一部分概括作者的主要观点和全书结构，其余部分将聚焦几个主要问题重点探讨。

## 一、何为战败者?

本书中所谓的战败者，即第一次世界大战战败的同盟国阵营成员，主要包括德意志第二帝国、奥匈帝国、奥斯曼帝国、保加利亚等国家及帝国解体后诞生的后续国家，以及大战中途在失败的局势下退出战争的沙皇俄国、先为同盟国国家又于1915年加入协约国的意大利，甚至也可以包括获得“残缺胜利”却对1919年巴黎和会上制定的国际秩序心存不满的希腊和日本等国。

本书名为《战败者》，全书的内容也主要围绕所谓的“战败者”——即上述国家和地区在第一次世界大战结束后所发生的事情所展开。作为一部聚焦与传统不同的著作，本书的很多内容在某种程度上颠覆了大多数人对于“战后”欧洲的认知，战争结束之后在同一地区持续的暴力冲突被人们遗忘，事实上这一乱局直到1923年才暂告结束。作者认为，受到将敌人妖魔化的战时宣传或是1918年大战结束时成王败寇的观点影响，后人对待这段历史的态度是不公正的，很多事实都被歪曲了，或是被简单归结到所谓民主的协约国和专制的同盟国的二元对立观点中。事实上，协约国阵营中拥有最为专制的俄罗斯帝国，而奥匈帝国和奥斯曼帝国在处理民族问题上显然没有解体后的新兴国家那样极端激进，并非协约国阵营所声称的“流氓国家”或“民族监狱”。

在这一多少带有对战前帝国的“修正主义”色彩的观点之外，本书还表达出一些非传统想法，即重视“战败”这一事件本身的影响。在传统的观点中，20 世纪作为一个空前动荡暴力的时代，其根源往往被归结为第一次世界大战本身。因为第一次世界大战所呈现出来的史无前例的作战空间跨区域化或全球化、战争对象的平民化与武装冲突的普遍化，甚至堑壕战的极端残酷化都对当时的世界（特别是刚刚经历过相对稳定的 19 世纪的欧洲世界）产生了巨大的震动和影响。霍布斯鲍姆在《极端的年代》中曾说：“这一次战斗经验使得人类的战争及政治都变得更为残酷：如果大家可以不计后果，死伤无数都在所不惜地打上这么一场，那么再来一场又有何不可？……那一段有勇气与死亡随行的共同经验……使他们产生了一种难以言传的野蛮残忍的优越滋味。”[①] 乔治·凯南将第一次世界大战称为“20 世纪灾难性的源头”,[②] 认为 1918 年后弥漫整个世纪的硝烟都源于此，而第一次世界大战标志着“极端的年代”和数十年离乱的开始。第二次世界大战所带来的更具有毁灭性的冲突又使人将斯大林、希特勒、墨索里尼所建立的侵略性独裁政权追溯至第一次世界大战即 1914—1918 年的时期；且堑壕战的经验把人们对暴力的认同度提高到了一个前所未有的新水平，无论是在战场上还是社会中都形成了一种野蛮性。[③] 以上的观点似乎解释了很多学者对第一次世界大战格外关注的理由，但作者却在这里提出了新观点。作者认为，仅仅只以战争本身和所谓的“野性论”当作“二十世纪灾难的源头”来解释是不妥当的，欧洲从战争到和平的过渡这一战后过程应该被赋予更多关注。在这种观点下，作者认为战争经验本身不能解释为何政治和

---

① ［英］艾瑞克·霍布斯鲍姆：《极端的年代：1914—1919》，郑明萱译，北京：中信出版社，2017 年，第 31 页。

② George F. Kennan, *The Decline of Bismark's European Order: Franco-Russian Relations, 1875-1890*, Princeton, NJ: Princeton University Press, 1981.

③ ［德］罗伯特·格瓦特：《战败者：两次世界大战间欧洲的革命与暴力，1917—1923》，第 12 页。

社会的野蛮化只发生在（以战败的同盟国为主的）某些国家，而不是其他国家。在某种程度上，“战败”更像是暴力动荡的源头。相反，这种实质性的政治暴力升级在很多战胜国并没有出现，部分是因为军事上的胜利证明了在战时做出牺牲的正确性，强化了以胜利姿态出现的国家的合法性。在这种新观点指导下，为了理解欧洲——包括俄国和前奥斯曼帝国在中东的领土——20 世纪暴力活动的轨迹，与其在 1914—1917 年的大战经历上花太多精力，不如去探寻第一次世界大战的战败国的战争结束之路：战败、帝国崩溃以及革命风暴。①

此外，在《战败者》的写作中，作者表现出对这段历史的全新认知，即这种对于战败国的探索并不应该只局限于单一国家的视角（如俄国革命或者德国“战败文化”的研究），而应该囊括整个欧洲的战败国。对单一国家战败历史的研究所在多有，但像作者这样将第一次世界大战战败的所有国家囊括进同一本著作中却是前所未有的。作者在这本书中通过对各个战败国家和地区的分析和联系性考察，突破原有的国家界限，梳理出战败情绪和革命思想在欧洲的传播，宗教和民族问题在欧洲的联动性，在全欧洲的范围内探讨领土和国界的变化。

《战败者》一书主要是按照时间顺序，以串联其中的各个事件为线索来叙述战败国家 1917—1923 年的经历。本书主要分为三个章节，即第一章《战败》、第二章《革命与反革命》和第三章《帝国的崩溃》。《战败》主要叙述了从 1917 年俄国在不利的军事情况下首先退出战争、开展内部革命开始，到德奥等同盟国于 1918 年末彻底战败的一系列事件。本章分为五节，前三节均是关于俄国的叙述，1917 年发生在俄国的革命是这一时期的开端；后两节则着重叙述同盟国最后的战败之路。《革命与反革命》主要以“战败者”国家内部的矛盾冲突为线索，详细叙述各个地区的政治、思想变迁，以及这些趋势在各地的联系和蔓延。此外，也着重叙述了“战败”国家在走上战败之路后国内的政权更迭和思想变化，新兴国家的格局和政治情况，

① ［德］罗伯特·格瓦特：《战败者：两次世界大战间欧洲的革命与暴力，1917—1923》，第 13 页。

布尔什维克思想在中东欧地区的传播及其带来的恐慌，以及法西斯主义在这一地区的兴起。《帝国的崩溃》主要叙述了欧洲内陆几大主要帝国（基本为战败国）的解体进程。从肢解的帝国过渡到独立的新兴国家，多民族帝国的继承国们经历了巨大而惨痛的变化，且并未因政体方面的民主转型而获得优待。在作者看来，这无异于是打开了潘多拉魔盒的盖子，并在这些脆弱的、相互敌对的国家之间，释放出自相残杀的仇恨。1919 年由战胜者制定的国际秩序没能很好地解决这些问题，而这一时期弥漫在中东欧旧有帝国的恶性事件也多少预示了 1939 年的灾难。结语部分对全书内容进行了总结与延伸，以《“战后时期”与欧洲 20 世纪中叶的危机》为题，系统阐述了独裁、修约、法西斯主义等“一战后遗症”以及对整个动荡的 20 世纪甚至如今的深远影响。

除此之外，亦可从历史学角度对本书的注释和参考文献做一简要分析。在全长 410 页的《战败者》（中译本）一书中，注释和参考文献部分长达 143 页。从资料来源上看，参考文献来自奥地利、保加利亚、德国、匈牙利、塞尔维亚、荷兰、英国、美国等 8 个国家，引用的报纸和期刊达 13 种以上。正是这些文献为作者提供了丰富的史料，包括目击者证词、战争中的军事行动细节、亲历者日记、未公开发表的博士论文等大量翔实而全面的资料。作者用这些史料完成了对战后欧洲各个战败国的分析与描述，而此前从未有历史学家做过这件事，即跨越国家和民族的界限，将第一次世界大战的所有战败国家联系起来，宏观地考察它们之间的冲突与联系。作者为这一写作目标搜寻了数十种语言的资料，尽可能地照顾到每一方“战败者”，并对他们之间的联系和互动进行了可靠的观察与分析。值得强调的是，这项工作是前人所未做过的，因而也就完全是作者的创举。

整体而言，《战败者》一书叙事连贯，格局宏大，全书围绕第一次世界大战的战败国在战败后的遭遇展开叙述。作者在书中澄清了一个大众对欧洲历史的普遍误区，那就是“两次世界大战之间”这个概念只对主要的战胜国（即英国和法国）有效，对中东欧和南欧的大多数国家来说，停战协议签署后他们迎来的只是接踵而来的暴力冲突，种种灾难比起战时甚至有过之而无不及。作者总结了三种主要的暴力类型，通过分析这些冲突，作者提出了理解整个20世纪欧洲暴力活动轨迹的一条新思路，即从一种囊括欧洲所有战败国的角度更多地去探索一战战败国的战争结束之路；在某种程度上，那段时期仍对现在的世界发挥着影响。

## 二、停战梦境

第一次世界大战结束，在经历了最初的混乱状态之后，民间力量逐渐涌现出一股主流：战败国们纷纷踏上了本国政体由专制向民主转型的道路，一批新兴民主国家如雨后春笋般在战败的废墟上诞生，作者在书中将这一时期的情况概括为“民主的大胜”。情况确实如此，魏玛共和国、奥地利共和国、匈牙利共和国接连建立，但在作者笔下，这一本应令人欣喜的局面却蕴含着巨大的隐性矛盾，且本身就是对以往矛盾的抗击。在德国，战败后的军队和社会都存在巨大分歧，深刻的绝望、耻辱感与对民主和和平的呼唤蔓延，国家期待政体的转变可以为自己带来更为宽松的条款。基于德国并非绝对专制的国情，民主进程通过渐进的协商改革而非革命来实现。① 在奥匈帝国，大战加剧物资匮乏，食物短缺引发罢工，多次惨败导致军心不稳，民族多样性产生离心力，大量逃兵返回家乡，和心存不满的当地人一起示威游行，要求皇帝退位。1918年11月11日奥匈帝国皇帝卡尔一世退位，奥地利和匈牙利相继成为独立的共和国，两国人民均盼望民主制度会让本国在1919年的巴黎和会上受益。在保加利亚，自参战起国家内部就动荡不安，军队疲惫、后方不稳、社会主义者和土地改革派的反战宣传使得部分士兵走上革命道路，发动起义，要求皇帝退位并停止战争，国家最终也走上民主化道路。值得一提的是，保加利亚自1912年巴尔干战争爆发以来即遭受了空前灾难，军队伤亡过半，失去大片领土，大量难民涌入，国家已几近崩溃。在奥斯曼帝国，统一与进步委员会随着战败而垮台，军队和平民伤亡惨重。民众同样希望民主进程可以获得仁慈的和平条约。

① ［德］罗伯特·格瓦特：《战败者：两次世界大战间欧洲的革命与暴力，1917—1923》，第102页。

综上可以看出，以上四个国家和地区在战败后均产生了“停战梦境”这一现象，即战败国出于对优待的乐观期盼而纷纷向更受战胜国欢迎的民主政治体制转型，与过去的专制传统一刀两断，满足威尔逊“十四点”中实现“公正和平”的关键标准，这也可以被看作实用主义甚至失败之下的机会主义。①

然而，“民主”的政体没能持续多久，形势很快陷入激化局面。这种由“停战梦境”及战败机会主义带来的短时间内政体的急剧变化是危险而不稳定的。国家和人民的意志在这种关头做出的选择往往难以持久，他们推翻了原有的专制独裁，在茫然中探索着迷宫的出口。一个被战胜者广泛推崇且被无数次认定为先进的民主政体是最容易被想起也最容易获得支持的选择，但是这种对旧有制度如此快速的背弃和对新制度的拥戴看上去总是带有一些盲目色彩。“停战梦境”是一个带有理想主义色彩的梦，但梦总是要醒的。当这个梦在战败国家的土地上醒来时，迎来了更有组织也更加极端的暴力行为。

## 三、帝国的崩溃与没有出口的和会

1919 年 1 月，巴黎和会召开，主要任务是处理战争留下的乱局，并且制定出一种和平又持久的国际新秩序。但是和会显然存在大量矛盾，战败国和殖民地发言权极小，主要决策基本由英法美“三巨头”做出。而三方目的不同且互不相容，因此巴黎和会必然无法做到让各方满意，它的结果只能是主要战胜国之间的相互妥协。② 在这样的情况下，和会似乎注定难以达到其基本目的：创建一种安全、和平与持久的世界秩序。从历史发展的道路来看，巴黎和会对战后问题的处理是失败的，它不仅没能带来期待中的秩序和和平，反而引发了欧洲战败国内强大的修约主义和帝国解体后的民族主义势力，间接导致了极端主义兴起。四大陆地帝国解体，无数民族

① ［德］罗伯特·格瓦特：《战败者：两次世界大战间欧洲的革命与暴力，1917—1923》，第 113 页。

② 同上，第 167 页。

国家诞生，各自引发了很多矛盾，包括这些昔日庞大帝国的海外殖民地一起，都以威尔逊“十四点”中关于民族自决的原则来要求优待，但他们显然要失望了。尽管“民族自决”鼓动了很多民族纷纷独立，但中东欧的形势本就是多民族杂居，根本无法完全解决所有边界问题和民族问题，反而越来越分裂。数量占多数的民族独立了，数量少的少数民族只得散落在多数民族所成立的新民族国家里，引发各种矛盾；且民族国家的领土野心使其不断扩张，相互征伐。

1919年6月签署、次年1月生效的《凡尔赛条约》是战胜者对战败者毫不留情的惩罚。《凡尔赛条约》使德国遭受领土和物资损失、战败羞辱、道德谴责以及征收赔偿合法化，导致德国各个阶层一致痛恨《凡尔赛条约》。德国本以为政治民主化的改革会获得威尔逊承诺的“公正的和平”，却只得到了任人宰割的清单。革命已经使奥地利成为民主国家，但其却在巴黎和会上得到了比德国更加苛刻的条款：割地赔款，禁止德奥合并，并被要求作为一个新兴的民主国家为已经解体的奥匈帝国的战争罪行负责。在匈牙利，1920年6月签署的《特里亚农条约》使其失去了2/3的领土和人口，且被判犯有民族压迫的罪责。在保加利亚，新政府希望以民族自决原则收回国界之外的三块土地，却只在1919年11月得到了极其严苛的《纳伊条约》。奥斯曼帝国的解体进程在战败前已经开始，土耳其本希望依据“民族自决”原则独立，但在1920年8月的《色佛尔条约》中只获得了安纳托利亚1/3的土地。

针对战败国的条约都极度苛刻，而在作者看来，这些条款反映出战胜国被大战激发的民族主义和复仇心理，以及维护集体安全和全面和平的警觉。① 战败国则完全怨恨这些条约，视其为战败的耻辱与战胜国的虚伪，因为“民族自决”实际上只适用于协约国的盟友，而非敌人。而民族自决原则在这些民族矛盾复杂的地区本身就难以实行，且使得战争的暴力蔓延到了边境冲突和内战，中欧的民族斗争更加激烈。即便是独立了的民族国家，

① ［德］罗伯特·格瓦特：《战败者：两次世界大战间欧洲的革命与暴力，1917—1923》，第206页。

也存在被其他民族统治的无法“自决”的少数民族，他们在主体民族国家中处境艰难，甚至不如生活在战前民族杂居的大帝国里。民族统一问题始终未能解决，中东欧新兴国家本身仍是小型多民族帝国。战败国家对条约感到非常失望。综上所述，作者总结道，在战败国，民族自决的原则遭到公然违反，《少数民族条约》只是一块遮羞布，根本无法支撑世界新秩序。[①]战败国盛行修约主义，致力于让本国境外民族回归，为以后的动乱埋下种子。此外，对和会和条约的不满不仅存在于战败国家，意大利、日本和希腊作为战胜国，同样不满意巴黎和会炮制出的世界新秩序。

从作者的叙述中可以看出，这一由各方妥协做出的结果只能是各方都不满意，这也恰恰是其失败之处。制定条约和新秩序的权力被牢牢控制在英法美等几乎具有帝国性质的资本主义战胜国手中，即便是如此寡头的组合仍然存在利益不均的情况，遑论战败国和殖民地国家。例如，意大利作为中途倒戈的战胜国却也没有多大发言权，虽然其想要扩张国土实现其帝国野心，却在国际上连一个港口阜姆都无法被允许获得。更不要提同盟国所接受的战败的精神屈辱和沉重的物质赔偿。和会在某些方面甚至和瓜分赃物、战利品的行为类似，毫不掩饰战胜国的帝国主义行为，完完全全地招致战胜国以外的国家心怀失望和怨恨。除此之外，和会还在苛刻的条约中创造出遮羞布一样的《少数民族条约》，给予某些看似自决的权力，实际丝毫无益，徒然加剧了动荡局面，且使得战败国感到虚伪且羞耻。

因此，在作者看来，巴黎和会无疑是失败的。这一秩序在诞生之初即遭到了不计其数的质疑和批评，带来了修约思想和极大挑战，以至于它所创立的国际秩序在仅仅维持了20年后即告全面崩溃。然而在当时的历史条件下，帝国主义心理仍在战胜国中作祟，各方对本国利益的执念与野心将和会困在了迷宫中，似乎无论如何都难以做出万全的决策。

---

① ［德］罗伯特·格瓦特：《战败者：两次世界大战间欧洲的革命与暴力，1917—1923》，第212页。

## 四、“极端年代”的开始

1923 年后的欧洲看似恢复了和平，一批新的和约使国家和解大趋势出现。政治稳定之外，国联致力于战后难民和经济恢复，但逐渐复苏的经济和国际关系在 1929 年始于美国华尔街股市崩盘的经济大萧条后再次崩溃。美国银行收回了对欧洲的贷款和援助，经济和社会产生一系列动荡，刺激人们对现状不满、寻找可以治愈西方资本主义社会顽疾的“新秩序”以及推翻不公正的条约。经济萧条促使人们倾向极端党派，自由民主无力应对经济危机和激烈的社会冲突，最终被独裁政权取代。意识形态激烈对抗，暴力从未停歇。保加利亚经历共产主义和反共产主义暴力循环，葡萄牙实行“国家专政”，西班牙建立军事独裁，欧洲民主国家锐减，即便在英法也产生了极端主义运动。修约主义国家复兴，且已决定彻底摧毁第一次世界大战后建立的世界秩序。

修约主义的最大目的是挽回失地和人口，而《洛桑条约》的签订证明了修约的可能性。从此修约主义国家开始组成轴心国，1936 年德意签订《友好条约》，德日签订《反共产国际协定》；1940 年德意日签订《三国同盟条约》，这一条约的签订代表着世界上最坚定的修约主义国家从此已团结起来，要把巴黎和会所缔结的条约彻底推翻。在法西斯国家看来，战争不乏积极意义，可以激发“民族本性”，反对西方财阀和反动民主。奥地利、匈牙利、保加利亚等国抱着收复一战失地和人口、与不同政治制度斗争的想法加入轴心国。德意日苏的扩张主义和新帝国主义也越演越烈。日本占领中国东北受到西方绥靖，给予修约国家勇气挑战一战后建立的国际秩序，于是日本在中国东北、意大利在北非、德国在东欧纷纷开始扩张，秉持种族主义原则对当地“劣等民族”实行征服，最终演变为一场新的大战。

在欧洲人民的集体记忆中，这段战争及战后岁月充斥着惨烈、革命、民族和耻辱，以及循环的暴力。这种影响甚至在部分地区延伸至战后很长时间：20 世纪 90 年代南斯拉夫多民族国家内战，“民族自决”原则下的殖民地独立运动，以及世界帝国主义的解体。一战留下的中东问题至今仍未解决，且由于年代的久远而越发矛盾。

如今距离第一次世界大战结束已有百年，动荡的20世纪这个“极端的年代”也过去了，从某种意义上说，第一次世界大战战后的暴力血腥对欧洲文明的摧毁及其为世界留下的冲突可能从未结束。“或许，当弗拉基米尔·普京似乎有意恢复沙皇俄国的疆界时，战胜国绘制的中东地图变得越来越模糊，我们很可能会问，第一次世界大战是否已经结束。”当英国诺森比亚大学（University of Northumbria）历史学教授普渡（A. W. Purdue）在《战败者》的书评栏目中写下这句话时，仿佛可以看到穿越一个世纪的硝烟扑面而来。

# “图书是思想战争的武器”
## ——评亨奇《作为武器的图书》和曼宁《当图书进入战争》

王一哲*

近年来，宣传问题成为外交史和冷战史研究中最受关注的前沿问题之一。随着研究者对宣传史研究的不断深入，一战以来宣传机构和宣传媒介的基本情况已经逐渐为人所了解，对宣传理念和性质的讨论也进一步拓展了研究者对宣传本质的认识。其中，二战宣传史无疑是学界关注的重要领域之一。近两年，国内学界也在国际学术潮流的影响下开始重视宣传史研究，并引介相关著作，以增进学界对宣传问题的关注。在2010年和2014年分别出版的约翰·亨奇《作为武器的图书：二战时期以全球市场为目标的宣传、出版与较量》① 和莫里·古皮提尔·曼宁的《当图书进入战争：美国利用图书赢得二战的故事》② 就是其中的代表。

---

* 王一哲，北京大学历史学系博士生。

① John B. Hench, *Books As Weapons*: *Propaganda*, *Publishing*, *and the Battle for Global Markets in the Era of World War* Ⅱ, Ithaca, N. Y.: Cornell University Press, 2010. 中译本为：［美］约翰·亨奇：《作为武器的图书：二战时期以全球市场为目标的宣传、出版与较量》，蓝胤淇译，北京：商务印书馆，2016年。

② Molly Guptill Manning, *When Books Went to War*: *The Stories that Helped Us Win World War* Ⅱ, New York: Mariner Books, 2014. 中译本为：［美］莫里·古皮提尔·曼宁：《当图书进入战争：美国利用图书赢得二战的故事》，犹家仲译，广西师范大学出版社，2017年。

## 一、海外图书项目的不同受众、特征及其影响

两位作者虽都是非职业历史学家，但出于爬梳档案的偶然发现，开始关注图书在二战时期的重要作用。两本书为我们讲述了在二战“思想战场”上图书作为“纸质子弹”充当思想武器的巨大力量，为我们展现了美国在军事胜利之外所取得的文化和思想上的胜利。那么，书籍为何会走进二战呢？二战初期，面对德国纳粹从国内反犹主义运动蔓延到整个欧洲的焚书运动，面对德国心理战给波兰、英国、法国乃至美国民众制造的战争恐慌，美国意识到了反击德国心理战的重要性。除了应对德国猛烈宣传攻势的外部原因之外，利用图书赢得战争也和美国提振士气、国内出版业发展的需要有着密切联系。自美国参战以来，美军士兵缺乏作战经验，无法适应军队生活，普遍士气低落，图书便成为了鼓舞斗志、治愈内心创伤的精神良药。除此之外，发展海外图书项目也和美国国内图书出版业想要将美国构建为出版帝国的愿望分不开。二战为美国出版人提供了扩展国际市场的绝佳机会，出版业想要从立足于美国本土的“文雅而传统”[①] 的产业，转变为面向全球市场的国际出版巨头。出版人想要构建出版帝国的愿望不仅符合出版商追求经济利益的要求，也和美国政府意图在海外宣传、扩展美国文化影响力的目标不谋而合。最终，出版人和政府双方目标的一致性促成了海外图书项目的策划和出台。

在这样的背景之下，两位作者为我们从不同视角讲述了图书在二战中别样的故事。就关注的视角和研究方法来看，亨奇在《作为武器的图书》一书中将二战中美国出版业海外市场的拓展放到二战及其冷战初期美国对外文化关系中来考察，关注图书出版和实现美国文化影响力的外交目标之间的联系，试图挖掘图书出版的政治价值和意义。此外，他还阐发了政府与社会之间的关系、海外宣传机构的内在工作机理等重大问题的理解，揭示出实施海外图书出版项目的机构组织，即战争信息署（Office of War

① ［美］约翰·亨奇：《作为武器的图书》，第 13 页。

Information）和战时图书理事会（Council on Books in Wartime）在盟军远征军最高司令部（Supreme Headquarters of the Allied Expeditionary Force，SHAEF）的心理战部（Psychological Warfare Division，PWD）的统一部署下制定和实施图书政策的复杂互动关系。① 而曼宁的《当图书进入战争》则主要从图书对美军士兵个人心理影响的角度来论述，更多通过士兵的日记和信件来论述美国全民参与募捐的“胜利图书运动”（Victory Book Campaign，VBC）和由美国战时图书理事会组织并出版发行的“军供版图书”（Armed Services Editions，即专门为军队出版的特殊规格和版式的图书）对士兵个人的精神影响。透过士兵个人书信中鲜活的语言，我们可以了解到作为军供版图书受众的美军士兵在作战闲暇和战争疲乏状态下阅读图书的直接反应。可以说，两本书相辅相成，互为补充，分别从宏观和微观两个层面为我们揭示书籍对战争中的国家和个体的意义。

两本书所关注的受众也有所差别，亨奇着重强调了海外图书项目对海外民众思想的塑造和影响，即图书在对外宣传中的作用，尤其强调对非英语国家和地区的图书出版，其中他重点论述了二战后期和冷战初期对德国占领区和日本的图书项目情况。他谈到，海外版本图书、跨大西洋版本系列图书的受众主要是“对美国文化有兴趣、接受过教育的成年意见领袖”，② 但实际上，书中涉及的图书受众不仅包括精英上层、还包括普通民众和战俘。因此，海外图书项目兼具了“信息外交”（information diplomacy）和“文化外交”（cultural diplomacy）双重目的。③ 输出海外的图书不仅有传达美国外交政策目标、介绍美国政治制度和生活方式的宣传小册子，还包括小说、传记等在内的大众图书，这些图书既塑造了有利于美国的积极舆论，也为战后美国对外文化交流和文化相互理解打下了坚实的基础。而曼宁的《当图书进入战争》主要针对掌握英文阅读能力的美军士兵，某种程度上可以算是官方对内宣传的延伸，军供版图书意在为作战士兵提供一种“兴奋

① ［美］约翰·亨奇：《作为武器的图书》，序第6页。

② 同上，中译本序第7页。

③ 关于信息外交和文化外交的区别，详见 Frank Ninkovich，*U. S. Information Policy and Cultural Diplomacy*，New York：Foreign Policy Association，1996，pp. 3-4，41-42。

剂”和“安眠药”：阅读图书作为在行军作战间隙的娱乐消遣令士兵精神振奋；同时阅读也是缓解军人肉体和心灵双重折磨的精神慰藉。

针对两种受众，图书项目的具体实施和后续影响也有所不同。在广泛外宣意义上，以海外民众为对象的海外图书项目中，出版人和政府官员对于出版大众图书还是宣传类图书，出版虚构类作品还是技术类图书等问题存在巨大争论，这既与出版社和政府各自的利益指向不同有关，也和对宣传本身的性质和地位的判断有关。因此，针对海外地区，特别是与军供版图书项目相比，在占领区的图书项目中关于书目选择和审查存在更大争议，项目实施存在更大变数，争论也更为激烈。从海外图书项目的影响来看，二战后，英国、德国、法国等国家对美国海外版本系列和跨大西洋版本系列图书的出版需求激增，这很大程度上是因为刚刚从纳粹的铁蹄下解放出来的民众对自由阅读的渴求，这种渴求甚至“像一场疯狂进食”。[①] 二战后美国图书出版业日渐国际化不仅是美国国内出版业面向国际市场策略调整的结果，更体现了二战后美国自身作为超级大国的文化吸引力，海外美国研究项目的兴起也进一步刺激了海外对美国图书的需求。但是作者也提醒我们注意，在全球化跨国公司的趋势下，如何定义一本“美国图书”成为难题。由美国人撰写、跨国出版社出版的图书，或者是由美国出版社出版但在外国印刷的图书是否还能打上“美国”标签值得商榷。因此，海外图书项目在塑造、改造海外民众对美国的认知的同时，实际上也改变了美国自身。

而军供版图书则展现出与海外版本图书不一样的特征和后续影响。在军供版图书项目中，考虑到纸张限制、阅读便利等因素，图书设计采用了钱夹大小，可以放进口袋的平装书，封面是精装书的缩略图，文字采用横版短行文本。而出版内容则主要是经过内容审查的虚构类作品，不符合民主精神、违背宗教自由的书目经审查后会被立即撤下。[②] 此外，图书的种类在战争中期和后期也有所不同。如果说在战争最激烈的时期，战争大后方

---

① ［美］约翰·亨奇：《作为武器的图书》，第 212 页。

② ［美］莫里·古皮提尔·曼宁：《当图书进入战争》，第 79 页。

的士兵渴求通过阅读振奋精神、以诙谐幽默的虚构作品来为战胜内心的恐惧和不安提供持续的精神动力的话，那么在战争临近结束之时，士兵则在思考未来。他们想要退伍回国后充分就业，因此对实践性、非虚构的、技术性的图书的需求更大。[①] 二战时的军供版图书影响深远，在海外军队图书馆和朝鲜战争中都继续为军人服务。[②] 此外，平装书也带来了出版业的大变革，促成了"'文化中产阶级'的形成，使阅读扩散到更为广泛和民主化的群体"，[③] 同时也培养了在海外作战的美国士兵对知识的兴趣，为"退伍军人学生潮"的出现奠定了知识基础。[④]

## 二、贡献与不足

研究海外图书项目在二战和冷战中的作用本质上是研究作为知识载体和媒介的图书与政治权力之间的关系问题。美国著名的外交史学家大卫·恩格曼（David C. Engerman）曾就"权力与知识"的关系做出如下三种划分：第一种是"为了获得全球力量的美国知识"（American Knowledge *for* Global Power），强调了知识生产对美国全球利益的促进作用；第二种是"全球力量中的美国知识"（American Knowledge *of* Global Power），体现出知识传播的政治目的是服务于美国的国家使命和国际责任；第三种是"作为全球力量的美国知识"（American Knowledge *as* Global Power），指向了美国知识的权威性。[⑤] 将图书放在知识社会史和知识政治史视角下研究书籍生产、传播和消费的过程，可以帮助外交史研究者理解文字之外图书所处的复杂政治、社会环境。

将"权力与知识"的关系引入外交史研究有利于研究者拓宽研究思路。

---

① ［美］莫里·古皮提尔·曼宁：《当图书进入战争》，第 168 页。

② 同上，第 177 页。

③ 同上，引言第 6 页。

④ 同上，第 186 页。

⑤ David C. Engerman, "Bernath Lecture: American Knowledge and Global Power," *Diplomatic History*, Vol. 31, No. 4 (September 2007), pp. 599-600.

具体来说，两本书研究二战中美国的海外图书项目就是宣传史研究中有价值的问题。这一问题可以揭示出政府和社会之间复杂多变的互动关系。在海外图书项目的筹划、实施的过程当中，政府和社会在战时状态下往往可以以共同利益为先，政府为出版商提供图书运输、销售渠道和资金支持；同时，出版社提供具体的人才、知识支持，负责具体的制书环节，两者通常相互合作，共同推动图书项目的发展。而在和平时期，私人部门和政府之间的矛盾往往存在一种不可调和性，私人部门不愿意承担过多的经济负担和政治出版压力，而政府部门也无法获得宽裕的财政支持来推行图书项目，出版人追求经济利益和政府追求政治目标的冲突越发激烈。

两本书都拓展了二战史和宣传史的研究视角和研究领域。以往，外交史研究者聚焦于军事和政治因素的分析，过多关注二战中各大国在军事和政治方面的较量，缺乏对战争之外文化、心理、意识形态等因素的考察。而两位作者则关注二战中图书的作用，揭示出二战中非军事斗争一面的丰富图景，剖析了在战争的大环境下，个人、社会与国家之间的复杂互动。曼宁强调底层士兵参战和在大后方的生活细节和心理活动，展示出普通人的作战经历和真实情感，丰富了我们对二战的认识。亨奇则关注二战宣传和美国文化软实力之间的关系。从美国出版业成功开拓海外市场的经历可以看出，战时海外图书计划为美国图书长期占据海外市场做出了突出贡献，但同时还有一个不可忽视的因素，那就是美国出版业的成功是美国依托巨大国家实力和国际领导地位迅速扩张其文化影响力的必然逻辑：“战后美国作为超级大国地位的提升以及由此产生的经济和文化霸权，无疑使美国图书在全世界得以推广，同时在全世界得以推广的还有美国音乐、电影和电视，更不用说李维斯、麦当劳和米勒淡啤了。”①

两位作者的研究也为宣传史研究注入了活力，为我们提供了一些选题意识，以供我们继续思考和深入研究。曼宁探究了二战图书计划的战前根源，提出二战的海外图书项目的起源最早可以追溯至内战时期志愿者组织和宗教机构印刷的《士兵袖珍图书》。而一战时期的民间组织如红十字会、

① ［美］约翰·亨奇：《作为武器的图书》，第 347 页。

基督教青年会等组织的捐赠图书工作也为二战时期政府组织图书项目奠定了基础。[①] 研究极大地拓展了我们对二战宣传史的认识，不再局限于将宣传看成是战时需要的反映，而是将战时的宣传看成是美国历史文化传统的一种延续和发展。亨奇则更具跨学科的视野，将传媒学、心理学、历史学等学科结合起来，研究跨国史视野下的全球图书出版业的竞争，探究了“英美等同盟国如何围绕图书的全球市场而进行长远的关乎战后国际关系和地缘政治格局的宏观战略谋划”。[②] 书中引申出的其他问题也值得我们深入探究，比如，美国图书在德国占领区和日本思想改造和再教育中的作用。亨奇的书中多次提到欧洲难民对美国图书的现代化和在占领区的信息控制政策发挥了重要作用，[③] 他们自身的语言优势、战时经历和职业素质是否促使他们质疑、挑战甚至主导了美国在欧洲宣传政策的具体实施工作？他们复杂的经历和背景对他们的身份认同究竟产生了怎样的影响？这些问题值得我们深思。另外，围绕图书问题，美国国内史和外交史交叉的问题也很有意思，如曼宁的书中就讲述了二战中关于军供书的一个小插曲：1944 年美国总统选举时，军供书差点让国会议员塔夫脱以战争宣传、争夺选票为由施以严格的审查制度。值得庆幸的是，最终战时图书理事会和美国军方捍卫了自由和民主精神，赢得了胜利。[④] 此外，两本书的附录中都总结归纳出详尽的图书目录，包括遭纳粹查禁的作家名录、军供版图书总目、海外版本系列和跨大西洋系列、新世界书架系列图书书目，相信这些书目将为研究者提供富有价值的参考。

两本书的学术价值和贡献已无须再多赘述，接下来笔者就浅谈一下两本书中的不足之处。尽管两本书题材创新、富有新意，但是就章节安排和整体框架上来看还可以进一步完善。亨奇的著作主题宏大，勾勒出了美国谋求出版帝国的总体过程，讲述极为生动、翔实，但是笔者认为作者的分析和阐发还可以更加深入。书中主要以描述出版业拓展海外市场的发展始

---

① ［美］莫里·古皮提尔·曼宁：《当图书进入战争》，第 24—25 页。

② ［美］约翰·亨奇：《作为武器的图书》，中译本序第 4 页。

③ 同上，第 25、31、231、304 页。

④ ［美］莫里·古皮提尔·曼宁：《当图书进入战争》，第 302 页。

末为主要线索，没有进一步揭示出二战时期美国谋求出版海外市场的深刻历史文化内涵，即自由国际主义精神的延续和拓展。而曼宁一书的弱点则是没有将军供版书项目的出台背景和具体情境全面揭示出来，书中主要是对士兵书信、日记内容的串联，其中一些涉及二战时期士兵在欧洲和亚洲战场中对军供书的反应的描述似乎还可以进一步整合以展现出清晰和富有逻辑的脉络，这一点从对本书的书评中也可以得到佐证。对曼宁一书的书评主要以非历史学专业期刊的大众图书评价为主，这一点则和亨奇一书形成了鲜明的对比。[①] 阅读亨奇的作品似乎可以弥补曼宁一书的不足，加深对军供版图书的历史背景和意义的理解。

综上所述，亨奇和曼宁的两本著作可以算得上是研究二战史和宣传史富有新意的研究专著，它们启发历史学家从文化史和国际史的角度来思考外交史领域的重大问题，为外交史学家提供了跨学科的视野。两位作者启发我们思考如何创新研究、拓展研究领域。尽管两本书并不完美，但值得外交史研究者借鉴和学习。

① 亨奇一书得到了很多历史学者的关注。详见 Giles Scottsmith，“Reviewed Work（s）：John B. Hench, Books as Weapons：Propaganda, Publishing, and the Battle for Global Markets in the Era of World War Ⅱ，” *Journal of American Studies*，Vol. 45，No. 3（2011）：pp. 627-628；Clayton Koppes，“Reviewed Work（s）：Books as Weapons：Propaganda, Publishing, and the Battle for Global Markets in the Era of World War Ⅱ by John B. Hench，” *The American Historical Review*，Vol. 117，No. 2（April 2012），pp. 495-496。

# 中西之间

## ——评周爱灵《花果飘零：冷战时期殖民地的新亚书院》*

何　妍**

《花果飘零：冷战时期殖民地的新亚书院》① 是香港学者周爱灵于2010年出版的专著，该书旨在以香港新亚书院1949年成立至1963年大学化期间的办学经验为个案，考察冷战背景下书院意欲实现的文化自立目标以及美英力量参与下的合并建校历程。新亚书院希望建立一所反映中国文化和儒家教育思想的学校来“保护、恢复、传扬和延续中国文化”（第2页）；美国非政府组织认为书院的办学宗旨可以在不牵涉美国政策和政治行动的情况下抗衡“共产主义对中国青年的思想荼毒”（第4页）；英国政府则希望在政治殖民之余对香港的教育和学术进行文化拓殖。就当时中国的形势而言，国共内战以国民党败退台湾和新中国的成立而结束，香港新亚书院作为文化和政治意义上的交锋之地，被英美等意图坐收渔利的外来力量伺机

* 本文是国家社科基金项目《冷战前期美国对华宣传与文化外交研究（1949—1972）》（15BSS023）的阶段性成果。

** 何妍，首都师范大学燕都学院2016级本科生。

① 周爱灵：《花果飘零：冷战时期殖民地的新亚书院》，罗美娴译，香港：商务印书馆，2010年。英文版为：Grace Ai-ling Chou, *Confucianism*, *Colonialism*, *and the Cold War*: *Chinese Cultural Education at Hong Kong's New Asia College*, *1949-1963*, Leiden: Brill Academic Publishers, 2011。

收编到“政治中立”的旗帜下，其自我定位便在各方拉锯中逐渐变形。作者周爱灵从新亚书院、美国非政府组织及港英当局三方角度分析香港这一特殊地界上的中文高等教育，穿透“政治中立”这一名目的迷障，把握其后的意识形态取向，典型地展演了中华传统文化在意识形态角力中如何被各方认知、使用，对文化冷战在其间发挥的影响做出了题无剩义的阐释。

## 一、结构与内容

《花果飘零》一书除序幕和总结外可分为五章，作者刻意通过章节安排来凸显新亚书院、美国非政府组织及港英当局三方的不同取向及其拉锯协调后的结果。第一章从创办人的角度考察新亚书院的教育宗旨及实践机制。第二章从援助方的角度分析美国非政府组织对新亚书院的文化理解和支持动机。第三章从管控者的角度探讨港英当局对新亚书院的管理理念和改造方式。第四章则统合前三章，梳理新亚书院与另两所学院合并建立香港中文大学过程中由各方争持带来的多重困境。此外，作者还附上了尾声一章以叙述新亚书院的文化保存运动在外来政治力量的限制下不断发展的复杂历程。

（一）

在第一章中，作者围绕新亚书院的教育理念以及教育实践展开分析，分析了新亚书院的组织结构。1949 年，钱穆、唐君毅等认为共产主义与儒家文化截然对立的一批学者决定南下，前往相对中立的英属香港办学。他们深信文化教育能带来真正的文化理解，故拟通过传统书院的模式为香港青年提供中国文化教育。

作者首先谈及新亚书院的文化使命。新亚书院从三个层面建立了文化教育的任务：第一重培养是为战乱期间错过读书适龄期的学生补充基本的中华文化知识；第二重培养是培育学生对中华文化的深切理解以“抗衡共产主义的侵袭”（第 25 页）、抵御殖民文化的渗透；第三重培养是将文化理解从个人扩展到社会，从认知延伸到行为。书院创始人认为教育的根本目的是为文化储才，新亚的愿景即在于为中国的文化复兴打下基础，这就要求学生今后有能力为社会提供文化服务。而新亚的校训“诚明”两字，则传递出在知识寻求过程中完善人格的要求，反映了新亚对宋明书院“文德并重”理念的继承。

然后，作者对新亚书院的课程和体制结构进行了细致分析，把握了书院强调完人教育和人文教育的办学要旨。为了在动荡的社会环境下实现广泛基础教育的理想，课程规划者安排学生在入学第一年即开始修读中外语文、人文学科及自然科学三类基本课程，以及中西历史、国家关系等具有全球视野的课程，为学生提供跨学科、跨文化的智识基础。此外，为配合当时香港社会的实际需求，新亚还逐渐开办了商学系和经济学系等专业学系，提供了会计学、货币银行学和商用英文课等一系列实用性科目。通过以上种种不同方向的学系建构，为学生提供了基础的知识与实用的技能。在强调完人教育的同时，新亚高层也没有忘记文化教育的使命，在课程设置上尤为偏重人文学科。从各专科课程的学分分布与共同课程的选课规范中，作者带领我们一窥新亚以文学和文本为基础的人文教育模式。其中，语文和历史、哲学这样的传统人文学科是学生前两年学习的重点，自然科学只要求极少的学分，且学生甚至可以选择心理学等非纯科学的科目来代替修读物理学、生物学等纯科学项目，可见自然科学在新亚课程结构中并不受重视。纵观书院建立以来的学系结构，也可看出其对人文学科的重视：早期四个学系中，文史系和哲学教育系两个文科学系所开的学位课程就远超经济系和商学系；后当新亚增至八个学系时，文科学系更占据其五。作者指出，人文学科占主导地位的原因，除了发展科学实验项目的资金不足，更在于书院创始人们对人文学科的偏向，而这显然与他们的文化使命感有关。从学生的整体修读倾向来看，文史系也是第一选择，师生的共同取向无疑反映出新亚书院以中国人文教育为先的性质。

最后，作者将目光投诸书院传播中华文化的三个延伸部分：研究会、夜校和公开讲座。研究会作为一个中国传统教育的象征，不仅要求学生做好国学研究，还希望为各地的华人社区提供教师，以此弘扬中国文化。新亚的公开文化讲座在四年间免费开办了139次，其中书院自己的学者担任了绝大部分场次的主讲。人文科目占讲座题材的三分之二，对中国文化在香港社会的重建有着里程碑式的影响。夜校则承担了为教育系学生提供实践机会和满足香港难民子女对教育的严峻需求的两个任务，深度表达了新亚书院培养中国学术研究基础和为华人提供道德指引的基本使命。研究会、夜校和讲座这三个书院的附属部分在香港不同华人群体间实践了推广中华文化的理念。总之，关注中华文化正是新亚书院的特征所在，而这显然与新亚促进民族文化复兴的理想有关。作者在本章结尾一针见血地指出，尽管书院以“新亚”命名展示了对亚洲的宏伟愿景，但其真正的关注对象却只有中国。

（二）

第二章围绕着雅礼协会、哈佛燕京学社、亚洲协会和福特基金会这四个美国非政府组织对新亚书院先后进行的资金援助展开。

作者首先检视了美国非政府组织所抱“共产主义与中国文化价值观互不相容”这一基本观点，揭示了这些组织意图通过支持香港的非共产主义教育来避免学生被共产主义中国引诱的思路。美国非政府组织认为共产主义跟学术自由有着根本的对立，相信教育是解决共产主义问题的办法。这一主张与当时要求遏制共产主义思想影响的美国官方目标相一致，而新亚书院不仅清楚也迎合了援助方的这一思路。

其次，作者审视了美国非政府组织对于香港文化战略地位的认识。这些美国非政府组织在以教育作为遏制共产主义的手段时，尤为青睐一些跟共产主义敌对的文化区域。作者指出，香港最初只是美国非政府组织为华人难民提供教育的基地，但因其特殊的地理位置和港英当局保持中立的管理方针，很快就被美国非政府组织利用起来。与美国政府已涉足的台湾相比，香港有着更迫切的财政需求和相对自由的教育环境，而新亚书院中立的定位和反共的取向正与各协会不谋而合。

最后，作者探讨了新亚书院“文化教育”理念得到美国非政府组织强烈认同的原因。据本书的分析，各协会与书院创办者一样，相信“通过高等教育推广中国文化，是遏制共产主义发展和影响的最好办法”（第 96

页)。如福特基金会认为，“共产主义之所以有机会在中国成功，是因为它在表面上回应了当时中国的某些需要和问题”（第96页），所以希望新亚书院将政治议题纳入学术探讨，“为各种问题提供非共产主义的观点和解决方案”（第96页）。亚洲协会则认可新亚书院关于中国文化观念和共产主义价值观在本质上不能相容这一观念，支持新亚通过巩固纯粹的中华文化来正面塑造香港新一代青年的思想，从而潜在地削弱共产主义的影响。看似客观的高等文化教育就这样成为意识形态角力的工具，作者据此指出，美国非政府组织的反共宣传与新亚书院的中华文化教育互为效用，双方的合作是基于制造教育机会、寻求政治中立和坚持文化纯正的共识。

（三）

第三章从英国殖民政策与文化评估方面探讨战后香港的华人高等教育。20世纪50年代后期，新亚书院的主要资金来源已经从美国非政府组织转移到港英当局，与之相应的是港英当局对书院运作的干涉程度提高。作者追溯了50年代初期港英当局对当时香港专上教育（高等教育）情况所做的调查、辩论，50年代中期随着政治局势升温对香港问题的再探讨，最后回顾50年代后期有关香港高等教育的公开辩论和新政策决议，分三个阶段透视高等教育层面上香港的文化意义及政治象征。

50年代之初，香港的中文高等教育机会稀少导致本地学生升学困难，新流亡至港的难民学生更加剧了教育资源紧缺。一批香港学生在综合语言、课程和费用方面的考虑后选择进入内地读大学，这种情况对港英当局来说即意味着人才流失和意识形态失控两大危机，不利于殖民管治。为解决华文教育供小于求的困局而设立的凯瑟克高等教育委员会及校际委员会等机构关注到香港在中英跨文化理解和对远东发挥影响这两大层面上的重要意义，开始强调香港本土教育发展的重要性。委员会一边排斥把华文高校发展到大学水平以免损害香港作为英国文化传播跳板的文化价值，一边提议在香港大学中加入有关中国研究的科目以迎合华人的文化需求和民族自豪感。由于委员会对华人学习科学和中文教学资源的态度很有保留，故委员会报告的建议并未得到落实。

50 年代中期，大规模学生外流的现象及其象征意义再度引起社会人士和港英当局官员的担心。同时，香港大学作为港地唯一的大学，主要吸收的是大量英文中学的毕业生，这使得中文中学的毕业生们纷纷报读新亚书院这类的中文学院。双重校制分流的现象越来越明显，新亚书院、崇基书院和联合书院等中文学院在人数规模和组织程度上逐渐有了大幅增进。

1957 年，上述三所中文高等学院正式组成了香港中文专上学校协会，共同向政府请求进一步的承认和支持。但对港英当局来说，香港的中文教育远未达到高等教育的水准。1957 年 11 月，曾任高等教育委员会成员的香港大学教育系主任皮理思发表了一系列否定中文高等教育现有水平的文章，认为香港应该如其他英国殖民地一样追随主权国的教育水平和标准。这一论调引起了中文专上学校协会的强烈反感，三所院校质疑皮理思对中文教育认识不足，进一步从民族文化层面批评皮理思站在宗主国立场不公正地比较两种不同的学术传统，指斥过于西化的香港大学其实是在为港英当局而非香港本土社会训练专业人员。中文专上学校协会的抗议很快激起了香港华人社群的同感，是否再建一所中文大学的争议也就成为一项社会议题。考虑到华人的文化自豪感以及香港学生逐渐流失到陆台的现状，对中文教育水平的顾虑最后都让位给政治的迫切性。1959 年，港英当局宣布将新亚书院、崇基书院和联合书院三所院校合并，成为政府资助的专上学院，新亚书院终于得到港英当局的正式承认并步上大学化之路。1963 年，三所院校正式合并组成香港中文大学。

（四）

第四章中作者将镜头聚焦到合并建校、课程改革和“国旗”悬挂等标志性事件，以点带面地深度剖析 20 世纪 50 年代中期以后新亚话语的变异。新亚书院在参与合建的过程中不断因课程内容、架构标准和文化象征等问题与港英当局展开谈判。作为谈判中唯一持续保有影响力的美国声音，雅礼协会的态度也成为作者的考察对象。受政府决策的限制和雅礼协会的施压，新亚书院在挣扎中逐渐偏离其文化根源和理想，作者因而对其大学化进程之“胜利”持怀疑态度。

本章以三大争议为主线。其一是文化意义与政治意义的争议，如新亚书院与港英当局无法对悬挂“国旗”及教员任用等事件的定性取得共识。就新亚书院在校庆日悬挂中华民国“国旗”一事，书院认为挂旗并非出于政治立场而是因为文化意义，港英当局则为保持政治中立的形象对挂旗仪式予以否定。经过一段时间的激烈争持后，书院在港英当局和雅礼协会的共同施压下，不得不为实现长远教育利益而低头。作者敏锐地指出，书院的文化政治意义之争存在的根源在于，新亚书院和港英当局对表面达成共识的“政治中立”这一概念理解有异。新亚书院曾应港英当局的要求放弃蒋介石的捐助，这在体制层面上已经建立了政治中立的形象；作为中文专上学校协会的成员院校，新亚也认可提供政治中立的教育这一原则，在教学中既不刻意攻击也不刻意宣扬共产主义。然而事实上，新亚高层“自我流放的部分原因，正是对学术自由的渴求，希望脱离共产政府的控制和脱离共产党对中华文化的对抗和攻击”（第51页）。他们在文化认同上略倾向台湾当局，这与港英当局避免触怒共产主义中国的期望相违背。

本章提及的第二大争议是教育水平与文化优越性的争议。正如第三章所述，港英当局对三所书院大学化的承认本非出于学术教育水平而是出于政治象征意义的考量。比起一所传承中华文化和中华精神的大学，港英当局更想建设一所符合帝国标准的高学术水平大学，故在其建校之初就规定了一套学术水平衡量标准，在英文课程、考核机制、人员招聘方面实行严格的评估管制，以延伸英国学风对新大学的影响力。这一举动自然引发了各书院的反对和抗议，他们担心港英当局把源于西方学术传统的概念和标准强行移植进新大学，会有损自身的中国特色。英国顾问一味兜售英国大学的经验，书院高层则被安排访问英国大学，这令书院越发感到难以维护自身的文化价值与理想，就连雅礼协会的代表斯科耶尔也认为英政府的教育观的确是殖民色彩浓厚，担心新大学将成为一所英国大学的翻版。作者犀利地指出，港英当局此举名为沟通中西文化，提高书院水平，实为避免留下殖民口实，引发中国民族主义思潮。

本章第三大争议是关于课程平衡与全面性的争议。港英当局在新亚课程改革进程中不断施压，新亚只能不断让步。在港英当局的强制规定下，新亚书院做出了增设自然科学范畴的科目、聘请科学系教职员、扩大历史课程涵盖面和提供实用科目等重大转变，走出了其开办十年来对传统人文学科的偏重现象，顺应了港英当局对书院兼顾学术全面性和实用性的要求。但从新亚的角度来看，这些改变却与继承宋明书院精神的初衷背道而驰。新亚书院在地位提升的同时也付出了失去核心要员和牺牲理想目标的代价，其自身定位遂变得越来越难以界定。

（五）

尾声一章主要叙述新亚书院融入香港中文大学的曲折以及成为新大学一翼的得失。新大学创立初期实行的是联邦制，新亚、崇基和联合三所书院各自拥有独立管理权，然而新大学内部其实一直存在是否要将联邦制改为统一制的争议，这背后折射的不仅是权力之争，更是文化冲突。新成立的香港中文大学强调中国文化，新亚书院作为中国研究的重镇在三校合并的过程中保留了相对更充分的自主管理权。然而，香港中文大学追求科学教育和现代研究方法的教育目标，却令新亚书院颇为担忧能否保持自身的独立性和完整性。对国际化最后也许只会变成西化的质疑，使新亚书院中弥漫着不完全投入融合新大学的情绪。新亚融合转变的问题在20世纪70年代港英当局正式提出改变高校联邦的管理架构时变得更加白热化。新亚书院的董事会断然拒绝并公开请愿抗议改制，在抗议失败后选择集体退出。作者认为，香港中文大学以中国知识文化研究为重点的自我界定保持了一定的中国特质，从广义的角度来看已经实现了新亚书院创始初期关于弘扬中华文化的期望。但是，书院的教育精神在最后被建制化的力量压迫取代，却不能不说是一种根源上的失败。

## 二、特色与创新

（一）

阅读本书时，笔者首先感受到作者新锐的选题意识。台海两岸的尖锐对立，经常遮蔽了香港作为中间地带的历史处境。尽管学界对亚洲冷战史的研究已有相当的开展，却尚未完全凸显出香港在其中的独特地位。如果说大陆和台湾各自为营，分属冷战双方，那么香港既是一个缓冲带，也是一个瞭望塔——通过适当的疏离获得认知大陆和台湾的崭新视野。数十万移民在此犹豫观望，各方政府与非官方机构等势力在此交汇共存，这一暗流涌动的“第三空间”，注定成为文化冷战格局下的隐形风暴眼。对香港来说，受控与自由是辩证统一的，多元力量的激烈交锋和相互牵制，反使得“政治中立”的香港能够成为保存中国传统文化和开展中国文化教育的最优之选。

然而，在冷战格局和殖民统治下不可能有自由发展的民族文化，通过本书作者的论述，可以看到当时的香港对种种能折射意识形态的名目与标签高度敏感。面对两岸的宣传和英美的笼络，被现实多重力量重塑的香港，既意味着经济和政策上的受惠，也意味着权力与行动方面的受限。外来的政治力量热衷于渲染香港“自由灯塔”的形象，① 实际香港仅仅拥有被无限挤压的自由，甚至这种自由在很大程度上还是大国为了对其利用而赋予的——香港这一相对多元的中立空间无疑是各方势力获取情报或进行隐蔽宣传的重要阵地。

具体到香港的文化教育而言，新亚书院已经不只是一个由中国文化“遗民”建立起来的文化概念，而且是一个跳脱于英美和两岸四方的政治观念。其“文化幸存者”的自我认同伴随着中国传统文化的政治价值一起，被英美整合进了各自的统治或宣传工作中，成为政治交锋的武器。作者周爱灵从这样一个新颖的角度，重新对香港的历史记忆展开回顾，可谓是相当具有学术敏感性的。

① 根据学者翟韬的研究，美国宣传部门在反共文学中将香港标榜为“东方西柏林”和“自由灯塔”，将赴港“流亡”解读为一种“逃离铁幕，奔向自由”的选择，这当中掺杂了浓厚的冷战意识形态色彩。见翟韬：《“文学冷战”：大陆赴港“流亡者”与1950年代美国反共宣传》，《社会科学文摘》2017年第2期。

（二）

《花果飘零》一书中对香港教育界的个案研究不仅提供了新的角度，也顺应了近30年来冷战史研究的跨国史转向。[①] 本书虽旨在研究局部个案，却保持了相当广阔的视野。

首先，作者牢牢把握了世界冷战、两岸关系对峙时期香港成为意识形态战场这一主轴，但又不局限于此，而是将香港的历史归还到更广阔的全球背景中，以此发掘香港教育议题背后的复杂意味、映射整个国际政治局势。美国官方与非政府组织在港地借民族文化认同来反共的思路，正体现了在单纯地“扬美”或“反苏”之外对亚洲冷战政策的差异化处理手法。[②] 由于作者具备了这样的比较视野，对于香港的特殊样貌方能进行如此饱满精当的论述。

其次，作者的关注目光并不局限于标杆性的官方政府，也十分看重非政府行为体在文化冷战中的态度趋向和他们所发挥的作用。非政府组织在战后香港的各种城市基本建设需求中优先资助文化教育，一方面折射出他们试图阻止共产主义在大陆周边蔓延的危机感，另一方面则反映出其对于文化教育和民主价值等议题的独特关注。作者既书写了这些非政府组织把新亚书院作为在香港进行文化反共工作重要阵地的历史，也没有忽略他们对新亚怀有同情和认同的情绪。因此，作者在叙述过程中不只聚焦于非政府组织在新亚创校初期所起的扶持作用，还重视其在新亚与港英当局的数次争端间所发挥的重要调解功能，对非政府行为体在重大事态中的能动性和多重角色做出了恰如其分的说明。

---

① 著名学者入江昭认为，以民族国家为中心的叙事角度造成了对历史发展背后全球力量的忽略，由此他提出了超越国家边界重新梳理历史的跨国视角。见［美］入江昭：《全球史与跨国史：过去，现在和未来》，邢承吉等译，杭州：浙江大学出版社，2018年，第13—14页。也参见王立新：《在国家之外发现历史：美国史研究的国际化与跨国史的兴起》，《历史研究》2014年第1期。

② 根据翟韬的研究，冷战期间美方在制定对华宣传战略时，一改“‘自由世界’与共产主义之争”的经典宣传话语，转而诉诸中国本土文化传统，意图用儒家思想来对抗共产主义。翟韬将后者解释为在冷战意识形态当中加入身份认同和民族文化的因素。见翟韬：《冷战语境下的新“华夷之辨”——美国对华宣传与两岸政权形象的塑造》，《史学月刊》2016年第2期。

最后，本书十分关注不同时期的域外事态对香港殖民史所产生的影响。比如在揭示港英当局与新亚书院之间的矛盾时，作者并非简单地从港英当局对香港当地高等教育的内容的处理上入手，而是进一步指出这种困局植根于1945年阿斯奎斯委员会在印度定下的殖民地高等教育的整体方向，通过追溯历史渊源而清晰地呈现出殖民政策间的内在关联和英国政府一以贯之的文化殖民方式。而在谈及英政府同意三所书院合并建立大学时，作者补充了新加坡殖民政府因拒不承认华人所创办的南洋大学而导致政治不稳定一事，通过殖民政府在不同时期对殖民地本土文化戛然相反的态度对比，凸显出解殖民化浪潮下宗主国统治思路的转变。上述突破国族畛域的思路贯穿全文，显现出作者开阔的全球视野和深刻的理论观照，对我等初学者极具启发意义。

（三）

此外，本书所用史料也鲜明地体现了冷战国际史、跨国史的特色。[①] 作者运用多国档案，把思想、人员、制度等方面的跨国交流作为影响香港教育形势的重要因素，从更宏观的视角考察各方互动。比如，港英当局档案中对是否建立一所中文大学进行了反复辩论，将排斥台湾教职人员的要求不断重申，从中可以一窥当时英国政府层面对殖民地统治的谨慎态度和政治中立的坚定立场。作者通过考察政府机构的内部档案和高层官员的报告往来，串联出事件的来龙去脉，完整复原了教育司长高诗雅、副教育司长毛勤和首席教育顾问考克斯等关键人物的思想、经验和建议，是如何改变了政府在建立新大学、聘用外来人士上的一贯取态，从而为新亚的文化教育发展带来转圜的余地。又如在校庆日悬挂中华民国“国旗”这一具有代表性的争议事件中，作者通过结合大量曾湮没于故纸堆的存档记录和私人

① 王立新教授指出，改革开放以来，我国的国际关系史研究经历了从外交史和国际政治史向国际史的转变。从选题来看，学者们的关注视野从主权国家的重大政策和行动转移到非国家行为体的跨国事务和跨文化交往；从材料来看，多国档案材料的大量使用则使国际关系史研究从对某国政策的单一描述发展到平衡叙述多重角色及其互动的国际史。参见王立新：《从外交史到国际史：改革开放40年来的国际关系史研究》，《社会科学文摘》2018年第11期。

信件，勾勒出三方的立场。政府对挂旗的反对原因与聘用台湾教职人员一事相似，都是出于政治中立的考虑，但所用措辞更为强硬。从教育司长高诗雅的声明可以看出，反对新亚挂旗的决定不只从他个人而来，更是殖民地港督的意见。因此挂旗已经不单只跟教育有关，也涉及对殖民地的政治影响。在这类表态中，文化和权力的关系以更为清晰的方式显现。新亚书院高层很快向雅礼协会和港英当局澄清挂旗的意义，所递交的书面抗议深刻地展现了挂旗作为特别的文化情感表达方式对新亚的重要性。面对争持双方的各种情绪和要求，雅礼协会方面并不只是采取隔岸观火的立场。斯科耶尔所提出的只在室内挂旗的折中建议，体现了雅礼协会在书院和政府争端间的斡旋姿态。尽管斯科耶尔曾表示会继续支持哪怕退出了新大学的新亚书院，在私人文件中也表达了对新亚投放在挂旗仪式上的文化感情之共鸣，但最终他因考虑到书院保有大学地位能收获的实际益处而越来越倾向于政府，这无疑反映了其作为中间人的利益权衡。作者对三方史料的深刻把握和高超演绎，无疑增添了本书的学术价值。

（四）

值得一提的是，本书还突破了学界过去对新儒家思想演变那种内在的、孤立的讨论。作者从知识社会学角度出发，考察了新儒家思想与冷战政治大势之间的复杂关联。作为意识形态载体的文化教育无疑是冷战期间兵家必争的咽喉地带，在新亚书院这个脆弱的文化“乌托邦”中，学术与政治的矛盾一触即发，钱穆等新亚创始人试图超越冷战二元结构的文化自立之路注定是难以成功的。作者详尽地铺陈了美国非政府组织和港英当局对新亚书院的支持与挟制，以及钱穆等代表性人物在“学网渐严”的历史语境下的推拉进退。比起香港新儒家学者的各类学术著述，作者更看重其私人交流记录，把讨论重点放在书院高层和不同对象的往来互动上，以此还原当时复杂的外力施压情况，意图矫正现存新儒家研究著作中的乐观心态和简化倾向，这对新儒家思想的探讨尤有助益。

## 三、总结

本书创作于新亚书院成立60年之际，在香港校史和教育史写作方面做出了有益尝试。目前关于香港教育史的研究大多由个别院校赞助以进行纪念或宣传，严肃客观的校史著作寥寥无几，本书则以丰富的史料钩稽和深入的理性探讨在该领域进行了开拓。香港中文高等教育得到港英当局的承认，更大程度上是社会政治演变的结果。从新亚书院到香港中文大学的转变，是香港教育体制与欧洲教育体系接轨的重要一环，因而作者对港地文化教育史的书写，很大程度上能够丰富我们对香港先前角色的理解，也有助于理解现今香港学界推崇英美学风的现象。作为香港中文大学前身的新亚书院，既在学术上承担着重要的传续创新功能，也在社会层面富于象征意义，其办学宗旨和文化功能在相当程度上牵涉香港社群的文化归属感和滞港华人的身份问题。作者在书中一以贯之地保持了恰当的距离与审慎的批判眼光，对新亚书院的大学化进程进行了客观考察。唯有借新亚创始人之一唐君毅先生《说中华民族之花果飘零》一书书名中的“花果飘零”四字，作者含蓄地流露出对历史同情之理解。唐先生惋惜于战乱流亡之际华人对传统文化的摒弃，欲在花果飘零的政治大势中恢复中华文化主体性，重建民族自信心。本书作者亦是有感于此，在当前古今中外大连接的社会大背景下，重新探讨教育与政治气候、文化与家国认同等重大命题，对华人及中华文化进行再思考，延续了唐先生“花果飘零，灵根自植”的寄望。

尽管本书通过恰如其分的阐释论证取得了许多令人信服的结论，但行文中也存在一定的不足。作者颇为沉湎于剖析文化冷战中的二元意识形态对立，对殖民主义和中国民族主义之间的矛盾则较为忽视。尽管新亚书院的文化取向与港英当局一样是反共的，但在家国认同上却无疑是属于“中国”的。正是在这个基础上，中文专上学校协会才指斥香港大学本质是一所训练殖民地人才和公务员的殖民地大学，强烈反对英国政府高层官员对中文和中国文化的歧视，把中文教育上升至民族主义层次，要求建立真正进行中国文化教育的香港中文大学。宏观来看，新亚书院的逐步失控也是整个香港深度陷入殖民统治的缩影，书中对东方主义的反省却止步于文化教育层面，这一点不免耽误了殖民管治下的民族意识书写。从这个向度上检视，从1965年钱穆的辞职离校到70年代的香港中文大学反改制风波，都具有抵抗政治殖民的意味，本书却忽略了爱国知识分子对殖民政权的自觉区隔和奋力反抗，加深了对香港新儒家书斋论道的刻板印象。对殖民地种族维度的忽略，或许植根于香港在殖民史上的特殊配合倾向和作者在香港的殖民情境中所形成的独特身份感，这于全面检视离散族群的心态认同有所阻碍。

总体而言，《花果飘零：冷战时期殖民地的新亚书院》一书通过爬梳新亚书院的校史，清晰展演了当代冷战总体性危机下香港文化移民与台陆英美四方之间的离合和各方力量的此消彼长，折射出多元主体的复杂互动及其对文化象征意义的各异理解。在揭示文化乌托邦虚幻性的同时，作者也肯定了家国危机下知识分子的高度社会责任感，从中西文化交融平衡层面表达了对香港现代社群文化构建和高等教育学制改革的现实关怀，传递出全球化语境下深刻的文化政治思考。

# “第四期国际关系史工作坊”国际学术研讨会综述

刁杰　詹欣*

2018年9月8日，由东北师范大学政法学院主办和首都师范大学历史学院协办的“第四期国际关系史工作坊”国际学术研讨会在吉林省长春市召开。来自日本、中国台湾及国内其他省市高校的众多专家学者就“冷战与亚洲”这一主题展开了热烈讨论，其主要集中在冷战时期的中国外交政策、中日关系以及美国外交等几个方面。

## 一、中国外交政策相关问题

冷战期间，美国和苏联作为超级大国，为争夺世界霸权，展开了旷日持久的争斗，中国深深地被卷入其中。有关中国的外交政策等问题引发了学者们的广泛讨论，在已有研究的基础上，学者们通过新的研究方法或新视角不断推进研究的深度和广度，丰富和完善了冷战期间中国外交政策相关问题的研究。

---

* 刁杰，东北师范大学政法学院2017级研究生；詹欣，东北师范大学政法学院教授。

日本东京大学非常勤讲师山影统从中国对国际形势的认识与对西欧国家政策（1949—1978）展开研究。通过整理20世纪50—70年代中国的对外战略和外交方针，他指出，中国对西欧的国家政策与对美苏两国的政策表现出完全不同的特征，因为西欧国家大多数与中国的主要敌人美国关系密切，而且一部分国家还是在非洲等地拥有殖民地的帝国主义国家，所以中国对西欧国家政策存在矛盾。他认为随着中国对国际形势认识的变化，其对西欧国家所采取的政策也随之进行了调整，由于中国所奉行的对西欧国家政策具有较为通融的实用主义特点，所以在中苏对立激化时中国才能顺利改善与西欧国家的关系。

来自中共中央党校的董洁副教授对中韩建交背景下中朝关系的蜕变展开论述。中韩于1982年8月建交，是影响东北亚局势的重大事件，同时也对中朝关系产生了巨大的冲击，在中韩建交的背景下出现以下问题：中朝关系出现怎样的蜕变、中朝双方各自如何应对这种变化以及中韩建交最终对两国关系造成何种影响。作者打破以往将其作为“现实问题”在国际政治学的范畴论述，试图从历史学的视角，利用已有的各国档案文献、年谱和口述史料，对中韩建交背景下的中朝关系的互动进行梳理。她指出，中朝关系在中韩建交后发生质变，朝鲜对中国明显不信任并有意疏远。冷战结束以后，朝鲜半岛问题在中国的对外战略中并不具备优先性，使得中国在处理朝鲜半岛的问题上丧失了一个重要的战略机遇。

奠定亚洲冷战格局的朝鲜战争至今仍然是中国现代史和冷战国际史专家们热衷研究的课题。台湾辅仁大学历史系萧道中副教授在《朝鲜战争前后的台湾防卫问题》一文中指出，回顾二战后台湾的历史发展，自1949年10月中华人民共和国成立前后至1950年6月朝鲜战争爆发的这段时间，台湾的处境危若朝露。朝鲜战争是台湾防卫问题的分水岭，台湾渡过了最危险的时刻，逐渐转危为安进入相对稳定的局面。其中，几项重要的内外在因素促成了这项转变：内在方面，国民党当局的自救使“政权”免于立即覆灭，在朝鲜战争的情势下，等待到新的生机；外在方面，杜鲁门执行台湾海峡中立化的政策虽是“冷冻”台湾问题的权宜之计，但实际上有将台湾纳入美军保护的效果，有助于稳定岛内人心与台北的对外关系；最后则是麦克阿瑟冒险访台与随后美军在台湾进行的密集活动。与美军的合作提升，台湾与澎湖的安全暂时获得更明确的保障。

台中科技大学通识中心助理教授任天豪将关注点放在冷战中的台湾“体育外交”，以20世纪50年代台湾当局在国际赛事中的认知为例来进行研究。他指出，就“外交”来说，其实台湾当局一直缺乏“体育外交”思维，即使原本未以“体育外交”为意，但是面对国际体育赛事所衍生而成的政治需要，不得不考虑体育事务对政治议题的延伸影响效果。从整体来说，20世纪50年代台湾当局拥有更多的“邦交国”，且在联合国中的代表权地位仍旧相对稳固，但是其在国际体育赛会的竞逐中，其实已经体现衰落状态。台湾当局此时的“外交”举措不仅为了“外交”实利，而是包含认知等内部需求在内的政治行为。这或许无法为台湾当局获取其表面上所宣称的目标，却为其强化了在台湾的统治，促成其政权在台湾“在地化”（融入当地）的基础，从而使其认知日益走向致力政权生存的方向。

金门大学建筑学系袁兴言副教授以金门古宁头北山洋楼的保存变迁为例，对后冷战纪念空间意义争夺的困境与解答进行研究。被认为具有申报世界文化遗产潜力的金门军事建筑群，在后冷战时期已经失去了当初的备战机能，以往肃杀、全民皆兵的特殊战地的历史空间意象也正在快速地消逝。袁兴言介绍了金门古宁头战史馆的四个时期：登陆/反登陆时期、炮战/反炮战时期、海上公园/堡垒时期、解除战地政务时期。此外，他还介绍了“假设性数字典藏”，这不是一种以虚拟现实（Virtual Reality，VR）的做法取代实体保存的替代性保存工作，而是以保持实体空间现况为原则的加值性数字典藏信息保存。具体而言，是以扩增实境（Augmented Reality，AR）为军事建筑开放导览及公众使用的基本原则。他还以著名的北山洋楼——1949年古宁头战役史迹的假设性展演规划作为实例，展示了数字典藏在军事历史空间保存及再利用方面未来应用的可行性。

上海大学历史系徐有威教授在《小三线建设时期的军代表研究》一文中，通过对小三线军代表制度的研究，一方面探究小三线作为单位社会，其内部多元复杂的权力关系；另一方面也借此观察“三支两军”运动（1967年3月19日，中央军委发出《关于集中力量执行支左、支农、支工、军管、军训任务的决定》）的微观运作情况与小三线产品军代表的历史作用。他指出，“三支两军”军代表是共产党员，执行党中央的指示是他的责任；“三支两军”军代表也是军人，服从命令是他的天职，这是“三支两军”军代表的本质特征。同时，“三支两军”军代表和产品军代表对小三线单位社会的权力关系产生了不同的影响，一定程度上改变了传统社会主义国营企业的管理与生产模式，“三支两军”军代表作为小三线企业的“临时”领导者，参与工厂的日常管理工作，改变了传统国营企业内单一的权力关系；产品军代表作为甲方的代表、小三线企业的质量监管员，对工厂的产品质量拥有权威性；对工厂领导来说，产品军代表是他们的“领导”，因为军工产品质量的优劣和生产任务是否准时完成，是工厂干部政绩审核的重要标准，对工人的收入也产生一定的影响。

东北师范大学历史文化学院张民军副教授将关注点放在《当小说遇到档案——郑念形象的迷思》上。在翻阅解密的英国外交档案时，他发现了20世纪60年代初女作家郑念活动的几个片段，并指出其颠覆了在阅读郑念小说及相关评述中所获得的郑念印象。在这几份档案里，郑念给人一种身份神秘、行事诡异的印象，似乎难脱“间谍”之嫌，至少学界与媒体为郑念构造起来的公众形象与作家形象在张心目中已经颠覆。

## 二、中日关系相关问题

中日关系在冷战时期受到两大集团对峙的国际环境以及日美外交路线的影响，使得中日关系错综复杂。在本次研讨会上，中日关系相关问题受到了众多学者的关注，他们对中日关系从不同视角给予了新的诠释。

日本成蹊大学法学部井上正也教授在《从日本的外交史料看廖承志的对日工作》一文中，以1958年中日贸易中断至1972年中日邦交正常化这一时期为中心，从日本的角度分析廖承志的对日工作。其重视“日方的角度”有以下两点理由：一是中方史料有限；二是结合中方的对日工作来分析日方的意图，以此达到挖掘出廖承志在中日关系中所起作用的目的。他认为，中日邦交正常化是在从中苏边界冲突到中美接近的国际环境急剧变化过程中实现的，这与廖承志依靠民间关系的积累而实现邦交正常化的想法是不同的。尽管如此，在邦交正常化以前就成长起来的“廖班”与自民党亲中派之间的人脉关系一直没有断绝；中日邦交正常化后，两国构建了政府间关系，这种人脉关系作为外交渠道的补充，直至20世纪80年代末依然为中日关系的稳定发展发挥了作用。

日本防卫省防卫研究所杉浦康之以《知日派的对日工作》为题，以1955年的第三次中日民间贸易协定谈判至1973年9月的中日邦交正常化这一段跨度较长的时期为研究对象。他认为作为实现“日本中立化”政策的象征，在一系列的民间贸易协定谈判过程中，中国一直向日本要求设置通商代表部门。东京联络事务处的设立遵循其设置的宗旨，积极地展开了对日工作；如果从情报收集、政策建议这些东京联络事务处的活动内容来考察知日派对中国政府制定日本政策的影响力的话，知日派收集的对日情报得到了中国共产党中央领导层的高度评价。

石桥湛山曾两次访华，并与周恩来总理会谈，为中日邦交正常化尽力颇多。日本东洋大学社会学部副教授王雪萍分析了新中国成立后中国政府及中共对日本原首相石桥湛山认识之形成与变化的过程。她通过对《人民日报》的分析，认为在1951年之前，中方对石桥湛山并没有具体的认识。在1956年石桥担任日本首相之后，中方的日本问题专家开始研究石桥湛山其个人经历，纠正了之前对其“罪行昭著的法西斯分子”之评论，并对其被整肃的真正原因进行了介绍。在石桥湛山因病辞职，中日关系因岸信介政权的对华敌视而恶化之后，由于石桥的“反岸”与支持中日经济关系发展等言行，中方逐步提高对石桥的评价，并在石桥实现访华后高度评价其对中国的友好态度。1961年以后，毛泽东与周恩来等中国最高领导人在接见外宾时，更是将石桥确认为“中国的友人”，这一评价直至石桥湛山去世。

战后日侨归国问题是中日关系史上的一件大事，中央党史和文献研究院潘敬国研究员就提出了周恩来与日侨归国问题的解决的课题。他认为，中日关系局面的打开是从民间贸易和处理战争遗留问题开始的，中国红十字会代表团出访日本，打开了中日民间互访的大门，揭开了中日关系史上的重要一页。通过解决日侨归国问题，中央逐渐明晰了对日政策，并加强了对日工作的部署。日侨归国问题的解决，推动了中日关系，也引起了日本朝野的强烈反响，包括民间贸易在内的中日民间交往因此也得到了一定程度的恢复和发展。

华东师范大学徐显芬教授则从《中日和平友好条约》缔约谈判与日本的东亚秩序观这一角度来展开研究。1978 年 8 月 12 日中华人民共和国与日本签订了《中日和平友好条约》，它以法律形式确认了《中日联合声明》的各项原则，是中日两国间最高形式的法律文件。在缔约谈判过程中，中日间提及了五大问题，分别是历史问题、台湾问题、中苏条约废弃问题、领土问题和反霸权问题，而反霸权问题是缔约谈判中争论的焦点。她认为，日本的东亚秩序观包括：不参与国际政治大秩序的角逐；以日美关系为“基轴”，坚持日美安全保障体制；采取“日中是日中，日苏是日苏”方略，不与中国携手反对苏联；照顾东南亚各国的考虑，不给东南亚各国形成“日中携手”的印象；与中国发展“过去的问题付水东流”的友好合作的关系；与世界所有的国家都要维持和发展友好关系，即“全方位外交”，而这些背后所反映的实质问题是，中日两国对国家安全和战略利益思考的迥异。

## 三、美国外交相关问题

二战后美国全球战略的目标是争夺世界领导地位以便按照美国的构想塑造世界，认为以苏联为首的社会主义国家是阻碍其实现目标的主要因素。美国为实现霸权地位，利用自身的军事优势和经济实力不断向对手施压，对世界格局和国际关系产生了深远的影响，因此冷战时期美国的外交问题必然会是一个重要的研究课题。

吉林大学郭永虎教授利用近年来美国官方陆续解密的部分涉钓鱼岛档案，探讨卡特政府时期美国对于 1978 年中日“钓鱼岛事件”的决策和应对。“钓鱼岛事件”发生后，美国中央情报局对事件经过及其起因、中日两国的反应等方面进行了分析评估，是美国高层对此认知和决策的基本依据。事件发生后，美国对钓鱼岛采取“中立”立场，即不介入中日主权纷争。

郭永虎认为，美国之所以采取“中立”立场，是基于保持美国钓鱼岛政策的连续性和一致性和卡特政府平衡中美、美日关系的需要。关于美国政府对“钓鱼岛事件”决策的影响，他认为，首先，从交涉主体来看，卡特政府首次和中国政府正式讨论钓鱼岛议题，开启了中美交涉钓鱼岛事件的先例；其次，美国是推动中日搁置钓鱼岛主权纷争、签署《中日和平友好条约》的重要促进因素；最后，美国的立场在一定程度上遏制了日本侵犯钓鱼岛的野心。

吉林大学公共外交学院孙丽萍副教授主要关注卡特政府时期美国新闻署的重组及其公共外交活动。20世纪70年代中后期，面对着美国硬实力的相对衰落和越南战争失败所引发的国家信任危机，卡特政府试图改组美国新闻署以增强美国的软实力和提升公共外交成效。1977年美国新闻署的重组计划出台，该计划“明确把公共外交作为一个外交领域，公共外交开始成为美国外交格局的重要组成部分”。而由美国新闻署和国务院的教育文化局合并组成的新机构——国际交流署成为美国公共外交的主要执行机构，以传播美国观念为主旨的美国之音的电台广播活动、倾听世界的海外舆情调查以及文化交流活动是卡特政府时期美国最主要的公共外交活动。

暨南大学历史学系邵笑副教授从美越两国的档案文献入手，试图解释越南战争赔偿问题与巴黎谈判乃至美越双方外交战略间的关系。为促使北越同意与美国谈判，从而结束越南战争，约翰逊总统将美国对越赔偿问题引入巴黎谈判。然而，直到1971年5月，由于美越双方分歧严重，巴黎谈判进展缓慢，赔偿问题也未能得到解决。在越南战争和巴黎谈判期间，美国对越赔偿问题并非美越双方所关注的焦点，但这一问题却贯穿谈判始终，并在多个节点为双方所关注，最终却不了了之。邵笑认为其中具有多方面原因：首先，对于美国而言，同意给予河内赔偿，在不同时期有不同的需要，不管是约翰逊还是尼克松，从其内心深处而言，给予北越赔偿显然并非其心甘情愿；其次，对于北越而言，赔偿问题关系其切身利益，却非核心利益。

首都师范大学历史学院讲师翟韬做了题为《美国对中美友谊宣传政策与话语（1942—1972）》的发言，阐释中美友谊是如何作为一种宣传政策服务于美国对华政策，又是如何作为一种宣传话语服务于美国对华文化和公共外交。他认为美方是一种“天定命运式”的新殖民主义——突出表现是家长观念和恩人心态，引领第三世界国家现代化；而中国方面则系统利用列宁主义的思想武器、反抗殖民主义强权寻求精神独立和自主性、寻求话语权和肃清殖民主义流毒。实质上，这已经预示着美国与第三世界国家关于冷战意识形态斗争的序幕拉开。

国家安全问题作为美国对外政策的重中之重，东北师范大学政法学院王媛副教授分析了美国联邦政府资助藏学研究与其国家安全之间的逻辑关系。20 世纪 50—60 年代，美国取代欧洲成为西方藏学研究的中心。迄今，美国藏学界仍掌握着国外藏学研究的核心话语权。经济和政治权力是美国塑造对“非西方世界”的学术研究（地区研究）的终极力量，“第六章计划”项目为藏学研究提供了长期稳定而有力的财政支持，成为美国藏学兴盛于冷战时期的根本动力。设立至今的 60 年间，该计划经多次重新立法授权，不断更新和扩展国家安全的内涵，但服务于国家安全的工具性价值始终从未发生变化。她指出，因所谓“西藏问题”的存在，藏学研究对美国的国家安全战略始终具有独特价值：首先，从权力政治和遏制战略的角度看，1959 年达赖集团叛逃后的西藏是美国实施对华遏制的重要地缘政治筹码；其次，从谋求国际话语霸权、主导国际议程设置的角度讲，“西藏问题”对美国来说也极具战略价值；获得联邦政府超常和持续稳定支持的美国藏学界，也以各种方式服务于国家的安全战略需要。

最后，在东北师范大学詹欣教授的主持下，日方代表井上正也教授、中方代表台湾辅仁大学萧道中副教授、华东师范大学沈志华教授、外交学院陈志瑞教授和首都师范大学姚百慧教授等分别对此次研讨会做出评价和总结。与会学者对于冷战史这一课题所具有的现实意义和学术价值有着一致的认识，通过各位学者在工作坊上发表的最新研究成果与对话，推动了冷战史的学术发展，加强了国际学术界交流。

# 稿 约

《近现代国际关系史研究》是由首都师范大学历史学院国际关系史研究中心出版的学术辑刊，每年2—3辑。本辑刊旨在为从事国际关系史研究的学者提供一个相互交流的平台，设有专题研究、二战史研究、中外关系研究、美国外交研究、宣传与公共外交史、法国与冷战、研究生论坛、档案文献、学术动态、书评等栏目，欢迎学界同行赐稿。相关信息如下：

1. 研究性论文要以一手档案为基础，具有原创性且未曾发表，欢迎选题新颖、运用多边档案的长篇研究。其中，研究生论坛中刊发博硕士及本科生的优秀论文。本辑刊尤其愿意刊发能反映学界动态的研究综述、书评书讯、专题书目等内容的稿件，也欢迎以某个专题内容为核心整理的档案资料汇编。

2. 注释体例，请以《历史研究》格式为准。来稿并请附上论文英文标题、中文摘要和关键词。

3. 编辑部将组织同行专家对来稿进行评审，并将评审结果尽快通知作者。

4. 来稿一经录用，请勿再投他处。

5. 录用并出版的作品，将略致薄酬，并赠样书2册。刊发后稿件版权归《近现代国际关系史研究》辑刊所有。

6. 来稿请投《近现代国际关系史研究》编辑部，邮箱：guojiguanxijk@163. com。

首都师范大学历史学院

国际关系史研究中心

2019年7月1日